예수 그리스도, 하늘의 왕

High King of Heaven
© 2018 by John MacArthur
Originally published in English under the title *High King of Heaven* by Moody Publishers, Chicago, IL, USA.
All rights reserved.

This Korean translation edition © 2020 by Timothy Publishing House, Inc., Seoul, Republic of Korea
Translated and used by permission of Moody Publishers, 820 N. LaSalle Blvd., Chicago, IL 60610, USA.

이 한국어판의 저작권은 Frederick J. Rudy and Associates 에이전시를 통하여 Moody Publishers와 독점 계약한 (주)도서출판 디모데에 있습니다.
신 저작권법에 의하여 한국 내에서 보호받는 저작물이므로 무단 전재와 무단 복제를 금합니다.

예수님의 인격과 사역은
어떻게 신학과 목양으로 이어지는가
예수 그리스도, 하늘의 왕

1쇄 발행 2020년 1월 22일

지은이 존 맥아더 외
옮긴이 윤종석
펴낸이 고종율

펴낸곳 주)도서출판 디모데 〈파이디온선교회 출판 사역 기관〉
등록   2005년 6월 16일 제 319-2005-24호
주소   서울특별시 서초구 서초대로 141-25(방배동, 세일빌딩)
전화   마케팅실 070) 4018-4141
팩스   마케팅실 031) 902-7795
홈페이지 www.timothybook.com

값 25,000원
ISBN 978-89-388-1657-3 03230
ⓒ 주) 도서출판 디모데 2020 〈Printed in Korea〉

예수님의 인격과 사역은 어떻게 신학과 목양으로 이어지는가

예수 그리스도, 하늘의 왕

존 맥아더 외 지음
윤종석 옮김

> 차 례

존 맥아더 서문 … 7

1부 그리스도의 인격

1 영원한 말씀: 영원한 과거 속의 성자 하나님
   | 요한복음 1:1-3 | 마이클 리브스 … 13
2 하나님의 아들, 사람의 아들 | 마태복음 26:63-64 | 폴 트위스 … 27
3 아들과 아버지의 관계 | 이사야 50장 | 마크 존스 … 43
4 동정녀 탄생 | 마태복음 1:18-25, 누가복음 1:26-38 | 키스 에식스 … 57
5 생명의 떡 | 요한복음 6장 | 리건 던컨 … 73
6 선한 목자 | 요한복음 10장 | 스티븐 J. 로슨 … 85
7 길, 진리, 생명 | 요한복음 14:6 | 미구엘 누네즈 … 107
8 교회의 머리 | 골로새서 1:18 | 마크 데버 … 129

2부 그리스도의 사역

9 자기를 비우심: 케노시스 | 빌립보서 2:5-11 | 마이크 리카디 … 149
10 우리를 대신하심: 속죄 | 고린도후서 5:21 | 매튜 바렛 … 165
11 무덤에서 살아나심: 부활 | 고린도전서 15:1-20 | 톰 페닝턴 … 191
12 하늘 위로 높이 오르심: 승천 | 에베소서 1:15-23 | H. B. 찰스 주니어 … 215
13 왕의 귀환: 재림 | 데살로니가후서 1:5-10 | 마이클 블라크 … 231

3부 그리스도의 말씀

14 다른 복음은 없나니: 그리스도의 참 복음
| 갈라디아서 1:6-7 | 필 존슨   247

15 그리스도와 정경의 완성 | 요한복음 14-16장 | 브래드 클라센   273

16 구약에 나타난 그리스도 | 누가복음 24:25-27 | 애브너 차우   297

17 구약을 성취하신 그리스도 | 누가복음 24:27, 44 | 마이클 그리산티   319

4부 그리스도를 증언함

18 모세오경부터: 구약에 증언된 고난당하는 메시아
| 누가복음 24:27 | 이오시프 J. 자케비치   349

19 예수님의 우월성: 마지막 말씀 | 히브리서 1:1-3 | 오스틴 던컨   369

20 소금과 빛: 불경한 사회에 그리스도를 증언하는 신자
| 마태복음 5:14-16 | 앨버트 몰러   385

21 합당한 자로 여기심: 그리스도를 미워하는 세상에서 그분을
위하여 당하는 고난 | 사도행전 5:41 | 폴 워셔   399

22 하늘 보좌 앞에서: 어린양의 사역을 증언하는 구원받은 무리
| 요한계시록 4-5장 | 콘래드 음베웨   419

23 네가 나를 사랑하느냐: 하늘의 높으신 왕께 합당한 필수 반응
| 요한복음 21장 | 존 맥아더   435

존 맥아더 서문

몇 년 전에 내가 좋아하는 성경 구절에 대하여 책을 써 달라는 부탁을 받았다. 그런데 좋아하는 구절을 고르기가 어렵다. 설교에 쓰는 본문마다 다 내가 좋아하는 구절이기 때문이다. 그래도 한 구절에 대하여 짤막한 책을 써 달라는 재촉에 나는 성화를 가장 명확히 정의해 주는 구절을 택했다. 선택과 칭의는 과거이고 영화는 미래다. 칭의와 영화 사이에서 하나님이 우리 안에 평생 행하시는 일이 있는데, 바로 우리를 죄에서 구별하여 점점 더 그리스도를 닮아 가게 하시는 성화다. 이는 우리가 영광에 이를 때까지 하나님이 모든 신자 안에 현재 행하시는 일이다. 이러한 성령의 사역을 가장 잘 계시해 주는 구절이 고린도후서 3장 18절이다. "우리가 다 수건을 벗은 얼굴로 거울을 보는 것같이 주의 영광을 보매 그와 같은 형상으로 변화하여 영광에서 영광에 이르니 곧 주의 영으로 말미암음이니라."

우리는 수건에 가려진 듯 희미하고 흐릿한 모세 언약 아래 있지 않고, 주 예수 그리스도의 죽음과 부활을 통하여 도래한 새 언약 아래서 살아간다. 빛이 비치어 우리의 수건을 벗겨 냈다. 옛 언약의 신비가 이제 그리스도 안에서 드러났다. 마태복음부터 요한계시록까지 계시된 주 예수 그리스도를 응시하면 그분의 얼굴에 반사된 하나님의 영광을 똑똑히 볼 수 있다. 성경에서 말하듯이 우리는 그 영광에 이르도록 성령으로 말미암아 계속 변화하는 중이다. 그것이 성화된다는 의미의 핵심이다. 계시된 예수 그리스도의 위엄을 바라보면 그분의 충만함이 당신의 사고를 채우고 영혼을 사로잡아, 하나님의 영이 그 엄연한 깨달음을 통하여 당신을 그분의 형상대로 빚으신다. 그리스도를 알수록 당신은 그분을 더 닮아 간다. 그러니 그리스도인으로 존재하려면 반드시 그분을 알아야 한다.

그리스도의 모든 것은 인간의 설명을 초월한다. 그분의 모든 것은 놀랍고 뜻밖이며 충격적이고 경이롭다. 그분의 모든 것은 나를 경탄에 젖게 한다. 그분이야말로 인간이 알 수 있는 가장 웅대하고 아름답고 고귀하고 멋진 인격이시다. 그분에 대하여 알기만 해도 그러니 인격적으로 알면 얼마나 더 그렇겠는가? 예수 그리스도의 세세한 부분 하나하나에 다 영원히 매료된다. 바로 그분이 모든 성경공부의 목적이고 모든 설교의 목표이며 모든 그리스도인이 살아가는 삶의 능력이다.

오랜 세월 공부하고 수많은 시간 동안 성경을 탐구해 온 내 일생을 돌아보면 분명한 사실이 하나 있다. 책을 집필할 때든 설교를 준비할 때든 주석성경이나 신학을 주해할 때든, 하나님의 말씀을 깨달으려는 내 모든 노력은 그 깨달음에서 끝나지 않는다. 성경의 내용을 아는 것이 목적이었던 적은 없다. 그것은 목적이 아니라 목적을 이루는 수단일 뿐이다. 나는 그리스도를 알고 싶다. 바울은 "또한 모든 것을 해로 여김은 내 주 그리스도 예수를 아는 지식이 가장 고상하기 때문이라"(빌 3:8)고 고백했다. 성경 속의 그리스도를 알기 위하여 모든 것을 해(害)로 여기는 것이 내 삶의 기쁨이다. 성경을 공부할수록 그분은 내게 더 영광스러워지신다. 예수 그리스도를 알수록 그분을 향한 내 사랑과 순종과 예배와 섬김은 더 충만해진다.

성경의 목표는 하나님과 주 예수 그리스도를 계시하여 당신을 온전히 매료하는 데 있다. 계시된 우리 주님에게는 그런 능력이 있어, 신자는 찬송가 작사가가 "크신 사랑 감격하여 경배하게 하소서"라고 표현한 상태를 경험할 수밖에 없다.[1]

성화의 관건은 성경을 아는 것이 아니라 그리스도를 아는 것이다. 그리스도를 잘 모르면 예배가 무력해진다. 아무리 음악을 동원하고 별별 수법으로 감정을 자아내도 참된 예배가 나올 수 없다. 예배란 그리스도께 주체할 수 없이 매료된 마음에서만 나오기 때문이다.

내가 성경 강해에 헌신하지 않았다면, 그동안의 사역에서 그러했듯이 그리스도를 아는 지식을 추구하지 못했을 것이다. 모든 본문을 깊이 파는 기쁨은 설교를 위함이 아니라 영광스럽게 계시된 그리스도를 통하여 하나님을 알기 위함이다. 내게 사역의 매력은 설교가 아니라 함께 그리스도를 힘써 알고 그분의 충만함을 누리는 데 있다.

구석구석 다 찾아내고 파헤쳐 하나님이 우리에게 전하신 아들의 위엄을 뉘앙스까지 다 선포하는 것이 내 책임이다. 그래야 우리가 아들의 얼굴에 빛나는 하나님의 영광을 보고 그분의 형상대로 변화될 수 있다. 성령으로 말미암아 점차 그 영광의 더 높은 차원에 이를 수 있다.

이 책을 엮은 목적도 여기에 있다. 기고자마다 그리스도라는 다이아몬드의 독특한 일면을 높이고 칭송한다. 당신도 각 장에서 하늘의 높으신 왕의 영광을 보고, 그 결과 필연적으로 그분의 형상대로 변화되기를 기도한다.

---

1 Charles Wesley, "Love Divine, All Loves Excelling"(1747), *Cyber Hymnal* 웹사이트, http://www.hymntime.com/tch/htm/l/d/a/ldalelx.htm. (새찬송가 15장)

1부

그리스도의 인격

THE
PERSON
OF
CHRIST

01

영원한 말씀:
영원한 과거 속의 성자 하나님

요한복음 1:1-3 마이클 리브스(Michael Reeves)

"태초에 말씀이 계시니라. 이 말씀이 하나님과 함께 계셨으니 이 말씀은 곧 하나님이시니라. 그가 태초에 하나님과 함께 계셨고 만물이 그로 말미암아 지은바 되었으니 지은 것이 하나도 그가 없이는 된 것이 없느니라"(요 1:1-3). 대개 익숙한 문장이 익숙한 까닭은 그만큼 능력을 발휘했거나 세상을 바꾸어 놓았기 때문이다. 그만큼 결정적이어서 익숙한 것이다. 요한복음 1장도 마찬가지다. 익숙한 이 말씀은 혁명적이다. 이로써 기독교는 다른 모든 신념 체계와 영광스럽게 구별된다.

영원한 말씀

요한은 순전히 창세기 1장을 주해하고 있다. 창세기 1장 맨 서두에 보면 하나님의 영이 수면 위에 운행하셨다. 왜 그러셨을까? 훗날 예수님이 요단강에서 세례받으실 때 성령이 물 위에 운행하신 이유와 똑같다. 성령이 말씀이신 예수님께 기름을 부어 예수님은 일하러 나가셨다. 창조에서부터 구원과 새 창조에 이르기까지 성령은 말씀에 기름을 부으신다. 그래서 하나님이 말씀하시면 그 신성의 숨결을 타고 말씀이 나간다. 그분의 말씀이 나가면 빛과 생명과 모든 피조물이 생겨난다.

태초의 말씀은 피조물이 생겨난 식으로 생겨나지 않았다(요 1:3). 그분은 피조물이 아니다. 말씀은 하나님과 함께 계셨고 하나님이셨다. 이것만으로도 하나님은 아주 독특하고 비범하며 마냥 즐거우신 분이다. 그분은 그저 **어쩌다** 말씀하시는 분이 아니다(대다수 종교의 신도 말할 때가 있다고들 한다).

하실 말씀이 있음은 하나님의 속성 자체다. 그분은 무언(無言)이실 수 없다. 말씀이 곧 하나님이기 때문이다. 말씀 없이는 하나님도 없다. 하나님은 소통하며 널리 뻗어나가실 수밖에 없다. 말씀 없이는 존재할 수 없기에 은둔하실 수 없다.

영원 전부터 이 말씀은 소리 내어 우리에게 하나님을 알려 준다. 그 하나님은 우리가 다 감당할 수 없는 분, 차고 넘치도록 풍성하신 분, 빈궁하지 않고 더없이 충만하여 흘러넘치시는 분이다. 여기 즐거이 자신을 내주시는 하나님이 계시다.

이 도입부를 기록할 때 요한의 사고를 지배한 것은 창세기 1장이다. "태초에"(1절). "빛이 어둠에 비치되"(5절). 덕분에 우리는 요한이 말한 "말씀"의 의미가 히브리 성경 속의 개념임을 알 수 있다. 헬라 사상을 신앙에 들여온 것이 아니다.

그런데 요한이 쓴 "말씀"의 의미를 좀더 깊이 이해하려면 그가 염두에 두었을 듯싶은 구약의 다른 개념에도 주목할 필요가 있다. 물론 창세기

1장이 지배적이다. 그러나 14절에 그는 말씀이 "육신이 되어 우리 가운데 거하시매 우리가 그의 영광을 보니"라고 썼다. 여기서 요한은 특이한 동사를 골라 자신의 말뜻을 표현한다.

직역하면 말씀이 우리 가운데 "장막을 치시매"가 된다. 이 영광을 언급할 때 요한은 분명히 성막을 생각했을 것이다. 성막은 주님이 광야에 임하여 자기 백성과 함께하며 친히 영광을 보여 주신 장막이다. 이스라엘 백성이 성막에 빽빽한 구름의 눈부신 영광을 보았듯이 우리도 말씀이신 예수님에게서 하나님의 영광을 본다. 그분이 육신이 되어 우리 가운데 거하셨으니 얼마나 신기한 영광인가. 그분은 머리 둘 곳도 없이 낮아지셨고 우리를 불쌍히 여겨 십자가까지 지셨다. 바로 그 겸손과 은혜와 의와 온유와 신실하심 속에서 우리는 그분의 영광을 본다. 이 영광은 다른 누구의 영광과도 같지 않다.

성막의 가장 내밀한 곳인 지성소에는 주님이 언약궤 위 속죄소의 그룹 사이에 좌정해 계셨다(레 16:2, 삼상 4:4). 금을 입힌 그 궤, 즉 보좌 안에 두 돌판이 있고, 돌판에 십계명 곧 "말씀"이 새겨져 있었다. 이 율법은 하나님의 말씀이었다. 이스라엘 백성에게 이는 **하나님의 말씀**이 하나님의 임재와 보좌 자체에 속해 있다는 진리를 상징했다!

그래서 하나님의 말씀이신 예수님은 하나님께 가장 깊이 속하여 본질상 일체시며, 하나님의 가장 내밀한 실체를 보여 주신다. 그분은 "하나님의 영광의 광채시요 그 본체의 형상"이시다(히 1:3). 예수님 자신이 하나님이기 때문이다. 그분은 하나님의 "아멘이시요 충성되고 참된 증인이시요 하나님의 창조의 근본이신 이"다(계 3:14).

이것이야말로 신약 역사 내내 교회가 싸워 온 어쩌면 가장 치열한 전투의 주제였다. 즉 예수님이 참으로 하나님이며 다름 아닌 이스라엘의 주 하나님 자신이라는 믿음을 지키는 일이었다.

니케아 신경의 감동적인 표현에 소중히 담겨 있듯이 그분은 "하나님에게서 나신 하나님, 빛에서 나신 빛, 참 하나님에게서 나신 참 하나님, 창조되지 않고 나신 분, 성부와 본질에서 같으신 분"이다. 이 교리 진술은 목양에 큰 능력을 더해 준다. 위대한 청교도 신학자 존 오웬이 그의 명저 『성도와 하나님과의 교제』에서 이를 아주 명쾌히 지적했다.[1] 그가 그 책 첫 3분의 1에서 설명했듯이 수많은 그리스도인이 빠져 있는 오해가 있다. 예수님은 죄인의 친구이며 은혜로우시지만, 그 배후의 하나님은 왠지 더 무서운 존재, 긍휼과 은혜와 미와 선에 인색한 존재, 별로 알고 싶지 않은 존재라는 것이다.

오웬의 말처럼 예수님이 바로 이 말씀이시므로 우리는 그런 끔찍한 개념을 버릴 수 있다. **천국에 예수님과 같지 않은 하나님은 없다.** 아버지와 하나이시기에 그분은 아버지의 말씀이고 형상이고 표현이고 광채이고 영광이시다. 그분을 보았으면 아버지를 본 것이다. 그래서 그리스도를 통하여 나는 하나님이 참으로 어떤 분이신지 안다. 그 하나님이 죄를 얼마나 미워하시는지도 그리스도를 통하여 본다. 죄 중에 죽어 가던 강도처럼 나 같은 죄인도 "나를 기억하소서"라고 부르짖을 수 있음도 그리스도를 통하여 본다. 그분이 어떻게 반응하실지 알기 때문이다. 비록 영적으로 절름발이에 나환자이며 병들어 부정(不淨)하지만, 나는 그분을 부를 수 있다. 약자와 병자에게 그리스도가 어떤 분이신지 알기 때문이다.

또 다른 위대한 청교도 설교자 스티븐 차녹은 이렇게 썼다.

---

1 John Owen, *Communion with God*(Edinburgh: Banner of Truth, 1991). (『성도와 하나님과의 교제』 생명의말씀사)

하나님은 모든 빛의 아버지, 최고의 진리, 가장 즐거운 대상이 아니신
가?…그분은 어둠 없는 빛, 냉혹함 없는 사랑, 악 없는 선, 오점 없는 순
수, 싫어할 결점은 없고 온통 즐거워할 미점이 아니신가? 다른 것은 다
그분께 무한히 미달되어 똥 덩어리가 태양의 영광에 못 미치는 것보다
도 더 그분에 못 미치지 않는가?[2]

우리도 이렇게 하나님을 기뻐하고 싶지 않은가? 모든 신자에게 그런 즐
거움을 주고 싶지 않은가? 차녹은 하나님께 취한 사람이었다. 그가 삶의
온갖 풍상을 겪으면서도 품었던 햇빛의 핵이 있으니, 곧 하나님을 아는 지
식이었다. 그런데 이런 즐거움은 어디서 왔을까? 그의 말이 이보다 분명
할 수는 없다. 살아 계신 하나님을 아는 참된 지식은 그리스도 안에 있고
그리스도를 통하여 온다. 그리스도의 모습은 한없이 아름다워 슬픈 자를
기뻐 노래하게 하고 죽은 자를 벌떡 살아나게 한다.

그리스도 안에서는 하나님의 무엇도 신사에게 무서워 보이지 않는다.
해가 떠올라 그림자는 사라졌다. 하나님이 사랑의 격전지에 오시자 정
의는 구주의 옆구리에 상처를 남겼고 율법은 무장 해제되었다. 그분의
손에서 무기가 내려지고 품이 열렸다. 창자가 끓어지고 심장이 터진다.
그분의 전신에 온통 애틋한 사랑뿐이다. 이것이 영생이다. 즉 예수 그리
스도를 통하여 하나님의 자비와 정의의 영광을 보고 그 하나님을 알고
믿는 것이다.[3]

---

[2] Stephen Charnock, *The Complete Works of Stephen Charnock*, 제4권(Edinburgh: James Nichol, 1865), 91. 『하나님을 아는 지식 1 · 2』 부흥과개혁사)
[3] 같은 책, 163.

예수 그리스도 안에서 하나님을 생각하면 어둠이 빛에 밀려난다. 인간 종교의 모든 우상과 달리 예수님은 누구도 필적할 수 없는 멋진 하나님을 우리에게 완벽하게 보여 주시기 때문이다. 그 하나님은 의로우면서도 자비로우시고, 우리를 경외심에 떨면서도 경이감에 즐거워하게 하신다.

목양에 큰 유익이 되는 또 다른 구절이 3절에 나온다. "만물이 그로 말미암아 지은바 되었으니 지은 것이 하나도 그가 없이는 된 것이 없느니라." 영원한 말씀이신 그리스도가 만물을 지으셨다. 그런데 서구의 세속 사상은 산(酸)처럼 교회의 이 진리를 부식시켰고, 예수님이 구주이기는 해도 정말 만물의 창조주는 아니라는 은근한 의혹을 많은 그리스도인에게 심어 주었다. 그래서 주일 예배 때 그분의 사랑을 찬송하는 이들도—**거기서는** 진리로 느끼지만—거리와 인파와 여러 장소를 지나 집으로 갈 때는 삶의 현장을 **그리스도의** 세상으로 느끼지 못한다. 마치 우주는 중립적이고 세속적인데, 기독교를 현실의 삶에 덧칠한 것만 같다. 그럴 때 예수님은 우리가 야금야금 떼어 먹으며 위안을 얻는 영적 초콜릿 정도로 전락한다. 여느 취미와 다를 것 없는 하나의 대안, '영혼만 구원할' 뿐 그 밖에는 있으나 마나 한 가상의 친구가 되고 만다.

성경의 그리스도는 그런 하찮고 우습고 미약한 존재가 아니다. "만물이 그로 말미암아 지은바 되었으니 지은 것이 하나도 그가 없이는 된 것이 없느니라." 그리스도인은 세상에 나갈 때 이 진리를 버려서는 안 된다. 성경은 예수 그리스도를 가리켜 "만물이 그에게서 났고"(고전 8:6)라고 말한다. 말씀이요 창조의 주체이신 그리스도는 자신이 존재하게 한 피조물을 지금도 붙들어 지탱시키신다.

아주 조그만 성계에서부터 가장 찬란한 항성에 이르기까지 만물에 **그분의** 웅대한 도장이 찍혀 있다. 하늘은 그분의 작품이니 **그분의** 영광을 선포할 수밖에 없으며 그분 안에서만 계속 지탱된다. 우주의 짜임새 속에 그분의 속성이 워낙 속속들이 배어 있어, 우리의 생각이 로고스이신 그리스도를 거스르면 논리에 어긋나 미련함에 빠질 수밖에 없다. 그래서 마음에 이르기를 "하나님이 없다" 하는 사람은 어리석다(시 14:1). 그리스도의 세상인 만큼 그분을 믿을수록 인간은 제반 기능을 더 잘 발휘할 수 있다. 그럴 때 우리는 논리와 활력과 상상과 창의성이 더 풍부해진다. 그분이 정하신 우주의 순리대로 움직이기 때문이다.

영원한 아들

요한의 서문에는 그 뒤를 잇는 그리스도의 영원한 호칭이 하나 더 나온다.

첫 몇 구절에 요한은 "말씀"이란 호칭에 집중했다. 그런데 12절에서는 초점을 옮긴다. "영접하는 자 곧 그 이름을 믿는 자들에게는 하나님의 **자녀**가 되는 권세를 주셨으니." 어떻게 그것이 가능할까? "말씀이 육신이 되어 우리 가운데 거하시매 우리가 그의 영광을 보니 아버지의 **독생자**의 영광이요 은혜와 진리가 충만하더라"(14절). 나아가 "본래 하나님을 본 사람이 없으되 아버지 품속에 있는 독생하신 하나님이 나타내셨느니라"(18절).

그리스도는 하나님의 영원한 말씀일 뿐 아니라 하나님의 영원한 아들이시다. 두 호칭에서 의미의 차이가 느껴진다. "말씀"은 그분이 하나님과 **하나요 하나님 자신**이라는 사실을 더 강조하는 호칭인 반면, "아들"은 다른 소중한 진리를 부각해준다. 그분이 하나님 아버지와 진정한 **관계**를 누리신다는 것이다.

다시 말하지만 기독교는 세상의 다른 모든 신념 체계를 능가한다. 기독교는 인간의 머리로 누구도 꿈꾸어 본 적 없는 무한히 우월한 진리다. 요한은 하나님이 영원 전부터 아버지로서 아들을 사랑하신다고 말한다(성령에 대한 요한의 가르침은 나중에 나온다). 나중에 그가 요한복음 17장 24절에 기록한 예수님의 말씀이 있다. "아버지께서 창세전부터 나를 사랑하시므로." 역사 속의 다른 모든 신념 체계에서는 근본적인 무(無)나 혼돈에서 만물이 생겨나든지 아니면 권력을 휘두르려는 신(들)만 존재한다. 이런 날조된 신은 종이나 동지를 원하며 그것이 창조의 이유다. 그러나 여기 요한복음에 나오는 하나님은 완전히 다르다. 그분은 전능하신 하나님이며 사랑이시다.

첫 서신에서 요한은 "하나님은 **사랑이심**이라"(요일 4:8)고 썼다. 사랑하지 않으시면 하나님이 아니기 때문이다. 사랑하실 아들이 한시라도 없다면 그분은 결코 아버지일 수 없다. 하나님으로 계시려면 사랑하셔야 한다. 여기서 아버지란 사랑하고 생명을 내주어 아들을 낳으신다는 **뜻이다.**

그리스도가 영원한 아들이심은 그리스도인에게 매우 소중한 진리다. 그럴 수밖에 없는 이유가 4세기에 이를 부인했던 아리우스를 통하여 잘 입증되었다. 아리우스에 따르면 한때 이 아들은 존재하지 않았다. 다시 말해 어느 시점에서 하나님이 그 아들 예수님을 창조하셨다.

아리우스의 하나님관에 따르면 당연히 그분은 손을 더럽혀 가며 우주를 창조하실 마음이 없어, 아들을 지어 그 일을 아들에게 맡기셨다. 이는 첫째로 하나님이 영원 전부터는 아버지가 아니시라는 뜻이다. 영원 전에는 그분에게 아들이 없었으니 말이다. 아예 정말 아버지라 할 수도 없다. 이로써 주기도문의 가장 큰 위안은 철학의 연기 속에 사라져 버린다.

둘째로 아리우스에 따르면 아버지는 아들을 참으로 **사랑하시는** 것이 아니다. 아들은 고용된 일꾼일 뿐이다. 성경에 행여 아버지가 아들을 기뻐하신다는 표현이 나온다면 이는 순전히 아들이 일을 잘했기 때문이다. 아리우스의 하나님과 친해지려면 아마 그 방법밖에 없었을 것이다. 여기에는 영원한 아들도 없고, 하나님 아버지도 없으며, 은혜의 복음도 없다.

아리우스의 말대로라면 아들 자신의 동기도 문제가 된다. 빌립보서 2장을 떠올려 보라. 단, 아들이 피조물이어서 한 번도 하나님 오른편의 하늘 보좌에 앉은 적이 없다고 상상해 보라. 그러면 하늘에서 천사처럼 높은 반신(半神)의 지위에 있는 그분이 왜 자기를 낮추시겠는가? 왜 십자가를 지기까지 낮아지시겠는가? 그분의 동기는 무엇인가?

그분의 동기는 하나님을 통하여 이전에 몰랐던 하늘의 영광으로 높아지려는 것일 수밖에 없다. 요컨대 자신을 위한 일이다. 하지만 이는 **영원한** 아들에 걸맞지 않다. 하나님은 영원한 아들을 품꾼으로 이용하지 않으시며, 영원한 아들도 하늘의 영광을 얻으려고 아버지를 이용하지 않으신다. 아들은 **영원히** 아버지 곁에 있어 **영원히** 사랑받으신다. 그분의 동기는 자신에게 없는 영광을 얻어내려는 것이 아니라 자신이 늘 누리는 아들 신분을 우리에게 **나누어 주시려는** 것이다! 그래서 자신을 통하여 우리를 아버지와 함께 늘 누리는 그 높은 자리로 도로 데려가려고 우리에게 오셨다.

이렇듯 그리스도가 제시하시는 복음은 그분의 신분에 따라 전적으로 달라진다. 그리스도의 인격이 그분의 사역과 복음의 본질을 완전히 결정짓는다. 영원히 사랑받는 아들이 우리에게 오심은 아버지께 늘 받는 그 넘치는 사랑을 우리에게 나누어 주시기 위해서다. 그분은 자신의 생명을 나누어 주어 우리를 그 속으로 이끌려고 오신다. 그리하여 우리를 지존하신 하나님 앞에 세우되 단지 용서받아 의롭게 된 죄인이 아니라 지극히 사랑받는 자녀로 세우신다. 아들 예수님처럼 우리도 성령으로 말미암아 하나님을 "아바!"라 부르게 된다. 아들을 향한 아버지의 영원한 사랑이 이제 우리를 감싸 안는다.

12절에 "영접하는 자 곧 그 이름을 믿는 자들에게는 하나님의 자녀가 되는 권세를 [아들이] 주셨으니"라고 했다. 이 주제가 요한복음 전체를 관통한다. 그런데 18절에 보면 이 아들은 영원 전부터 "아버지 품속에" 계신다. 그만큼 아버지와 가깝고 한없이 친밀하시다. 나중에 17장 24절에서 예수님은 신자들도 "나 있는 곳에 나와 함께 있"기를 바라는 마음을 고백하시는데, 요한복음 13장의 최후의 만찬 자리에서 그것이 우리 앞에 시연된다. 거기서 보면 "예수의 제자 중 하나 곧 그가 사랑하시는 자가 예수의 품에 의지하여 누웠는지라"(13:23)고 되어 있다.

예수님은 영원히 아버지 품속에 계신데 이제 요한이 예수님의 품속에 있다. 그래서 그분은 요한복음 17장 23절에서 "아버지께서…나를 사랑하심같이 그들도 사랑하신 것"이라고 아버지께 아뢸 수 있었다. 복음의 가장 큰 혜택은 아들이 자신의 아들 신분을 나누어 주심으로 우리를 하나님의 자녀로 삼으시는 것이다. 그것이 우리를 택하시고 부르시고 용서하시고 의로 옷 입히시고 성화와 영화를 이루시는 일의 화룡점정이다.

영원한 아들 없이는 그 복음도 당신에게 없다! 영원한 아들 없이는 우리도 자녀가 될 수 없다. 영원한 아들 없이는 영원한 아버지도 없다. 하나님이 아버지가 아니시라면 우리에게 그분의 자녀가 될 권세를 주실 수 없다. 하나님이 아들과 더불어 영원한 교제를 즐기지 않으신다면 우리에게 나누어 주실 교제가 있기나 할지, 교제가 무엇인지 아시기나 할지 의문이다. 예컨대 아들이 피조물이어서 영원히 "아버지 품속에" 계시지 않고 아버지를 알거나 사랑받지도 못하신다면, 도대체 아버지와의 어떤 관계를 우리에게 나누어 주실 수 있단 말인가? 아들 자신이 아버지와 가까운 적이 없으시다면 어떻게 우리를 아버지 가까이로 이끄실 수 있겠는가? 우리를 "하나님의 자녀"라는 관계로 데려가실 수 없다.

영원한 아들이 없다면 하나님은 사랑 없는 존재가 되어 구원이 완전히 달라질 수밖에 없다. 우리는 아들이 아버지께 아뢴 귀한 말씀, 곧 "아버지께서…나를 사랑하심같이 그들도 사랑하신 것"이라는 말씀을 결코 듣지 못한 채 거리가 먼 품꾼으로 남을 것이다. 그러나 영원한 아들의 복음은 우리를 하늘 아버지 앞에서 아주 친밀하고 담대하게 해준다. 우리는 지존하신 하나님의 사랑받는 자녀다!

이 일을 할 수 있는 다른 신은 없다. 그분만이 우리를 이토록 가까이 이끌어 사랑하시고 높은 지위를 주실 수 있다. 우리의 마음을 이렇게 얻을 수 있는 다른 신도 없다. 오직 이 하나님만을 우리는 진심을 다하여 "우리 아버지여"라고 부를 수 있다. 옛날 장 칼뱅의 표현대로 우리의 기도가 예수님의 입을 통하는 것과 마찬가지임을 알기 때문이다.[4]

지존하신 하나님은 자녀의 말을 즐거이 들으시기에, 우리의 기도를 그분 앞에 올라오는 향기로운 향으로 기쁘게 받으신다. 영원한 아들을 두신 이 하나님 앞에서만 기도는 즐거운 특권이다.

다시 말하지만 이 모두는 우리가 얻은 구원이 처음부터 끝까지 은혜라는 뜻이다. 구원의 핵심이 아버지 집에 입양되는 것이 아니라면, 구원이 전적으로 은혜인지도 확실하지 않다. 때로 우리는 우리의 유일한 문제가 하나님은 온전히 거룩하신데 우리는 그렇지 못한 것인 양 말한다. 하지만 기준 미달이 유일한 문제라면 다시 시도해야 할 것이다. 마음을 가다듬고 더 잘하려 애쓸 것이다. 그러나 구원이 아버지 집에 자녀로 입양되는 것이라면 우리의 행위는 완전히 무효하다. 자격을 얻어내는 식으로는 가족이 될 수 없기 때문이다.

아들 신분이 되는 것, 즉 하나님의 자녀가 됨은 그분이 거저 주시는 복이다(12절). 따라서 노력은 가족이 되는 데 무용지물이다. 노력할수록 우리

---

[4] John Calvin, *Institutes of the Christian Religion*, John T. McNeill 편집, Ford Lewis Battles 번역 (Philadelphia, PA: Westminster John Knox Press, 1960), 3.20.21. (『기독교 강요』 부흥과개혁사)

는 종이 될 뿐이다. 아무리 노력한들 아들이 될 수는 없다. 자력으로 하나님의 구원을 얻어내려는 우리의 모든 수고는 종이라는 신분으로 귀결되고 만다. 종은 아무것도 상속받지 못한다. 아들 신분은 값없이 주어진다!

　5백 년 전, 교회 문제의 핵심은 바로 거기에 있었다. 영원한 아들을 무시하면서, 복음이 그분의 인격과 정체에 따라 결정된다는 사실도 경시했던 것이다. 복음을 결정짓는 요인이 영원한 말씀이자 아들이신 예수 그리스도의 인격과 정체여야 하는데, 사람들이 들은 복음은 그렇지 못했다. 중세의 로마가톨릭교회에서 그리스도는 우리에게 '은혜'를 가져다준 전달자에 불과했다. 우리가 정말 원한 것이 그것이었기 때문이다.

　게으른 무리의 영적 강장제처럼 사람들이 정말 원한 것은 '은혜'였다. 은혜가 있어야 힘을 얻고 나가서 천국을 얻어낼 거룩한 일을 할 수 있었다. 그래서 신자의 상(賞)은 그리스도가 아닌 어떤 '것'일 때가 너무 많았다. 대개 상은 그리스도가 아니라 천국이었다. 예수 그리스도는 그 제도의 벽에 쌓는 작은 벽돌 하나로 전락했다. 솔직히 애초에 은혜를 가져온 주체가 꼭 그분일 필요도 없었다. 성 니콜라스나 성 바르바라나 누구라도 그 역할을 할 수 있었다.

　그러다 종교개혁을 통하여 세상은 속속들이 그리스도 중심의 메시지를 들었다. 하나님이 우리에게 '은혜'라는 '것'을 주어 그 힘으로 천국을 얻어내게 하시는 것이 아니라 그분의 아들을 주신다는 메시지였다. 하나님은 육신이 되신 말씀을 주신다. 바로 그분의 충만한 데서 우리는 은혜 위에 은혜를 받는다. 하늘에서 온 선물은 영원한 아들 **자신**이다. 12절에 "[그를] 영접하는…자들에게는 하나님의 자녀가 되는 권세를 주셨으니"라고 했다. 그분 안에서 우리는 의로 옷 입는 칭의를 얻고, 아들이신 그분 안에서 하나님의 자녀로 입양된다. 그래서 그분 안에서 구원받는다. 그분 안에 있기에 우리는 끝까지 보전된다.

　개혁 사상에서는 그리스도가 보물이요 우리의 안전이다. 개혁 사상에서는 그리스도가 복음의 보화이자 초석이다. 그분이 복음을 빚어내어 우리에게 기쁨과 위안을 주신다. 그분 없는 어떤 복음도 이에 필적할 수 없다. 개혁 사상에서는 '오직 그리스도'가 다섯 가지 '오직'의 중심이었다. 개혁가들이 말한 은혜와 믿음의 의미가 거기서 결정되었기 때문이다.

　'오직 은혜'로만 구원받는다는 개혁가들의 말은 우리에게 은혜라는 '것'이 주어진다는 뜻이 아니라, 하나님의 은혜와 자비로 **그리스도**가 주어진다는 뜻이다.

　'오직 믿음'에서 믿음이란 우리의 행위가 아니라 그리스도를 영접하는 빈손이다.

　'오직 성경'에서 성경은 우리의 가장 높은 권위이자 가장 깊은 기초이며, 성경의 주제는 곧 그리스도시다.

　'오직 하나님께 영광'을 돌릴 줄 아는 사람은 예수 그리스도도 높이게 마련이다. 살아 계신 하나님은 그리스도를 통해서만 영화롭게 되시기 때문이다.

　그리스도를 전파하자. 영원한 말씀이자 영원한 아들이신 그리스도만을 전하자. 그분 없는 복음은 없기 때문이다. 아무리 은혜와 믿음과 소망과 복음을 말하고 오직 은혜를 강조한다 해도, 오직 그리스도만을 전하지 않는다면 복음은 없다.

　그것이 우리가 붙들어야 할 핵심이다. 하나님의 영광의 광채가 그분 안에 있는데 우리가 지켜야 할 더 중요한 것이 무엇이겠는가? 말씀을 전할 때마다 우리는 오직 그리스도만을 전파한다. 우리 자신에게도, 그분의 백성에게도, 세상을 향해서도 그분을 전한다. 그분의 영광스러운 인격과 그분이 다 이루신 사역을 전한다. 그것이 종교개혁의 정신을 이어받는 길이자 모든 개혁의 시작이다. 그렇게 우리 시대에도 삶과 교회가 개혁된다. 오직 그리스도만을 충실하게 전파할 때 세상이 그분의 영광을 보기 때문이다. 그 빛만이 모든 어둠을 몰아내고 이긴다.

02

하나님의 아들, 사람의 아들

마태복음 26:63-64 폴 트위스(Paul Twiss)

"로미오, 로미오! 당신은 왜 로미오인가요? 아버지를 부정하고 이름을 버리세요. 그러지 못하겠거든 사랑의 맹세라도 해주세요. 그러면 나도 캐퓰렛이란 성을 버리겠어요…몬테규 가문이 아니어도 당신은 당신이니 내 원수는 그 이름뿐이에요. 몬테규가 다 무엇인가요? 손도 발도 팔도 얼굴도 아니고 인체의 어느 부위도 아니잖아요. 제발 다른 이름이 되어 주세요. 이름이 뭐란 말인가요?" 셰익스피어의 『로미오와 줄리엣』에 나오는 유명한 대사다. 가문의 이름 때문에 관계가 막힌 기구한 두 연인의 이야기다. 이 짤막한 발췌문에 줄리엣의 좌절이 드러나 있다. 그녀는 이름이란 본래 하찮은 것이라고 항변하며 "장미는 다른 이름으로 불러도 여전히 향기롭지 않은가요?"라고 말을 잇는다. 사람이든 물건이든 그 가치나 진가가 호칭에서 나오지 않는다는 말이다.

줄리엣은 "이름이 뭐란 말인가요?"라고 묻는다. 생각해 보면 우리도 이 혼란에 공감할 수 있다. 그녀의 논리는 정당해 보인다. 사실 연극 전체의 중심을 이루는 두 가문은 이름 때문에 싸운다. 불합리해 보인다. 이름만 아니라면 둘은 행복한 부부가 될 수도 있었다. 그러나 한걸음 물러나 셰익스피어의 관점에서 생각해 보면 그의 생각은 다를 수 있다.

어디까지나 대본과 내러티브는 작가인 셰익스피어의 소관이다. 이 장면이 나오고 얼마 지나지 않아 두 연인은 비참한 최후를 맞는다. 마치 줄리엣이 "이름에 무슨 가치가 있나요?"라고 묻자 셰익스피어가 "엄청난 가치가 있다오. 이름 때문에 당신은 목숨을 잃게 될 거요"라고 말하는 것 같다.

성경 본문과 특히 복음을 생각할 때 꼭 알아야 할 것이 있다. 구체적인 사건과 가르침과 조우가 일부러 이름을 중심으로 구성될 때가 많다. 예수님이 받으신 재판도 그 한 예다(마 26:57-68). 복음의 이야기 내내 그리스도와 당국 사이를 지배하던 긴장이 의미심장하게도 여기서 절정에 이른다. 이 긴장된 상황에서 기독론적으로 가장 중요한 예수님의 두 호칭이 한데 만난다. "네가 하나님의 아들이냐"라는 질문에 예수님은 "그렇다. 네가 말한 대로다"라고 긍정하신다. 이어 한술 더 떠서 "나는 또 사람의 아들(인자)이다"라고 말씀하시자 당국은 그분에게 사형을 언도한다(63-66절, 풀어 쓴 표현). 그러므로 우리는 이 두 이름의 뜻과 그 둘이 합쳐진 의미를 탐구하지 않을 수 없다. 그것이 이 장에서 살펴볼 내용이다.

성경의 상호 연관성

두 호칭을 바로 이해하려면 이 장면을 벗어나야 한다. 사실은 복음의 울타리마저 넘어서야 한다. 실제로 "하나님의 아들"과 "사람의 아들"은 이전에도 내러티브와 구약에 많이 등장했다. 따라서 우리는 두 이름과 관련하여 구약에 전개되는 두 가닥의 이야기를 추적해 볼 수 있다. 그 속에 암시되어 있듯이 복음서에 이르러 예수님이 쓰신 이 두 호칭은 기존의 신학 체계에서 끌어오신 것이다.

두 가닥의 이야기를 생각하기에 앞서 방법론에 대하여 간단히 짚어둘 것이 있다. 이를 성경의 상호 연관성이라 할 수 있다. 성경을 구성하는 66권의 책은 상호 연관되어 있다. 서로 맞물려 있다. 개개의 66권이 도서관 서가에 꽂혀 있다고 생각해 보자. 그중 한 권을 꺼내려 한다. 로마서라고 하자. 그런데 책을 뽑으려다 보니 로마서가 성경의 다른 책들과 줄로 연결되어 있다. 자세히 보니 책마다 많은 줄로 다른 모든 책과 이어져 있다. 어찌나 얽히고설켜 있는지 서가에서 달랑 책 한 권만 뽑아내기가 불가능하다. 성경을 제대로 충분히 공부하려면 66권 전체를 꺼내야 한다. 성경이 상호 연관되어 있기 때문이다.

본문을 충분히 이해하려면 왜 이런 연관성을 다 제대로 고려해야 할까? 이 물음에 답하려면 성경의 저자가 하나님이면서 또한 인간임을 생각해야 한다. 알다시피 성경은 하나님이 쓰셨다. 그분이 성경의 궁극적인 저자시다. 따라서 성경에 신학적 모순이 전혀 없음은 당연하다. 그뿐 아니라 창세기부터 요한계시록까지 성경이 구속(救贖) 이야기라는 사실을 생각해 보라. 그러면 이야기가 전개되는 방식도 중요해진다.

일반적으로 작가가 내러티브를 전달하고 줄거리를 짤 때는 연관성을 활용한다. 장면과 장면 사이에 겹치는 부분이 있다. 개념이나 주제를 고리처럼 이어 이야기를 전개하고 전달한다. 우리의 일상 경험을 보더라도 그렇다. 영화감독은 굳이 줄거리를 시시콜콜 다 설명하지 않는다. 관객의 연관 능력을 전제하기 때문이다. 영화가 진행되는 동안 인물과 주제에 대한 우리의 이해가 축적된다. 성경 본문도 마찬가지다.

인간 저자의 관점에서 보면 성경은 66권의 책으로 구성되어 있다. 궁극적인 저자는 하나님 한 분이지만 인간 저자는 다수다. 그렇다면 성경은 어떻게 기록되었을까? 어떻게 지금의 최종 결과물에 이르렀을까? 성경을 중심으로 하여 공동체로 모인 하나님의 백성을 상상해 보라. 그들은 날마다 본문을 낭독한다. 어휘와 사상과 개념이 서서히 청중의 머릿속에 파고든다. 그러다 하나님이 다른 사람을 일으켜 정경을 더 늘리게 하신다. 새 저자가 양피지에 붓을 댈 때는 기존 성경의 어휘와 개념과 사상이 이미 그의 머릿속에 들어 있다. 이미 세계관이 그쪽으로 형성되어 있다. 그가 쓰려는 내용을 기존의 내용이 어느 정도 결정한다고까지 말할 수 있다. 더욱이 해당 청중에게 똑똑히 전달하려면 저자는 일부러 그들에게 익숙한 내용, 즉 이미 들었던 성경에 의지해야 한다.

성령의 감동으로 된 성경 본문은 그렇게 태어났다. 성경은 본질적으로 상호 연관되어 있다. 따라서 우리는 성경을 그런 방식으로 공부할 책임이 있다. 특정 본문이 이전 본문들과 어떻게 맞물려 있는지 늘 물어야 한다. 흔히 "하나님의 아들"과 "사람의 아들"은 단지 예수님의 신성과 인성을 각각 가리키는 호칭이라고들 말한다. 그러나 성경의 상호 연관성을 적용해 보면 알듯이 그런 단순한 정의로는 전체 그림을 볼 수 없다.

하나님의 아들이신 예수님

하나님의 아들과 관계된 이야기는 창세기 1장에서 시작된다. 익숙한 내러티브지만 그 장의 절정이 엿새째에 있음을 놓쳐서는 안 된다. 하나님의 창조는 인류가 창조된 제6일에 정점에 이른다. 여섯째 날에 할애된 지면이 다른 어떤 날보다 많다는 사실에서 저자의 강조점을 볼 수 있다. 하나님의 복수 표현인 "우리"도 다른 날에는 나오지 않는다. 아울러 엿새째에 마지막 창조 행위가 이루어졌다는 사실도 인간이 피조물의 영장임을 말해 준다.

26절에 보면 하나님이 "우리의 형상을 따라 우리의 모양대로 우리가 사람을 만들"자고 말씀하신다. 아담이 하나님의 아들로 명시되지는 않지만, 어법상 아들을 의미한다는 추론이 가능하다. 그는 어떤 면에서 창조주처럼 지어졌다. 많은 남녀에게 외모나 습성이 자기를 닮은 아들딸이 있듯이 아담도 하나님을 닮은 존재였다. 창세기 5장으로 가면 성경의 상호 연관성에 따라 같은 어법이 반복된다. "하나님이 사람을 창조하실 때에 하나님의 모양대로 지으시되…아담은 백삼십 세에 **자기의 모양 곧 자기의 형상과 같은 아들을 낳아**"(1, 3절). 창세기 1장의 어법이 아들을 의미하는 듯 보였다면 누가복음 3장의 족보에서는 그것이 사실로 확인된다. 예수 그리스도의 혈통을 아담에까지 거슬러 올라간 누가는 "아담은 하나님의 아들이니라"(눅 3:38, ESV)는 말로 족보를 마무리한다. 아담은 하나님의 아들 제1호다.

하나님의 아들이란 무슨 뜻인가? 아들 신분은 특권을 뜻한다. 아담은 하나님의 형상과 모양대로 지어졌다. 창조 질서의 다른 무엇과도 같지 않았다. 독특한 특권을 받았다. 동시에 아들 신분에는 책임도 수반된다. 창세기 1장 28절에 보면 하나님이 그에게 생육하고 번성하여 땅에 충만하고 땅을 정복하고 다스리라고 명하셨다. 하나님의 아들들은 그분의 부관이자 대리자로서 땅을 정복하고 땅에 충만해야 할 책임이 있다.

특권과 책임을 종합하면 하나님의 아들이란 하나님의 인격을 창조 질서에 중재하는 존재였다고 요약할 수 있다. 하나님의 형상과 모양대로 지어진 그는 하나님의 부관으로서 땅에 충만하고 땅을 다스려야 했다. 창조세계에 하나님을 중재해야 했다.

이야기가 계속되어 창세기 3장에 이르면 하나님의 아들은 실패한다. 한

들짐승이 인간의 권위를 찬탈하여 아담은 죄를 짓는다. 자신의 특권을 비웃고 책임을 저버린다. 이 위기의 결과로 하나님은 또 다른 아들을 찾는 탐색을 시작하신다. 특권을 받아들이고 책임을 다할 아들, 창조 질서에 하나님을 제대로 중재할 아들이다.

그다음에 하나님의 아들이 등장하는 곳은 출애굽기다. 흥미롭게도 출애굽기 내러티브는 빛과 어두움, 물을 가름, 마른 땅의 출현 등으로 기술된다. 이전의 사건을 가리키며 보여 주는 언어적 장치다. 성경의 상호 연관성에 따라 창세기 1장에서 창조 사건을 기술할 때 이미 그런 표현이 쓰였다.

이 연관성에 대하여 많은 말을 할 수 있겠지만, 아들과 관련하여 주목할 점은 단순하다. 창세기에서 하나님의 창조 작업을 통하여 아들이 생겨났다. 그렇다면 출애굽기 내러티브를 숙독하다가 위와 같은 표현을 다시 만날 때도 당연히 아들을 예상하게 된다.

결과는 정확히 예상대로다. 출애굽기 4장 22절에서 하나님은 "여호와의 말씀에 이스라엘은 내 아들 내 장자라. 내가 네게 이르기를 '내 아들을 보내 주어 나를 섬기게 하라'"고 말씀하신다. 이스라엘은 하나님의 아들이다. 과연 성경의 상호 연관성에 따라 창세기의 아들 신학을 이스라엘 나라로 전이할 수 있다. 그들은 특권과 책임을 물려받았고 세상에 하나님을 중재할 사명이 있다. 그래서 출애굽기 1장 7절에 보면 이미 아들처럼 행동하고 있다. "이스라엘 자손은 생육하고 불어나 번성하고 매우 강하여 온 땅에 가득하게 되었더라." 창세기 1장 28절의 메아리다.

아담에서 이스라엘로 전이되는 과정에 간과해서는 안 될 중요한 세부 사항이 있다. 지금까지의 아들은 개인 차원이었다. 그러나 출애굽기에 이르면 나라라는 집단이 하나님의 아들이 된다. 이제부터 하나님 아들의 사명은 국가 규모로 커진다. 이제부터 창조 질서에 하나님의 인격을 중재하는 일은 단지 한 사람을 통하여 피조물을 상대로 이루어지는 것이 아니라 한 나라를 통하여 열방을 상대로 이루어진다.

비참하게도 이스라엘도 아담처럼 사명에 실패하고 말았다. 하나님이 율법을 주셨으나 그들은 순종하지 않았다. 사사기에 보면 그 백성은 약속의 땅에서 이교도처럼 행동했다. 그 여파로 당시 주변 나라들은 이스라엘에 아무 관심도 없었다. 사사기 시대에 아무도 이스라엘과 상종하려 하지 않았다. 그러니 열방에 하나님이 중재될 일도 없었다. 그래서 탐색은 계속된다. 하나님의 또 다른 아들이 세상에 필요하다.

이제 이야기는 사무엘하 7장의 다윗 언약으로 넘어간다. 하나님은 왕의 부재라는 사사기의 문제에 답하여 주님의 사랑받는 군주를 세우셨다. 이 왕과 맺은 언약은 하나님이 구속사의 목적을 이루시는 통로가 된다. 이 언약의 정황에 다시 아들의 어법이 등장한다. "나는 그에게 아버지가 되고 그는 내게 아들이 되리니"(삼하 7:14). 이렇듯 이야기가 진행되면서 우리는 다시 집단에서 개인으로 돌아간다. 더 구체적으로 말해서 나라에서 왕으로 넘어간다. 이 전환으로 이스라엘의 아들 신분이 폐기되는 것은 아니다. 다만 보충될 뿐이다. 민족에는 왕이 필요하고 왕에게는 나라가 필요하기 때문이다. 나아가 이제 새롭게 형성된 역동에 따라, 하나님의 개인 아들인 다윗 왕이 하나님의 인격을 이스라엘 나라에 제대로 중재하면, 하나님의 집단 아들인 이스라엘도 하나님의 임재를 열방에 제대로 중재하게 된다. 왕이 성공하면 나라도 성공하게 되는 것이다. 그러나 다윗은 이 일에 실패한다. 밧세바와 간음하여 다윗 왕조, 나아가 이스라엘 나라까지 혼란에 빠뜨린다. 다윗의 간음 때문에 이스라엘 나라는 유랑의 첫걸음을 내딛는다.

아들 신학을 보여 주는 본문은 그 밖에도 아주 많지만, 이 정도면 마태복음에서 예수님이 받으신 "네가 하나님의 아들이냐"라는 질문이 예사롭지 않음을 알 수 있다. 여기서 병치된 용어를 잘 보라. "네가 하나님의 아들 그리스도인지 우리에게 말하라." 그리스도는 '메시아'를 뜻하고 메시아는 '기름부음 받은 자'를 뜻한다. 이 경우 기름부음 받은 자는 다윗 왕조의 왕을 가리킨다. 풀어 쓰면 "네가 다윗 왕조의 왕 하나님의 아들이냐"가 된다. 이 물음에 예수님은 "그렇다"라고 답하여 자신이 다윗 왕조의 왕이며, 그들을 다스리러 온 하나님의 아들임을 긍정하신다. 자신이 그들에게 하나님의 인격을 중재하여 이스라엘을 성공하게 하고 열방을 자신에게로 돌아오게 하시겠다는 말씀이다. 이 고백에 함축된 의미는 전 세계에 미친다. 나사렛 출신의 목수로서는 대단한 주장이다.

여기서 이런 질문이 나올 수 있다. 예수님은 어떻게 하나님의 아들로서 실패하지 않으실 수 있는가? 이전의 모든 아들이 실패했는데 그분은 어떻게 성공하시는가? 답은 그분이 성자 하나님이시기 때문이다. 그분이 아들로 성육신하여 실패하지 않은 것은 본래 영원한 아들이시기 때문이다.

예배가 먼저다

우리는 소비를 지향하는 문화 속에서 살고 있다. 사회의 소비 욕구가 교회에도 스며들어 주일 아침마다 사람들은 이번 주에 실천할 일 세 가지를 듣고 싶어 한다. 소비할 조언과 '적용'을 원한다. 하나님의 말씀으로 실제적 교훈을 베푸는 것이 전혀 잘못은 아니지만, 동시에 우리에게는 단순히 그리스도의 영광을 전할 기회가 주어져 있다. 복음의 부요와 깊이를 사람들에게 보여 줄 독특한 특권이 있다. 우리가 믿거니와 단순히 하나님 아들의 모든 아름다움과 광채와 탁월함을 제시하면 사람들의 마음이 예배로 끌린다. 또한 믿거니와 사람들의 마음이 끌려 그분을 예배하면 다른 더 '실제적이고 시급한' 문제들은 점차 제자리를 찾는다. 다시 말해 제대로 예배하면 삶이 지혜로워진다.

사람의 아들이신 예수님

예수님은 자신이 하나님의 아들임을 인정하는 정도로 만족하지 않으신다. 그 고백에서 한 걸음 더 나아가 사실상 이렇게 말씀하신다. "나는 하나님의 아들일 뿐 아니라 또한 사람의 아들이다." 이는 성경 이야기의 두 번째 가닥으로 이어진다.

성경의 상호 연관성에 따라 이번에도 창세기로 돌아간다. 내러티브를 반복할 필요는 없으나 꼭 기억해야 할 것이 있다. 인간은 창조될 때 흙에서 취해졌다. 우리는 본래 땅과 연결되어 있다. 그래서 창세기 3장에 보면 아담은 하나님을 등질 때 인류뿐만 아니라 창조 질서 전체를 타락시켰다. 그는 죄짓고 타락할 때 우주를 함께 망가뜨렸다. 지금 하늘에 빛나는 별은 처음과는 다르다. 지금 하나님을 찬송하는 바다와 대양과 강과 바위와 산도 예전과는 다르다. 지상 최고의 절경도 타락 이전의 우주를 희미하고 칙칙하게 보여 주는 잔상에 불과하다.

그 점을 염두에 두면 창세기 11장에 처음 등장하는 "사람의 아들들"(5절, NASB)이란 문구가 눈에 들어온다. 이 장의 내러티브가 의도적으로 창세기 1-3장을 도로 가리키는 쪽으로 짜여 있음도 보인다. 하늘(11:4), 온 땅(11:1), 동방(11:2), 건설과 만들기(11:3, 4, 5), 이름 짓기(11:9), 하나님의 복수 표현(11:7) 등 많은 어휘가 창세기의 첫 몇 장에서 따온 것이다.

게다가 땅을 충만하게 한다는 주제도 부정적 의미로나마 등장한다. 창세기 11장의 사람들은 한마디로 "우리가 탑을 쌓아 우리 이름을 내고 흩어짐을 면하자"라고 말한다. 가서 땅에 충만하라 하신 명령에 순종하지 않은 것이다.

그래서 한 걸음 물러나 전체를 조망해 보면 창세기 11장은 두 번째 타락의 내러티브로 작용한다. 창세기 1-2장에 창조 기사가 나오고, 3장에 타락이 기록되고, 4-6장에 죄가 급증하고, 7-10장에 하나님이 홍수를 통하여 다시 시작하여 재창조하신다. 그런데 그다음 11장에서 인류는 다시 창조주를 등진다. 바벨탑 사건은 우리를 도로 원점으로 데려다 놓는다. 제2의 타락이다.

중요하게 인식할 것은 바로 이런 정황에서 "사람의 아들들"이란 문구가 처음 쓰였다는 점이다. 화자는 우리가 이 사람들을 조상 아담과 연결시키기를 원한다. 사실 사람의 아들들을 더 직역하면 아담의 아들들이다. 그들은 창조세계 전체를 망쳐 놓은 사람의 후손이다. 그들의 특징은 타락한 본성, 즉 죄와 허물이다. 구약 전체에서 이 문구를 추적해 보면 언제나 이 구도에 맞아든다. 사람의 아들들은 잃은 바 되고 무력하고 약하여 구원이 필요한 존재로 그려질 때도 있고, 하나님을 등지는 악하고 반항적인 존재로 표현될 때도 있다. 어느 경우든 사람의 아들들의 특징은 온 우주에까지 영향을 미친 인류의 타락한 본성으로 압축된다.[1]

이제 우리는 에스겔에 이른다. 그의 사역은 호기심을 자아낸다. 하나님이 에스겔서 전체에서 그를 거듭 "사람의 아들"(인자)이라 부르시기 때문이다. 잘 생각해 보면 그것은 논리에 어긋나 보일 수 있다. 인간 에스겔의 특징은 악이 아니다. 그는 좋은 사람 같다. 평생 제사장으로 수련해 온 그를 하나님이 선지자로 세우셨다. 그는 의롭게 살고자 힘쓰는 것 같은데 왠지 하나님은 그를 "사람의 아들"이라 칭하신다. 이 긴장을 어떻게 해결할 것인가? 에스겔이 했던 사역의 성질을 숙고해 보면 답이 나온다. 다른 어느

---

[1] Chrys C. Caragounis, *The Son of Man*(Eugene, OR: Wipf & Stock, 2011), 57.

선지자보다도 그는 하나님의 말씀을 말뿐만 아니라 행동으로 전한 선지자다. 하나님의 메시지를 전달할 뿐 아니라 몸으로 시연해 보였다.

에스겔 1-2장에 보면 그가 죽은 자처럼 바닥에 엎어져 있는데 성령이 그 안에 들어가 그를 일으켜 세우신다. 이는 이스라엘이 37장에서 곧 받게 될 구원을 상징하는 그림이다. 4장에서 에스겔은 390일 동안 옆으로 누워 있다가 40일 동안 토성을 쌓고 얼굴을 그쪽으로 향한 채 전시(戰時)의 빵과 물로 연명한다. 그 후에는 머리털과 수염을 깎고 아내마저 사별한다. 이 모두가 마음이 완악한 이스라엘에 심판이 임박했음을 보여 주는 시연이었다.

에스겔서 전체에서 그는 축소판 이스라엘처럼 행동한다. 중재 역할을 맡았다고 말할 수 있다. 에스겔은 그 백성을 대표한다. 그들 앞에 서서 그들과 동화한다. 하나님이 그를 "사람의 아들"이라 부르심은 그의 특징이 악해서가 아니라 그가 사람의 아들들을 대표하기 때문이다. 이렇듯 사람의 아들과 관계된 이야기에서 에스겔은 중요한 전환점을 이룬다. 하나님이 그를 부르신 호칭은 이 표현에 대표성이 부여되었다는 증거다.

그것은 다시 우리를 구약에서 "사람의 아들" 신학의 절정이자 완성인 다니엘서로 데려간다. 다니엘은 포로 생활에서부터 구속사의 종말에 이르기까지 구원의 개요를 제시한다. 특히 책의 중심이자 신학적 골자는 7장이다. 그 장에 벌어지는 일을 보면 구원의 역사를 알 수 있다. 2절에 다니엘은 "내가 밤에 환상을 보았는데 하늘의 네 바람이 큰 바다로 몰려 불더니"라고 말한다. 이어 3절에는 "큰 짐승 넷이 바다에서 나왔는데"라고 되어 있다. 지상의 인간 왕 넷을 그는 왜 창조 질서에서 나온 짐승으로 표현했을까? 일부 답은 우리의 생각을 창조 때의 틀에 묶어 두기 위해서다. 창조 질서에서 나온 짐승을 우리는 창세기 1장에서 이미 읽었다. 따라서 다니엘이 지상의 인간 왕 넷을 이 땅에 출현하는 짐승으로 표현한 것은 우연이 아니다. 그는 우리가 창세기 1-3장에 나오는 창조의 렌즈를 통하여 생각하기를 원했다.

바로 이 기존 문맥 속에서 우리는 다니엘이 본 환상의 논리를 따라간다. 보다시피 지상에 악하고 교만한 네 왕이 일어나 하나님을 대적하며 부당하게 권력을 잡으려 하다가 결국 파멸에 떨어진다(단 7:4-10). 이어 13-14절에 "인자(사람의 아들) 같은 이가 하늘 구름을 타고 와서 옛적부터 항상 계신 이에게 나아가 그 앞으로 인도되매 그에게 권세와 영광과 나라를 주고 모든 백성과 나라들과 다른 언어를 말하는 모든 자들이 그를 섬기게 하였으니 그의 권세는 소멸되지 아니하는 영원한 권세요 그의 나라는 멸망하지 아니할 것이니라"는 말씀이 나온다. 여기서 의문이 생긴다. 이 인자는 우리가 여태 추적해 온 전체 이야기 속의 사람의 아들에 어떻게 맞아드는가? 세부 사항에 주목해야 한다. 그분은 실제로 사람의 아들이 아니라 사람의 아들 같은 이로 묘사되어 있다. 아람어의 이 한 단어가 신학적으로 매우 중요하다. 사람의 아들 같다는 말은 이 인자가 이전의 사람의 아들들과 비슷한 점이 있다는 뜻이다. 하지만 차이점도 있다.[2]

차이점에 주목하면서, 다니엘이 2-3절에 제시한 창조의 은유로 돌아가 보자. 기억하다시피 창세기 3장에서 들짐승은 인간의 권위를 찬탈하여 승리했다. 그러나 다니엘 7장의 들짐승들은 아무리 기를 써도 인간의 권위를 찬탈하지 못한다. 창세기 3장에서는 짐승이 이기지만 다니엘 7장에서는 인자가 이기신다. 요컨대 첫째 차이점은 이 인자가 타락의 내러티브를 뒤집으신다는 사실이다. 첫 인간이 실패했던 부분에서 그분은 이기고 성공하신다.

---

2 이런 관점과 이후의 논의는 다음 책의 도움을 받았다. Abner Chou, *I Saw the Lord: A Biblical Theology of Vision* (Eugene, OR: Wipf & Stock, 2013), 142.

남들은 다 실패했는데 이 인자는 어떻게 성공하는지 궁금할 수 있다. 잘 보면 그분은 하늘 구름을 타고 오신다(7:13). 고대 근동의 사상에서 구름을 타고 다니는 존재는 누구나 신으로 통했다. 또 같은 구절을 보면 이 인자는 옛적부터 항상 계신 이를 대면하신다. 하나님을 보고도 살아남은 사람은 아무도 없는데 그분은 하나님 앞에 서신다. 끝으로, 그분은 하나님께만 해당되는 예배와 경외를 받으신다(7:14). 그래서 둘째 차이점은 이 인자가 신이라는 사실이다. 그분이 타락의 내러티브를 능히 뒤집으실 수 있음도 이 같은 사실로 설명된다.

그분이 성공하신 결과는 무엇인가? 이 질문은 한 가지 비슷한 점으로 이어진다. 우선 그분이 사람이라는 데 주목해야 한다. 신기하게도 그분은 신이지만 보다시피 인자, 즉 인간으로도 기술된다. 게다가 에스겔서의 인자처럼 그분도 다른 사람들을 대표하신다. 환상이 해석되는 7장 하반부에 그 점이 분명하게 나와 있다. 그 부분을 읽어 보면 흥미롭게도 인자가 아예 언급되지 않는다. 이 환상의 신학과 책 전체에 그토록 핵심 인물인데도 해석에서는 언급되지 않는다. 반면에 지극히 높으신 이의 성도들이 등장한다(단 7:25, 27). 그들이 나라를 받는다. 다니엘이 인자와 성도들을 혼용할 수 있는 이유는 둘이 아주 밀접하게 연결되어 있기 때문이다. 왕이 자기 백성을 다스리시는데 그분이 성공하자 그들도 승리로 이끌린다. 이 인자는 사람의 아들들을 대표하신다.

그뿐 아니라 인자의 사역은 창조 질서에까지 영향을 미친다. 알다시피 사람의 아들들이 흙에서 나왔기 때문이다. 아담이 실패한 부분에서 그분이 성공하여 들짐승을 이기신 덕분에 사람의 아들들이 성공할 뿐 아니라 우주도 구속된다.

이제 예수님이 재판받으실 때 직접 하신 고백으로 다시 돌아간다. 자신이 하나님의 아들이자 사람의 아들이라는 이중의 선언은 여태까지의 복음서 내러티브에서 기독론의 절정을 이룬다. 이렇게 말씀하신 것과 같다. "너희가 생각할 수 있는 모든 면에서 나는 구속사의 중심이다. 이스라엘에는 물론이고 온 우주에도 그렇다." 이 고백에 담긴 속뜻을 알았기에 당국은 그분을 사형에 처했던 것이다.

사람의 아들이신 동시에 하나님의 아들이신 분

이제 남은 질문은 하나다. 이 두 호칭이 합쳐진 의미는 무엇인가? 그 재판 장면에 사람의 아들과 하나님의 아들의 관계가 드러나 있는가? 이에 답하려면 두 호칭이 쌍을 이룬 것이 이번이 처음이 아님에 주목해야 한다. 사실 복음서를 잘 읽어 보면 하나님의 아들과 사람의 아들이 시종 맞물려 짜여 있는 것이 보인다. 복음서의 내러티브에 예수님이 하나님의 아들, 지극히 높으신 이의 아들, 찬송 받으실 이의 아들이라는 고백이 자주 나온다. 그런데 이에 응하여 예수님은 상대에게 하나님의 아들이 아니라 사람의 아들에 대하여 가르치신다. 예컨대 "너희는 나를 누구라 하느냐"라는 예수님의 물음에 베드로가 "주는 그리스도시요 살아 계신 하나님의 아들이시니이다"라고 답한다. 그러자 예수님은 "그 하나님의 아들에 대하여 일러 주리라"고 말씀하신 것이 아니라 "인자(사람의 아들)가 고난을 받아야 하리라"는 말씀을 하신다(마 16:15-23). 복음서 저자들은 이미 여러 번 내러티브 속에서 이 두 호칭을 병용했다.[3]

재판 장면에서나 다른 본문에서 그 둘이 합쳐진 의미는 아마 하나의 성취가 다른 하나의 성취에 의존해 있다는 점일 것이다. 구체적으로 말해 하

---

3 Seyoon Kim, *The Son of Man as the Son of God*(Grand Rapids: Eerdmans, 1985), 1-5. (『그 사람의 아들-하나님의 아들』 두란노)

나님의 아들이 열방에 하나님을 중재하셔야 이를 통하여 사람의 아들이 우주를 그분과 화목하게 하실 수 있다. 다시 말해 예수님이 사람의 아들로서도 성공하실 수 있음은 하나님의 아들로서 성공하시기 때문이다. 도미노 효과처럼 하나가 다른 하나를 촉발한다.

결론

깊이를 이해하지도 못한 채 메시지를 전하는 것으로 만족하지 말라. 본문의 단어 하나하나에 몰입하라. 그리스도의 이름과 내러티브의 구석구석과 모든 세부 사항 속에 영광과 부요가 있음을 알라. 이를 즐거워하고 묵상하고 다른 사람에게 전하는 데만도 족히 영원이 소요될 것이다. 나아가 부지런히 힘써 성경의 전체 이야기를 전하라. 각각의 본문에 내재된 상호 연관성을 알아야 한다. 노력하여 그 연관성을 찾아내고 그 속에 담긴 의미를 제대로 파악해야 한다. 최선을 다해 창세기부터 요한계시록까지 전개되는 구속사의 드라마를 사람들에게 보여 주어야 한다. 알다시피 전체 그림을 보여 주면 하나님의 영광이 드러난다.

03
아들과 아버지의 관계

이사야 50장　　　　　　　　　　　마크 존스(Mark Jones)

　　　　아버지와 아들의 관계라는 주제를 고찰하고자 이사야 50장에 묘사된 종에 대한 몇 가지 진리를 진술하려 한다. 이 본문은 네 편의 '종의 노래' 중 셋째에 해당한다.

　첫째 노래인 이사야 42장에는 아버지인 여호와께서 '종'에 대하여 말씀하신다. 그분은 종에게 자신의 영을 주어 준비시키신다. 내가 믿기로 이사야는 구약에서 성령의 선지자다. 그래서 이사야서는 누가복음과 짝을 이룬다. 누가는 그리스도의 삶에서 성령의 역할을 누구보다도 강조한다. 종의 둘째 노래인 이사야 49장으로 넘어가면 아버지(여호와)와 아들(종)의 대화가 나온다. 이방인과 유대인이 종에게 상으로 주어진다.

　그러다 이사야 50장에 이르면 이번에는 종이 말한다.

"내가 너희의 어미를 내보낸 이혼 증서가 어디 있느냐. 내가 어느 채주에게 너희를 팔았느냐. 보라, 너희는 너희의 죄악으로 말미암아 팔렸고 너희의 어미는 너희의 배역함으로 말미암아 내보냄을 받았느니라. 내가 왔어도 사람이 없었으며 내가 불러도 대답하는 자가 없었음은 어찌됨이냐. 내 손이 어찌 짧아 구속하지 못하겠느냐. 내게 어찌 건질 능력이 없겠느냐. 보라, 내가 꾸짖어 바다를 마르게 하며 강들을 사막이 되게 하며 물이 없어졌으므로 그 물고기들이 악취를 내며 갈하여 죽으리라. 내가 흑암으로 하늘을 입히며 굵은 베로 덮느니라." 주 여호와께서 학자들의 혀를 내게 주사 나로 곤고한 자를 말로 어떻게 도와줄 줄을 알게 하시고 아침마다 깨우치시되 나의 귀를 깨우치사 학자들같이 알아듣게 하시도다. 주 여호와께서 나의 귀를 여셨으므로 내가 거역하지도 아니하며 뒤로 물러가지도 아니하며 나를 때리는 자들에게 내 등을 맡기며 나의 수염을 뽑는 자들에게 나의 뺨을 맡기며 모욕과 침 뱉음을 당하여도 내 얼굴을 가리지 아니하였느니라. 주 여호와께서 나를 도우시므로 내가 부끄러워하지 아니하고 내 얼굴을 부싯돌같이 굳게 하였으므로 내가 수치를 당하지 아니할 줄 아노라. 나를 의롭다 하시는 이가 가까이 계시니 나와 다툴 자가 누구냐. 나와 함께 설지어다. 나의 대적이 누구냐. 내게 가까이 나아올지어다. 보라, 주 여호와께서 나를 도우시리니 나를 정죄할 자 누구냐. 보라, 그들은 다 옷과 같이 해어지며 좀이 그들을 먹으리라. 너희 중에 여호와를 경외하며 그의 종의 목소리를 청종하는 자가 누구냐. 흑암 중에 행하여 빛이 없는 자라도 여호와의 이름을 의뢰하며 자기 하나님께 의지할지어다. 보라, 불을 피우고 횃불을 둘러 띤 자여, 너희가 다 너희의 불꽃 가운데로 걸어가며 너희가 피운 횃불 가운데로 걸어갈지어다. 너희가 내 손에서 얻을 것이 이것이라. 너희가 고통이 있는 곳에 누우리라.

이사야는 자신의 입술이 부정하다고 말했던 선지자다(사 6:5). 자칭 부정하다는 고백에도 불구하고 하나님의 말씀을 통틀어 이사야만큼 언변이 뛰어나고 수려한 선지자가 또 있던가? 부정하다는 그 입에서 사상 최고 수준의 장엄한 말이 나왔다. 사실 구약에서 그에게 근접할 사람은 욥과 시편 저자 몇에 불과할 것이다.

그는 신비의 인물인 종에 대하여 썼다. 물론 그 종은 주 예수 그리스도시다. 본문에 보면 이사야에게는 주 예수 그리스도라는 종에 대하여 그리고 그분과 아버지의 관계에 대하여 우리에게 말해 줄 심오한 진리가 많다.

예수님은 아버지께 가르침을 받으셨다

본문 4절에 나오는 첫째 진리는 종이 가르침을 받는다는 것이다. "주 여호와께서 학자[가르침을 받은 사람]들의 혀를 내게 주사." 나중에 이 종의 가르침은 놀라워 사람들을 경탄에 빠뜨렸다.

사람들은 예수님의 입에서 나오는 은혜로운 말씀에 놀랐다. 그래서 번번이 회당에서 "이 사람이 어디서 이런 것을 얻었느냐. 이 사람이 받은 지혜[가]…어찌됨이냐"(막 6:2), "이 사람은…어떻게 글을 아느냐"(요 7:15)라고 물었다. 답은 바로 이사야 50장에 나온다. "주 하나님 내 아버지께서 가르침을 받은 사람들의 혀를 내게 주사." 이것이 그런 물음에 대한 답이다. 예수님의 가르침은 어디서 난 것인가? 그것은 하늘에 계신 아버지에게서 온 것이었다.

그분은 "내 교훈은 내 것이 아니요 나를 보내신 이의 것이니라"(요 7:16)고 말씀하셨고, "내가 내 자의로 말한 것이 아니요 나를 보내신 아버지께서 내가 말할 것과 이를 것을 친히 명령하여 주셨으니"(요 12:49)라고도 하셨다. 그리스도 예수는 아침마다 아버지께 가르침과 교훈을 받으셨다. 그 교육이 어떻게 이루어졌는지는 정확히 알 수 없으나 이것만은 분명하다. 예수님은 일생 구약을 꾸준히 탐독하여 구약은 그분의 DNA처럼 되었다. 아마 구약의 태반을 외우셨을 것이다.

왕이 왕위에 오르면 율법서를 필사해야 했듯이(신 17:18) 예수님은 율법을 머리로 외우고 마음에 새기셨다. 예수님이 사역하신 동안 가장 자주 던지신 질문이 무엇인가? "너희가 읽지 못하였느냐." 그 말씀을 얼마나 자주 하셔야 했던가? 그것도 무지한 이방인이 아니라 독실하다는 유대인에게 말이다. "너희가 읽지 못하였느냐." 구주의 입에서 나오는 얼마나 준엄한 질책인가? "너희가 읽지 못하였느냐."

예수님은 3년간 능히 가르치고자 30년간 아침마다 가르침을 받으셨다. 생각해 보라. 우리는 그 반대로 한다. 그분은 30년간 본과 교훈과 훈련을 받으신 덕분에 3년간 "나는 오직 아버지께서 내게 주신 것만 말하노라"고 말씀하실 수 있었다. 이 종은 이렇게 복종하고 순종했다. "나는 내 주인이 말씀한 것만 말한다"라는 단순한 고백보다 더 큰 순종을 생각할 수 있는가? 바로 예수님이 그렇게 하셨다.

본문 4절에서 종은 "주 여호와께서 학자들의 혀를 내게 주사"라고 말한다. 무엇을 위하여 주셨을까? 바로 뒤에 나오듯이 "나로 곤고한 자를 말로 어떻게 도와줄 줄을 알게 하시"기 위해서다. 신명기 18장에 모세가 장차 임할 선지자에 대하여 한 말이 바로 그것이다. "내가 그들의 형제 중에서 너와 같은 선지자 하나를 그들을 위하여 일으키고 내 말을 그 입에 두리니"(신 18:18상). "내 말을 그 입에 두리니." 이것이야말로 자의로 말하지 않는 선지자의 정수다. 모세와 이사야는 물론 우리 주 예수 그리스도도 자의로 말씀하지 않으셨으니 당신과 나도 그래서는 안 된다. "내가 그에게 명령하는 것을 그가 무리에게 다 말하리라"(신 18:18하).

야고보서 3장 8절에 혀를 능히 길들일 사람이 없다고 했으나 예수님은 그 일을 하셨다. 왜 그분께 권세와 왕권이 주어지는가? 결국은 아무도 길들이지 못하는 혀를 길들이셨기 때문이다. 그분은 부적절한 말이나 말실수를 하신 적이 없다. 그분이 혀를 길들이신 비결은 성령의 능력으로 아버지께 길들여지셨기 때문이다. 이보다 앞선 종의 노래에서 종은 "[여호와께서] 내 입을 날카로운 칼같이 만드시고"(사 49:2)라고 말했다. 얼마나 예리한 표현인가! 그분은 대군을 거느린 군사 정복자가 아니라 아버지께 혀가 길들여진 분이었다. 그래서 그분의 혀는 "날카로운 칼날"이 된다. 그분은 무슨 말을 해야 할지 늘 아셨다. 적들의 말문이 막히게 하셨다. 상한 심령에 평안과 치유를 가져다주셨다. 어떤 때는 일부러 사람들을 혼란에 빠뜨리셨다. 비유로 말씀하셨다. 그분은 우물가의 여인과 니고데모와 자신의 어머니와 제자들에게 말씀하셨다. 무슨 말을 해야 할지 늘 아셨고, 때로는 아무 말도 하지 말아야 할 때를 아셨다.

혀를 길들이려면 해야 할 말뿐 아니라 하지 말아야 할 말도 알아야 하는데, 웬만한 사람에게 이는 생각보다 훨씬 어려운 일이다. 그분의 말씀을 보면 하나같이 목회 신학의 명언이 아닌가? 십자가 위에서 하신 말씀까지도 그렇다. 이루 말할 수 없는 고통 중에도 그분은 거의 매번 구약에 의지하여 말씀하신다. "아버지, 내 영혼을 아버지 손에 부탁하나이다"(눅 23:46)는 시편 31편 5절에서, "내가 목마르다"(요 19:28)는 시편 69편 21절에서 온 말씀이다. 이는 그분께 아주 자연스러운 일이다. 마치 입만 여시면 구약이 강물처럼 흘러나오는 것 같다. 이렇게 다 갖추어져 있었던 것은 아버지께 가르침을 받으셨기 때문이다. 그분은 그대로만 말씀하셨다.

예수님은 아버지께 순종하셨다

이사야 50장의 둘째 진리는 종이 순종한다는 것이다. "주 여호와께서 나의 귀를 여셨으므로 내가 거역하지도 아니하며 뒤로 물러가지도 아니하며 나를 때리는 자들에게 내 등을 맡기며 나의 수염을 뽑는 자들에게 나의 뺨을 맡기며 모욕과 침 뱉음을 당하여도 내 얼굴을 가리지 아니하였느니라"(5-6절). 여기 우리가 깨달아야 할 아주 중요한 내용이 있다.

그리스도는 우리를 구원하고자 행하신 모든 일을 자원해서 하셨다. 본문의 강조어는 "내가"다. "내가" 그렇게 했다는 것이다! "나는 양을 위하여 목숨을 버리노라…이를 내게서 빼앗는 자가 있는 것이 아니라"(요 10:15, 18). 이런 말씀이나 같다. "내가 그들에게 내 수염을 주어 뽑게 했다. 내가 그들에게 내 얼굴을 주어 치게 했다. 내가 그들에게 내 몸을 주어 십자가에 못 박게 했다. 자원하지 않으면 순종이 아니기에 나 스스로 그렇게 했다." 귀가 열린다는(뚫린다는) 말이 처음 나오는 곳은 (내가 알기로) 출애굽기 21장이다. 상전을 사랑하는 노예에 관한 대목이다. 종이 주인 곁에 남겠다고 고백하면 주인은 종을 기둥으로 데려가 못으로 귀에 구멍을 뚫는다. 이것은 순종과 사랑과 의존을 상징하는 행위다. 이사야서의 종에 대해서도 바로 그 은유가 쓰였다. 주께서 그의 귀를 여셨으므로 그는 거역하지 않았다.

아버지께 순종하신 결과는 무엇이었는가? 40일간 밤낮으로 굶주리는 것이었다. 천사들이 와서 그분을 시중들어야 할 정도였다(마 4:11). 하나님의 아들이요 신인(神人)이신 그분께 천사의 시중이 필요했다. 순종의 결과로 그분은 제자들에게는 물론 가족에게까지 버림받으셨다. 동생들은 그분을 미친 사람 취급했다(막 3:21). 역사상 온전히 제정신이었던 유일한 인물에게 아예 정신이상자라는 낙인이 찍혔다.

순종의 결과로 그분은 조롱당하셨다. "그가 귀신 들려"(요 10:20). 거룩한 영으로 충만하신 하나님의 아들이 귀신 들렸다는 것이다. 순종의 결과로 그분은 외면당하셨다. 그래서 요한복음 6장에서 제자들에게 "너희도 가려느냐"라고 물으셔야 했다. 그저 수사적 효과를 노린 질문이었을까? 천만의 말이다. 바리새인 시몬의 집에 가셨을 때 "너는 내게 발 씻을 물도 주지 아니하였으되…너는 내게 입맞추지 아니하였으되"(눅 7:44-45)라고 솔직히 말씀하시는 장면에서는 그분의 예민한 감정이 느껴진다.

마태복음 4장에 보면 그분이 아버지께 순종하신 결과는 마귀의 훼방과 유혹이었다. 성령께 이끌려 광야에 가셨더니 마귀가 접근해 왔다. 정말 어이없게도 마귀는 하나님의 아들을 벼랑에서 뛰어내리게 하려 했다. 머잖아 예수님이 성령으로 충만하여 말씀을 전하시자 사람들은 그분의 은혜로운 말씀에 놀랐다. 그런데 그분이 이방인도 하나님의 언약에 포함된다고 말씀하시자 그들은 사탄과 똑같이 그분을 벼랑에서 밀쳐 떨어뜨리려 했다. 그것이 순종의 결과였다. 또 순종의 결과로 그분은 집도 잃으셨다. "여우도 굴이 있고 공중의 새도 거처가 있으되 인자는"—천지를 다 동원해도 모시기에 부족한 우주의 주인이건만—"머리 둘 곳이 없다"(마 8:20).

순종의 결과로 집을 잃은 그분은 사랑하는 제자에게 배신까지 당하셨다. 확신컨대 그분은 유다를 사랑하셨다. 다른 이유에서가 아니라면 원수를 사랑하라는 계명 때문에라도 말이다. 순종의 결과는 그것이 다가 아니었다. 순종은 결국 그분을 겟세마네라는 곳으로 데려간다. 여기가 여러 모로 전환점이다. 보다시피 하나님의 아들이 아버지 앞에 나오는 것부터가 에덴동산의 첫 아담과는 전혀 다르다. 아담은 죄를 짓고 나서 어떻게 했는가? 아버지를 피하여 숨었다. 그런데 하나님의 아들은 와서 "내가 여기 있나이다. 내가 여기 있나이다"라고 말씀하신다.

휴 마틴의 말에 나도 동의하거니와 예수님이 만일 아버지께 이 잔을 지나가게 해달라고 간구하지 않으셨다면, 그분의 무죄하심에 당연히 의문이 제기될 수 있다.[1] 아버지께 "이 잔을 내게서 옮기옵소서"라고 세 번이나 청하지 않으셨다면, 과연 그분이 인간으로서 하나님의 거룩하심을 조금이나마 제대로 아셨을지 의문이 들 만하다. 하나님의 거룩하심을 그분의 아들만큼 아는 사람은 없는데, 이제 아들이 그 거룩하심의 진노 속에 들어가려는 참이다. 그런데도 움츠러들지 않는다면 미친 바보나 심지어 학대받기를 즐기는 사람이 아닌지 의심스러워질 것이다.

그 동산에서 예수님이 "이 잔을 내게서 옮기옵소서"라고 아뢴 것은 당연한 일이다. 그분은 여태 아버지의 미소와 사랑밖에 모르셨다. 영원 전부터, 태어나실 때부터, 어머니의 품에서부터 그분과 아버지 사이에는 사랑의 교제밖에 없었다. 그런데 이제 아버지께서 아들을 외면하시려는 참이다. 이집트의 재앙처럼 어둠이 온 땅을 덮고 장자가 목숨을 잃으려는 참이다. 그러니 어떻게 "이 잔을 내게서 옮기옵소서"라고 구하지 않을 수 있겠는가?

마틴의 말마따나 아버지의 진노를 그토록 속속들이 아시면서도 어떻게든 이를 면하려는 마음이 간절하지 않다면, 이는 인류에게 꼭 필요한 모든 무죄한 감성과 진정한 인성이 예수님께 없다는 증거일 것이다.[2] 그런데 이 모든 간청은 "아버지의 원대로 하옵소서"라는 말 속에 싸여 있다. 다시 말하면 이렇다. "내가 거역하지도 아니하며 뒤로 물러가지도 아니하니 아버지의 원대로 하옵소서." 그 결과는 십자가였다. 그리스도께는 신의 의지뿐만 아니라 참 인간의 의지도 있었다. 감히 이 사실을 대충 얼버무려서는 안 된다. 그분은 떠도는 유령이 아니며, 본인에게 정말 필요하지도 않

---

1 Hugh Martin, *The Shadow of Calvary*(Edinburgh: Banner of Truth, 2016). 『갈보리의 그림자』 지평서원)
2 같은 책, 23.

은 요청을 순전히 우리를 위하여 기도로 올려드리신 것이 아니다. 그분께는 두 개의 의지(신의 의지와 인간의 의지)가 있는데 인간의 의지는 절망에 이르기 직전이었다. 그래서 괴로워하며 간청하신다. 이 모두가 지극히 인간다운 모습이다.

그리스도께 의지가 하나뿐이고 하나님께 의지가 셋(삼위일체의 각 위격마다 하나씩)이라고 말한다면, 이는 이단일 뿐 아니라 우리가 의롭다 하심을 얻는 방식에도 문제가 생긴다. 오직 믿음으로 우리에게 전가되는 그리스도의 순종은 정말 **인간의** 순종이다. 믿음으로 당신과 내게 귀속되는 것은 바로 성육신하신 성자 하나님의 순종(그분의 모든 발언과 생각)이다. 우리가 필사적으로 붙들어야 할 사실이 있다. 인성에 해당하는 절망과 고뇌를 신의 의지 탓으로 돌릴 수는 없으며 그래서도 안 된다. 오히려 성육신은 절망과 고뇌로 인하여 영광스러워진다.

아버지께서 예수님을 신원하셨다

종에 대한 셋째 진리는 이사야 50장 7-8절에 나오는 그의 소망이다. "주 여호와께서 나를 도우시므로." 잘 읽어 보면 알 수 있듯이 예수님은 인간의 노력을 앞세우는 골수 펠라기우스주의자가 아니다. 아버지께서 예수님을 도우시고 갖추어 주시고 그분의 영을 부어 주신다. 예수님의 말씀에 "나는 죄가 없고 그만한 능력도 있으니 내 힘으로 소매를 걷어붙이고 순종하리라"는 의미는 조금도 없다. 오히려 엄청난 의존과 소망이 느껴진다.

> 주 여호와께서 나를 도우시므로 내가 부끄러워하지 아니하고 내 얼굴을 부싯돌같이 굳게 하였으므로 내가 수치를 당하지 아니할 줄 아노라. 나를 의롭다 하시는[신원하시는] 이가 가까이 계시니 나와 다툴 자가 누구

냐. 나와 함께 설지어다. 나의 대적이 누구냐. 내게 가까이 나아올지어다(7-8절).

바로 이 말씀 속에 일종의 거룩한 확신이 있다. 이 종은 아름답다. 승리가 눈앞에 와 있다. 하나님을 확신하기 때문이다. 그는 자신이 신원되어 영광을 얻고 높여질 것을 안다. 요한복음 17장에서 예수님은 그렇게 기도하셨다. 수치를 당하기 직전에 그분은 아버지를 신뢰하는 자신을 영화롭게 해달라고 기도하신다. 중보자의 영광은 신이신 그분만의 몫인데, 이 영광을 받으려면 먼저 십자가를 통과해야 한다는 것도 그분은 아신다.

그러므로 천국에 대하여 이것만은 말할 수 있다. 천국은 우리 구주가 영원히 신원되신 나라다. 그분을 고발하던 무리는 장차 할 말이 있을까? 본문의 표현은 충격적이다. 그리스도가 적들과 거룩하게 대결하시는 것 같다. 이런 말씀이나 같다. "누가 나를 대항하겠느냐. 나는 순종했고 거역하지 않았느니라. 누가 내게 맞서겠느냐. 그랬다가는 고통이 있는 곳에 누우리라."

우리에게 어떤 의미인가?

종의 가르침과 순종에 대한 이상의 진리에서 몇 가지 적용할 점이 있다. 우선 예컨대 조니는 왜 설교를 못할까?[3] 늦잠을 자기 때문이다. 조니는 아침마다 일어나 하늘 아버지께 가르침을 받는가? 말씀의 사람인가? 조니가 설교를 못하는 이유가 무엇이든 이것만은 말할 수 있다. 신학 서적을 읽기는 쉽지만 신학 지식만 알고 하나님의 말씀에 무지한 사람에게는 화가 있으리라. 예수님께는 그 말이 해당되지 않는다. 그분은 말씀의 사람이었다.

---

3 다음 책을 참조하라. T. David Gordon, *Why Johnny Can't Preach: The Media Have Shaped the Messengers*(Phillipsburg, NJ: P & R Publishing, 2009). (『우리 목사님은 왜 설교를 못할까』 홍성사)

그래서 순종하셨다. 어떻게 그렇게 항상 순종하실 수 있었는지 궁금한가? '그야 그분은 죄가 없으시니까'라고 생각할 수 있다. 물론 맞는 말이다. 또한 그분께는 성령이 있었다. 하지만 그분 안에 거한 하나님의 말씀도 빼놓을 수 없다. 그래서 그분은 어떤 상황에서든 "기록되었으되…"라고 대응하실 줄 알았다.

진짜 유혹으로 **진짜** 시험을 받으셨을 때도 그렇게 대응하셨다. 사탄은 굶주린 예수님께 "이대로 계속 다이어트나 해볼까"라고 말하지 않았다. "명하여 이 돌들로 떡덩이가 되게 하라"(마 4:3)고 말했다. 진짜 유혹이다. 그런데 예수님은 "기록되었으되…"라고 되받으셨다.

또 하나 주목할 점이 있다. 흔히들 고린도전서 10장 13절을 인용하여 "하나님은 우리가 감당하지 못할 일은 주지 않으신다"라고 말한다. 하지만 내가 보기에 하나님은 **우리의** 감당 능력을 훨씬 벗어나는 일도 주신다. 아들 예수님께도 그러지 않으셨는가? 십자가에서 터져 나온 예수님의 부르짖음은 로마서 8장 15절에 나오는 신자의 부르짖음과 비슷하다. "우리가 아빠 아버지라고 부르짖느니라." 이는 감당히지 못할 일을 받은 사람의 부르짖음이다. 그렇지 않으면 우리에게 하나님이 필요 없을 것이다. 참 인간이신 예수님도 우리와 똑같이 하나님이 필요했다.

하나님의 뜻대로 살면 상심과 피와 눈물이 따르지만 천국도 함께 누린다. 그리스도도 믿음으로 사셔야만 했다. 그분의 입에서 이런 항변이 나오더라도 용서될 법한 상황이 요한복음 6장의 예처럼 사역 중에 비일비재했기 때문이다. "아버지, 정말입니까? 교회를 세우는 제 일이 얼마나 틀어졌는지 보십시오. 정말 제가 이런 말을 계속해야겠습니까?" 누가복음 4장에 보면 청중이 예수님의 입에서 나온 은혜로운 말씀에 놀란 뒤에 그분이 중대한 과오를 범하신 듯 보인다. 설교를 계속하신 것이다. 그들의 마음을 얻을 만하게 되었는데 곧바로 쓴소리를 하신다. 아버지께 받은 대로 말씀하셔야 했기 때문이다. 그래서 그분은 하나님이 이스라엘 백성도 아닌 시리아의 나아만과 사렙다의 과부를 구원하셨다는 말씀으로 그들의 민족적 자만심을 들춰내신다. 하나님은 우리 생각에 구원받을 자격이 없는 이들을 구원하셨다. 그래도 예수님은 아버지의 방식이 다른 겉치레보다 나음을 신뢰하셔야 했다. 우리의 싸움도 날마다 그것이 아니던가?

　내 나름대로 히브리서 5장 9절의 정확한 해석을 말할 준비가 되기까지 얼추 10년이 걸렸다. 거기에 보면 우리 구주를 가리켜 "온전하게 되셨은즉 자기에게 순종하는 모든 자에게 영원한 구원의 근원이 되시고"라고 말한다. "온전하게 되셨은즉"이라는 말이 어떻게 가능한가? 그리스도는 온전하고 영화로워 만인 중에 뛰어나신 분이며 하나님의 영광의 광채요 보이지 않는 하나님의 형상이시다. 그런 그분이 어떻게 "온전하게 되셨"단 말인가? 문맥상 그분이 대제사장이라서 그렇다. 그분은 언제 온전하게 되셨는가? 십자가의 죽음과 부활을 통하여 온전하게 되셨다.

　왜 그럴까? 아버지께서 예수님을 십자가 이전에 데려가셨다면 그분은 자비로운 대제사장이 되실 수 있었을까? 아니다. 왜 아닐까? 직접 하나님께 버림받지 않고는 하나님께 버림받은 심정인 사람을 섬기실 수 없기 때문이다. 시편 22편이나 88편이 일상의 현실처럼 느껴지는 사람을 그분은 어떻게 섬기실 것인가? "어찌하여 나를 버리셨나이까"라고 부르짖는 사람을 어떻게 섬기실 것인가? 바로 그분 자신이 아버지께 버림받으셨기에, 무서운 하나님을 대신 겪고 아버지와 분리되셨기에 이제 우리에게는 천하의 어떤 상황에서도 우리를 능히 도우시는 자비로운 대제사장이 계시다. 이것이 기독교 신앙의 영광이다.

　우리가 의지하는 하나님은 이해하지 못하시는 분이 아니다. 우리가 바라보는 구주는 무한한 능력으로만 구원하시는 분이 아니다. 오히려 우리는 그분을 의지하며 이렇게 고백할 수 있다. "주님은 정말 이해하십니다. 사실 제가 평생을 다해 이해한 것보다 주님이 이해하신 것이 훨씬 낫습니다. 제가 힘들 때 주님이 도우실 수 있음은 주님도 힘드신 때가 있었기 때문입니다." 그동안 하나님은 때로 내가 감당하지 못할 일도 주셨다. 이것이 아프면서도 즐거운 고백인 까닭은, 그때야말로 내가 사역의 한계점에 도달하여 완전히 무릎을 꿇은 소중한 순간들이기 때문이다. 당신도 그런 상황에 처하면 하나님께 아무 말도 할 힘조차 없을 것이다. "불쌍히 여겨 주소서"라는 말밖에 나오지 않을 것이다. 그분은 자비로운 대제사장이므로 당신에게도 반드시 자비를 베푸신다.

끝으로 이사야 50장 7-8절에 나오는 종 그리스도의 부고(訃告)를 잘 보라. 5절에 "내가 거역하지도 아니하며"라고 말한 그는 7-8절에 "주 여호와께서 나를 도우시므로 내가 부끄러워하지 아니하고…나를 의롭다 하시는 이가 가까이 계시니"라고 말 잇는다. 때로 강단에서 누가 나를 소개할 때면 꼭 내 부고를 듣는 기분이다. 만일 내 부고에 아내와 자녀들이 서명할 수 있다면 나는 복된 사람으로 자처할 것이다. 하물며 하나님이 이 말씀을 아들 예수님께만이 아니라 전 세계 교회에서 사역하는 그분의 모든 종에게 부고로 주실 수 있다면 우리는 복된 사람이다.

내가 즐겨 하는 상상이 있다. 사람들이 무덤의 돌문을 굴려 내고 석판에 그리스도의 시신을 누이던 그때, 거기에 아버지의 이런 말씀이 보인다. "그는 거역하지 아니했고 나는 그를 도왔노라. 이제 내가 그를 신원하리라." 그분은 부활로 신원되셨고 성령이 이를 확증하셨다(롬 1:4).

당신의 사역은 혹시 예수 그리스도를 신원하는 일에 불과한가? 사역에 다른 면도 많지만 그래도 당신의 사역이 다만 그분을 신원하는 일이기를 바란다. 뒤로 물러가지 않고 순종하신 그분, 때리는 자에게 뺨을 맡기시고 수염을 뽑게 두시며 "나의 하나님, 나의 하나님, 어찌하여 나를 버리셨나이까"라고 부르짖으신 그분을 말이다. 이것이 우리가 이 땅에 존재하는 이유다. 현세뿐만 아니라 내세에도 우리는 이를 위하여 살아갈 것이다. 아버지의 명예가 이 종에게 달려 있었다. 이 종이 아버지를 신원하신 만큼이나 아버지도 이 종을 신원하셨다. 당신은 여생을 어떻게 사역하겠는가? 자신의 의를 내세울 것인가? 아니면 신원되어야 할 유일한 분의 의를 드러낼 것인가? 그것이 우리의 기쁨이고 영광이며 자랑이다.

할렐루야! 우리 구주는 얼마나 귀하신 분인가!

04

동정녀 탄생

마태복음 1:18-25, 누가복음 1:26-38   키이스 에식스(Keith Essex)

2016년 12월에 북미 복음주의 교계는 다시금 예수님의 동정녀 탄생에 관한 성경의 가르침에 마주쳤다. 먼저 12월 3일에 조지아주 알파레타에 있는 노스포인트 커뮤니티 교회의 앤디 스탠리 목사가 "기독교의 관건은 예수님의 출생에 대한 진리 내지 심지어 이야기들이 아니라 사실은 예수님의 부활이다"라는 말로 논쟁의 불씨를 당겼다.[1] 그에 따르면 예수님이 기적으로 잉태되셨다는 성경의 이야기들은 크리스마스에 관한 껄끄러운 진리이며 성질상 믿기가 어렵다. 나중에 12월 17일자 설교에서

---

1 Andy Stanley, "Who Needs Christmas?" 메시지 시리즈, 2016년 12월 3일, 10일, 17일. http://northpoint.org.

예수님의 동정녀 잉태를 믿는다고 시인했지만, 그래도 앤디 스탠리는 다른 그리스도인들에게 이 교리를 부정할 빌미를 제공했다.

이어 12월 23일자 〈뉴욕 타임스〉 지에는 칼럼니스트 니콜라스 크리스토프가 티모시 켈러 목사를 인터뷰한 기사가 실렸다. 크리스토프는 그 칼럼에서 그리스도인이 되려면 그리스도의 동정녀 탄생도 꼭 믿어야만 하느냐고 켈러에게 단도직입적으로 물었다. 이에 켈러는 동정녀 탄생을 믿지 않는 사람은 기독교 신앙의 울타리 밖에 있다면서 동정녀 탄생이 "무시해도 좋은 전설이라면 기독교의 메시지 자체가 변질된다"라고 답했다.[2] 그 밖에도 많은 사람이 지난 두 세기 동안 그리스도인이 예수님의 동정녀 잉태와 탄생을 꼭 인정해야 하는가에 의문을 제기했다. 바로 그것이 이 장에서 살펴보려는 질문이다. 성경이 어떻게 가르치는지 함께 알아보자.

중요한 정의

성경의 자료를 기술하기 전에 동정녀 탄생의 논의와 관계된 몇 가지 용어를 정의하는 것이 중요하다.

동정녀 탄생: 좁은 의미로 마리아가 예수님을 낳을 때 동정녀였다는 뜻이다. "아들을 낳기까지 [요셉이] 동침하지 아니하더니 낳으매 이름을 예수라 하니라"(마 1:25). 예수님이 태어나시기 전에 마리아는 요셉뿐 아니라 어떤 남자와도 성관계를 하지 않았다. 넓은 의미로 "동정녀 탄생"은 예수님이 나실 때까지의 전 과정을 총칭한다. 즉 천사 가브리엘의 수태고지, 수태, 임신 기간, 출산 자체를 모두 아우른다. 이 장에서는 이 용어가 넓은 의미로 쓰인다.

---

2 Nicholas Kristof, "Am I a Christian, Pastor Timothy Keller?" *The New York Times*, 2016년 12월 23일. http://www.nytimes.com/2016/12/23/opinion/Sunday.

동정녀 잉태: 예수님이 잉태되실 때 마리아는 동정녀였고(눅 1:27, 31) 그래서 이 수태는 기적이다. 임신 기간과 출산 자체 등 이후의 모든 사건은 인간의 통상적 과정을 거쳤다. 마리아의 임신 기간과 출산에 고통이 없었다는 믿음은 성경에 근거가 없다.

평생 동정설: 마리아가 예수님의 출생 이전뿐 아니라 이후로 죽는 날까지 계속 동정녀였다는 주장이다. 그러나 성경에 예수님의 형제자매가 명시되어 있으며, 이들은 예수님의 출생 이후로 요셉과 마리아 사이에 태어난 자녀일 소지가 높다(마 13:55-56, 요 7:3, 5, 행 1:14). 누가는 예수님을 마리아의 "첫아들"로 지칭하여(눅 2:7) 마리아에게 자녀가 더 태어났음을 암시했다. 평생 동정설의 전통은 2세기 말 이후에야 생겼다. 이 가르침이 처음 등장한 문서는 정경이 아닌『야고보 원복음』이라는 글이다.

성모 무염시태: 마리아가 모태에서부터 원죄의 오염 없이 잉태되었다는 교리다. 마리아 자신이 죄가 없으니 예수님의 모친으로서 원죄를 물려줄 수 없었다는 것이다. 이 가르침은 13세기경에 처음 생겨나 우위를 점했으나 로마가톨릭의 공식 교리로 채택된 것은 1854년이 되어서였다. 이는 성경에 근거가 없다.

성경의 자료

예수님의 동정녀 탄생이 명시된 말은 마태복음과 누가복음에 기록된 내러티브에만 나온다. 두 책 모두 내러티브의 대부분이 예수님의 탄생 전후 사건에 집중되어 있다. 마태는 예수님의 탄생 기사를 "예수 그리스도의 나심은 이러하니라"(마 1:18)는 표제로 시작하지만 실제 출생과 관련된 말은 "아들을…낳으매"(1:25)뿐이다. 나머지는 다 요셉이 주님께 순종하여 마리아를 아내로 맞이한 일에 할애된다. 예수님의 탄생 전후 사건에 대한 누가의 장

황한 내러티브(눅 1:5-2:52)에도 출생 자체를 언급한 말은 "해산할 날이 차서 첫아들을 낳아"(2:6-7)가 전부다. 두 책 모두 강조점은 예수님의 출생 자체를 묘사하는 데 있지 않다. 하나님의 계획이 전개되는 데 실제 출생도 똑같이 중요하지만 말이다. 대신 강조점이 약속을 충실히 수행하시는 하나님을 출생 전후의 사건을 통하여 입증하는 데 있다. 즉 하나님은 동정녀에게서 나신 아들의 성육신을 통하여 자기 백성에게 구원과 구속을 베푸신다.

마태복음

마태는 열두 사도 중 한 명으로서(10:3) 예수님의 공적 사역과 부활을 직접 목격했다. 그의 내러티브에서 예수님의 생애 종반의 일은 그가 목격한 대로였고, 나머지는 예수님께 직접 증언을 들은 대로였다. 현재의 정경에 포함된 마태복음은 주후 50년경에 처음 기록되었다. 기사의 진실성을 증언해 줄 다른 목격자가 아직 많이 살아 있던 때였다.

마태복음 1장에 헬라어 단어 "처녀"[파르테노스(parthenos)]는 한 번밖에 쓰이지 않았고(23절), 간접적으로만 마리아를 지칭한다. 이 단어의 의미가 '미혼녀'일 뿐이라고 주장하는 이들도 있으나 성경 이외의 헬라어 문헌을 보면 소녀기를 벗어난 여성을 가리키는 용례가 절대다수다. 아울러 남자와 성관계를 한 적이 없는 동정녀를 지칭할 때도 쓰였다.

마태는 **처녀**라는 단어를 쓰기 전에 마리아의 잉태를 둘러싼 사건부터 기술했다(1:18-21). 그러면서 23절에 이 모든 일은 7백 년도 더 전에 선지자 이사야가 전했던 예언의 성취라고 선포했다. 주전 735년경에 유다 다윗 왕조의 현왕 아하스는 두려웠다. 적국인 아람 왕과 이스라엘 왕이 공모하여 그를 폐위하고 자신들의 왕을 옹립하려 했기 때문이다(사 7:1-6). 그러나 주님은 이사야를 통하여 아하스에게 그 공모가 이루어지지 못하리라고 말씀하셨다(7:7-9). 정권의 안위에 대한 이사야의 말을 믿게 해주시려고 주님은 아하스에게 그분의 약속을 보증해 줄 초자연적 징조를 구해도 좋다고 말씀하셨다(7:10-11). 그런데 아하스는 징조 구하기를 거부했다(7:12). 그러자 주님이 친히 징조를 주시어 다윗 왕조의 왕위가 무사할 것을 보증하셨다. 그 초자연적 징조가 바로 처녀가 잉태하여 "임마누엘" 곧 하나님이 우리와 같이 계신다는 뜻의 아들을 낳으리라는 것이었다(7:13-14). 마태는 이 예언이 마리아와 예수님을 통하여 성취되었다고 확언했다(마 1:22-23). 마리아는 그 처녀였고, 예수님은 "우리와 함께하시는 하나님" 곧 구주셨다. 이사야 7장 14절의 약속을 예수님께 적용하면서 마태가 아울러 암시한 것이 있다. 일찍이 하나님이 다윗에게 다윗 자손의 "영원"한 왕위를 약속하셨는데(삼하 7:12-16), 바로 예수님이 이 언약을 이루실 메시아라는 것이다. 동정녀 탄생은 하나님이 메시아를 세상에 보내실 방법이었다. 하나님이 그렇게 예언하셨다.

 마태복음 1장 23절에 이처럼 명시된 동정녀 탄생을 네 가지 암시적 진술이 뒷받침해 주는데, 이로써 마리아가 예수님을 잉태하고 출산할 때 동정녀였음이 더한층 분명해진다. 첫 번째로 1장 16절을 생각해 보라. "마리아의 남편 요셉을 낳았으니 마리아에게서…예수가 나시니라." 이는 마태가 2절에 아브라함으로 시작한 예수님의 족보에서 마지막 대에 해당한다. 이 족보는 예수님을 아브라함과는 물론 더 중요하게 다윗과 연결한다(보다시피 1절에 다윗의 이름이 먼저 기록된다. NASB). 예수님은 법적으로는 요셉의 아들이지만, 마태는 요셉이 예수님의 생부가 아님을 명확히 밝혔다. 헬라어에서 관계대명사는 선행 명사의 성과 수에 일치한다. 마태는 16절에 여성 단수 관계대명사를 써서 예수님이 "마리아에게서" 나셨음을 밝혔다(개역개정에 원문의 관계대명사가 그렇게 정확히 의역되어 있다—옮긴이). 게다가 "나시니라"는 헬라어 동사는 부정과거 직설법 수동태다. 앞서 아브라함부터 야곱까지 열거할 때(2-16절상) 마태는 일관되게 부정과거 직설법 능동태를 썼다. 그래서 아무개는 아무개를 "낳고"가 된다. 그런데 여기서 동사의 태를 능동태에서 수동태로 바꿈으로써 마태는 마리아조차 예수님이 탄생하시는 데 능동적 주체가 아님을 밝혔다. 이렇듯 마태가 동정녀 탄생을 기술한 방식을 보면, 예수님 탄생의 능동적 주체는 성령 하나님이고 마리아는 수동적 수단이다.

두 번째 암시적 진술은 1장 18절이다. "그의 어머니 마리아가 요셉과 약혼하고 동거하기 전에 성령으로 잉태된 것이 나타났더니." 당시 유대 관습에는 1년간의 약혼 기간이 있었다. 법적으로는 그때부터 이미 부부로 간주되었지만, 막상 남자가 여자를 집으로 데려와 성혼하려면 그 1년을 채워야 했다. 바로 이 약혼 기간 중에 마리아는 성령으로 잉태했다. 요셉이 이혼하려 했다는 사실은 그가 예수님의 친부가 아니라는 명백한 증거다(1:19). 그래서 주님의 천사가 요셉에게 마리아의 잉태 경위를 알려 주어야 했다. 이것이 세 번째 암시적 진술이다.

20절에 "그[마리아]에게 잉태된 자는 성령으로 된 것이라"고 나와 있다. 천사는 마리아가 어떻게 잉태했는지를 요셉에게 정확히 말해 주었다. 그녀의 태중에 "낳아진" 아이는 성령으로 말미암았다(헬라어 원문의 이 동사는 족보에 계속 반복된 "낳고"라는 동사와 동일하다). 게다가 이 동사는 부정과거 분사 수동태로 되어 있어 앞서 16절과 마찬가지로 마리아가 잉태의 수동적 통로임을 밝혀 준다. 천사의 말을 들은 요셉은 마리아를 아내로 데려오는데(1:24), 이로써 예수님을 자신의 법적 아들로 입양했다. 유대 관습에 따르면 남녀가 결혼하면 여자에게서 난 자녀는 모두 남편의 자녀로 간주되었다.

네 번째 암시적 진술은 1장 25절에 나온다. "아들을 낳기까지 마리아를 알지 아니하더니"(나의 번역). 이사야는 메시아가 동정녀에게 잉태될 뿐 아니라 태어날 때도 동정녀의 몸에서 나실 것이라고 예언했다. 요셉은 예수님의 출생 이후까지 성혼하지 않음으로써 그 예언이 정확히 그대로 성취되게 했다. 이렇게 마태는 주님이 약속을 성취하셨음을 입증했다. 이사야 7장 14절은 오직 예수님으로만 성취되었다. 그 일은 잉태부터 출산까지 마리아라는 동정녀를 통하여 이루어졌다.

누가복음

누가의 내러티브는 마태복음보다 10년쯤 후인 주후 58년경에 기록되었다. 사도 바울의 선교 동지였던 누가(행 16:10)는 기독교로 개종한 데오빌로라는 이방인을 상대로 예수님의 생애를 저술했다(눅 1:3). 누가는 그 독자에게 그가 이미 배웠던 내용(아마도 바울 일행에게 배웠을 것이다)이 정확하다는 확신을 심어 주려 했다(1:4). 그래서 내러티브에 역사적 정확성을 기하고자 모든 일을 자세히 살펴서 기록했다고 확언했다(1:3). 그런데도 누가의 보고가 사실에 충실한 것임을 부정한다면, 이는 말로만 정확성을 떠벌였다고 그를 비난하는 것과 같다. 예수님의 탄생을 둘러싼 사건에 대해서도 누가의 기록을 역사적 사실로 받아들여야 한다.

  누가가 동정녀 탄생을 명시한 말은 1장 27절에 나온다. "다윗의 자손 요셉이라 하는 사람과 약혼한 처녀에게 이르니 그 처녀의 이름은 마리아라." 여기에 누가는 "처녀"(파르테노스)라는 헬라어 단어를 두 번 쓰면서 그중 후자를 마리아에 직결시켰다. 마태처럼 누가도 마리아가 요셉과 약혼한 상태임을 밝혔다. 천사 가브리엘은 하나님의 보내심을 받고 나사렛에 가서 (1:26) 약혼 기간 중에 있던 처녀에게 말을 전했다. 그때 마리아는 분명히 아직 동정녀였다. 이처럼 누가는 천사와 말하던 시점에 마리아가 동정녀였음을 확실히 입증했다.

이제 암시적 진술을 살펴볼 차례다. 첫 번째는 1장 31절에 나온다. "네가 잉태하여 아들을 낳으리니." 마리아는 자신이 큰 복을 받은 자요 주께서 함께하신다는 천사의 말을 듣고(1:28) 어리둥절하여 그 인사가 무슨 뜻인지 잠시 생각한다(1:29). 가브리엘은 마리아가 하나님의 은혜를 입었다며 놀란 그녀를 다독인다(1:30). 그러면서 조만간 그녀가 잉태하여 결국 아들을 낳으리니 그 이름을 예수라 하라고 예언한다(1:31). 천사의 말에는 마리아가 요셉과 성관계하기 전인 약혼 기간 중에 아직 동정녀인 상태에서 잉태할 것임이 암시되어 있다. 이어 가브리엘은 하나님이 다윗에게 약속하셨던 언약이 예수님을 통하여 성취될 것을 선포한다(1:32-33, 참조. 삼하 7:11-16). 누가가 가브리엘의 말을 이사야 7장 14절과 딱히 연결 짓지는 않았지만, 구약을 아는 사람이라면 다윗 왕조에 신실하실 하나님에 대한 보증으로 처녀가 잉태하여 처녀인 상태로 아들을 낳으리라고 한 그 예언이 당연히 떠오를 것이다.

두 번째 암시적 진술은 1장 34절에 나온다. "나는 남자를 알지 못하니 어찌 이 일이 있으리이까." 천사의 말은 마리아가 조만간 임신하리라는 뜻이었고 그녀도 이를 분명히 알아들었다. 천사에게 대답한 말을 보면 알 수 있다. 당시 마리아는 어떤 남자와도 성관계하지 않았으므로 임신 가능성을 생각할 수 없었다. 현재 자신이 동정녀 상태임을 밝힌 셈이다.

세 번째로 35절에 보면 "성령이 네게 임하시고 지극히 높으신 이의 능력이 너를 덮으시리니 이러므로 나실 바 거룩한 이는 하나님의 아들이라 일컬어지리라"고 나와 있다. 마리아의 질문에 천사는 그녀가 남자를 통하여 잉태할 것이 아니라고 답했다. 이 잉태는 성령이 임하시고 지극히 높으신 하나님의 능력이 그녀를 덮은 결과였다. 하나님의 아들이 성육신하심은 하나님의 능하신 주권적 역사의 결과였다.

네 번째로 천사는 37절에 "대저 하나님의 모든 말씀은 능하지 못하심이 없느니라"고 선포한다. 처녀인 마리아의 임신은 인간의 능력으로는 불가능한 일이었다. 그러나 인간에게 불가능한 일이 하나님께는 가능하다. 하나님은 폐경을 맞은 엘리사벳에게 수태하게 하셨듯이(1:36) 동정녀에게도 수태하게 하실 수 있다. 불임 여성의 임신이라는 불가능한 일을 하실 수 있듯이 동정녀의 임신이라는 더 큰 기적도 능히 행하신다. 마리아는 천사의 말대로 이루어지도록 주님께 순종하겠다고 고백한다(1:38). 여자로서 혼외 임신의 오명을 기꺼이 감수한 것이다. 이로 미루어 마리아는 자신이 동정녀로 임신할 것을 알았다. 인간으로서는 불가능한 일이었다.

동정녀 탄생의 다섯 번째 암시적 진술은 2장 5절에 나온다. "그 약혼한 마리아와 함께…올라가니 마리아가 이미 잉태하였더라." 누가복음 2장 1-4절에 기록된 세부 사항은 몇 가지 이유에서 역사적 정확성에 의문이 제기되곤 했다. 첫째, 가이사 아구스도가 제국 전역에 인구조사를 명했다는 외부 문헌의 증거가 없다(참조. 2:1). 둘째, 이후에는 구레뇨가 수리아의 로마 총독이었던 것이 맞지만, 주전 6-2년부터 그랬는지는 불확실하다(참조. 2:2). 셋째, 주전 1세기에 유대인 남자가 고향으로 돌아가야 했다는 증거가 없다(참조. 2:3). 넷째, 설령 요셉이 베들레헴으로 돌아가야 했더라도 마리아를 데려갈 의무는 없었다(참조. 2:4-5). 그러나 첫 두 공격은 침묵 논법이다. 현재 외부 문헌의 증거가 없다는 이유만으로 누가가 틀렸다고 볼 수 없다(예컨대 빌라도가 유대 총독이었다는 외부 문헌의 증거가 1961년까지는 없었으나 지금은 있다). 셋째 논박의 경우 누가는 요셉이 다윗의 후손임을 두 번이나 강조했고(1:27, 2:4) 다윗의 출생지가 베들레헴이라는 것도 밝혔다. 넷째 논박에 관해서라면 아마 마리아가 요셉과 함께 갈 의무는 없었겠지만, 그래도 요셉은 그녀가 나사렛에 혼자 남아 아들을 낳았다가 더 큰 수모를 당하지 않도록 그녀를 데려갔을 것이다. 결론적으로 누가가 증언한 2장 1-7절의 진실성을 의심할 이유는 없다.

누가의 역사적 정확성을 뒷받침해 줄 근거를 확인했으니 이제 흥미롭게 눈여겨볼 점이 있다. 2장 5절의 시점에도 누가는 마리아가 요셉과 결혼한 사이가 아니라 약혼한 사이라고 표현했다. 잉태뿐만 아니라 예수님의 출생도 남녀의 성관계가 금지된 1년 약혼 기간 중에 이루어졌다고 암시하는 것 같다. 예수님이 잉태되실 때뿐만 아니라 태어나실 때도 마리아가 동정녀였음이 본문에 이렇게 또 한 번 암시되어 있다.

누가복음에서 동정녀 탄생의 마지막 여섯 번째 암시적 진술은 예수님의 족보가 시작되는 3장 23절에 나온다. "예수께서…사람들이 아는 대로는 요셉의 아들이니 요셉의 위는 헬리요." 요셉은 예수님의 아버지로 **알려져** 있었을 뿐 사실 예수님은 헬리의 자손이었다. 헬리는 마리아의 부친이나 조부였을 것이다. 예수님의 탄생 예고나 실제 내러티브에서처럼 여기서도 누가는 요셉보다 마리아에 강조점을 둔다. 그래서 누가의 족보는 아담에게까지 올라가며(3:38) 예수님의 인간 혈통을 모계 쪽으로 추적한다. 요셉은 사람들이 **알기에만** 예수님의 아버지였을 뿐 생부는 아니었다. 예수님은 동정녀에게서 나셨기 때문이다.

몇 가지 교리적 추론[3]

이렇듯 마태복음과 누가복음의 내러티브에 동정녀 탄생의 증거가 명확하고 설득력 있게 제시되어 있다. 신약의 저자 중 마태와 누가 외에는 동정

---

3 예수님의 동정녀 탄생에 대한 다음 책의 논의도 참조하라. John MacArthur & Richard Mayhue 편집, *Biblical Doctrine: A Systematic Summary of Bible Truth*(Wheaton, IL: Crossway, 2016), 261-263.

녀 탄생을 구체적으로 언급한 사람이 없지만, 이 둘이 제시한 증언과 모순되는 내용은 나머지 25권의 책에 전무하다. 그래도 내러티브에서 신학으로 넘어가기는 어렵다. 내러티브는 규정이 아니라 묘사로 사건을 진술할 뿐이기 때문이다. 사도인 저자들이 동정녀 탄생을 '신학적으로' 다룬 곳은 신약 어디에도 없다. 예수님의 온전한 신성과 온전한 인성은 그들이 신학으로 정리했지만, 신인(神人)으로 오신 출생에 대해서는 아니다. 하지만 복음서의 내러티브를 성경의 다른 자료와 비교하면 동정녀 탄생에 관한 몇 가지 교리적 추론이 가능하다.

첫째, 동정녀 탄생은 하나님이 주신 징조로서 다윗 언약이 예수 그리스도로 성취되었음을 보여 준다(참조. 사 7:14, 마 1:23, 눅 1:32-33). 마태복음과 누가복음에서 공히 그리스도의 탄생은 다윗에게 약속하신 주님의 언약과 밀접하게 연관되어 있다. 마태가 딱 한 번 쓴 **처녀**라는 단어는 이사야 7장 14절 말씀이 성취되었다며 인용될 때 나온다(1:23). 이 예언에는 다윗 가문에 맹세한 언약을 반드시 이행하시려는 하나님의 결심이 선포되어 있으며, 그 일은 동정녀에게 잉태되어 동정녀의 몸에서 나실 아들, 곧 육신을 입으실 하나님을 통하여 이루어진다. 따라서 하나님이 그분의 목표대로 결국 다윗의 후손 중에서 이스라엘과 열방을 다스릴 왕을 보내시려면 동정녀 탄생은 필연이었다(사 9:6-7). 동정녀 탄생이 없다면 다윗 언약은 무효가 된다. 반면에 동정녀 탄생이라는 역사적 진리는 주 하나님이 장차 다윗의 자손 예수님을 통하여 이 땅에 그분의 왕권을 세우시리라는 소망이 아직 유효하며 예수님의 재림 때 실현된다는 뜻이다(마 25:31). 그러므로 그리스도인의 종말론적 소망이 유효하려면 그리스도의 동정녀 탄생을 반드시 믿어야 한다.

누가도 동정녀 탄생이 다윗 언약의 성취와 밀접한 관계가 있음을 입증했다. 그가 두 번 쓴 처녀라는 단어는 하나님이 가브리엘을 보내 마리아에게 말씀하시는 장면을 설명할 때 나오는데, 마리아와 약혼한 요셉은 다름 아닌 다윗의 자손이었다. 천사가 마리아에게 알린 내용의 절정은 동정녀인 그녀에게 잉태되어 태어나실 아들 예수님이 곧 다윗 언약의 성취라는 것이었다(눅 1:32-33). 예수님은 하나님의 아들일 뿐 아니라 다윗 자손이기도 해서 주 하나님에게서 다윗의 왕위를 받아 야곱의 집을 영원히 다스리실 것이다. 다윗 왕조의 왕이신 그분의 나라는 무궁할 것이다. 이렇듯 마태처럼 누가도 동정녀 탄생이 다윗 언약의 궁극적 성취와 긴밀하게 맞물려 있음을 확언했다. 그래서 동정녀 탄생이라는 역사적 사실은 역시 그리스도인의 종말론적 소망의 기초가 된다.

둘째, 하나님은 동정녀 탄생을 구주가 세상에 오시는 통로로 정하셨다(마 1:21, 23, 눅 1:32, 68-75, 2:11). 동정녀에게서 나실 아들은 자기 백성을 죄에서 구원하실 분이므로 이름이 예수였다(마 1:21). 이는 이스라엘의 메시아가 곧 이스라엘의 구속자요 구원자이기도 하다는 구약의 예언으로 거슬러 올라간다(사 49:5, 52:13-53:12). 동정녀 탄생은 하나님이 정하여 구주를 세상에 보내신 통로였다. 사가랴(눅 1:68-75)와 천사(눅 2:11)가 공히 확언했듯이 예수님은 이스라엘을 그리고 하나님이 기뻐하시는 모든 사람을 구원하러 오셨다.

그동안 제기되어 온 의문이 있다. 하나님은 신인을 다른 방법으로 세상에 보내실 수도 있었을까? 우리는 답을 모른다. 하지만 하나님이 이 방법을 택하셨다는 것만은 성경에 분명히 나와 있다. 하나님은 모든 가망성과 가능성을 훤히 보셨는데, 이것이 그분의 계획에 가장 잘 맞았다. 동정녀 탄생은 자기 백성의 구주요 구원자로서 그들의 죄를 담당하실 분이 세상에 오신 통로였다.

셋째, 동정녀 탄생 덕분에 예수님은 죄 없는 존재로(창 1:27, 31, 눅 1:35) 아담과 비슷하게 아버지에게서 나셨다(창 5:1, 마 1:1, 눅 1:35, 3:38). 마태는 자신의 복음서에 "다윗의 자손이요 아브라함의 자손인 예수 그리스도의 계보책"(1:1, 나의 번역)이라는 의미심장한 제목을 붙였다. 이 제목은 창세기 5장 1절의 "이것은 아담의 계보를 적은 책이니라"와 비슷하다. 사실 마태복음 1장 1절 끝 소절과 창세기 5장 1절 첫 소절은 "아담"이 "예수 그리스도"로 바뀐 것만 빼고는 정확히 판박이다. 이 닮은꼴은 예수님과 아담의 유사성과 차이점을 동시에 보여 준다. 둘 다 독특하게 하나님에게서 "나서" "하나님의 아들"이라 불렸다. 예수님은 누가복음 1장 35절에, 아담은 누가복음 3장 38절(NASB)에 그렇게 표현되어 있다. 다른 인간에게는 없는 아담과 예수님의 공통점이 또 있으니 곧 둘 다 인간 아버지가 없이 생겨났다. 또 둘 다 하나님에게서 났기에 죄가 없는 상태로 "태어났다." 그러나 둘 사이에 큰 차이점도 있다. 아담은 창세기 5장 족보의 첫 줄에 등재되지만, 예수님은 마태복음 1장 족보의 마지막 줄에 등재되신다. 창세기 5장의 아담의 계보에서는 에녹 한 사람만 빼고 다 죽었다. 죄와 사망이 아담에게서 후손에게로 전수된 것이다. 그러나 예수님은 자신의 죽음을 통하여 아담의 유산인 죄로부터 우리를 구원하신다.

 넷째, 동정녀 탄생의 결과로 하나님이 인간의 몸 안에 거하시되(마 1:23, 요 1:1, 14) **별도의 인물을 만들어 내지 않고도 선재하신 신 자신이 인성을 취하실 수 있었다.** 요한복음 1장 14절에 따르면 말씀이 육신이 되셨다. 말씀은 곧 하나님이시므로(1:1) 하나님이 인간이 되신 것이다. 이를 성육신이라 한다. 성경에 보면 이 성육신은 동정녀 잉태를 통하여 이루어졌다. 성령 하나님이 마리아라는 동정녀의 자궁 속에 태아를 낳으셨다. 그 잉태 이후로 예수님의 발육과 출생은 다른 모든 인간의 통상적 임신 기간과 출생 과정을 거쳤다. 이로써 선재하신 하나님(요 1:1)은 온전한 신으로만 아니라 또한 온전한 인간으로 세상에 들어오실 수 있었다. 그분이 하나의 존재, 곧 신이신 동시에 인간이심은 동정녀 탄생의 결과였다. 바로 하나님의 성육신이다.

다섯째, 동정녀 탄생은 인간이 할 수 없는 일도 하나님은 능히 하신다는 증거였다(눅 1:37). 천사 가브리엘은 "대저 하나님의 모든 말씀은 능하지 못하심이 없느니라"(눅 1:37)고 선포했다. 그래서 그분은 폐경을 지난 엘리사벳도 남편 사가랴를 통하여 임신하게 하셨고, 마리아도 남자 없이 동정녀로 임신하게 하셨다. 이는 하나님이 역사 속에 행하여 성경에 기록된 수많은 기적 중 두 가지에 불과하다. 하나님이 창조하신 세상에서 창조주는 인간에게 불가능한 일도 능히 행하신다.

여섯째, 동정녀 탄생은 신학자나 신학이 순전히 자연주의에 입각하여 성경에 접근하는지 아니면 초자연에 열려 있는지를 시험한다. 여자가 남자 없이 아기를 잉태한다는 것은 자연적으로는 불가능하다. 그러므로 어떤 신학자나 신학이 순전히 자연주의를 전제한다면 동정녀 탄생은 죽은 자 가운데서 몸이 부활하는 일만큼이나 불가능하다. 그러나 성경을 믿는 그리스도인의 세계관은 창조주 하나님이 때로 인간의 역사 속에 들어와 자연적으로는 불가능한 일을 행하심을 긍정한다. 초자연을 믿는 사람은 아무 문제없이 동정녀 탄생을 받아들일 수 있다. 또한 성경의 무오성을 받아들이는 사람도 아무 문제없이 동정녀 탄생을 사실로 인정할 수 있다. 동정녀 탄생에 대한 결론을 보면 그 사람의 신학적 기초가 무엇인지 알 수 있다. 초자연적 계시를 수용하는지 아니면 자연주의적 논리를 따르는지가 드러난다.

일곱째, 동정녀 탄생은 그리스도인의 신앙 고백에 포함되어야 한다(딤전 3:16, 히 2:14, 요일 4:1-3). 지난 두 세기 동안 동정녀 탄생이 실제로 있었던 일인가를 두고 큰 논란이 있었고, 그리스도인이 되려면 동정녀 탄생의 역사성을 반드시 믿어야 하는가를 두고는 더 큰 논란이 있었다. 사도들이 사도행전에 선포한 복음은 인간 예수님이 죽으시고 부활하신 메시아(그리스도)라는 역사적 사실에 기초해 있었다(행 2:29-36, 3:12-16, 5:27-32, 10:34-43, 13:26-41, 17:2-3, 30-31). 예수 그리스도의 죽음과 부활이라는 이 진리는 바울이 고린도 교회에 전한 복음의 요약에도 확증되어 있다(고전 15:3-8). 물론 그 구전 복음의 선포에는 신약 정경에 기록된 동정녀 탄생은 언급되지 않았다. 그러나 예수님이 참으로 인간의 육체로 오셨음을 기독교 신자가 시인해야 한다는 것에 대해서는 신약도 침묵하지 않았으며, 이 성육신에는 그분도 모든 사람처럼 출생을 통하여 인간이 되셨음이 함축되어 있다(참조. 롬 1:3, 갈 4:4). 요한일서 4장 1-3절이 밝히고 있듯이 "예수 그리스도께서 육체로 오신 것"을 알고 고백해야 "하나님께 속한" 참된 기독교 신자다(4:2). 이 진리를 부인하는 것은 그 사람이 하나님께 속하지 않았다는 증거다. 이렇듯 예수님이 인간으로 태어나셨다는 신앙 고백은 참 신자를 거짓 교사와 그 추종 세력에게서 구분하는 진리 중 하나였다(딤전 3:16, 히 2:14-18). 예수님의 온전한 신성과 더불어 온전한 인성까지 고백하는 것이 기독교 신앙의 필수 요소였다. 다만 하나님이 예수님을 온전한 인간으로 태어나게 하신 통로인 동정녀 탄생은 1세기에 선포된 복음이나 가장 이른 기독교 고백들에는 명시적으로 포함되어 있지 않았다.

그러나 2세기에는 달라졌다. 사도 시대 이후 교회의 가장 이른 고백들 중에 이른바 '사도신경'이 있다. 2세기 후반 이레니우스와 테르툴리아누스의 글에 사도신경이 언급되어 있다. 그때 이미 사도신경은 최소한 서구 교회에 정착되어 모든 회심자가 세례받기 전에 이를 고백했다. 가장 초기 형태의 사도신경에는 현재의 세분된 진술인 "성령으로 잉태하사 동정녀 마리아에게 나시고"까지는 아니더라도 적어도 "성령과 동정녀 마리아에게 나시고"라는 문구가 들어 있었다.[4] 2세기부터 21세기까지 신약의 증거에 기초한 기독교 신앙에서 동정녀 탄생에 관한 고백은 필수 요소였다. 따라서 신앙을 고백하는 모든 그리스도인은 자신이 참으로 구원받은 하나님의 자녀라는 확신의 일환으로 동정녀 탄생을 시인해야 한다.

결론적으로 신약에 근거하여 구전으로 선포된 복음의 메시지에는 예수님의 동정녀 탄생이 언급되지 않았다. 따라서 동정녀 탄생을 고백하지 않고도 누구나 믿음으로 반응하여 구원을 받을 수 있다. 그러나 믿음이 자라고 예수님을 더 알아가면서 신자는 당연히 동정녀 탄생의 진리를 증언해야 한다. 예수님의 부활(큰 기적)을 믿는 사람이라면 똑같이 큰 기적인 그분의 동정녀 탄생도 논리상 아무 문제없이 믿을 수 있다. 그리스도의 동정녀 탄생은 기독교 신앙에 반드시 필요한 요소다.

---

4 J. Gresham Machen, *The Virgin Birth of Christ*(New York: Harper & Row, 1930), 3. 2세기의 증거에 대한 자세한 논의는 2-43쪽을 참조하라. (『그리스도의 동정녀 탄생』 기독교문서선교회)

05

생명의 떡

요한복음 6장 리건 던컨(Ligon Duncan)

    요한복음 6장은 영광스러운 본문으로 예수님이 충분한 생명의 떡이시라는 영광스러운 주제가 넘쳐흐른다. 사도 요한은 우리가 아주 절실히 그리스도를 믿어야 하고 하나님의 은혜를 떠나서는 철저히 눈먼 존재임을 보여 준다. 은혜로 눈이 뜨여야 아들 예수님 안에 있는 확실한 기쁨과 영원한 보배를 볼 수 있다. 요한은 예수님을 믿어야 할 절대적 필요성을 제시하고자 죄로 병든 이 세상에서 그분이 구원과 생명의 유일한 출처임을 내보인다.

    그러나 우리에게 가장 필요한 일은 이 진리를 다른 사람에게 전달할 목적으로 공부하고 숙달하는 것이 아니다. 먼저 자신부터 이 진리를 알고 믿고 기억하고 연습해야 한다. 생명의 떡이 없으면 우리도 살아남을 수 없기 때문이다. 성경을 다른 사람에게 먹이기 위해서만 섭취하는 것은 목사라는 소명의 직업병이다. 내가 가장 귀하게 여기지 않는 대상을 다른 사람에게 권할 수는 없다. 생명의 떡으로 배부르지 않은 목사는 그분에게서 생명과 구원을 얻어야 할 이들에게 생명의 떡을 제대로 권할 수 없다. 그래서 목사는 반드시 요한복음 6장의 진리를 깊이 묵상하되 단지 생명의 떡을 다른 사람에게 설교하기 위해서가 아니라 자신부터 참 떡이신 예수님으로 배불러야 한다.

요한복음 6장 22-59절의 주제는 근본적으로 예수님이다. 그분은 누구시고 왜 오셨으며 우리를 위하여 무슨 일을 이루셨는가? 우리는 왜 그분을 신뢰해야 하는가? 사실 예수님이 생명의 떡을 강론하실 때 큰 인파가 모여든 이유는 그분이 이제 막 5천 명의 굶주린 이들을 기적으로 먹이셨기 때문이다. 그 사건은 광야에서 자기 백성에게 만나를 공급하신 하나님을 상기시키기 위한 것이었으며, 그 후에 예수님은 한밤중에 물 위를 걸어 제자들에게 오셨다. 무리가 호수 저편으로 예수님을 쫓아오긴 했지만, 보다시피 그들은 영적이지 못했다. 믿음의 필요성을 깨달으려면 예수님이 반드시 눈을 뜨게 해주셔야만 했다. 그분은 바로 그 일을 해주신다. 불어나는 무리에게 생명의 떡인 예수님 자신을 신뢰하라고 가르치신다.

예수님이 친히 진단하셨듯이 무리는 엉뚱한 이유로 그분을 따라왔다. 이처럼 방황하는 그들을 보며 예수님은 세 가지 중요한 사항을 말씀하신다.

1. 예수님은 썩을 양식과 살아 있는 떡을 대비하여 무리에게 진정으로 필요한 것이 무엇인지 밝혀 주신다(22-27절).
2. 예수님은 그들에게 살아 있는 떡을 믿음으로 얻는 법을 가르쳐 주신다(28-29절).

3. 예수님은 자신이 생명의 떡임을 밝혀 무리에게 자신의 영광을 가리켜 보이신다(30–51절).

우리에게 진정으로 필요한 것

무리는 빵과 물고기가 불어나 수천 명이 먹는 기적을 목격한 뒤로 자신에게 정말 무엇이 필요한지 혼란에 빠졌다. 그래서 광야에서 만나를 공급하신 하나님을 언급하며 다시 음식의 기적을 보고자 했다(30–31절). 예수님은 군중이 요청한 대로 주시지 않고, 기적을 더 바라는 그들의 잘못된 동기를 26절에서 이렇게 지적하신다. "너희가 나를 찾는 것은 표적을 본 까닭이 아니요 떡을 먹고 배부른 까닭이로다." 무리를 향한 예수님의 사역에 기적의 현시는 부족함이 없었다. 부족한 것은 기적에 대한 그들의 바른 반응이었다. 군중은 세속적이어서 다시 배를 불릴 생각뿐이었다. 그러나 예수님은 그들의 영혼을 우려하여 이렇게 말씀하신다. "썩을 양식을 위하여 일하지 말고 영생하노록 있는 양식을 위하여 하라. 이 양식은 인자가 너희에게 주리니"(27절).

특히 목사는 군중을 대하시는 예수님의 모습에서 배워야 할 점이 많다. 예수님은 사람이 많이 모인 것을 반드시 좋은 일로 단정하지 않으셨다. 군중의 존재를 자신의 사역이 인정받았다는 표로 해석하지 않으셨다. 그분은 군중을 이용하여 자존심을 채우러 오신 것이 아니라 잃은 양을 찾아 사심 없이 먹여 주려고 오셨다. 엉뚱한 이유로 그분을 찾는 무리 앞에서 예수님은 우쭐해지시기는커녕 오히려 그들의 영혼에 대한 우려를 표하셨다. 예수님이 "온 것은 섬김을 받으려 함이 아니라 도리어 섬기려 하고 자기 목숨을 많은 사람의 대속물로 주려 함"이다(막 10:45). 그분은 워낙 무리를 위하셨기에 그들에게 정말 필요한 것이 참된 영의 양식임을 사랑으로 지적해 주셨다.

군중은 썩을 양식을 구했으나 예수님은 영생의 떡을 제시하셨다. 군중이 썩을 양식을 구하는 문제는 오늘날에도 계속된다. 썩을 양식은 여러 가지로 나타난다. 기복 신앙의 복음은 하나님을 믿기만 하면(믿음의 종류와 크기가 기준에 부합하면) 그분이 건강과 재물과 총명을 주신다고 가르친다. 이는 썩을 양식이다. 착실한 사회 구성원으로 보이기 위하여 교회에 다니는 것도 썩을 양식이다. 복음과 그리스도를 생명의 떡 자체가 아니라 자신의 소원을 이루는 조건으로 보는 사람도 많다. 사람들이 군중에 합류하는 이유는 가지각색이다. 목사의 사명은 그들을 이용하여 자신의 불안한 정서를 달래는 것이 아니라, 그들에게 진정으로 필요한 것이 생명의 떡임을 긍휼의 마음으로 보여 주는 것이다.

생명의 떡을 얻는 법

무리는 자신에게 정말 필요한 것이 참 떡임을 지적받을 뿐 아니라 그 떡을 얻는 법도 배워야 했다. 그래서 그들은 "우리가 어떻게 하여야 하나님의 일을 하오리이까"(요 6:28)라고 물었다. 이 물음은 부자 청년의 질문(막 10:17)이나 오순절 날 베드로의 복음 선포에 이어진 군중의 질문(행 2:37)과 다르지 않다. "하나님께서 보내신 이를 믿는 것이 하나님의 일이니라"(요 6:29)는 예수님의 답변은 믿음의 기원이 하나님임을 강조한다. 필요한 떡을 얻고자 일해야 한다면 예수님의 말씀대로 그것은 위로부터 와야 한다. 사실상 이 일을 그들이 하는 것이 아니라는 말씀이다. 믿음의 생성은 하나님이 하시는 일이기 때문이다.

예수님의 말씀과 비슷하게 다른 본문들도 그리스도인의 삶 전체가 은혜요 하나님에게서 기원함을 일깨워 준다. 사도 바울은 성화와 칭의가 둘 다 하나님이 은혜로 행하시는 일이라며 기뻐했다. "너희 안에서 행하시는 이는 하나님이시니 자기의 기쁘신 뜻을 위하여 너희에게 소원을 두고 행하게 하시나니"(빌 2:13). 성화에 역사하시는 하나님이 칭의에는 역사하지 않으실까? 칭의는 물론 믿음에도 역사하신다! 구원 전체가 다 은혜의 역사다(참조. 롬 8:30, 엡 2:8-9).

예수님은 믿음의 절대적 필요성을 특히 두 가지 표현으로 강조하신다. 믿음이란 그분께 가는 것이고 먹고 마시는 것이다. "나는 생명의 떡이니 내게 오는 자는 결코 주리지 아니할 터이요 나를 믿는 자는 영원히 목마르지 아니하리라"(요 6:35). 예수님은 우리를 그분께 나아오도록 부르신다. 유명한 찬송가 가사 "고통의 멍에 벗으려고 예수께로 나갑니다"에 그 사실이 아름답게 담겨 있다.[1] 우리의 안식과 피난처와 소속이 어디에 있는지를 보여 주는 그림이다.

내가 서른한 살이던 1992년에 내 아버지가 돌아가셨다. 아버지가 떠나신 후로 이 세상의 내 집도 사라졌다. 서른한 해 동안 '집에 가기만 하면 아버지가 계시니 다 괜찮을 거야'라고 생각했던 적이 얼마나 많은지 모른다. 마찬가지로 예수님도 믿음을 통하여 집으로 오라고 우리를 부르신다. 그 피난처와 사랑과 안전의 자리로 가는 일은 신부가 결혼식장에 들어가 신랑 앞에서 "다 버리고 당신에게만 와서 서약합니다"라고 말하는 것과 같다. 마찬가지로 예수님도 믿음을 통하여 그분께 오라고 무리를 부르셨다.

찰스 시메온이 고찰한 믿음을 눈여겨볼 만하다.

믿음이란 그분이 메시아라는 진리에 단지 동의하는 것이 아니라 겸손

---

[1] William T. Sleeper, "Jesus, I Come"(1887), *Timeless Truths* 웹사이트. http://library.timelesstruths.org/music/Jesus_I_Come/. (새찬송가 272장)

히 세상의 구주이신 그분의 신부가 되는 것이다. 우리는 그분이 필요하시다는 것을 느껴야 한다. 즉, 그분의 구원이 적절하고 충분하다는 것을 깨달아야 한다. 구주로 정해진 그분께 실제로 가서 그분만을 통하여 하나님께 받아들여져야 한다. 다른 희망을 다 버리고 그분을 우리의 모든 구원이자 소원으로 삼아야 한다.[2]

그래서 꼭 필요한 일은 아버지께서 하실 일뿐이다. 군중은 그분이 명하신 대로 가기만 하면 된다.

생명의 떡

군중을 오라고 부르신 예수님은 그들에게 차마 생각할 수 없는 일을 명하신다. 자신의 살을 먹고 피를 마시라는 것이다. "인자의 살을 먹지 아니하고 인자의 피를 마시지 아니하면 너희 속에 생명이 없느니라"(6:53). 이 은유는 최대한 심기를 자극하기 위한 것이었다. 제물을 먹는 것까지는 금시초문이 아니었지만(본래 레위 제사장들은 제물의 일부를 먹었다), 제물의 피를 마신 사람은 아무도 없었다. 피는 금기였다! 평소에 고기도 피째 먹어서는 안 되었다. 유대인이 듣기에 "너희가 내 살을 먹고 내 피를 마셔야 하느니라"는 말은 지극히 도발적인 표현이다.

예수님이 살과 피의 은유로 하시려는 말씀은 정확히 무엇일까? 살과 피는 언약 제사의 구성 요소였다. 제사를 드리려면 동물의 살과 피가 둘 다 꼭 필요했다. 본문에 예수님은 자신이 유일한 참 제물이며 옛 언약의 모든 제사는 자신을 가리키는 모형이라고 말씀하신다(56절). 와서 먹고 마시라는

---

2 Charles Simeon, *Horae Homileticae: Luke XVII to John XII*, 제13권(London: Holdsworth and Ball, 1833), 377.

예수님의 부르심은 단번의 언약 제물인 그분을 믿고 신뢰하여 죄 중에 죽는 것을 면하라는 부름이다.

먹고 마시는 은유에는 우리도 익숙하다. 예컨대 "사상을 들이마셨다"라든지 "내용을 삼켜 버렸다"라는 말은 지금도 흔히 쓰는 관용구다. 그러나 예수님의 말씀은 훨씬 의미심장하다. 무리에게 음식보다 그분이 더 필요하다는 말씀이다. 생명을 살리는 그분의 공급과 희생적 죽음을 먹고 마시고 신뢰하지 않으면, 우리는 죄의 광야에서 굶주리고 목말라 죽을 수밖에 없다.

무리에게 살아 있는 떡이 필요함과 믿음을 통하여 이를 얻는 법을 보여 주신 예수님은 이제 다름 아닌 자신을 생명의 떡으로 제시하신다. 그들이 생명을 얻으려면 예수님의 정체가 곧 생명을 살리는 떡이심을 알아야 한다. 그래서 그분은 광야에서 주어진 만나보다 자신이 더 크다고 선언하신다. 생명의 떡이신 **예수님이 곧 생명**이며, 자신의 죽음을 통하여 우리에게 생명을 주신다. 그분이 주시는 생명이야말로 우리의 가장 깊은 만족이요 영원한 안전과 구원과 교제다.

"나는 생명의 떡이니"(35절)라는 예수님의 선포는 그분이 사마리아 우물가의 여인에게 주신 생수에 대한 말씀을 연상시킨다. 예수님이 영생하도록 솟아나는 샘물을 말씀하시자(요 4:14) 사마리아 여인은 다시 우물에 올 필요가 없도록 그 물을 달라고 했다. 그녀가 예수님의 말씀을 알아듣지 못한 이유는 그분이 물이라는 은유로 더 큰 실체에 대해 말씀하고 계심을 몰랐기 때문이다. 요한복음 6장의 군중도 똑같은 혼란에 빠졌다. 예수님이 그들에게 "내 아버지께서 너희에게 하늘로부터 참 떡을 주시나니"(32절)라고 말씀하시자 그들도 사마리아 여인처럼 그 떡을 달라고 한다. 그분이 주시려는 것이 상상을 훨씬 초월하는 떡임을 모른 채 말이다. 그래서 떡의 은유를 명확히 밝히고자 예수님은 하나님이 세상을 채워 주려고 하늘에서 보내셨던 생명의 떡이 바로 자신임을 선포하신다. 그분의 표현에는 애매한 구석이 전혀 없다. "내가 곧 생명의 떡이니라…나는 하늘에서 내려온 살아 있는 떡이니"(48, 51절). 음식의 기적을 더 갈망하는 군중에게 예수님은 자신을 참되고 더 큰 만나, 하나님의 썩지 않을 영원한 떡으로 내주신다. 갈망의 방향을 바로잡아 주신 것이다. 군중에게 필요한 것은 예수님의 정체를 증명해 줄 또 다른 기적이 아니라 그분 자신이다. 떡이신 그분을 먹으면 영생에 이를 수 있다.

예수님은 우물가의 여인에게 약속하신 만족을 이 군중에게도 똑같이 말씀하신다. "나는 생명의 떡이니 내게 오는 자는 결코 주리지 아니할 터이요 나를 믿는 자는 영원히 목마르지 아니하리라"(35절). 사마리아 여인에게는 "이 물을 마시는 자마다 다시 목마르려니와 내가 주는 물을 마시는 자는 영원히 목마르지 아니하리니"(4:13-14)라고 말씀하셨다. 그분은 인간의 아주 오랜 열망을 채워 주어 모든 죄의 근본 원인을 해결하려 하신다. 하나님이 아닌 다른 데서 만족을 구하려는 우리에게 생명의 떡이신 예수님이야말로 유일한 해답이시다.

갈망의 방향이 어긋난 현실은 성경의 첫 몇 장에 대서특필되어 있다. 에덴동산에서 사탄은 여자에게 "너희가 그것을[선악을 알게 하는 나무의 열매를] 먹는 날에는 너희 눈이 밝아져 하나님과 같이 되어 선악을 알 줄 하나님이 아심이니라"(창 3:5)고 말했다. 사탄의 말인즉 하나님이 인류의 조상에게 무언가를 감추어 두셨는데, 그것이 하나님보다 그리고 그분과의 바른 관계에 수반되는 모든 유익보다 더 큰 만족을 준다는 것이었다. 다시 말해 사탄은 하나님과의 관계 안보다 그분 바깥에 더 큰 만족이 있다고 암시했다. 하와를 속여 하나님을 위하여 살아갈 가치가 없으며 그분보다 더 좋은 것이 자신(사탄)에게 있다고 믿게 만들었다. 우리도 마찬가지다. 죄를 지을 때마다 우리는 하나님이 아닌 다른 데서 만족을 얻기로 작정한 것이다. 사탄이 여태 써먹는 케케묵은 수법이 있다. "하나님께 불순종하면 너의 삶이 더 나아진다. 만족을 창조주에게 구하지 말고 피조물에게서 찾으라"(참조. 롬 1:25).

예수님은 무리 중에서 자신에게 오는 이들에게 안전도 약속하신다. 누구든지 그분께 오는 자는 결코 주리거나 목마르지 않으리라고 단언하신 근거는 "아버지께서 내게 주시는 자는 다 내게로 올 것이요 내게 오는 자는 내가 결코 내쫓지 아니하리라"(요 6:37)는 사실에 있다. 우리를 부르시는 그분은 결코 한 사람도 잃지 않으신다. "나를 보내신 이의 뜻은 내게 주신 자 중에 내가 하나도 잃어버리지 아니하[는]…이것이니라"(39절). "예수 안에 소망 있네"라는 복음성가에 하나님의 백성이 누리는 안전이 힘차게 표현되어 있다. 지옥도 인간도 우리를 그리스도의 손에서 빼앗을 수 없음을 선포하는 노래다.[3]

시편 119편의 저자도 똑같은 실체를 묵상했다. 그는 175절까지 하나님의 말씀이 마냥 좋다며 기쁘게 말씀에 몰입한다. "행위가 온전하여 여호와의 율법을 따라 행하는 자들은 복이 있음이여"(시 119:1)라고 서듭 선포하며 자신도 말씀을 가까이함을 고백한다. 그렇게 175절까지 환희의 묵상이 이어지다가 마지막 176절에서 갑자기 어조가 바뀐다. 하나님과 그분의 말씀으로 충분하다는 그의 장엄한 묵상은 이런 말로 끝난다. "잃은 양같이 내가 방황하오니 주의 종을 찾으소서." 구구절절 하나님과 그분의 말씀에서 안전과 만족을 얻던 저자가 갑자기 하나님이 다시 자신을 찾아 주셔야만 한다고 느낀다. 마찬가지로 우리도 살다 보면 하나님이 우리를 찾아 주시지 않으면 집에 가지 못할 때가 있다. 잃은 양의 비유처럼 목자이신 그분

---

[3] Keith Getty & Stuart Townend, "In Christ Alone"(2002), Thankyou Music(PRS)(CapitolCMG-Publishing.com).

이 때로 양 아흔아홉 마리를 두고 한 마리인 우리를 집으로 데려오셔야 한다(눅 15:3-7). 이 선한 목자는 전보를 쳐서 집으로 돌아오는 가장 좋은 길을 알려 주시는 것이 아니라 직접 나가 우리를 찾아서 어깨에 메고 집으로 데려오신다. 우리가 안전함은 아버지께서 주신 이들을 예수님이 결코 잃지 않으시기 때문이다(요 6:37-39).

하나님이 친히 만족을 주시고 안전하게 지키시는 최종 결과가 곧 구원과 부활과 영생이다. 예수님은 "내 아버지의 뜻은 아들을 보고 믿는 자마다 영생을 얻는 이것이니 마지막 날에 내가 이를 다시 살리리라"(40절)고 우리를 안심시켜 주신다. 또 영원한 죽음에서 구원받으려면 생명의 떡이신 그분을 받아먹어야 한다고 말씀하신다. "이는 하늘에서 내려오는 떡이니 사람으로 하여금 먹고 죽지 아니하게 하는 것이니라"(50절). 먹음과 죽음의 어법은 에덴동산에서 아담에게 주어졌던 경고를 부각한다. "네가 먹는 날에는 반드시 죽으리라"(창 2:17). 예수님은 무리에게 살아 있는 떡이신 예수님 자신을 먹으면 죽지 않는다고 단언하셨다. 다시 말해 그분은 무리를 도로 에덴동산으로 이끄시어, 썩을 양식을 먹지 말고 그분을 먹어 영원히 살라고 부르신다! 사도 바울도 이 진리를 생각하며 고린도 교회에 "너희가 이 떡을 먹으며 이 잔을 마실 때마다 주의 죽으심을 그가 오실 때까지 전하는 것이니라"(고전 11:26)고 말했다. 우리에게 생명을 주고 장차 몸의 부활을 가능하게 하는 것은 바로 예수님의 죽음이다. 덕분에 하나님의 백성 앞에는 세세토록 누릴 충만한 기쁨과 영원한 즐거움이 기다리고 있다(참조. 시 16:11). 예수님이 곧 아버지께서 보내신 생명의 떡이시기에 우리는 만족과 안전과 구원을 얻고 영원히 하나님과 교제할 수 있다.

사마리아 여인과 이 무리는 예수님과의 만남에서 몇 가지 두드러진 유사점을 보여 준다. 영원한 해갈의 물을 주시겠다는 예수님의 말씀을 사마리아 여인이 알아듣지 못했듯이, 이 무리도 그분이 주시겠다는 썩지 않을 떡이 무엇인지 알아듣지 못했다. 그분은 물리적 필요를 넘어 그들에게 가장 절실한 것을 가리켜 보이려고 은유를 쓰셨는데 그들은 둘 다 혼란에 빠졌다. 사마리아 여인은 샘물을 원했으나 예수님은 그녀가 연속적 간음에서 헤어날 수 있도록 영혼을 만족시켜 줄 물을 주려 하셨다(요 4:13-18). 군중은 다시 배불리 먹을 음식의 기적을 원했으나 예수님은 살아 있는 떡으로 그들을 채워 주려 하셨다.

우물가 여인의 이야기(요 4장)와 예수님이 군중에게 생명의 떡을 강론하신 이야기(요 6장)에는 이렇게 비슷한 점도 많지만, 근본적인 차이가 하나 있다. 사마리아 여인은 생명을 살리는 물을 받아 흡족하게 마시고 영생에 이르렀다. 예수님이 "네게 말하는 내가 그라"(4:26)고 자신을 알리신 순간, 메시아 강림에 대한 진리가 그녀 안에서 메시아 그분에 대한 신뢰와 합해졌다. 그 무리와 달리 사마리아 여인은 집으로 돌아왔다. 그분의 살을 먹고 피를 마셨다. 생냉의 떡이신 예수님 안에만 있는 만족과 안전과 구원과 교제를 알게 되었다. 우리도 모두 똑같이 되기를 기도한다!

06

선한 목자

요한복음 10장 스티븐 J. 로슨(Steven J. Lawson)

요한복음 10장 11-18절에서 우리는 선한 목자이신 예수 그리스도에 대하여 많은 것을 배운다. 이 본문이 아주 특별함은 예수님의 죽음과 부활을 그분이 친히 주해하시기 때문이다. 십자가에 못 박히신 그리스도를 본인이 설교하신다. 지상 최고의 설교자인 예수 그리스도가 가장 위대한 주제, 곧 죄를 대신 담당한 자신의 죽음을 주제로 설교하신다. 여기서 예수님은 화자이자 화제이고, 교사이자 주제이며, 설교자이자 명제시다.

이 본문이 십자가에 대한 성경의 다른 대목보다 더 영감을 받은 것은 아니지만 훨씬 더 자전적이다. 예수 그리스도가 자신의 죽음과 부활에 대하여 직접 속내를 드러내신다. 묘하게도 그날의 회중은 이스라엘의 거짓 목자들이다. 강론의 시점은 예수님이 맹인을 치유해 주신 9장에 바로 이어진다. 그분의 말씀이 끊기지 않고 연속해서 9장에서 10장으로 넘어간다. 이제 예수님은 자신을 양의 참 목자로 지칭하심으로써 이스라엘의 거짓 목자들에게 말씀하신다.

예수님이 1-10절에 설정하신 문맥을 요한은 "비유"(6절)라 칭했는데 여기서는 우화라는 뜻이다. 성경을 우화로 해석해서는 안 되지만 그럼에도 성경에는 우화가 들어 있다. 우화는 비유의 확대판 같아서 더 복잡하다. 비유에는 이야기를 이끄는 중심 진리가 하나여서 누구든지 비유의 부수적 세세한 면까지 해석에 맞추려 하면 금세 문제에 빠진다. 그러나 우화는 다르다. 우화는 의도적으로 다면적이고 세부 사항이 풍부해서 해석할 부분도 더 많다. 선한 목자에 대한 이번 강론도 우화에 속한다.

양의 우리, 절도, 강도

우선 1-10절에 나오는 "양의 우리"(1절)는 이스라엘 민족을 대변한다. 이 우리 안에는 여러 다른 양 떼가 있어 그 당시 이스라엘 민족의 다양한 분파를 대변하며, 심지어 죽은 유대교의 중생하지 않은 유대인들로 가득하다. 그 문화의 목자는 으레 밤중에는 양 떼를 문지기에게 맡겨 보살피게 했다. 밤에는 들어가 쉬고 이튿날 다시 나와 자신의 양 떼를 불러냈다.

본문의 절도와 강도(1절)는 바로 예수님이 지금 말씀하시는 대상이다. 그들은 예루살렘 성전을 강도의 소굴로 만들고 하나님의 영광을 가로챈 바리새인들이다(마 21:13, 눅 19:46). 이들 절도와 강도는 양을 염려하기는커녕 오히려 갈취를 일삼아 자신이 양의 정당한 주인이 아님을 드러낸다. 예수님은 이 바리새인들을 절도와 강도로 지목하시며 그들을 향하여 말씀하신다.

목자와 양

아주 대조적으로 양의 참 목자(2절)이신 예수 그리스도가 소개된다. 예수님은 이 목자가 자신이라고 분명히 밝히신다. 즉 그분은 하나님의 양 떼를 사랑으로 돌보시는 "선한 목자"시다(11, 14절). 3절의 문지기는 다양하게 해석될 수 있으나 여기서는 논하지 않겠다. 이 목자에게 인도되는 "양"(3절)은 하나님의 선민이다. 하나님이 창세전부터 그들을 택하셨다. 그들은 아버지의 주권으로 선택된 그분의 소유인데 이 선한 목자에게 맡겨졌다(29절).

이 목자의 "음성"은 선택된 양만 불러 자신에게로 이끄는 특이한 효력이 있다(3-5절). 이 양 떼는 목자의 "음성"을 알아듣고 따라온다. 커다란 공동 우리 안에 든 다른 양 떼는 이 목자의 육성을 들어도 자기 목자의 음성으로 알아듣지 못한다. 그냥 고개를 숙인 채 풀을 뜯어먹는다. 그러나 선택된 양은 목자의 "음성"을 들으면 즉시 소리 나는 곳으로 간다. 목자는 양을 알기에 이름으로 부르고, 양은 목자의 음성을 들으면 고개를 들고 그쪽으로 움직인다. 이로써 다른 양 떼와 구별된다.

선택된 양은 들을 귀가 주어졌기 때문에 다른 양 떼가 분간하지 못하는 음성을 듣는다. 선한 목자는 자신의 양을 이 배교의 우리 안에 둘 수 없다. 사망의 악취가 진동하는 이 영적 묘지에서 그들을 이끌어 내야 한다. 선택된 양이 떠나갈 때 다른 목자들이 부른다. 그러나 이 양 떼는 타인의 음성은 듣지 않고 자기 목자의 음성만 듣고 따른다. 목자는 그들을 도시에서 이끌어 내어 전원으로 데려가고, 배교의 우리를 떠난 양은 다시는 그리로 돌아가지 않는다.

양의 문

일단 전원으로 나가면 선한 목자는 양의 우리를 새로 지으신다. 들판에서 돌을 모아 빙 둘러 담을 쌓고 입구만 남기신다. 밤이면 친히 입구에 누워 양의 문이 되어 주신다(7절). 양이 우리에 다 들어오면 방벽으로 든든히 막아 그들을 해하려는 모든 약탈자에게서 보호하신다. 양을 공격하려는 들짐승은 목자를 거쳐야만 한다. 이 목자는 용사이기도 해서 어떤 위험이 양 떼를 위협해도 용감무쌍하게 맞서신다.

아침이면 선한 목자는 담의 입구에서 일어나 양 떼를 푸른 풀밭과 잔잔한 물가로 인도하신다. 풍성한 삶을 주고 영혼을 배불리 먹이신다(10절). 이 선한 목자는 밤에는 양을 우리 안으로 이끌어 보호하고 낮에는 풀밭으로 데려가 먹이를 공급하신다. 이런 일과가 매일 되풀이된다. 목자와 양은 아주 친밀한 사이다. 그분은 양의 모든 필요를 책임지시며 필요하다면 자기 목숨까지 버려 양을 지키신다.

이런 문맥을 바탕으로 11-18절에서 세 가지 주목할 것이 있다. 첫째로, 11절 서두에 "나는 선한 목자라"는 예수님의 배타적 주장이 나온다. 둘째로, 예수님의 탁월한 성품을 배울 수 있다(11-16절). 여기서 예수님은 자신이 선한 목자인 설득력 있는 이유를 네 가지로 제시하신다. 끝으로, 예수님의 자발적 선택이 강조된다(17-18절). 이 두 구절에서만 일인칭 단수 대명사 "나"가 여섯 번이나 쓰여(NASB 기준이며 주격만 해당한다—옮긴이) 양을 위하여 자기 목숨마저 버리는 목자의 결연한 의지를 부각한다.

예수님의 배타적 주장

예수님은 강론의 이 뒷부분을 "나는 선한 목자라"는 배타적 주장으로 시작하신다(11절). 요한복음에 '나는 무엇이라'는 그분의 진술이 일곱 번 나오는데 이번이 그중 네 번째다. 이 강력한 주장들이 제4복음서의 중추를 이룬다. 이번 주장은 그중에서도 정점에 위치해 있다. 여기에 이르기까지 세

가지 진술이 있었고 그 뒤로 다시 세 가지 진술이 나온다. 예수님은 이미 "나는 생명의 떡이니"(6:35), "나는 세상의 빛이니"(8:12), "내가 문이니"(10:9)라고 말씀하셨다. "나는 선한 목자라"는 주장은 으뜸의 자리를 점한다. 이어 "나는 부활이요 생명이니"(11:25-26), "내가 곧 길이요 진리요 생명이니"(14:6), "나는 포도나무요"(15:5)가 뒤를 잇는다.

이번 주장이 중심을 차지하는 까닭은 십자가가 기독교의 중심이기 때문이다. 여기서 예수님은 자신의 대속 죽음과 몸의 부활을 아주 자세히 설명하신다. 십자가는 기독교 신앙의 핵심 교리로서 요한복음에 일곱 번 나오는 '나는 무엇이라'는 주장에서 최고 우위를 점한다. 그렇다면 "나는 선한 목자라"는 말씀은 정확히 무슨 뜻일까?

예수님의 신성과 충족성

첫째로, "나는 선한 목자라"는 배타적 주장은 그분이 신이시라는 선포다. "나는 무엇이라"(I am)는 문구를 쓰실 때마다 예수님은 일찍이 불붙은 떨기나무 앞에서 "나는 스스로 있는 자이니라"(I AM WHO I AM)고 자신을 계시하신 하나님의 이름으로 자칭하신 것이다. 예수님이 쓰신 문구는 하나님의 신성한 이름('야훼' 또는 '여호와')이 파생되어 나온 '무엇이다, 존재하다'는 뜻의 똑같은 히브리어 어근에서 왔다. 하나님의 이 이름은 그분이 스스로 충족하신 자주적인 하나님이시며 누구에게나 무엇에도 그 존재를 의존하지 않으신다는 뜻이다. 의심의 여지없이 예수님은 하나님의 이 거룩하고 신성한 이름을 자신에게 적용하셨다. 이 표현을 씀으로써 자신이 참으로 하나님이라고 온전한 신성을 주장하신 것이다. 이는 성경 전체에서 일관되게 가르치는 초석과도 같은 진리다. 예수님은 하나님만이 하실 수 있는 일을 하시고, 하나님만이 받으실 수 있는 예배를 받으시고, 하나님만이 지니실 수 있는 속성을 지니시고, 하나님만이 불리실 수 있는 호칭으로 불리시는 등 하나님과 동일시되신다. 그날 예수님의 말씀을 들은 이들은 그분이 신으로 자처하심을 알아들었다. 요한복음 10장 33절이 그 증거다. 예수님은 "나는 스스로 있는 자이니라"는 표현으로 자칭함으로써 자신이 하나님 아버지와 동등한 존재임을 주장하셨다.

마찬가지로 하나님도 자기 백성의 목자로 자처하셨다. 다윗은 "여호와는 나의 목자시니"(시 23:1)라고 썼고, 다른 시편 저자는 하나님을 "이스라엘의 목자여"(80:1)라고 불렀다. 하나님의 백성인 우리를 "그의 기르시는 양"으로 표현한 시도 있다(100:3). 하나님은 구약 전체에서 자기 백성의 목자로 불리신다(사 40:11). 그분은 "목자가 양 가운데에 있는 날에…그 떼를 찾는 것같이 내가 내 양을 찾아서…건져낼지라"(겔 34:12)고 말씀하신다.

둘째로, 이 배타적 주장은 그분의 충족성을 말해 준다. 본래 목자는 양의 모든 필요를 전적으로 책임지고 채워 준다. 이 은유에서 자기 백성의 모든 필요를 돌보시는 예수님을 볼 수 있다. 다윗이 정확히 그렇게 고백했다. "여호와는 나의 목자시니 내게 부족함이 없으리로다"(시 23:1). 그분이 자기 백성 모두의 쓸 것을 전부 공급하신다는 뜻이다. 예수님도 제자들에게 "나를 떠나서는 너희가 아무것도 할 수 없음이라"(요 15:5)고 말씀하셨고, 바울은 "내게 능력 주시는 자 안에서 내가 모든 것을 할 수 있느니라"(빌 4:13)고 썼다. 우리가 아는 이 목자는 자기 양 떼의 쓸 것을 모두 채워 주시는 분이다. 직접 개입해서든 간접적 섭리를 통해서든 그분은 자신의 사람들을 책임지고 돌보신다.

예수님의 유일성과 선하심

셋째로, 이 배타적 주장은 그분이 하나뿐인 선한 목자라는 뜻이다. 그분은 그저 많은 선한 목자 중 하나가 아니라 유일하신 선한 목자다. 그분 외에 다른 선한 목자는 없다. 자신의 양을 하나님의 임재 안으로 인도하는 목자는 그분뿐이다. 베드로는 "다른 이로써는 구원을 받을 수 없나니 천하 사람 중에 구원을 받을 만한 다른 이름을 우리에게 주신 일이 없음이라"(행 4:12)고 증언했다. 멸망하는 죄인들을 구하거나 그들의 필요를 채워 줄 수 있는 목자는 주 예수 그리스도이신 이 목자밖에 없다.

넷째로, 이 배타적 주장은 그분의 선하심을 보장한다. "나는 선한 목자라"는 예수님의 말씀은 자기 양 떼의 모든 필요를 채워 주시겠다는 다짐이다. '선하다'[칼로스(kalos)]는 단어는 '고결하다, 탁월하다, 아름답다, 우수하다, 이상적이다, 우월하다'는 뜻이다. 예수님은 바로 그런 목자시다. 그분의 인격과 성품과 존재는 완전하다. 그분은 선한 목자답게 자기 양의 평생에 늘 선을 행하신다. 다윗은 "내 평생에 선하심과 인자하심이 반드시 나를 따르리니 내가 여호와의 집에 영원히 살리로다"(시 23:6)라고 고백했다.

어떤 설교자를 막론하고 선한 목자이신 예수 그리스도의 배타적 주장을 선포할 때보다 설교를 더 잘할 수는 없다. 양 떼를 먹이려던 그분에 대해 더 많이 말해 주어야 한다. 설교마다 설교자는 쇠하고 예수님이 흥하셔야 한다. 참된 설교자라면 회중에게서 예수님에 대하여 들을 기회를 박탈할 마음이 없을 것이다. 목사는 청중에게 이 목자장(벧전 5:4)을 가리켜 보여야 한다. 최선을 다하여 그분의 선하심과 영광과 위대하심을 자세히 전해야 한다.

예수님의 탁월한 성품

예수 그리스도는 자신의 탁월한 성품도 증언하신다. 단순히 자신이 선한 목자임을 밝히는 데서 그치지 않고 자신이 선한 목자인 이유를 설득력 있게 제시하신다. 그분이 내놓으신 이유는 네 가지다. 그분은 자기 양을 위하여 죽으시고, 양을 사랑하시고, 양을 모으시고, 양을 연합시키신다.

예수님은 자기 양을 위하여 죽으신다
가장 중요하게 예수님은 친히 양을 위하여 죽으신다는 단언으로 자신의 탁월한 성품을 설명하신다. "선한 목자는 양들을 위하여 목숨을 버리거니와"(11절). 이 은유적 표현은 자기 양을 위하여 대신 죽으실 그분을 보여 준다. 늘 큰 위험에 노출되어 있는 양을 보호하기 위해서다. 양 떼가 무방비 상태로 취약할 때 선한 목자는 자신의 목숨을 버려 그들을 위험에서 건져 내신다.

예수님은 양을 위한 자신의 죽음이 자발적임을 강조하신다. "선한 목자는 양들을 위하여 목숨을 버리거니와"라는 말씀은 누군가가 그분의 목숨을 빼앗는 것이 아니라 그분 스스로 내주신다는 뜻이다. 그분은 이런 자발적인 죽음을 이 본문에서만 다섯 번이나 강조하신다(11, 15, 17, 18절상, 18절하). "내가 스스로 버리노라. 나는 버릴 권세도 있고"(18절). 그래서 그분의 피는 어쩔 수 없는 출혈이 아니라 당연히 스스로 쏟으신 것이다. 나아가 십자가가 인간의 변고가 아니라 하나님의 섭리였다는 뜻이다. 그분은 "다 이루었다"(19:30)라고 말씀하셨지 "이제 나는 끝났다"라고 말씀하지 않으셨다. 예수님은 때와 장소를 정해서 양을 위하여 자신의 목숨을 내주셨다.

"선한 목자는 양들을 위하여 목숨을 버리거니와"라는 진술은 그분의 죽음이 대리적 성격을 가지고 있음도 강조한다. 짤막한 전치사 "위하여"[휘페르(huper)]가 대단히 중요하다. 큰 문이 작은 돌쩌귀에 매달려 돌아가듯이 "위하여"라는 작은 전치사에 중요한 신학이 달려 있다. "휘페르"는 '무엇을 위하여, 대신하여, 대표하여'라는 뜻이다. 이는 예수 그리스도의 죽음이 다른 사람을 대신한 죽음임을 가르쳐 준다. 그분은 양을 대신하여 죽으셨다. 다른 곳에서 그분은 "인자가 온 것은 섬김을 받으려 함이 아니라 도리어 섬기려 하고 자기 목숨을 많은 사람의 대속물로 주려 함이니라"(마 20:28)고 말씀하셨다. 사도 바울도 "그리스도께서…우리 죄를 대속하기 위하여 자기 몸을 주셨으니"(갈 1:4)라고 똑같이 말했다. 즉 그리스도는 "우리를 위하여 자신을 버리"셨다(엡 5:2).

나아가 예수님은 자신의 죽음이 지닌 제한적 성격도 밝히셨다. "선한 목자는 [그] 양들을 위하여 목숨을 버리거니와"라는 말씀을 통하여 그분은 자신이 죽기까지 위하는 양들이 따로 있음을 강조하신다(헬라어 원문에 정관사가 있다―옮긴이). 그 양들이 예수님께 오기도 전부터 아버지께서 그들을 아들에게 주셨다(29절). 그들은 그분의 음성을 알아듣고 그 음성에 이끌린다. 배교한 이스라엘로부터 인도되어 나와 이 목자를 따르는 양들이다. 예수님이 목숨을 버리심은 자기 양을 위해서지 그분의 소유가 아닌 다른 양을 위해서가 아니다. 그분의 죽음은 자기 양이 아닌 절도와 강도를 위해서도 아니다. 아버지께서 아들에게 세상 모든 사람을 주신 것은 아니다(26절). 그러나 예수님이 위하여 죽으시는 사람은 하나도 멸망하지 않는다. 이 말씀으로 예수님은 십자가를 강해하신다. 자신의 죽음을 해석하여 '제한 속죄'를 가르치신다. 예수님에 따르면 그분은 익명 집단의 불특정인들을 위하여 보편 속죄로 죽으신 것이 아니라, 아버지께서 영원 전부터 택하여 아들에게 주신 사람들을 위하여 제한 속죄를 이루셨다. 그분은 자신이 이름으로 부르는 양들을 위하여 죽으셨다.

"나는 [그] 양을 위하여 목숨을 버리노라"는 예수님의 말씀에 그분이 누구를 위하여 죽으셨는지가 더할 나위 없이 명백히 나와 있다. 그분은 자신의 속죄가 지닌 배타적 성격을 되풀이해서 말씀하신다. "나는 [그] **양을 위**

하여 목숨을 버리노라"(15절). 십자가에서 죽으신 예수님의 의도 속에 그 죽음의 범위가 규정되어 있다. 예수님이 왜 죽으셨는지를 알면 누구를 위하여 죽으셨는지도 알 수 있다. 이 강해에서 친히 가르치셨듯이 예수님은 양우리의 양 전체를 위하여 죽으러 오신 것이 아니다. 그분이 만일 모두를 위하여 죽으셨다면 모두가 구원받을 것이다. 그러나 그분은 자기 양을 위하여 오셨고 그 양을 위하여 죽으셨다. 그 양 중 누구도 멸망하지 않는다.

속죄의 규모가 제한적이라는 그분의 가르침은 삼위일체 하나님의 연합에 대한 분석으로 더 확충된다. 예수님은 자신의 음성을 듣고 따르는 양들을 가리키며(27절) "그들을 주신 내 아버지"(29절)를 말씀하셨고, 바로 그 양들에게 영생을 주신다(28절). 그중 누구도 멸망하지 않으며 그분의 손이나 아버지의 손에서 빼앗기지도 않는다(29절). 이어 예수님은 "나와 아버지는 하나이니라"(30절)고 말씀하신다. 이는 아버지와 아들이 단일한 인격체라는 뜻이 아니다. 그런 진술은 이단이다. 대신 이 주장은 아버지와 아들이 사명도 하나, 목적도 하나, 구원의 의도도 하나라는 뜻이다. 아버지는 자신이 택한 양들을 아들에게 주셨고, 아들은 그들을 아버지가 주시는 사랑의 선물로 받으셨다. 마침내 선한 목자로 이 세상에 오신 아들은 아버지께서 택하여 자신에게 맡기신 바로 그 양들만을 위하여 목숨을 버리셨다.

몇 년 전에 나는 런던 신학교에 한동안 머문 적이 있다. 마침 그 주에 연례행사인 존 오웬 강연 시리즈가 있었다. 집회에 참석한 목사 몇에게 "이 집회의 초점이 구체적으로 무엇입니까?"라고 물어보았다. 그들은 제한 속죄에 대한 오웬의 가르침을 되새기는 강연이라고 설명했다. 그래서 나는 제한 속죄의 논거로 이 위대한 청교도 신학자가 제시한 가장 설득력 있는 논증을 말해 달라고 했다. 그들은 답하기를 오웬에게 그것은 바로 삼위일체 하나님의 연합이라고 했다. 구체적으로 성부 성자 성령이 하나의 구주로서 완전한 조화를 이루어 한 집단의 사람들을 구원하신다는 것이다.

이처럼 목적이 하나이기에 예수님은 세례를 성부 성자 성령의 이름으로 베풀도록 명하셨다(마 28:19). 삼위일체의 세 위격이 완전히 연합하여 모두 함께 일하신다. 하나의 구주로서 한 양 떼를 구원하신다. 이 불가분의 연합 때문에 예수님은 제한 속죄를 이루셔야만 한다. 그래야 아버지의 목적에 일치되게 구원하실 수 있다. 창세전에 성부는 자신의 선민을 정하셨고, 때가 차매 성자는 바로 그 선택된 무리를 위하여 목숨을 버리셨으며, 성령은 날마다 그들을 중생하게 하신다. 그렇지 않으면 성부는 믿는 자들을 구원하기로 택하시는데, 성자는 전혀 다른 집단인 온 세상을 구원하려고 죽으시고, 성령은 복음을 듣는 또 다른 집단을 구원하려 하실 것이다. 이런 지리멸렬한 관점은 삼위일체의 연합을 깨뜨려 제각각인 세 가지 사명을 낳는다.

그런 관점과는 아주 대조적으로 예수님은 자신이 아버지께서 주신 양들을 위하여 죽는다고 말씀하셨다. "내 양"(14절)을 위하여 죽으심을 밝히셨다. 다른 곳에서는 자신의 친구인 제자들을 위하여 목숨을 버린다고 하셨다(15:13). 바울은 그리스도가 자기 피로 교회를 사셨다고 가르쳤다(행 20:28). 이 사도는 또 예수님의 죽음이 택하신 자들을 위한 것이라고 썼다(롬 8:33). 나중에 그는 그리스도가 자기 신부인 교회를 위하여 자신을 주셨다고 강조했다(엡 5:25). 히브리서 저자는 예수님이 "형제", 곧 아버지 "하나님께서 내게 주신 자녀"를 위하여 죽음을 맛보셨다고 썼다(히 2:9, 13). 이 모든 본문이 선한 목자이신 예수 그리스도의 제한 속죄를 가르친다.

예수님은 십자가에서 온 세상을 사신 것이 아니다. 그랬다가 정작 그분을 믿는 사람들만 받으신 것이 아니다. 갈보리는 완전히 공정했다. 십자가에 불의나 불공정은 없었다. 예수님은 자신이 산 사람을 모두 받으셨다.

부당 거래나 사기를 당하지 않으셨다. 죄인을 구속하는 일에 바가지를 쓰지 않으셨다. 골고다에서 돈을 떼이지 않으셨다. 예수님은 더도 말고 덜도 말고 자신이 산 모든 사람을 끝까지 보전하신다. 그분이 십자가에서 구속하신 사람은 모두 영원히 그분의 소유다.

어떤 사람들은 예수님이 세상을 위하여 죽으셨다고 가르치는 구절들을 가리키며 반론을 편다. 그러나 이 해석자들은 요한복음에 "세상"(코스모스)이 열 가지 다른 의미로 쓰였음을 모른다. 그 열 가지 용법 중 하나만 문자적으로 모든 사람을 뜻할 뿐 나머지 아홉은 의미가 다르다. "세상"이 무조건 만인을 뜻한다는 선입견을 품고 요한복음의 아무 본문이나 대한다면 이는 속단이다. 한 예로 예수님은 "내가 비옵는 것은 세상을 위함이 아니요 내게 주신 자들을 위함이니이다"(17:9)라고 기도하신다. 보다시피 그분은 자신의 중보를 아버지께서 주신 이들에게로 제한하신다. 비슷하게 십자가에서 그분이 중보하신 대상도 17장의 중보기도 때와 동일하고, 마찬가지로 지금도 아버지의 오른편에서 그때 기도하셨던 바로 그 무리를 위하여 중보하신다.

선한 목자의 대척점에 이스라엘의 거짓 목자들이 있다. 예수님은 그들을 향하여 "삯꾼은 목자가 아니요 양도 제 양이 아니라 이리가 오는 것을 보면 양을 버리고 달아나나니 이리가 양을 물어가고 또 헤치느니라"(12절)고 말씀하셨다. 다른 목자들, 곧 "삯꾼"은 지금 예수님이 말씀하시는 대상이다. 그들은 선한 목자이신 그분과는 정반대다. 이들 삯꾼은 이스라엘의 거짓 목자인지라 이리가 오면 양을 버려 큰 위험에 방치한다. 힘들 때 양을 버리는 것은 그가 양의 주인이 아니기 때문이다. 예수님의 설명처럼 이리가 오면 "달아나는 것이 그가 삯꾼인 까닭에 양을 돌보지 아니함"이다(13절). 이 바리새인들은 양의 참 주인이 아니며 목숨을 바쳐서 양을 보호할 마음이 전혀 없다. 그들은 예수님의 양이 아니기 때문에 그분의 음성도 알아듣지 못한다. 그분의 가르침이 그들에게는 소귀에 경 읽기다. 들을 귀가 없어 그분의 말씀을 듣지 못한다.

예수님은 자신의 양을 사랑하신다

예수님은 자신이 선한 목자인 이유를 더 제시하신다. 바로 자기 양을 사랑하시기 때문이다. 14절에서 그분은 앞서 했던 배타적인 주장을 되풀이하신다. "나는 선한 목자라." 이 재확인을 통해서도 그분은 현재 말 상대를 하고 있는 거짓 목자들과 구분되신다. "나는 내 양을 알고"라고 덧붙이신 말씀은 그분이 양의 존재를 지식으로 아신다는 뜻이 아니다. 그분은 "나는 내 양에 대하여 알고"라고 하지 않으셨다. 물론 그들에 대해서도 아시지만, 이 말씀의 의미는 그보다 더 깊다.

"알고"[기노스코(*ginosko*)]라는 그분의 말씀은 '친밀하게 알다, 사랑하다, 사랑하기로 정하다'는 뜻이다. 예수님이 양을 아신다는 말은 그들과 가장 친밀한 사랑의 관계라는 뜻이다. 성경의 다른 곳에서 이 단어는 부부간의 육체적 친밀함을 나타낼 때 쓰였다(마 1:25). 이에 상응하는 히브리어 단어[야다(*yadah*)]도 동일하게 쓰여, 아담이 아내를 친밀하게 "알매" 그녀가 임신하여 아들을 낳았다고 했다(창 4:1). 이처럼 예수님도 자기 양을 구속의 깊은 사랑으로 아신다는 뜻이다.

이 앎은 쌍방적이다. "양도 나를 아는 것이"(14절). 앎의 순서가 중요하다. 예수님이 영원 전부터 양을 먼저 아시기에 지금 양도 그분을 안다. 여기서 예지(豫知)라는 단어의 의미를 엿볼 수 있다. 예지는 선견지명과는 무관하다. 하나님은 이른바 시간의 터널을 내다보며 무언가를 배우신 적이 없다. 이는 하나님을 모독하는 관점이다. 대신 예지란 하나님이 먼저 선민을 사랑하여 마음에 품으셨다는 뜻이다. 이는 친밀하고 인격적이며 주권적인 그분의 영원한 언약의 사랑을 말해 준다. 우리가 그분을 알고 사랑함은 그분이 먼저 우리를 알고 사랑하셨기 때문이다.

영국의 위대한 전도자 조지 휫필드는 삭개오의 회심을 즐겨 설교하면서 예수님이 돌무화과나무 위의 삭개오를 보셨음에 주목했다(눅 19:5). 휫필드는 그 대목에서 말을 멈추어 예수님이 나무 위의 삭개오를 보신 것이 당연함을 강조했다. 영원 전부터 삭개오를 아신 그분이 시간 속에서 그를 놓치실 리 없지 않은가? 이는 선한 목자가 오래전부터 자기 양과 맺어 오신 사랑의 관계다.[1]

예수님은 또 자신이 양을 아는 정도를 "아버지께서 나를 아시고 내가 아버지를 아는 것 같으니 나는 양을 위하여 목숨을 버리노라"(15절)고 표현하셨다. 얼마나 가까운 사이인지를 "같으니"라는 짤막한 단어가 말해 준다. 요한복음 첫 구절에 보면 그분은 처음부터 아버지와 "함께" 계셨다. "태초에 말씀이 계시니라. 이 말씀이 하나님과 함께 계셨으니." "함께"[프로스(pros)]는 '대면하다'는 뜻이다. 예수님은 영원 전부터 아버지를 대면하여 가장 친밀하게 사랑으로 교제하셨다. 요한은 예수님이 "아버지 품속에"(1:18) 계시다고도 기록했는데, 이는 영원 전부터 아버지와 아들이 가깝고 친밀한 사이였음을 가리킨다. 이와 똑같이 가깝고 친밀하게 예수님이 자기 양을 아시고 양도 그분을 안다는 것이다.

예수님은 자기 양을 모으신다

예수님이 선한 목자이신 세 번째 이유는 자신의 잃은 양을 이끌어 모으시

---

1 George Whitefield, "The Conversion of Zacchaeus," *Bible Bulletin Board* 웹사이트. http://www.biblebb.com/files/whitefield/GW035.htm.

기 때문이다. "또 이 우리에 들지 아니한 다른 양들이 내게 있어 내가 인도하여야 할 터이니"(16절). 이 우화는 배교한 이스라엘의 영적 죽음으로부터 예수님이 자기 양을 불러내시는 장면으로 시작되었다. 우리에 들지 않은 "다른 양들"이란 이스라엘의 우리 바깥에 있는 이방인을 두고 하신 말씀이다. 예수님은 그들도 인도하셔야 한다. 이 다른 양들은 전 세계에서 그분께로 나아올 것이다. "각 족속과 방언과 백성과 나라"에서 와서 "만만이요 천천"의 수를 이룰 것이다(계 5:9, 11).

"다른 양들이 내게 있어"라는 예수님의 주장은 현재시제로 되어 있다. 그들은 아직 그분께 오지 않았지만 이미 그분의 소유다. 아버지께서 영원 전부터 그들을 택하여 아들에게 주셨기 때문이다. 시간이 시작되기도 전에 아버지께서 주셨기에 현재 그들은 예수님의 소유다.

예수님께 주어진 이 양들은 그분의 말씀대로 그분께 오게 되어 있다. "내가 인도하여야 할 터이니"(16절). 이를 신적 필연성과 확실성의 당위라고 한다. 하나님의 주권에 따른 당위인만큼 실효적인 부르심이요 불가항력적인 이끄심이다. "내가 인도하여야 할 터이니"라는 말씀은 그들 스스로는 오지 않는다는 뜻이다. 그것이 성경 다른 곳에 확증되어 있다. "우리는 다 양 같아서 그릇 행하여 각기 제 길로 갔거늘"(사 53:6). 모든 양의 고집스러운 성격을 가르쳐 주는 말씀이다. 잃은 양은 인도되어야만 한다. 그렇지 않으면 오지 않기 때문이다.

"내가 인도하여야 할 터이니"는 바로 뒤에 나오는 "그들도 내 음성을 듣고"(16절)와 불가분의 관계다. 예수님의 이끄심과 그들의 따름은 떼려야 뗄 수 없이 얽혀 있다. 인도되어야만 하는 다른 양들은 그분의 음성을 듣고 그분께로 온다. 그리스도가 위하여 죽으신 모든 양은 신적 확실성에 따라 그분께로 오게 되어 있다. 예수님도 "아버지께서 내게 주시는 자는 다 내게로 올 것이요"(6:37)라고 가르치셨다. 그 양들이 예수 그리스도께로 오는 이유는 다른 양들보다 똑똑하거나 영적으로 민감하거나 깨어 있어서가 아니다. 예수님이 그들을 인도하셔야 하고, 그들도 그분의 음성을 듣기 때문이다.

영국의 위대한 설교자 찰스 스펄전은 이 주권적 은혜의 진리를 소리 높여 선포했다. 다음은 설교의 황제인 그가 어느 설교에서 부르짖은 내용이다.

> 나는 하나님의 '결심'과 '의지'가 참 좋습니다. 그 무엇도 여기에 비할 수 없습니다. 인간의 결심이 무슨 소용입니까? 인간은 의지대로 행하지 않습니다. 결심을 말해 놓고 약속을 어깁니다. 그러나 하나님의 결심은 결코 그렇지 않습니다. 그분이 결심하시면 그대로 됩니다. 그분의 의지대로 됩니다. 본문에서도 그분은 "많은 사람이 오리라"고 단언하셨습니다. 마귀는 "그들이 오지 않으리라"고 우기지만, 그들은 오게 되어 있습니다. 우리도 "나는 가지 않겠다"라고 말하지만, 하나님은 "너는 오게 되어 있느니라"고 이르십니다.[2]

이어 스펄전은 저항하는 양도 결국 오게 된다고 공언했다. 아무리 복음에 반감을 품어도 그들은 예수 그리스도를 믿게 되어 있다.

> 그렇습니다! 이곳에도 구원을 비웃고 그리스도를 조소하고 복음을 업신여기는 이들이 있지만, 그중 더러는 분명히 그분께로 올 것입니다. "뭐라고? 하나님이 나를 그리스도인으로 만드실 수 있다고?"라고 반문하겠지만, 복음의 능력으로 그렇게 됩니다. 복음은 당신의 동의를 구하지

---

2 Charles Spurgeon, "Heaven and Hell," *Spurgeon: New Park Street Pulpit: 347 Sermons from the Prince of Preachers*(OSNOVA, 2012).

않고 그냥 얻어냅니다. 복음은 당신의 의향을 묻지 않고 그냥 하나님의 권능의 날에 자원하게 만듭니다…복음은 당신의 동의를 원하지 않고 그냥 얻어냅니다. 당신의 마음속에 있는 적대감을 무너뜨립니다. 당신이 "나는 구원받고 싶지 않다"라고 말해도 그리스도는 당신이 구원받게 되어 있다고 말씀합니다. 그분이 당신의 의지를 변화시키시면 당신은 "주여, 구원하소서. 그렇지 않으면 저는 망합니다"라고 부르짖게 됩니다. 그러면 천국은 "네 입에서 그 말이 나올 줄 알았다"라고 외칩니다. 그분은 당신을 인하여 기뻐하십니다. 친히 당신의 의지를 변화시켜 그분의 권능의 날에 자원하게 하시기 때문입니다.[3]

스펄전은 이 강력한 설교의 결론부에서 하나님의 주권적 은혜가 필연적으로 승리함을 자랑스레 알렸다.

오늘 밤 예수 그리스도가 이 강단에 서신다면 많은 사람이 그분께 어떻게 반응할까요?…그분이 오셔서 "내가 여기 있다. 너를 사랑한다. 나의 구원을 받겠느냐?"라고 말씀하신다 해도, 만일 우리의 의지대로 하게 두신다면 이중 한 사람도 응하지 않을 것입니다. 그분이 친히 "나를 보내신 아버지께서 이끌지 아니하시면 아무도 내게 올 수 없으니"라고 말씀하셨습니다. 여기 우리에게 꼭 필요한 말씀이 있습니다. 그들은 오게 되어 있습니다! 반드시 옵니다!…그리스도의 죽음은 결코 헛되지 않습니다…그리스도는 자신의 씨를 보게 됩니다(참조. 사 53:10-옮긴이).[4]

---

3 같은 책.
4 같은 책.

하나님이 주권적으로 구원하신다는 진리 덕분에 설교자는 아주 확신에 차서 복음을 선포할 수 있다. 하나님의 종이 예수 그리스도의 복음을 담대히 알릴 수 있는 것은, 우리의 설교를 통하여 하나님이 인간의 심령 속에 강력하게 역사하심을 알기 때문이다. 아무리 강하게 저항하는 사람도 하나님이 이끄시면 예수 그리스도를 믿을 수 있다. 그분이 목자의 음성을 듣게 해주신다.

예수님은 자기 양을 연합시키신다

예수님이 선한 목자이신 이유가 하나 더 있다. 그분은 자기 양을 한 무리로 합하신다. 같은 확신을 가지고 그분은 그들이 "한 무리가 되어 한 목자에게 있으리라"(16절)고 말씀하셨다. 한 무리가 될 것을 강조하신 것이다. 도처에 흩어진 다른 양 떼가 더는 없을 것이다. 별도의 침례교 양 떼가 없다. 장로교 양 떼나 독립 양 떼도 따로 없다. 예수님을 믿는 유태인 양 떼도 없다. 심지어 개혁 양 떼나 아르미니우스 양 떼도 없다. 별개의 오순절 양 떼도 없다. 대신 모두 '한 무리가 되어 한 목자에게' 있을 것이다.

조지 휫필드는 간혹 설교 중에 하늘을 우러르며 "주님, 천국에 침례교인이 있습니까?"라고 여쭙곤 했다. 이어 하나님의 보좌에서 받은 듯 "여기 침례교인은 없느니라"고 직접 답했다. 다시 "주님, 천국에 장로교인이 있습니까?"라고 묻고는 "천국에 장로교인도 하나도 없느니라"고 답했다. "회중교인이나 감리교인이나 독립교인은 있습니까?"라고 물을 때마다 은혜의 보좌에서 울려 나오는 답은 같았다. "그런 식으로 알려진 사람은 이곳에 하나도 없느니라." 마침내 휫필드는 "그럼 천국에는 누가 있습니까?"라고 묻고는 위로부터 받은 답을 내놓았다. "어린양의 피로 씻음 받은 양들

만 있느니라."⁵

　예수님이 말씀하신 요지가 그것이다. 그분의 모든 양은 오직 한 무리를 이룬다. 그런데 안타깝게도 일부 그리스도인은 이다음에 우리가 천국에 가면 많은 집단으로 나뉘어 각각 다른 방에서 살 것처럼 말한다. 반대로 우리는 모두 한 무리가 되어 한 목자에게 있을 것이다.

예수님의 자발적 선택

예수님은 십자가에 대한 설명을 맺으시면서 양을 위한 자신의 죽음이 철저히 자발적임을 강조하신다. "내가 내 목숨을 버리는 것은 그것을 내가 다시 얻기 위함이니 이로 말미암아 아버지께서 나를 사랑하시느니라"(17절). 아들이 아버지의 뜻에 순종하기에 아버지께서 아들을 사랑하신다는 말씀이다. 성부 하나님은 순종을 좋아하시고 자신의 뜻이 이행되는 것을 보며 기뻐하신다. 자신의 영원한 목적에 온전히 순응하는 행위를 좋아하신다. 아들은 자기 뜻대로 자기 일을 하려고 세상에 오신 것이 아니다. 아버지께서 아들을 사랑하심은 아들이 아버지의 지시에 온전히 순종하여 목숨을 버리셨기 때문이다.

　"내가 내 목숨을 버리는 것은 그것을 내가 다시 얻기 위함이니"(17절)라는 예수님의 말씀은 죽음과 부활을 가리키는 은유적 표현이다. 십자가는 끝이 아니라 빈 무덤으로 이어진다. 그분은 "이를 내게서 빼앗는 자가 있는 것이 아니라"(18절)고 강조하신다. 아무도 그분의 목숨을 빼앗지 못한다는 강한 부정이다. 로마 통치자, 유대인 지도자, 성난 군중, 제멋대로 돌아가는 상황, 귀신이나 마귀 등 그 무엇도 그분의 목숨을 빼앗을 수 없

5　다음 책에 나오는 이야기를 다듬었다. Joseph Blecher, *George Whitefield: A Biography, with Special Reference to His Labors in America*(New York: American Tract Society, 1857), 207.

다. 그것들은 부수적 요인일 뿐이며 근본 원인은 하나님의 주권적 뜻에 있다. "내가 스스로 버리노라. 나는 버릴 권세도 있고"(18절). "권세"[엑수시아(exousia)]는 '자기 존재로부터, 자신으로부터'라는 뜻이다. 예수님은 이 말씀으로 자신의 존재를 주관할 권리가 그분 자신에게 있음을 주장하셨다.

예수님의 지고한 권세는 성육신 상태에서도 지속되어 그분은 자신이 죽을 때와 장소를 스스로 정하실 권리가 있었다. 그분께는 목숨을 버리실 독보적 권세도 있었고, 목숨을 다시 얻으실 무적의 권세도 있었다. 그래서 목숨을 죽음에 내주었다가 스스로 다시 살아나셨다. 하나님의 세 위격이 예수 그리스도의 부활에 모두 개입하셨다는 의미에서 실제로 그분의 부활은 삼위일체 하나님이 하신 일이다. 그럼에도 그분은 죽은 자 가운데서 스스로 살아나 무덤에서 걸어 나오셨다. 부활하여 살아 계신 승리의 구주시기에 능히 자기 양도 구원하신다.

예수님은 본문의 강해를 "이 계명은 내 아버지에게서 받았노라"(18절)는 말씀으로 맺으신다. 이 계명이란 아버지께서 주신 구원의 사명을 가리킨다. 아버지는 아들에게 천국을 떠나 율법 아래 동정녀에게 나서 아버지께 온전히 순종하며 살 것을 명하셨다. 예수님은 아버지의 그 지엄한 명령에 따라 이 땅에 오셨다. 아버지는 창세전부터 자신이 선택하신 양들을 아들에게 장래의 신부로 주셨다. 그리고 아들에게 명하여 이 세상에 와서 죄 없이 살게 하셨다. 칭의를 이루어 양들에게 온전한 의를 확보해 주시기 위해서였다. 예수님께 주어진 명령은 양들을 위하여 목숨을 버린 다음 다시 살아나는 일이었다. 그 명령대로 그분은 아버지께 순종하셨다.

우리가 예배하고 따라야 할 선한 목자

그러니 어느 양인들 성만찬에 다시 똑같은 자세로 임할 수 있겠는가? 선한 목자를 향한 사랑으로 우리 마음이 녹지 않는가? 십자가에 달리실 때 그분의 심장에 우리 이름이 새겨져 있었으니 이로써 우리 마음은 그분을 향한 애정으로 폭발해야 마땅하다. 우리 눈에 눈물이 고이지 않는가? 성찬을 받을 때 목소리가 떨리지 않는가? 그분의 죽음을 기억하며 떡과 포도주를 받을 때마다 하나님 앞에서 입이 쩍 벌어지고 무릎이 꺾이지 않는가?

 모든 작은 목자는 이 그리스도를 본받아 목양해야 한다. 맡겨진 양 떼에게 자신을 내주어야 한다. 양을 위하여 목숨을 버려야 한다. 양들을 알고 이름으로 불러야 한다. 양들도 목자(목회자)를 알 수 있게 해주어야 한다. 최선을 다하여 양을 한 무리로 연합시켜야 한다.

 당신은 단호히 믿음의 결단을 내려 이 목자를 믿고 구원에 이른 적이 있는가? 선한 목자의 음성에 반응해야 한다. 믿음으로 그분께 가서 당신의 삶을 의탁해야 한다. 성경에 "누구든지 주의 이름을 부르는 자는 구원을 받으리라"(롬 10:13)고 했다. 그분은 좁은 문으로 들어와 자신에게 오라고 당신을 초청하신다. 생명으로 인도하는 문은 작고 길이 좁아 찾는 사람이 적다. 그 믿음의 걸음을 내디뎌 자기 양 떼의 선한 목사께로 나아가기르.

07

길, 진리, 생명

요한복음 14:6 미구엘 누네즈(Miguel Nuñez)

      그리스도가 십자가에 달리시기 전날 밤에 벌어진 사건이 요한복음에 장황하게 기술되어 있다. 13-14장을 보면서 그날 그분의 입에서 나온 가장 놀라운 말씀 중 일부에 중점을 두고자 한다. 유월절 전날이 저물자 예수님은 제자들과 함께 마지막 식사를 나누려고 다락방에 들어가셨다. 끝까지 사랑하신 이들(13:1)을 함께 모으신 그분은 자신에게 몇 시간 후에 닥칠 고난을 설명하신다. 주님은 눈앞에 다가온 시련뿐만 아니라, 그분의 임박한 죽음에도 불구하고 그들이 어떻게 여전히 소망을 품을 수 있는지도 분명히 알려 주신다. 그들은 이해하지 못하고 혼란에 빠진다.

   예수님이 말씀하시는 동안 그들은 질문을 많이 했다. 그중 하나인 도마의 질문에 예수님은 "내가 곧 길이요 진리요 생명이니 나로 말미암지 않고는 아버지께로 올 자가 없느니라"(14:6)고 답하셨다. 예수님의 전 생애에서 아주 결정적인 순간에 나온 이 말씀은 다원주의적이고 상대주의적이며 권위를 배격하는 포스트모더니즘과 기독교 이후의 우리 사회에서 분명 지독한 혐오 대상의 진술이 되었다. 사실 삶의 현장에서 이 말씀을 감히 입에 올리지 못할 신자도 많을 것이다. 거부당할까 봐 또는 편협하고 몰상식한 사람으로 비칠까 봐 두려워서다.

바로 그런 환경 속에서 오늘날 우리가 살고 있다. 물론 다원주의 사회에서 문화와 신념이 각기 다른 사람들이 종교의 자유를 누리며 평화롭게 공존할 수 있어야 한다. 거기까지는 건강한 개념이지만 거기서 모든 신념이 똑같이 정당하다는 주의로 넘어가면, 당연히 그 사회는 진리를 중시하지 않으며 따라서 그리스도도 들어설 자리가 없어진다. 우리 사회가 그렇다. 어떤 면에서는 새로운 현상도 아니다. 빌라도는 "진리가 무엇이냐"라고 물은 뒤 답을 기다리지 않았다. 유일한 진리의 화신을 바로 눈앞에 두고 돌아서서 나가 버렸다. 빌라도는 진리도 그리스도도 전혀 중시하지 않았다. 그것이 2천 년 전의 일이다.

예수님의 인격을 둘러싼 오늘날의 혼란

일각의 표현으로 우리는 '구원 다원주의'의 한복판에 살고 있다. 어느 종교를 통해서든 특히 사람이 진실하면 다 하나님께 이를 수 있다는 개념이다. 2007년에 퓨 리서치 센터(Pew Research Center)에서 실시한 미국 종교 현황 조사에 따르면 "종교가 있다고 답한 미국인의 대다수는 구원관이 배타적이지 않았다. 열 중 일곱은 많은 종교를 통하여 영생에 이를 수 있다고 답한 반면, 자신의 종교만이 영생에 이르는 참 신앙이라고 답한 사람은 4분의

1에 못 미쳤다."[1] 로마가톨릭교회는 제2차 바티칸 공의회(1962-1965년)에서 다음과 같은 진술을 내놓은 뒤 그 방향으로 움직여 왔다. "그리스도의 복음이나 교회를 몰라도 그것이 자신의 과오가 아닌 사람은 진실한 마음으로 하나님을 구하고 은혜에 감동되어 양심껏 아는 대로 그분의 뜻을 행하려 힘쓰면 영원한 구원을 얻을 수 있다."[2]

보다시피 로마가톨릭교회는 바른 방향으로 개혁하기는커녕 성경의 계시로부터 계속 멀어지고 있다. 안타깝게도 복음주의 지도자 중에도 그 교리를 그대로 믿고 가르치는 사람이 많다. 복음주의 그리스도인이 그런 결론에 도달하려면 예수님의 가르침을 완전히 무시해야만 가능하다는 것을 알아야 한다. 신약 성경이 우리 신앙의 배타성을 많은 본문에서 여러 모양으로 가르치고 있건만 시대의 압력에 굴한 사람이 많다.

그런가 하면 자칭 '제한 포용주의자'도 있다. '제한'으로 자처함은 구원받는 데 그리스도의 구원 사역이 필수라고 믿기 때문이고, '포용주의자'로 자처함은 그리스도를 모르는 사람도 다른 중보자나 종교를 통하여 구원받을 수 있다고 보기 때문이다.[3] 예컨대 클라크 피녹은 예수 그리스도의 구원 사역만은 타협할 수 없다고 시인했다.[4] 이런 관점에서 그에게 '제한'이란 단서가 어울린다. 그러나 다른 사람들처럼 피녹도 그리스도가 인류를 위

---

[1] Pew Research Center Religion and Public Life, "Many Americans Say Other Faiths Can Lead to Eternal Life," 2008년 12월 18일. http://www.pewforum.org/2008/12/18/many-americans-say-other-faiths-can-lead-to-eternal-life/.

[2] Catholic Church, *The Catechism of the Catholic Church*(Libreria Editrice Vaticana, 2000), 847항. (『가톨릭교회 교리서』 한국천주교중앙협의회)

[3] Ronald H. Nash, *Is Jesus the Only Savior?*(Grand Rapids: Zondervan, 1994), 103-116.

[4] Clark Pinnock, "The Finality of Jesus Christ in a World of Religions," *Christian Faith and Practice in the Modern World*, Mark Knoll & David F. Wells 편집(Grand Rapids: Eerdmans, 1988). (『포스트모던 세계에서의 기독교 신학과 신앙』 엠마오)

하여 이루신 일 덕분에 누구나 다른 길을 통해서도 구원받고 하나님께 이를 수 있다고 믿었다. 이 두 번째 신념 때문에 그는 포용주의자에 속한다.[5]

두 개념을 합하면 피녹은 '제한 포용주의자'로서 제격이다. 다시 말해 그리스도의 구원 사역 덕분에 다른 인물들도 타종교나 다른 길을 통하여 구원의 중보자 역할을 할 수 있다는 것인데, 이는 사도 바울이 디모데전서 2장 5절에서 한 말에 어긋난다. "하나님은 한 분이시요 또 하나님과 사람 사이에 중보자도 한 분이시니 곧 사람이신 그리스도 예수라."

그리스도의 배타적 주장을 가져다가 각자의 사상에 맞게 의미를 뜯어고치는 포용주의자가 얼마나 많은지 놀라울 정도다. 이 오류의 한 예를 디팩 초프라(Deepak Chopra)의 가르침에서 볼 수 있다. 그에 따르면 "내가 곧 길이요 진리요 생명이니 나로 말미암지 않고는 아버지께로 올 자가 없느니라"는 예수님의 말씀은 그분이 '신 의식'(god-consciousness)에 도달했다는 의미일 뿐이다.[6] 예수님은 신 의식에 도달하신 것이 아니다. 그의 말이 맞다면 예수님은 거짓말쟁이일 수밖에 없다. 자신이 영원 전부터 하나님임을 자인하셨으니 말이다.

예수님은 많은 이에게 다수의 위대한 스승 중 하나에 불과하다. 그런 생각은 우리 세대에 정치적으로는 공정할지 몰라도 성경적이지 못하며 아예 논리조차 성립되지 않는다. 예수님은 사람들의 예배를 받아들이셨고 여러 모로 자신의 신성을 단언하셨다. 신이 아니라면 그분은 사기꾼이나 정신병자이지 위대한 스승일 리 없다. 훌륭한 스승이라면 진실해야 하기 때

---

[5] Nash, *Is Jesus the Only Savior?*, 103-106.
[6] Ravi Zacharias, *Why Jesus?: Rediscovering His Truth in an Age of Mass Marketed Spirituality*(New York: Faith Words, 2012), 261.

문이다.[7] 구원받기 위하여 사람들이 믿어야 할 대상은 다른 사람들보다 몇 가지 면에서 뛰어나신 예수님이 아니라 누구도 감히 필적할 수 없는 예수님이시다. "그분은 그 어떤 인간과도 다른 분이시다."[8]

앞서 말했듯이 모든 길이 하나님께로 이어진다고 확신하는 사람이 많은데, 그것은 바울이 말한 심판대의 의미에서만 맞는 말이다. "이는 우리가 다 반드시 그리스도의 심판대 앞에 나타나게 되어 각각 선악 간에 그 몸으로 행한 것을 따라 받으려 함이라"(고후 5:10). 즉 그리스도인과 힌두교인과 불교인과 도덕주의자와 나머지 인류가 모두 어느 날 하나님 앞에 서긴 서는데, 단 그곳은 그분의 심판대 앞이다. 어떤 의미에서 문제는 내가 따르는 길이 하나님께로 이어질지의 여부가 아니다. 오히려 문제는 "나는 무엇에 기초하여 그분 앞에 설 것인가?"다. 우리의 구속자이신 그리스도를 믿는 믿음으로 서지 않으면 아예 설 수 없기 때문이다. 우리는 오직 그리스도가 다 이루신 일을 믿는 믿음으로 하나님 앞에 서야 한다. 모든 길이 하나님께로 이어지지만, 그분과 함께 누릴 영광으로 계속 이어지는 길은 하나뿐이다. 나머지는 다 영원한 지옥에 이른다.

자신에 대한 그리스도의 가르침

요한복음 14장 6절, "내가 곧 길이요 진리요 생명이니"라는 말씀은 그리스도가 십자가에 달리시기 전날 밤 다락방에서 그분과 제자들 사이에 오간 긴 대화의 일부다. 그분이 죽으시기 전 몇 시간은 유난히 어둡고 침울했다. 그날 밤 예수님은 제자들에게 자신이 곧 떠나게 될 것을 말씀하셨다.

---

[7] Josh McDowell, *The New Evidence that Demands a Verdict*(Nashville: Thomas Nelson Publishers, 1999), 158-163. (『기독교변증 총서』 순출판사)

[8] Rod Rosenbladt, *Christ Alone*, 킨들 버전(Irvine, CA: NRP Books, 1517 표기), 387.

자신이 배반당하여 죽음에 이르게 될 것도 예고하셨다. 또 자신이 제자 중 하나에게 부인당할 것이라는 말씀에 이어 곧 그들 모두에게 버림받을 것이라는 언급까지 덧붙이셨다.

당신이 그 자리에서 이 모든 말씀을 듣는다고 생각해 보라. 예수님은 불과 몇 시간 후에 벌어질 일에 계속 대비하셨으나 제자들은 도무지 주님을 이해할 수 없었다. 분위기가 얼마나 긴장되었을지 그저 상상해 볼 따름이다. 그들은 불안하다 못해 두렵기까지 했을 것이다! 예수님도 이를 아셨다. 그래서 대화의 이 대목을 "너희는 마음에 근심하지 말라. 하나님을 믿으니 또 나를 믿으라"(14:1)는 말씀으로 시작하셨다. 그들에게 확신을 주시려는 말씀이었다. 확신은 환경 속에 있지 않고 그분께 있었다.

그 말씀을 하기 조금 전에 예수님은 제자들에게 이렇게 이르셨다. "작은 자들아, 내가 아직 잠시 너희와 함께 있겠노라. 너희가 나를 찾을 것이나 일찍이 내가 유대인들에게 너희는 내가 가는 곳에 올 수 없다고 말한 것과 같이 지금 너희에게도 이르노라"(13:33). 예수님은 사람들이 질문하도록 일부러 이끈 다음에 놀라운 계시로 답해 주신 적이 많았다. 그들의 유익을 위해서였다. 이번에도 이 말씀을 하시자마자 제자들이 하나둘씩 질문하더니 결국 네 번째 질문에 이르렀다. 베드로가 맨 처음 물었고(13:36) 이어 도마(14:5)와 빌립(14:8)을 거쳐 마지막으로 가룟인 아닌 유다가 물었다(14:22). "주여, 어디로 가시나이까"라는 베드로의 질문에 예수님은 "내가 가는 곳에 네가 지금은 따라올 수 없으나 후에는 따라오리라"(13:36)고 답하셨다.

다락방의 대화가 진행될수록 예수님은 자신이 떠날 일을 내다보며 중요한 진리를 더 계시해 주셨다. "가서 너희를 위하여 거처를 예비하면 내가 다시 와서 너희를 내게로 영접하여 나 있는 곳에 너희도 있게 하리라. 내가 어디로 가는지 그 길을 너희가 아느니라"(14:3-4). 그러자 도마가 논리적인 질문을 던졌다. "주여, 주께서 어디로 가시는지 우리가 알지 못하거늘 그 길을 어찌 알겠사옵나이까." 그들은 무척 혼란스러울 만도 했다. 처음에 예수님은 자신이 가는 곳을 그들이 알지 못하며 따라올 수도 없다고 하셨는데, 이번에는 자신이 어디로 가는지는 그들이 몰라도 그 길은 안다고 말씀하셨다. 마침 도마가 예수님이 답하시려던 질문을 내놓았다. "우리가…그 길을 어찌 알겠사옵나이까." 그래서 예수님은 "내가 곧 길이요 진리요 생명이니 나로 말미암지 않고는 아버지께로 올 자가 없느니라"고 답하셨다.

그리스도는 차근차근 제자들에게서 질문을 이끌어 내어 그들에게 꼭 알아야 할 답을 주신다. 이번에는 그분의 정체에 대한 답이었다. 예수님의 놀라운 특징이 하나 있다. 그분은 자신의 행위보다 정체에 대한 말씀을 참 자주 하셨다. 흔히 그분은 다른 사람에게 무언가를 해주었을 때는 함구령을 내리셨다. 그러나 자신이 누구인지를 계시해 주었을 때는 그러지 않으셨다. 자신의 정체에 관한 한 그분은 숨김이 없으셨다.

요한복음에 나오는 이런 선언을 생각해 보라.

- 나는 생명의 떡이니(6:35).
- 나는 세상의 빛이니(8:12).
- 내가 문이니(10:9).
- 나는 선한 목자라(10:11).
- 나는 부활이요 생명이니(11:25-26).
- 내가 곧 길이요 진리요 생명이니(14:6).
- 나는 참 포도나무요(15:1).

이 장에서 살펴보고 있는 본문은 "나는 무엇이라"는 예수님의 진술 중 여섯 번째다. 요한복음에 나오는 그런 진술 하나하나마다 예수님의 정체가 표현되어 있다. 여러 저자가 지적했듯이 자신에 대한 그리스도의 계시는 신약의 다른 어느 책보다 요한복음에 더 많이 담겨 있다. 그리스도는 하나님을 계시하신 주체이자 그 계시의 대상이었다. 그래서 늘 자신에 대하여 말씀하셨다.

　유대인 랍비들은 그럴 수 없었다. 그들은 늘 토라라고 부르는 모세 율법에 관하여 말했다. 랍비들의 권위는 율법에 있었고, 그래서 그들은 토라의 판결에 기초하여 변론했다. 그러나 그리스도의 권위는 토라가 아니라 그분 자신께 있었다. 그분은 오셔서 "하였다는 것을 너희가 들었으나 나는 너희에게 이르노니"라고 감히 말씀하셨다. 다른 교사들은 토라에 어떻게 나와 있는지를 말했으나 예수님은 자신이 누구인지를 말씀하셨다. "내가 곧 길이요 진리요 생명이니." 그분은 토라의 주인이요 율법을 주신 분이며 율법을 이루러 오셨다. 랍비들은 토라의 내용을 말했으나 그리스도는 "나는 무엇이라"며 거듭 자기 존재의 정수를 밝히셨다. 자신의 정체를 그런 진술로 계시하신 것이다. 부자 청년이 예수님께 다가와 어떻게 해야 영생을 얻을 수 있느냐고 물었을 때, 그분은 그에게 토라를 따라야 한다고 말씀하지 않으셨다. 사실 그 관원은 이미 토라의 계명을 다 지켰다고 말했다. 예수님은 그에게 "가서 네 소유를 다 팔고 나를 따르라"고 말씀하셨다. 그때나 지금이나 그분이 곧 길이다.

　영생은 의식(儀式)이나 책이나 주문(呪文)이나 선지자나 스승에게 있지 않고, 길이요 진리요 생명이신 그분께 있다. 예수님은 "내가 진리를 말해 주리라"고 말씀하지 않으셨다. 인간은 오늘 진리를 말하고도 내일 거짓말을 할 수 있다. 대신에 예수님은 "내가 곧 진리요"라고 말씀하셨다. 이 문구로 자기 존재의 정수를 규정하셨다. 그분은 결코 거짓말을 하실 수 없다. 그분 자신이 진리이기 때문이다. 예수님은 또 "내가 길을 보여 주리라"고 하지 않으시고 "내가 곧 길이니 나만 따르라"고 말씀하셨다. 그분은 종교 체계가 아니라 관계의 대상이시고, 지켜야 할 율법이 아니라 따라야 할 인격체이시며, 강압으로 판결하는 독재자가 아니라 가르침을 주는 스승이시다. 예수님은 또 "내가 생명을 줄 수 있느니라"고 말씀하지 않으셨다. 물론 능히 생명을 주시는 분이지만 오히려 "내가 곧 생명이라"고 말씀하셨다. 그분이 생명일진대 누구든지 그리스도 안에 있지 않은 사람은 죽은 것이다.

예수님처럼 말한 사람은 전무후무하다. 사실 아무도 그렇게 말할 수 없다. 하나님만이 그렇게 말씀하실 수 있다. 제임스 에드워즈의 말마따나 대부분의 종교는 중심 교훈을 하나의 문구로 축약하려 한다.[9] 유대교의 핵심 문구는 쉐마, 즉 "이스라엘아, 들으라. 우리 하나님 여호와는 오직 유일한 여호와이시니"(신 6:4)다. 이슬람교는 "알라 외에는 신이 없으며 무함마드는 알라의 예언자니라"다. 불교는 사성제(四聖諦)를 말하고, 공산주의의 핵심 문구는 "각자 능력대로 일하고 필요한 대로 분배받는다"다.

그리스도의 정수나 가르침을 한 문장으로 요약하기란 불가능하겠지만, 그분의 정체를 사명과 연관 지어 한 마디로 압축한다면 바로 요한복음 14장 6절이다. "내가 곧 길이요 진리요 생명이니 나로 말미암지 않고는 아버지께로 올 자가 없느니라." 이 하나의 문구 속에 그분이 누구시고 무엇을 하러 오셨으며 사람이 어떻게 영생을 얻는지가 담겨 있다. 이것이야말로 예수님의 사영리다.

1. 내가 곧 길이다.

---

[9] James R. Edwards, *Is Jesus the Only Savior?* (Grand Rapids: Eerdmans, 2005), 100.

2. 내가 곧 진리다.
3. 내가 곧 생명이다.
4. 나를 통하지 않고는 아무도 아버지께로 올 수 없다.

지금까지 그리스도의 이 진술을 전체적으로 개괄했으니 이제 부분별로 나누어 살펴보자.

예수님은 길이시다

타락 이전의 아담은 하나님께 나아갈 수 있었으나 결국 죄를 짓고 창조주께로 돌아가는 길을 찾지 못했다. 약도를 잃은 셈이다. 에덴동산에서 사탄은 아담과 하와에게 열매를 제시했다. 그곳에서는 그것이 완벽한 유혹이었다. 그러나 지금처럼 복잡한 사회에서는 시험 내지 유혹도 더 세련되거나 수준이 높아야 한다. 그래서 사탄은 시대와 문화에 따라 다양한 길을 제시해 왔다.

- 도덕
- 철학
- 종교
- 최선의 노력

그러면서 사탄은 이들 각 길에 "하나님께 이르는"이라는 수식어를 붙였다.

- 하나님께 이르는 도덕
- 하나님께 이르는 철학

- 하나님께 이르는 종교
- 하나님께 이르는 최선의 노력

상황이 이렇다 보니 인간이 하나님께로 돌아갈 수 있는 길은 누군가 그 길을 아는 존재가 하나님에게서 와서 우리를 그곳으로 데려가는 수밖에 없다. 바로 그것이 예수님이 하신 일이다.

우선 사역 초기에 예수님은 "하늘에서 내려온 자 곧 인자 외에는 하늘에 올라간 자가 없느니라"(요 3:13)고 말씀하셨다. 그리고 이 마지막 밤에 제자들에게 "가서 너희를 위하여 거처를 예비하면 내가 다시 와서 너희를 내게로 영접하여 나 있는 곳에 너희도 있게 하리라"(14:3)고 덧붙이셨다. 그분은 오셨고, 자신이 현재 통치하고 있는 그곳으로 우리를 데려가시는 중이다.

시편 저자는 인간이 길을 잃었음을 알고 하나님께 이렇게 부르짖었다. "여호와여, 주의 도를[길을] 내게 가르치시고 내 원수를 생각해서서 평탄한 길로 나를 인도하소서"(시 27:11). 하나님이 길을 보여 주시지 않으면 우리는 결코 찾을 수 없다. 그분이 길을 보여 주셔도 우리 혼자 따라기게 두신다면 우리는 다시 길을 잃을 것이다. 그래서 아버지는 어떻게 하셨는가? 아들을 보내 주셨다. 예수님은 우리가 집에 도착할 때까지 우리 손을 잡고 가신다. "내가 결코 너희를 버리지 아니하고 너희를 떠나지 아니하리라"(히 13:5)고 약속하신 분이다.

길이란 두 지점을 잇는 노선이다. 길은 우리를 한 지점에서 다른 지점으로 데려간다. 예수님이 바로 그런 존재시다.

- 예수님은 사람과 하나님을 화목하게 하신다.
- 예수님은 사람을 어둠에서 빛으로 옮기신다.

- 예수님은 노예인 우리를 구속하여 자유롭게 하신다.
- 예수님은 고아를 찾아 양자로 삼으신다.
- 예수님은 우리를 사망에서 생명으로 옮기신다.

그래서 그분은 길이라 불리신다.

초대 교회는 길이라는 말을 잘 알았다. 실제로 그들도 사도행전에 여섯 번이나 "그 도"라고 불렀다(9:2, 19:9, 23, 22:4, 24:14, 22). 외부인들은 "그 도"를 이단이라 하여 당연히 박해의 대상으로 보았다. 인간은 그리스도가 유일한 길이라는 개념을 거부한다. 본성이 타락해 있어 태어날 때부터 독립과 자율을 욕망하기 때문이다. 반항이 우리의 본성인지라 이를 해결하고자 성자 하나님이 십자가에서 죽으셨다.

제임스 몽고메리 보이스는 요한복음 주해에서 인간이 하나님께 도달하고자 꾀하는 길을 세 종류로 꼽았다.[10] 첫째는 자연의 길이다. 어떤 사람은 창조주를 예배하는 것이 아니라 피조물을 관상함으로써 신을 예배할 수 있다고 생각한다. 인간이 아주 솔깃해할 만한 길이다. 피조물은 우리에게 책임을 묻지 않기 때문이다. 둘째는 도덕의 길이다. 이들은 자신들이 규정한 도덕적 삶을 통하여 하나님께 이를 수 있다고 믿는다. 문제는 아무리 도덕적인 사람도 하나님의 영광에 턱없이 못 미친다는 것이다. "기록된바 의인은 없나니 하나도 없으며 깨닫는 자도 없고 하나님을 찾는 자도 없고 다 치우쳐 함께 무익하게 되고 선을 행하는 자는 없나니 하나도 없도다"(롬 3:10-12).

자신이 천국에 들어갈 만큼 선행을 쌓은 줄 알았다가 영원한 지옥에 들

---

[10] James Montgomery Boice, *The Gospel of John*, 제4권(Grand Rapids: Baker Books, 1999), 1083-1085. (『요한복음 강해』 쉴만한물가)

어간 사람이 많이 있다. 문제는 그들의 선행이 오히려 나쁘게 작용했다는 것이다. 최선의 삶이 최악의 결과를 불렀으니 말이다. 하나님 없이 구원을 잃는 것보다 더 비참한 일이 하나 있으니 곧 평생 구원받은 줄로만 알았다가 구원을 잃는 것이다. 도덕주의자의 결말이 그렇다. 사도 바울도 한때 그 길을 따르다가 나중에 참 길을 발견했다. 로마서 7장에서 그는 죄가 율법의 계명을 이용하여 자신을 속이고 죽였다고 말했다(롬 7:11). 그는 계명을 따르는 내내 자신이 온전히 순종하고 있는 줄로 믿었으나 사실은 어느 한 계명에도 이르지 못했다.

셋째는 종교의 길이다. 교회 활동에 참여하거나 헌금을 많이 하면 하나님께 갈 수 있다고 확신하는 사람이 많다. 안타깝게도 이들의 미래는 영원한 정죄다. 그렇게 확신했을 뿐이지 회심하지 않았기 때문이다. 그냥 힌두교나 불교나 이슬람교 같은 타종교를 선택하는 이들도 있다. 길이신 그리스도가 늘 모든 사람 앞에 계시건만 비신자는 어둠 속에서 살아가므로 앞이 보이지 않는다. 빛이 없어 길을 보지 못한다. 그들의 어둠을 밝혀 줄 해법은 하나님의 말씀이다. 시편 저자가 "주의 말씀은 내 발에 등이요 내 길에 빛이니이다"(시 119:105)라고 말한 것과 같다. 진리이신 그분이 길이신 자신을 비추어 주신다.

예수님은 진리시다

아담이 타락한 시점은 진리를 믿지 않고 거짓과 맞바꾼 순간이었다. 아주 단순한 문제였다. 이 맞바꿈이 로마서 1장 25절에 계시된 우상숭배의 기원이다. "이는 그들이 하나님의 진리를 거짓 것으로 바꾸어 [그 결과로] 피조물을 조물주보다 더 경배하고 섬김이라. 주는 곧 영원히 찬송할 이시로다. 아멘." 인간은 결국 창조주보다 피조물을 예배했다. 계시된 하나님을 거짓과 바꾸었기 때문이다. 마음속의 모든 우상은 머릿속에 거짓을 품은 결과다. 그 거짓 때문에 인간은 자기 가치 체계의 노예가 되었다. 그 가치 체계는 자신이 왜곡된 현실관에 기초하여 세운 것이다. 우리는 대상을 있는 그대로 보지 못하고 자신처럼 본다. 우리 모두가 거짓말쟁이다 보니(시 116:11) 진리가 거짓으로 보이고 거짓이 진리로 보인다. 중생하지 않는 한 그렇다. 왜 그럴까? 다시 말하지만 대상을 있는 그대로 보지 못하고 자신처럼 보기 때문이다.

그리스도를 통해서 보면 무엇이든 있는 그대로 볼 수 있다. 구약의 신자들도 하나님의 진리를 믿었으나 아직 그들에게는 실체가 썩 선명하지 못했다. 진리의 그림자처럼 보이는 것이 많았다. 그런데 그리스도가 그림자의 실체를 계시하셨다. 하나님에 대한 계시는 그리스도에게서 정점에 이르렀다. 인간은 진리가 없으면 구원받을 수 없다. 오죽하면 예수님이 자신의 사명 전체와 이 땅에 오신 목적 전체를 이 한 구절로 압축하셨겠는가? "내가 이를 위하여 태어났으며 이를 위하여 세상에 왔나니 곧 진리에 대하여 증언하려 함이로라"(요 18:37). 진리를 아는 것이 무엇보다 중요하다. 인간 실존의 전 영역에 영향을 미치기 때문이다. 빈스 비테일은 이렇게 표현했다.

> 모든 진리의 기초가 결국 하나님 자신께 있을진대 모든 질문은 그분에 대한 질문이고 모든 답은 그분에게서 받아야 한다. 과학에 대한 모든 질문은 하나님이 왜 어떻게 우주를 지금처럼 지으셨고 운행하시는가에 대한 질문이다. 도덕에 대한 모든 질문은 하나님의 성품에 대한 질문이다. 정치와 경제에 대한 모든 질문은 인간이 하나님의 형상대로 지음받아 이 땅의 통치권을 부여받았다는 것이 어떤 의미인가에 대한 질문이다. 분야에 관계없이 모든 진리는 하나님이 어떤 분이시며 어떤 일을 해오

셨는지를 일부 말해 준다.[11]

우리는 진리 없이는 살아남을 수 없다. 그리스도는 오셔서 진리를 말씀하셨을 뿐 아니라 진리를 구현하셨다. 그래서 이제 우리는 길이신 그분을 따를 수 있고 진리이신 그분을 알 수 있다. 시편 저자가 길과 진리라는 두 주제를 어떻게 서로 관련짓는지 잘 보라. "여호와여, 주의 도를 내게 가르치소서. 내가 주의 진리에 행하오리니"(시 86:11). 왜 그럴까? 그분의 도는 진리의 길이며, 참 길만이 인간을 참 하나님께로 인도할 수 있기 때문이다. 그 이유 중 하나가 "천하 사람 중에 구원을 받을 만한 다른 이름을 우리에게 주신 일이 없"다는(행 4:12) 데 있다.

빛이 어둠을 몰아내 어둠 속에 숨겨져 있던 것을 다 드러내듯이 진리는 오류를 몰아내고 인간의 실상을 드러낸다. 진리가 없으면 도덕 질서와 도덕적 세상도 존재할 수 없다.

1996년 5월 10일 히말라야 산맥에 거대한 폭풍이 몰아쳤다. 이튿날까지 각기 다른 등반대 소속의 산악인 여덟 명이 에베레스트 산을 등정하다가 사망했다. 그해 등반 시즌이 끝나기 전에 등반가 네 명이 더 숨졌다. 그중 두 명을 일본인 등반가 둘(시게카와 에이스케, 하나다 히로시)이 산을 오르다 마주쳤는데, 그들은 이미 부상과 동상을 입어 위험한 상태였다. 두 일본인은 그들에게 나누어 줄 물자가 충분히 있었으나 도움을 베풀지 않고 계속 가기로 했다. 나중에 시게카와는 이렇게 회고했다. "우리도 너무 피곤해서 도와줄 수 없었다. 해발 8천 미터는 누구도 도덕적 여유를 부릴 수 없는

---

11 Vince Vitale, "Love the Truth," *Jesus Among Secular Gods: The Countercultural Claims of Christ*, Ravi Zacharias & Vince Vitale(New York: Faith Words, 2017), 229-230. (『오직 예수 2』 두란노)

곳이다."[12]

　진리를 모르는 사람에게는 도덕도 있을 수 없다. 하나님의 형상을 지닌 두 인간이 죽어 가고 있는데도 그 동반가들이 멈추어 돕지 않은 이유는 그들 안에 그리스도가 없었다는 사실로 설명할 수 있다. 그리스도는 인간을 구원하려고 세상에 진리를 가져오셨다. 진리를 가져오심으로 도덕도 함께 가져오셨다. 진리를 알면 무엇이 도덕적인지도 드러난다.

　진리를 거짓과 바꿈으로써 하나님께로 가려는 죄의 길이 많이 생겨났다. 우리가 싸우고 있는 진정한 영적 전투는 하나님의 유일한 진리에 대항하는 그 모든 신념 체계를 퇴치하는 것이다. 우리는 지금 진리를 위하여 교전 중이다. 타락의 결과로 인간은 어둠과 무지 속에 길을 잃었다.

예수님은 생명이시다

아담은 하나님께로 가는 일을 잃고 진리와 오류를 분별하지 못했지만, 사실 그의 문제는 이보다 더 심각했다. 그는 집으로 돌아갈 능력과 진리를 잃었을 뿐 아니라 영적 생명까지 잃었다. 아담은 "먹지 말라"는 단 하나의 단순한 명령조차 지키지 못했다. 아담과 하와는 열매를 먹는 순간 죽었다. 하나님과의 교제를 잃었고, 두려움과 수치심을 느꼈으며, 삶의 목적을 상실했다. 아담의 후손도 똑같이 피폐한 삶을 물려받았다. 그래서 예수님이 우리에게 풍성한 삶을 주러 오셨다(요 10:10). 동물도 그 나름의 '생명'이 있고 비신자의 생명은 동물보다 낫다. 그러나 거듭난 사람만이 참으로 살아 있다. 하나님의 자녀는 영혼이 중생했고 몸의 영화(榮化)를 앞두고 있다. 현세의 삶도 질적으로 더 나을뿐더러 최고의 것이 우리를 기다리고 있다. 예수

---

[12] Jon Krakauer, *Into Thin Air: A Personal Account of the Mt. Everest Disaster*, 재판(New York: Anchor Books, 2009), 302. (『희박한 공기 속으로』 황금가지)

님은 아버지와 함께 누리시는 바로 그 삶을 우리에게 주신다. 그러나 비신자는 현세의 삶도 영적으로 빈곤할뿐더러 최악이 그들을 기다리고 있다.

우리 조상이 금단의 열매를 먹고 죽은 것처럼 우리는 생명의 떡을 먹고 살아난다. 물론 하나님의 용서가 필요하지만 그리스도의 생명도 우리에게 필요하다. 십자가가 필요하지만 부활도 필요하다. 우리가 죄와 허물로 죽어 있었기 때문이다. 그리스도를 떠나서는 부활이 없고, 부활이 없으면 생명이나 복음도 없다. 복음이 없으면 소망도 없다. 놀랍게도 그리스도는 우리에게 생명을 주려고 자신이 죽으셨다. 그분의 죽음만이 우리에게 생명을 준다. 그분의 죽음이 없으면 나는 영적으로 거듭날 수 없다. 예수님 당시의 장례식장은 그분의 접근을 원하지 않았다. 그분은 장례업에 도움이 되지 않았다. 그분이 나타나실 때마다 죽은 자가 살아나곤 했기 때문이다. 빛이 어둠을 몰아내듯이 그분의 생명은 죽음을 몰아낸다.

중생하지 않은 사람은 죽어 있으므로 하나님을 구하지 않으며 구할 수도 없다. "육신의 생각은 하나님과 원수가 되나니 이는 하나님의 법에 굴복하지 아니할 뿐 아니라 할 수도 없음이라"(롬 8:7). 육에 속한 사람은 하나님의 일에 관심이 없다. 새로 태어나 생명을 얻기까지는 그렇다.

그리스도를 떠나서 우리는 그저 존재할 뿐 참 생명은 없다. 참 생명을 얻으려면 그리스도를 모셔야 한다. 나사로를 살리시기 직전에 예수님은 마르다에게 "나는 부활이요 생명이니 나를 믿는 자는 죽어도 살겠고 무릇 살아서 나를 믿는 자는 영원히 죽지 아니하리니 이것을 네가 믿느냐"(요 11:25-26)라고 말씀하셨다. 하나님의 관점에서 볼 때 우리는 그분과의 친밀한 관계 속에서 그분의 복을 충만히 누릴 때에만 삶을 경험한다. 그런 일은 그리스도 예수 안에서만 가능하다.

비신자는 죄와 허물로 죽어 있다(엡 2:1). 죽은 사람은 하나님의 말씀(성경)

이나 인류를 향한 그분의 목적을 이해하지 못한다. 살아나려면 진리이신 그분을 알고 길이신 그분을 따라야 한다.

예수님을 통해서만 하나님께로 갈 수 있다

"나로 말미암지 않고는 아버지께로 올 자가 없느니라"는 선언이야말로 예수님이 하신 말씀 중에서 가장 반감을 사는 말씀일 것이다. 이 진술 하나로 기독교는 배타적 신앙이 된다. 구원의 다른 길은 없다. 마틴 로이드 존스가 말했듯이 "그분을 떠나서는 하나님을 알 수 없고 그분을 떠나서는 하나님과 소통할 수 없다."[13] 이어 그는 "하나님께로 가는 유일한 길로서 하나님의 아들 그리스도가 중심에 계시지 않는 한 복음도 없다"라고 덧붙였다.[14]

복음이 없으면 생명도 없다. 그래서 예수님은 자신이 부활이요 생명이심을 마리아와 마르다가(또한 우리가) 알기를 원하셨다. 예수님의 그 말씀이 그때도 반감을 샀다면 지금은 얼마나 더 그렇겠는지 생각해 보라. 세상은 예수님을 통해서만 하나님께로 갈 수 있다는 우리의 말을 싫어한다. 다원주의 사회는 배타적인 진리를 못마땅해 하며 배타적인 사람에 대해서는 더 말할 것도 없다. 나는 우리 그리스도인이 진리 가운데 있다고 확신한다. 우리가 그렇지 않다면 다른 사람이 진리 가운데 있는 것이고, 나머지는 다 그렇지 못하다. 진리는 언제나 배타적이다.

일부 종교는 예수님을 많은 신이나 위대한 스승 중 하나로 선뜻 받아들인다. 오류는 늘 진리를 곁들일 수 있으나 진리는 오류를 곁들일 수 없다. 위폐를 제조하는 사람은 당연히 진폐도 받지만 은행은 위폐를 일체 받지

---

13 Martyn Lloyd Jones, *Let Not Your Heart Be Troubled*(Wheaton, IL: Crossway Books, 2009), 115. (『위로』 복있는사람)
14 같은 책.

않는다. 거짓 종교 체계는 자신들의 신념 속에 그리스도를 수용할 수 있으나 기독교는 다른 종교 지도자를 예수님께 덧붙일 수 없다. 진리는 언제나 배타적이다. 기독교가 그렇다.

그리스도는 천국의 입구가 하나뿐이라고 단언하셨다. "내가 진실로 진실로 너희에게 이르노니 문을 통하여 양의 우리에 들어가지 아니하고 다른 데로 넘어가는 자는 절도며 강도요 문으로 들어가는 이는 양의 목자라"(요 10:1-2). 이어 그 배타적인 문이 누구인지도 밝히셨다. "내가 [그] 문이니 누구든지 나로 말미암아 들어가면 구원을 받고 또는 들어가며 나오며 꼴을 얻으리라"(10:9). 그분은 자신이 많은 문 중 하나라고 하지 않으시고 그 문, 곧 유일한 문이라고 말씀하셨다. 자신을 통해서만 천국에 들어갈 수 있음을 이보다 더 명확히 밝히실 수는 없다. 마태복음 7장 13-14절에서 이 문에 대하여 더 배울 수 있다. "좁은 문으로 들어가라. 멸망으로 인도하는 문은 크고 그 길이 넓어 그리로 들어가는 자가 많고 생명으로 인도하는 문은 좁고 길이 협착하여 찾는 자가 적음이라."

길은 하나뿐이니 곧 그리스도시다. 진리도 하나뿐이니 곧 진리를 선포하신 그분 자신이다. 영원한 생명도 하나뿐이니 곧 그 생명을 주시는 그분이다.

다원주의 사회일수록 우리는 기어이 그 길을 수호해야 한다. 포스트모던 시대일수록 반드시 그리스도가 절대 진리의 원천임을 천명해야 한다. 붕괴하여 죽어 가는 서구 문화일수록 우리가 그리스도를 생명의 근원으로 선포해야 사람들이 희망을 얻는다. 우리 사회가 몰락함은 그분을 떠나기 때문이다.

마지막 묵상

진리이신 예수님이 친히 성육신하심으로 모든 종교 체계는 무효가 되고 유대교는 대체되었다. 그 자리에 새로운 권위가 들어섰다. 그래서 역사상 예수님처럼 말한 사람은 아무도 없다. 다음의 예를 생각해 보라.

부처는 깨달음을 더 구하며 죽었는데 깨달으려면 진리와 빛이 필요하다.[15] 그러나 그리스도는 "내가 곧 진리요" "나는 세상의 빛이라"고 말씀하셨다. 부처는 자기도 모르게 예수님을 찾고 있었다. 그가 찾으려던 진리가 바로 예수님이시다.

무함마드는 예언자로 자처했지만, 그리스도는 신으로 자처하셨다. 사실 그래서 유대 민족이 예수님을 죽이려 했다(마 26:65, 눅 5:21, 요 10:33). 그분은 사람들의 예배를 받아들이면서도 하나님과 동등됨을 취할 것으로 여기지 않으셨다(빌 2:6). 인간이 되어 모두의 종으로 오셨다(빌 2:7-8).

공자는 한번은 "나는 스스로 성인(聖人)이라고 말한 적이 없다"라고 분명히 말했다.[16] 그러나 예수님은 "너희 중에 누가 나를 죄로 책잡겠느냐"라고 반문하셨다. 아무도 없다는 뜻이다. 공자는 아마도 아내와의 관계로 고전하다가 이혼한 상태로 죽은 것 같다.[17] 무함마드는 아내가 열셋에 첩도 많았다.[18] 꾸란에서 아내를 넷까지만 허용하는데도 말이다.[19] 부처는 아내와 아들을 버리고 깨달음을 찾아서 떠났다. 그러나 그리스도는 죄 없이 죽으셨다.

- 빌라도는 예수님에게서 아무런 허물도 찾을 수 없었고, 빌라도의 아내는 그분을 옳은 사람이라 칭했다.
- 헤롯이 보기에도 예수님은 무죄했다.

---

15 Erwin W. Lutzer, *Christ among Other gods*(Chicago: Moody Press, 1994), 113.
16 많은 책과 기사에 나오는 인용문인데 원전은 알려져 있지 않은 것 같다.
17 Jonathan Clements, *Confucius, a Biography*, 킨들 버전(Albert Bridge Books, 2017), 위치 2445 중 240.
18 Shamim Aleem, *Prophet Muhammad(s) and His Family: A Sociological Perspective*(Bloomington, IN: AuthorHouse, 2011), 85.
19 꾸란 제4장 수라 니사 3절을 참조하라.

- 십자가의 한 강도는 예수님이 아무것도 잘못하신 게 없음을 인정했다.
- 십자가 아래에 있던 백부장은 "이는 진실로 하나님의 아들이었도다" 라고 말했다.

부처는 약 25년간 가르쳤고 무함마드는 22년쯤 된다. 공자가 가르친 기간도 비슷하여 셋을 합하면 거의 75년이다. 예수님은 3년밖에 가르치지 않으셨는데도 인류 역사상 누구도 예수님이 그 3년으로 미치신 영향만큼 문명의 진로에 영향을 미친 사람은 없다.

예수님은 외진 마을의 구유에서 태어나셨으나 그분의 생일은 역사상 가장 유명한 날이 되었다. 하나님 아버지는 그분을 "내 사랑하는 아들"이라 부르셨고 선지자들은 "메시아"라 불렀다. 이사야는 장차 태어날 그 아기의 이름이 "기묘자라, 모사라, 전능하신 하나님이라, 영존하시는 아버지라, 평강의 왕이라"고 했다. 제자들은 그분을 "주"로 부르다가 결국 "하나님의 아들"로 고백했다. 그런데 그분은 자신을 "인자"로 칭하셨다. 요한은 그분을 "태초부터 아버지와 함께 계신 로고스"라 불렀고 귀신들은 "하나님의 거룩한 자"라 불렀다. 그분은 율법을 성취하시고 우리의 희년이 되셨다. 십자가에 못 박혀 하나님의 선민이 지닌 죗값을 치르셨다. 저주의 도구인 십자가는 축복의 도구로 변했다. 그래서 우리는 그분을 "구주"라고 부른다. 그분이 죽으실 때 지옥이 진동했고, 그분은 하늘에 있는 통치자들과 권세들과 악한 영의 세력들을 무력화하셨다(골 2:15). 그분이 장사되신 빌린 무덤은 큰 돌로 닫혔으나 그분이 사흘 만에 열어 비워 두셨다. 그분은 자신에 관한 예언을 모두 성취하고 율법의 마침이 되어 "다 이루었다"라고 외치셨다. 그리고 하늘로 올라가기 전에 제자들을 모아 놓고 이렇게 말씀하셨다. "하늘과 땅의 모든 권세를 내게 주셨으니 그러므로 너희는 가서 모든 민족을 제자로 삼아 아버지와 아들과 성령의 이름으로 세례를 베풀고 내가 너희에게 분부한 모든 것을 가르쳐 지키게 하라. 볼지어다, 내가 세상 끝 날까지 너희와 항상 함께 있으리라"(마 28:18-20). 하늘과 땅의 모든 권세가 그분께 있다. 그분을 통하지 않고는 아무도 아버지께로 갈 수 없다. 우리는 그분과 함께 천국에 들어가거나 그분 없이 지옥에 가거나 둘 중 하나다. 이는 냉엄한 진리다. 우리는 주의 두려우심을 이미 알고 있으므로 사람들을 권면해야 한다(고후 5:11). 그분은 에덴동산, 궁극의 동산, 약속의 땅, 우리의 최종 집으로 돌아가는 길이다. 그분은 죄와 죽음에 속박된 당신을 해방시키시는 진리다. 그분은 우리가 영원히 그분을 힘입어 살고 존재하며 기동하는 생명이다.

바로 그분이 우리가 전파하는 그리스도시다!

08

교회의 머리

골로새서 1:18   마크 데버(Mark Dever)

　　1980년대에 나는 영국에 산 적이 있다. 당시 복음주의 교회들에서 여러 가지 축제가 열렸다. 예수님을 따르는 것이 얼마나 좋은지를 보여 주려는 축제였다. 일부는 가두행진도 벌였는데 그중에 광대들도 있었다. 그들은 기독교인도 재미있게 즐길 줄 아는 멋진 사람들임을 전달하려 했고, 비기독교인들을 그 즐거움에 끌어들이려 했다. 나는 축제에 가담하지는 않았지만, 복음을 증언하려는 그들의 시도를 귀히 여겼다. 다만 예수 그리스도를 따른다는 의미를 하필 그런 식으로 증언한다는 것이 이상해 보였다.
　그리스도를 전할 때는, 즉 그분이 누구시며 무슨 일을 하셨는지를 전할 때는 그분에 대한 진리가 우리에게 미치는 영향도 반드시 언급해야 하는

데, 거기에는 그만한 이유가 있다. 그 이유는 무엇일까? 그분이 우리에게 십자가를 지고 그분을 따르라고 명하시기 때문이다. 그리스도인의 삶은 과연 기쁨으로 충만하지만 그럼에도 힘든 여정이다. 십자가를 져야 하며 시련이 가득하다. 그래서 이 장의 초점을 인내, 즉 지속적으로 강건한 믿음에 맞추려 한다. 이를 배우기에 바울보다 더 좋은 대상이 누구겠는가?

디모데후서 4장에 자신에 대하여 기록한 생애 말년의 그를 생각하면 우리도 바울처럼 되고 싶어진다. 그렇지 않은가? 우리도 그 고매한 자태를 본받아 바울처럼 인내하고 싶어진다. 하지만 그것이 쉽지 않음도 깨닫는다. 그리스도를 따르는 사람으로 자처하기가 두려워질 때도 있다. 자기 삶의 실상을 스스로 알기 때문이다. 하나님의 임재 안에서 어떻게 인내할 것인지를 궁구할 때마다 당연히 우리는 가장 중요하게 예수 그리스도를 논한다. 내 생각에 골로새서 1장도 빼놓을 수 없다.

바울은 23절에 "만일 너희가 믿음에 거하고 터 위에 굳게 서서 너희 들은바 복음의 소망에서 흔들리지 아니하면 그리하리라"고 썼다. 예수 그리스도 복음의 소망에서 흔들리고 싶지 않기는 우리도 마찬가지다. 흔들리지 않으려면 여기 바울의 가르침을 숙고하는 것이 좋다. 그리스도에 대한 믿음을 논한 15-20절과 그리스도를 믿는 믿음을 논한 21-23절을 특히 주목해 보자.

그리스도에 대한 믿음

15-20절에서 바울은 그리스도에 대한 우리의 믿음을 개괄한다. 그리스도는 하나님, 세상, 교회, 인류 역사의 흐름 등에 대한 중요한 질문의 답이시다. 그 하나하나의 중심에 그분이 답으로 계신다. 그리스도에 대하여 바울이 이 본문에서 가르치는 네 가지 주제를 생각해 보자. 그리스도는 우리에

게 하나님을 보여 주신 분이고, 우주의 창조주시며, 새로운 피조물인 교회의 머리시고, 우리가 풀어야 할 정말 큰 문제의 답이시다.

하나님의 형상

15절에 보듯이 그리스도는 우리에게 하나님을 보여 주신다. 바울은 골로새 신자들을 종교적 몽상에서 깨우고자 단순한 문제를 제기한다. 그들이 예배하는 하나님은 어떤 분이신가? 바울은 그들이 예배하는 대상을 재발견하도록 돕고자 했다. 물론 이것은 중요한 문제였다. 그들이 예배하던 하나님은 골로새의 모든 인간과는 달리 눈에 보이지 않으시기 때문이다.

골로새에 살던 대다수 사람은 신전에서 자기네 신의 형상을 숭배하던 이교도였을 것이다. 신에 대한 전설을 배웠고 그 신이 어떻게 생겼는지도 말할 수 있었을 것이다. 그런데 바울이 제시한 하나님은 보이지 않는 신이었고, 그래서 이 하나님이 어떤 분이신지 이해하는 데 꽤 어려움을 겪었다. 당신은 늘 신의 의미가 하나일 수밖에 없다고 생각했을지 모른다. 그러나 오늘날 세상 사람들에게 신이라는 단어를 어떻게 생각하느냐고 묻는다면 가지각색의 의미가 나올 것이고, 그중 다수는 기독교의 하나님관에 어긋난다. C. S. 루이스는 종교 체험에서 별의별 신이 다 생겨날 수 있다고 말했다.[1]

사람들은 신을 음성, 환상, 시어(詩語), 언어의 인습, 보증, 특성, 본질, 해법, 인간의 지력이나 창의력의 화신 등으로 칭한다. 그들이 말하는 신은 의미가 제각각이며 대개 상충된다. 그러나 바울이 기록한 하나님은 단지 진지한 유일신론자의 신, 만물의 창조주와 주관자만이 아니시다. 이 하나님은 우리에게 가까이 오셨다.

---

1 C. S. Lewis, *God in the Dock: Essays on Theology and Ethics*, Walter Hooper 편집(Grand Rapids: Wm. B. Eerdmans Publishing Co., 1970), 149. (『피고석의 하나님』 홍성사)

바울이 묘사한 이 보이지 않는 크신 하나님의 심히 놀라운 점은 그분이 우리에게 알려지기를 원하신다는 것이다. 요한복음 1장에 보면, 태초에 말씀이 계셨는데 이 말씀이 하나님과 함께 계셨다. 소통하고 관계를 맺으려는 마음은 하나님의 속성 자체다. 자신을 계시하시는 그분의 속성을 골로새서 1장 15절에서 볼 수 있다. 즉 "그"는 보이지 않는 하나님의 형상이시며 모든 피조물보다 먼저 나신 분이다. 19절로 내려가면 "아버지께서는 모든 충만으로 예수 안에 거하게 하"셨다. 13-14절을 보면 15절의 "그"가 주 예수 그리스도임을 알 수 있다. 예수님은 보이지 않는 하나님의 가시적 표현이시다. 예수님은 보이지 않는 하나님이 어떤 분이신지를 우리에게 보여 주신다. 즉 그리스도는 하나님에 대한 기독교 신앙의 내용이 무엇인지를 보여 주신다.

우주의 창조주

그리스도는 우주의 창조주시기도 하다. 15절에서 바울은 하나님이 누구신지뿐만 아니라 피조물이 무엇인지도 기록한다. 내 생각에 적어도 그렇게 한 이유의 일부는 골로새 그리스도인들이 주변의 영향으로 세상을 잘못 알고 있었기 때문이다. 그들도 당신이나 나와 크게 다르지 않았다. 오늘날 우리 많은 이도 기본적으로 세속의 현실관 위에 예수님을 살짝 덧뿌린다. 이에 바울은 피조물이 예수 그리스도와 어떤 관계인지를 설명한다. 다섯 가지 주장으로 우리를 도와 그리스도가 누구신지를 명확히 이해하게 해준다.

첫째로, 그리스도는 영원하시지만 피조물은 유한하다. 바울의 말대로 그분은 창세전부터 계셨다(17절). 바울은 세상이 무한하고 영원하다는 풍설을 일체 부인했다. 오늘날 그런 철학적 유물론이 대학을 지배하고 있다. 그러나 바울은 그리스도는 영원하시지만 세상은 그렇지 않다고 선포했다.

여기에는 그리스도 그분의 존재가 세상의 존재보다 더 기정사실이라는 의미가 깔려 있다.

둘째로, 그리스도는 창조의 주체로서 모든 피조물을 창조하셨다. 만물이 그분에게서 창조되었다. 바울은 16절에 "만물"이란 단어를 두 번이나 언급한다. "만물이 그에게서 창조되되 하늘과 땅에서 보이는 것들과 보이지 않는 것들과 혹은 왕권들이나 주권들이나 통치자들이나 권세들이나 만물이 다 그로 말미암고 그를 위하여 창조되었고." 우리 삶과 세상의 주권자는 한 분뿐이시니 곧 이 모두를 지으신 하나님이시다.

바울의 간명하고 힘찬 진술은 17절에도 반복된다. "또한 그가 만물보다 먼저 계시고 만물이 그 안에 함께 섰느니라." 만물보다 "먼저" 계신다는 말에는 이중의 의미가 있다. 그분은 영원하시므로 시간상으로 만물을 앞설 뿐 아니라 지위에서도 만물을 앞서신다. 그분이 으뜸이요 첫째시다. 다시 말해 주인이시다. 바울이 16절에서 말한 대로 그분은 주권자시다.

으뜸, 우위, 주인, 권세 같은 단어와 개념은 세상 어느 문화에나 깊이 박혀 있다. 무엇이든 창조한 당사자에게 지배권도 있게 마련이다. 히브리서 7장에도 그리스도의 위엄이 바로 그 개념으로 묘사되어 있다.

바울은 골로새 그리스도인들에게 만물을 하나님이 지으셨음을 상기시킨다. 이런 말이나 같다. "골로새 사람들아, 너희가 그리스도 대신 예배하려는 대상이 무엇이든, 하늘의 보이지 않는 왕권이나 주권이나 통치자나 권세든 땅의 인간이나 동물이나 형상이든, 이는 다 하나님이 창조하신 것들이다. 그것들을 창조하신 바로 그분을 두고 피조물을 숭배할 까닭이 무엇이냐?"

셋째로, 그리스도는 만물의 통치자시다. 바울의 말대로 그분은 근본이시고 먼저 나신 분이다(18절). "먼저 나신"이란 단어에도 두 가지 의미가 있다. 첫 열매나 시간상의 처음을 뜻할 수도 있고, 지위와 권세상의 우위를 뜻할 수도 있다. 본문에서 바울이 말한 의미는 분명히 후자다. 그리스도는 피조물이 아니다. 당신이 이 기독론 책에서 아무것도 배우지 못할지라도 이 사실만은 배워서 명심하기를 바란다. 즉 아리우스는 미혹되었다. 그는 성자 하나님이 피조물이며 본래 성부처럼 영원하지 않다고 가르쳤다. 인간은 본성상 늘 신을 자신의 형상대로 개조한다. 특히 성육신하신 하나님을 윤색하려 한다. 그분이 워낙 우리처럼 되셨기 때문이다. 그분은 온전한 참 인간이 되셨다. 오늘날의 아리우스주의자는 여호와의 증인만이 아니다. 자유주의 개신교 친구들 중에도 성육신을 평가절하하는 사람이 많다. 그들도 예수님을 그분 자신이 친히 계시하신 정체 이하로 일축한다.

본문의 바울에 따르면 그리스도는 만물을 창조하셨다. 먼저 나셨다는 단어는 모르몬교의 주장처럼 그리스도가 여호와의 첫아들로 태어나셨다는 뜻이 아니라, 자신이 창조하신 자기 소유의 모든 피조물에 대하여 권한을 행사하신다는 뜻이다. 그분은 자신이 만든 작품을 주관하실 권리가 있다. 창조는 사랑의 행위였고, 그리스도의 창조와 재창조 활동의 핵심은 사랑이다.

넷째로, 그리스도는 만물을 지탱시키신다. "만물이 그 안에 함께 섰으니라"(17절). 당대의 철학과 종교는 무언가 세상을 떠받치는 힘이 있다고 가르쳤는데, 바울은 그 대중 개념을 차용하여 그 힘이 바로 하나님이라고 말했다. 창조주요 주권자이신 그분의 지위는 지금 이 순간에도 자명하다. 이른바 중력의 법칙 등의 자연법은 세상을 지탱시키시는 하나님의 주권적 행위다. 우주가 당장 붕괴하여 혼돈에 빠지지 않는 것은 하나님 덕분이다. 당신이라는 존재의 솔기가 터지지 않는 것도 하나님 덕분이다. 히브리서 1장 3절에서도 "그의 능력의 말씀으로 만물을 붙드시며"라고 했다. 하나님이 만물을 지탱시키신다. 그리스도가 만물을 지탱시키신다. 매순간 전적으로 그분께 의존하지 않는 것은 하나도 없다.

하나님은 당신과 내가 만들어 낸 존재가 아니다. 우리가 다 하나님을 잘 못 알아도 그분은 조금도 달라지지 않으신다. 그분은 그분 자신이시며, 우리가 이만큼이라도 그분에 대하여 아는 것은 그분이 우리에게 자신을 계시해 주셨기 때문이다. 바울이 배격한 그 신들과 달리 참 하나님은 우리에게 말씀하신다. 자신의 기록된 말씀을 통하여 성령으로 말씀하신다. 그분은 당신과 나와 같지 않으시다. 피조물이 아니라 창조주시다. 그분은 당신의 바람과 생각대로 생겨난 것이 아니라 창세전부터 계신 영원한 하나님이시다. 우리는 이 사실을 그리스도를 통하여 일부 배운다. 그리스도가 어떤 분이신지를 보면 된다.

다섯째로, 창조의 목적도 그리스도시다. "만물이 다 그로 말미암고 그를 위하여 창조되었고"(16절). 바울의 말대로 우주는 그리스도께 지음받았을 뿐 아니라 그분께 충성을 다해야 한다. 온 세상과 온 하늘이 그분의 영광을 선포한다(시 19:1). 우리도 모든 일을 그분의 영광을 위하여 해야 한다. "온 세상은 무대다"라고 쓴 셰익스피어의 명대사를 생각해 보라.[2] 많은 그리스도인이 그 은유 속에 세상을 향한 하나님의 계획이 잘 담겨 있다고 보았다. 장 칼뱅도 이 세상이 하나님의 영광을 상연하는 극장이라고 썼다. 조나단 에드워즈는 역사 속에 전개되는 구원 계획을 통하여 창조주가 피조물에게 드러난다며, 이 모두가 하나님의 영광을 위한 것이라고 썼다.

이런 내용을 배우다 보면 어떤 이들에게는 하나님이 매사를 자기 영광을 위하여 하시는 것이 교만으로 여겨질 수 있다. 그러나 우리 자녀에게나 적용할 기준을 하나님께 적용해서는 안 된다. 우리는 자녀에게 매사에 고자세로 대장 행세를 하지 말라고 말한다. 그러나 하나님을 생각할 때는 이

---

2 William Shakespeare, *As You Like It*, 2막 7장. (『뜻대로 하세요』해누리)

런 유비가 무효해진다. 태양계를 생각해 보라. 수성이나 금성이나 화성이나 심지어 지구가 태양계의 중심이 되려 한다면 이는 교만이다. 그 역할을 감당할 조건을 갖추지 못했기 때문이다. 그러나 태양이 태양계의 중심이 되는 것은 교만이 아니다. 그것이 본연의 역할이기 때문이다.

하나님이 아닌 다른 것, 이를테면 직업, 가정, 사역 등을 삶의 중심에 두려 하면 실패하게 되어 있다. 그것의 자리는(결국 우리의 자리도) 원래 중심이 아니다. 단기 목표로는 괜찮다. 그런 활동과 헌신을 통하여 주님을 기쁘시게 할 수 있다. 마땅히 거기에 열심을 다하며 자신을 훈련해야 한다. 마찬가지로 바울이 16절에서 언급한 주권과 권세도 그 자체는 꼭 나쁜 것이 아니다. 그러나 초자연이든 자연이든 그런 대상을 삶의 중심에 두려 하면 우리는 머잖아 하나님과 그 대상은 물론 자신마저 잃게 된다. 우리 삶의 중심은 오직 그리스도의 몫이다. 우리를 비롯한 만물은 최종 관객이신 그분 앞에서 연극한다. 따라서 그분이 무엇을 기뻐하시는지를 부지런히 알아내야 한다.

교회의 머리

그리스도와 피조물의 관계를 설명한 바울은 이제 새로운 피조물의 창조주라는, 즉 교회의 머리라는 그분의 역할로 넘어간다. "그는 몸인 교회의 머리시라. 그가 근본이시요 죽은 자들 가운데서 먼저 나신 이시니 이는 친히 만물의 으뜸이 되려 하심이요 아버지께서는 모든 충만으로 예수 안에 거하게 하시고 그의 십자가의 피로 화평을 이루사 만물[이]…그로 말미암아 자기와 화목하게 되기를 기뻐하심이라"(18-20절).

본문의 모든 대명사는 단지 성부 하나님이 아니라 성자 하나님을 지칭한다. 하나님이 자신을 계시하신 방식에는 앞서 살펴본 피조물을 통한 일반 계시뿐만 아니라 예수님을 통한 특별 계시도 있다. 나아가 바울은 하나님이 창조 세계에 자신을 계시하실 때 교회에 특별히 역점을 두신다고 가르쳤다.

18절에 보듯이 교회를 창조하신 분은 그리스도다. 그분이 근본이시고 죽은 자들 가운데서 먼저 나신 분이다. 하나님은 그리스도를 통하여 세상을 창조하셨듯이 그리스도를 통하여 특별히 교회를 창시하셨다. 그리스도를 통하여 무와 혼돈에서 우주와 세상을 만들어 내셨듯이 그리스도를 통하여 그 죽은 자들 가운데서 교회를 창조하셨다. 그리스도인은 누구나 이중으로 하나님께 속해 있다. 애초에 우리를 창조하신 그분이 그리스도 안에서 재창조하셨기 때문이다.

이 본문에 전제된 사실이 있다. 온 세상은 죽음에 예속되어 있으며 그리스도 안에만 자유와 새 생명이 있다는 것이다. 하나님이 그리스도를 통하여 이루신 일 덕분에 당신의 죄는 다 용서될 수 있다. 그분은 독생자를 보내 철저한 신뢰의 삶, 온전히 거룩하고 선하고 의로운 삶을 살게 하셨다. 본래 우리도 다 그렇게 살았어야 한다. 예수님은 대속의 제물로 십자가에서 죽으셨는데, 이는 우리로 하여금 죄에서 돌이켜 그분을 신뢰하게 하기 위해서였다. 그리스도께로 돌아와 당신의 죄를 회개하고, 지금 읽고 있는 모든 진리를 발견하라. 예수님이 니고데모에게 "거듭나야 하겠다"라고 말씀하셨듯이 당신도 마찬가지다.

그리스도는 바로 그 일을 하러 오셨다. 그분은 목숨을 버려 무덤에 들어가셨다가 삶 쪽으로 뚫고 나오셨다. 내가 좋아하는 옛말이 있다. "한 번 태어나면 두 번 죽고, 두 번 태어나면 한 번 죽는다." 그리스도의 부활은 하나님이 장차 그분의 교회 전체에 행하실 일의 전조다. 그런 의미에서 새 창조는 이미 시작되었다. 예수님이 무덤에서 걸어 나오시던 날 최종 부활이 시작되었다. 그분은 죽은 자들 가운데서 먼저 나신 분이다. 첫 창조를 주관하셨던 그분이 또한 교회의 근본이시고 죽은 자들 가운데서 먼저 나셨으며 신인류의 창시자시다. 바울의 말에는 첫 창조처럼 새 창조의 주역도 그리스도이심이 암시되어 있다.

본문에 보면 교회를 다스리시는 분도 그리스도다. 그분이 교회를 지도하신다. 그분은 교회라는 몸의 머리시다. 그리스도는 우주를 주권적으로 지탱시키실 뿐 아니라 특히 교회를 더 주권적으로 지탱시키신다. 교회의 머리로서 그렇게 하신다. 결국 우리를 살리고 지도하실 이는 그분이다. 교황이나 수장, 주교나 사제, 집사나 장로, 목사나 인기 기독교 저자, 집회 강사나 성경공부 인도자 등 우리가 대신 세우려는 그 어떤 반신(半神)도 아니다. 교회의 머리는 엄연히 그리스도시다. 우리는 그분의 인도하심에 의지한다. 그분은 하나님이 교회에 얼마나 직접 관여하시는지 보여 주신다. 오죽하면 본문에서 교회를 무엇이라 칭하셨는가? 자신의 몸이라고 하셨다. 당신이 소속된 지역교회에 관심이 있는지는 모르겠으나 틀림없이 자신의 몸에는 관심이 많을 것이다. 바울은 성령의 감동으로 그 은유를 써서 교회를 향한 그리스도의 지대한 관심을 보여 준다. 그분은 교회를 창조하셨고 다스리신다. 교회는 그분의 돌보심 덕분에 서 있으며 그분의 판단에 주목한다. 바울은 "이는 친히 만물의 으뜸이 되려 하심이요"라고 말했다.

화평을 이루시는 분

바울이 하나님에 대하여 골로새 그리스도인들 앞에 제시한 큰 이야기에서 넷째이자 마지막 부분은, 그리스도가 우리가 가진 큰 문제의 답이시라는 것이다. 19-20절을 보라. "아버지께서는 모든 충만으로 예수 안에 거하게 하시고 그의 십자가의 피로 화평을 이루사 만물[이]…그로 말미암아 자기와 화목하게 되기를 기뻐하심이라." 바울 시대의 많은 이에게(우리 시대에도 마찬가지다) 아마도 가장 이상했을 진리는 이 주권자 하나님이 인간이 되셨다는 것이다. "아버지께서는 모든 충만으로 예수 안에 거하게 하"셨다는 바울의 말은 놀랍기 그지없다. 나로서는 그 의미를 차마 다 알 수도 없다. 하나님이 인간이 되셨다는 그의 말은 그리스 신화의 신이 잠시 인간의 형체를 취했다가 인간계를 떠난다는 그런 의미가 아니다. 하나님의 영원하고 충만하신 아들은 예수 그리스도라는 인간이 되셨다. 문제만 생겼다 하면 조롱하듯 사라져 버리는 소심한 그리스 신들과는 달랐다. 이 하나님은 자신을 위하여 창조하신 그 사람들에게로 오셨다. 그런데 성경에 보면 그들은 그분과 적대 관계였다. 그래서 그분은 어떻게 하셨는가? 화평을 이루셨다. 화목하게 하셨다. 그렇게 하려고 십자가에서 피를 흘리셨다.

본문에 나오는 하나님은 주권적인 주님일 뿐만 아니라 믿기지 않을 만큼 사랑으로 화해를 이루시는 분이다. 그리스도 안에서 하나님은 우리를 흑암의 권세에서 건져 내 자기 아들의 나라로 옮기셨으며, 그 아들 안에서 우리는 속량, 곧 죄 사함을 얻었다. 20절에서 바울이 화해를 말했다는 것은 양측 사이에 무언가 불화와 적의, 심지어 싸움이 벌어지고 있었음을 전제로 한다. 그 양측은 누구인가?

19-20절에 분명히 나와 있다. 한쪽에는 하나님이 계신다. 그분은 그리스도 안에서 온전히 충만하시며 만물을 소중히 여기신다. 반대쪽에는 창조세계가 있다. 하나님이 인류에게 권위의 지위를 주셨기에 우리는 타락할 때 여러모로 온 세상까지 타락시키고 변질시켰다. 그래서 성경의 다른 곳에 피조물이 탄식한다는 표현이 나온다(참조. 롬 8:22). 본문 20절에 보면 하나님은 교회에서부터 시작하여 만물을 그분과의 바른 관계로 되돌리시는 중이다. 여기에 땅과 하늘에 있는 것이 전부 포함된다.

이런 의문이 들 수 있다. 정말 만물일까? "만물"로 옮겨진 헬라어 원어의 "모든 것"에는 두 가지 뜻이 있다. 개개인 전원을 뜻할 수도 있고 그냥 많다는 뜻일 수도 있다. 바울은 정확히 무슨 뜻으로 썼을까? 결국 역사의 종말에 모든 것과 특히 역사 속의 모든 개인이 구원받는다는 뜻일까? "모든"이란 단어에 문법적으로 그런 뜻도 있다. 아니면 아주 많은 사람이 구원받는다는 뜻일까? 요한계시록의 표현처럼 각 족속과 방언과 백성과 나라 가운데서 나오는 허다한 무리일까? 문법상 양쪽 의미가 다 통하는 사례다. 그러나 우리는 성경의 통일성을 따라야 하므로 골로새서 1장 이외에 하나님이 계시하신 내용도 보아야 한다. 성경 전체를 보면 구원받는 사람은 전원이 아니라 큰 무리다.

그런데 본문에서 바울의 일차적 초점은 그리스도 안에 있는 이들에게 있다. 그가 문제를 제기한 것은 해법을 말하기 위해서다. 본문을 잘 보면 알겠지만 우리가 교인들에게 명확히 소통해야 할 특정한 진리가 있다. 우선 하나님이 도덕에 무관심하지 않으심을 분명히 밝혀야 한다. 그분은 창조를 끝으로 피조물이 무슨 말썽을 부리든 모른 체하기로 작정하신 적이 없다. 충격적이고 서글프게도 사탄은 보란듯이 수많은 이를 미혹하여 이런 착각에 빠뜨린다. 하나님이 우리를 지으셨고 사랑하시기에 우리가 무엇이든 마음대로 할 수 있다는 것이다. 그러나 하나님의 형상대로 지어졌다는 이유만으로 우리가 영원히 선하다고 할 수 없다. 그분의 형상대로 지음받은 존재에게는 그분을 대변해야 할 엄청난 책임이 수반되는데, 우리 중에 그분을 제대로 대변한 사람은 아무도 없다. 우리는 하나님이 어떤 분이신지를 성경을 통하여 명확히 이해해야 한다. 바울이 다른 곳에 말했듯이, 인간에게 내려진 사형선고는 각 사람을 향한 하나님의 심판이 정확히 과녁에 명중한다는 증거다. 그분은 우리 삶의 도덕에 무관심하지 않으시다. 우리가 아무리 명쾌한 사고로 상상한다 해도 그분의 정의감은 그보다 예리하다. 신구약 전체에 분명히 나와 있듯이 그분은 죄를 혐오하고 저지하며 정죄하신다. 하나님이 죄를 얼마나 미워하시는지 가장 똑똑히 보여 주는 것이 바로 그리스도의 죽음이다.

그러나 또한 하나님은 가장 비범한 방식으로 자신의 의를 보여 주셨다. 친히 목숨을 버려 우리를 구원하신 것이다. 본문에 제시된 십자가는 예수님은 사랑이신 반면에 하늘 아버지는 비열하고 잔인하다는 의미가 아니다. 오히려 십자가는 하나님의 의이며, 그 의는 경건하지 못한 이들을 구원하심으로 나타났다. 바울은 로마서에서 "우리가 아직 연약할 때에 기약대로 그리스도께서 경건하지 않은 자를 위하여 죽으셨도다"(5:6)라고 말했다. 이어 두 구절 후에 "우리가 아직 죄인 되었을 때에 그리스도께서 우리를 위하여 죽으심으로 하나님께서 우리에 대한 자기의 사랑을 확증하셨느니라"(5:8)고 진술했다. 아버지와 아들은 사랑으로 조화롭게 역사하시며, 그리스도의 희생은 아들의 사랑만큼이나 아버지의 사랑도 온전히 계시해 준다. 누가는 사도행전 20장 28절에 믿기 힘든 말을 썼다. 하나님이 자기 피로 교회를 사셨다는 말이다. 우리가 예배하는 하나님은 그런 분이다. 골로새서 1장 20절의 말씀처럼 우리를 자기와 화목하게 하시는 분이다.

골로새 교인들을 향한 바울의 우려가 무엇인지 잘 보라. 단순히 그는 그들이 예수님을 따르기로 결단한 이상 이제 뒤돌아설 수 없다고 지적한 것이 아니다. 물론 그 말도 맞지만 말이다. 바울은 그들 앞에 원대한 구원 계획 전체를 제시했다. 그는 그들이 복음을 안다고 단정하지 않았다. 당신도 교회에 오는 사람들이 복음을 안다고 단정해서는 안 된다. 부르는 노래마다 복음의 진리를 확실히 대변하게 하고, 예배 인도자들부터 복음을 깨닫고 확실히 제시하게 하라. 복음을 듣고 이해해야 할 사람은 교회에 나온 비신자만이 아니다. 당신과 나도 복음을 듣고 깨닫지 않으면 그리스도 안에서 인내할 수 없다. 우리도 기쁜 소식을 듣고 받아들여야 한다. 우리 자신의 실상을 알고 하나님이 우리에게 해주신 일을 알면 참으로 소망이 있다. 모일 때마다 교회의 머리이신 그리스도의 영광과 복음을 제시하라. 입교 면담 때 지원자에게 예수 그리스도의 복음을 요약해 보게 하라. 그들이 복음을 제대로 알고 있음을 당신이나 교회의 다른 담당자가 확인해야 한다. 최대한 그들을 도와 하나님이 그리스도를 통하여 주신 기쁜 소식을 깨닫게 하는 것이 작은 목자인 우리의 본분이다.

그리스도를 믿는 믿음

골로새서 1장에서 바울은 기독교 신앙의 내용인 그리스도에 대한 믿음만 말하지 않고 그리스도를 믿는 믿음도 말했다. 기독교 신앙의 내용이 그리스도께 초점을 맞추고 있듯이, 그리스도인 개개인으로서 우리가 가지고 있는 믿음의 초점도 그리스도께 있다. 바울의 관심은 골로새 그리스도인들이 기독론을 두루 아는 데서 그치지 않았다. 하나님이 어떤 분이신지를 꽤 알거나 심지어 그분이 예수님을 통하여 자신을 가장 온전히 계시하셨음을 아는 것만으로 부족했다. 물론 그는 골로새 그리스도인들이 그것도 알기를 바랐지만, 또한 하나님을 반드시 인격적으로 알기를 바랐다. 그래서 이제부터 그들을 더 지목하여 말한다.

보다시피 21-23절에서 바울은 이인칭인 "너희"로 다시 돌아가 15-20절의 교리를 그들 개인의 삶에 연결한다. 요컨대 이런 말이다. "만일 너희가 계속 열심히 믿어 믿음을 지킨다면…" 바울은 그들이 터 위에 굳게 서기를 바랐다. 우리도 그렇게 되고자 힘써야 한다. 이는 복음의 소망에서 흔들리지 말아야 한다는 뜻이다.

복음은 우리가 연합하는 구심점이다. 분명히 바울은 불화의 위험 때문에 골로새 교인들에게 편지를 썼다. 그는 그들이 믿음 안에 함께 거하지 않을까 봐 우려했다. 골로새 교인들은 이 복음을 들었다(23절). 이들은 성령의 거룩하게 하심을 따라 현재 하나님과 화목해진 모든 신자를 대변하고, 또 장차 모든 일이 완성될 때 하나님께 드려질 우리를 대변한다. 세상은 우리를 끊임없이 유혹하여 복음을 잃게 하려 한다. 그래서 바울은 계속 충실할 것을 그들에게 권면한다.

바울의 말대로 골로새 교인들은(물론 우리도) 한때 하나님을 멀리 떠나 악을 행했다(21절). 그는 이전의 악한 행실이라고 꼬집어 말했다. 다만 그 악한 행실이 무엇이었는지 로마서 1장에처럼 쭉 열거하지는 않았다. 사실 바울은 골로새 교인들을 만난 적이 없다. 로마 교회처럼 이 교회에도 그는 들은 바에 기초하여 편지를 썼다. 그런데도 그들의 행실이 악했음을 알았다. 어떻게 알았을까? 그는 그들이 이전에 마음으로 원수가 되었다고 썼다. 악한 행실은 악한 생각이라는 근본 문제가 표출된 것에 불과함을 바울은 알았다. 생각이 악해서 행실도 악했다는 말이다.

그렇다면 마음으로 원수가 되었다는 말은 무슨 뜻일까? 물론 하나님을 향하여 적대감이 있었다는 뜻이다. 죄 때문에 힘들어하는 당신의 마음을 돌아보면 알겠지만 죄란 단지 위법 행위가 아니다. 죄지을 때마다 확인되듯이 우리는 죄성이 있으며 한때 하나님을 멀리 떠났었다. 죄의 결과는 늘 피조물과 창조주를 갈라놓는다. 그들의 삶도 그랬다. 골로새 교인들이 그런 상황에 처해 있었다.

물론 모든 면에서 그들은 그리스도를 믿는 우리 개개인의 과거를 대변한다. 회심한 우리 중에 죄 문제가 없었던 사람은 없으며, 누구나 예수 그리스도가 이루신 일에 힘입어 하나님께 용서를 받아야 했다. 하나님은 그리스도의 육체의 죽음을 통하여 우리를 자기와 화목하게 하셨다(22절). 회개하고 그 사실을 믿지 않으면 하나님과 멀어진 상태가 지속된다. 골로새 교인들이 퍽 훌륭해서 용케 개과천선한 것이 아니라 하나님 쪽에서 주도적으로 간극을 이으시고 분리의 벽을 허무셨다. 그분이 신랑처럼 신부에게 오셨다. 하나님은 이렇게 그리스도 안에서 먼저 우리를 찾아오신다.

바울은 여기서 그리스도의 성육신 전체에 주목하지 않고 "죽음으로 말미암아"(22절)라고 말했다. 이전에 나는 이른바 복음주의 기독교 잡지를 펼쳤다가 내가 알고 존경하는 어떤 사람들을 가리켜 너무 속죄 중심이라고 평하는 말을 보았다. 적어도 그 저자의 판단에는 그랬다. 나는 "너무 속죄 중심"이란 있을 수 없다고 본다. 복음서 저자들은 십자가에 초점을 맞추지만 너무 속죄 중심은 아니다. 그래서 우리 그리스도인의 예배도 십자가에 초점을 맞춘다. 십자가야말로 우리가 하나님께로 가는 길이기 때문이다. 하나님은 거룩하시지만 우리는 그렇지 못하다. 하나님은 우리를 그분의 형상대로 지으셨지만 우리는 그분을 거부했다. 골로새서에서 바울이 속죄에 초점을 맞춘 까닭은 그리스도의 죽음으로 말미암아 그분이 우리를 "거룩하고 흠 없고 책망할 것이 없는 자로 그 앞에 세우"시기 때문이다(22절). 바울은 온전한 변화를 보고자 했고 그 변화는 이미 시작되었다. 이는 그리스도에 대한 바른 내용만 믿어서 되는 것이 아니라 그리스도 **그분 자체를** 믿어야 되는 일이다.

얼마 전에 나는 우리 교회의 인턴 사역자에게 내 사무실 벽에 걸려 있는 소중한 사진을 보여 주었다. 나의 목회 15주년 때 교회가 나를 깜짝 놀라게 했다. 우리 교회 출신의 현직 목회자들을 국내외 각지에서 불러들인 것이다. 저녁 예배 때 예고도 없이 그들이 모두 강단에 올라왔다. 사진은 그들과 내가 강단에서 함께 찍은 것이었다. 그 인턴에게 사진 속 인물들의 이름과 사역지를 일일이 말해 주었다. "이 형제는 로스앤젤레스에 있고, 이 친구는 루마니아에 있고, 이 형제는 여기 워싱턴 DC에 있고, 이 형제는 런던에서 목회합니다"라며 40-50명을 차례로 짚어 갔다. 그러다 마지막 줄의 아무개에게 이르러서는 이 사람은 이제 하나님을 믿지 않는다고 말해야만 했다.

끝까지 견고하려면 우리 존재의 중심이자 이유이신 예수 그리스도 그분 자체에 끌려야 한다. 그리스도는 하나님의 확연한 형상, 우주의 창조주, 교회의 머리, 우리의 화평을 이루신 분이다. 당신이 그분께 사랑받고 구속되었음을 안다면 그분을 위하여 못할 일이 없다. 15절에서 보듯이 그리스도는 보이지 않는 하나님의 형상이시고 모든 피조물보다 먼저 나신 분이다. 바울은 로마서 8장에 "하나님을 사랑하는 자 곧 **그의** 뜻대로 부르심을 입은 자들에게는 모든 것이 합력하여 선을 이루느니라. 하나님이 미리 아신 자들을 또한 그 아들의 형상을 **본받게** 하기 위하여 미리 정하셨으니"(28-29절)라고 썼다. 다른 곳에서는 "우리가 흙에 속한 자의 형상을 입은 것같이 또한 하늘에 속한 이의 형상을 입으리라"(고전 15:49)고 말했다. 또 고린도후서 3장 18절에 "우리가 다 수건을 벗은 얼굴로 거울을 보는 것같이 주의 영광을 보매 그와 같은 형상으로 변화하여 영광에서 영광에 이르니 곧 주의 영으로 말미암음이니라"는 말도 했다. 우리는 그분의 형상을 본받도록 되어 있으며 인내하기만 하면 장차 어느 날 그분처럼 된다!

내 생각에 마틴 로이드 존스는 우리에게 끝까지 굳게 서는 법을 가르친 현대판 바울이다. 그가 주님 곁으로 간 지 거의 40년이 되었다. 이안 머레이가 책으로 엮은 로이드 존스의 서한집을 몇 달 전에 읽었다. 20세기의 현실과 교류한 그의 모습은 매혹적이었다. 그러나 최고의 감동은 책 말미에 있었다. 1981년 2월 11일 자 편지 두 통이 실렸는데, 머레이에 따르면 아마도 로이드 존스가 구술한 마지막 편지들일 것이다. 건강이 급속히 악화된 그는 2월 24일에 떨리는 손으로 종이쪽지에 부인 베스와 가족에게 이렇게 썼다. "병이 낫도록 기도하지 마시오. 나를 영광에 이르지 못하게 붙잡아 두지 마시오."

미소와 몸짓으로 계속 의사 표시를 하던 그는 3월 1일 새벽에 운명했다. 마침내 먼동이 터 어둠이 다 물러갔다. 끝으로 머레이는 일종의 묘비명이자 서한집의 결론으로 로이드 존스의 설교에서 두 대목을 인용했다.

> 이것이 이 세상에서 나의 마지막 위로와 위안이다. 내가 영광에 이르리라는 유일한 소망은 나의 구원을 온통 하나님이 이루셨다는 사실에 있다…이것이 이 세상에서 나의 마지막 위로와 위안이다. 시작도 은혜요 끝도 은혜. 당신과 내가 자리에 누워 죽음을 맞을 때 위로와 도움과 힘이 되어야 할 한 가지는 곧 처음부터 우리를 도왔던 그 은혜다. 우리의 됨됨이나 행위가 아니라 우리 주 예수 그리스도 안에 있는 하나님의 은혜다. 그리스도인의 삶은 은혜로 시작된다. 은혜로 지속되어야 한다. 그리고 은혜로 끝난다. 은혜, 놀라운 은혜. 내가 나 된 것은 하나님의 은혜로 된 것이니 내가 한 것이 아니요 오직 나와 함께하신 하나님의 은혜다.[3]

그리스도에 대한 진리를 믿고 전파하라. 먼동이 터 어둠이 다 물러갈 때까지 그리스도를 의지하라. 오직 그리스도를 통해서만 우리는 믿음에 거하고 터 위에 굳게 서서 복음의 소망에서 흔들리지 않는다. 이는 그리스도를 통해서만 가능하다.

---

[3] Martyn Lloyd-Jones, *D Martyn Lloyd-Jones Letters*, Ian Murray 편집(Edinburgh, Scotland: Banner of Truth, 1994), 237. 『마틴 로이스 존스 일생의 편지』 살림)

2부

그리스도의 사역

THE
WORK
OF
CHRIST

09

자기를 비우심:
케노시스

빌립보서 2:5-11　　　　　　　　마이크 리카디(Mike Riccardi)

　　"하나님 아들의 성육신." 우리 오래된 신자 중에는 그런 신학적 약술에 너무 익숙해져 그 속에 담긴 진리에 놀라지 않는 사람이 많다. 영원히 선재하신 말씀(늘 하나님과 함께 계셨고 늘 하나님 자신이신 말씀)이 육신이 되어 죄인들 가운데 장막을 치셨다(요 1:1-14). 그러니 모든 기적 중의 기적이라 부르는 것이 마땅하다. 무한하고 영원하고 자존하며 독립적인 전능자 하나님이 자기를 비워 유한하고 덧없고 의존적인 필멸의 인간 속성을 입으셨으나 신성을 잃지 않으셨다(빌 2:5-8). 불변의 하나님이 본래의 자기가 아닌 존재가 되셨으나 또한 늘 자기로 남아 계셨다. 아일랜드의 개혁가 제임스 어셔가 바로 말했듯이 성육신은 "하나님의 지혜와 선하심과 능력과 영광이 최고조에 달한 사건"이다.[1] 목사이며 작가인 마크 존스는 "성육신은 어떤 피조물도 가히 상상할 수 없는 하나님의 최대 불가사의다. 그분 자신도 이보다 더 어렵고 영광스러운 일을 행하실 수는 없을 것이다. 모든 기적 중의 기적이라는 그동안의 호칭이 제격이다"라고 썼다.[2]

하나님의 가장 큰 기적에는 특별한 영광이 있다. 하나님이 이루신 모든 일 중에서도 성육신은 특별히 장엄한 광채를 발한다. 무한하신 하나님의 위엄과 유한한 인간의 겸손이 공존하여 하나의 웅대한 인격체로 연합해 있으니, 성육신의 영광이야말로 그분의 다른 모든 영광스러운 행적보다 더 찬란하다. 그래서 우리는 지성을 구사하여 이 경이를 공부하고 이 신비를 들여다보아야 한다. 우리 마음속에 하나님께 합당한 예배가 불타오르기를 바라면서 말이다.

성육신을 공부하다 보면 그리스도의 케노시스(kenosis)라는 교리와 마주친다. 이 단어는 바울이 성육신하신 그리스도의 겸손을 가리켜 빌립보서 2장 7절에 쓴 헬라어 동사 '케노오'(kenoō)에서 파생했다. 하나님의 영원한 아들은 명백한 신적 능력과 권위를 유지할 권리를 주장하시기는커녕 그 권리를 이타적으로 버리셨다. 그리고 죄인의 구원을 이루고자 인간의 형체를 입으셨다. 성육신 교리에는 케노시스 교리가 내포되어 있으며, 따라서 마땅히 이에 주목하여 공부하고 칭송해야 한다.

그러나 쉬운 일은 아니다. 그리스도의 성육신과 케노시스를 공부하려면 인간의 사고로서는 가장 고차원적인 개념에 부딪쳐야 한다. 형체와 인격

---

[1] James Ussher, *Immanuel, or, The Mystery of the Incarnation of the Son of God*(London: Susan Islip for Thomas Downes and George Badger, 1647; 재판, Swansea, 1810), 2.
[2] Mark Jones, *Knowing Christ*(Carlisle, PA: Banner of Truth, 2015), 25. (『그리스도를 아는 지식』 복있는사람)

을 형이상학적으로 규정하는 일도 그렇고, 별개의 두 형체가 한 인격 안에 연합하되 모순이 없음을 고백하는 일도 그렇다. 많은 그리스도인이 이런 공부를 비웃으며 다른 사람에게도 시간을 낭비하지 말라고 조언한다. 너무 사변적이고 철학적인 논의라는 것이다.

그러나 그리스도께 드리는 우리의 찬양은 그분의 영광스러운 인격과 사역을 진리에 근거하여 이해하는 만큼만 깊다. 예배의 높이가 신학의 깊이를 넘어설 수 없다. 따라서 그리스도를 진정으로 예배하는 사람이라면 늘 그분을 공부해야 한다. 존 머레이는 성육신과 케노시스에 대하여 이렇게 썼다. "고매한 천상의 교리라서 사고가 둔하고 마음이 어두워진 사람에게는 별로 매력이 없다. 이는 천사들이 살펴보기 원하는 신비다. 그러나 겸손히 깨달은 영혼에게는 즐거움이다. 그들은 자신을 구속하신 분의 영광이 드러나는 이 신비를 즐거이 탐색한다."[3] 이 신비를 살펴보려면 우선 "그리스도의 케노시스란 무엇인가?"를 물어야 한다. 빌립보서 2장 5-8절에서 바울이 한 말에 이 질문의 답이 세 가지로 나와 있다.

영원한 아들의 영광

첫째, 영원한 아들의 영광을 알아야 한다. 바울은 "너희 안에 이 태도를 품으라. 곧 그리스도 예수의 태도이니 그는 하나님의 형체로 존재하셨으나"(5-6절, 나의 번역)라고 썼다. 대다수 역본에 '존재하다'가 이처럼 과거시제로 옮겨져 있으나 바울은 현재분사를 써서 계속 이어지는 행동을 표현했다. 영원한 아들은 인간의 육체를 입으시기 전부터 영원히 하나님의 형체로 존재하셨다.

---

[3] John Murray, "The Mystery of Godliness," *The Collected Writings of John Murray*, 전4권(Carlisle, PA: Banner of Truth, 1982), 3:240.

여기서 "형체"(또는 본체)는 예수님이 하나님처럼 보이셨을 뿐이라는 뜻이 아니다. 역어와는 달리 헬라어 단어 '모페'(*morphē*)에는 대상의 겉모습일 뿐이라는 어감이 없다. 이 단어는 번역하기 어렵기로 악명이 높다. 한 학자는 "'모페'를 '형체'로 옮기기에는 불충분하지만 그보다 더 나은 역어가 없다"라고 썼다.[4] 그래서 일대일로 상응하는 한 단어를 찾기보다는 원어의 의미를 설명해야 한다. 그다음 절에 쓰인 같은 단어는 그리스도가 성육신을 통하여 진정한 인성을 입으셨다는 뜻이다. 그분은 종의 형체[모페 둘루(*morphē doulou*)]를 취하셨다. 단지 인간처럼 보였거나 인성의 외관만 취하신 것이 아니다. 이는 가현설이라는 이단의 주장인데, 사도 요한은 이 이단을 배격하는 것이 정통의 기준이라고 밝혔다(요일 4:2-3). 종의 형체란 그리스도가 온전히 참 인간으로서 진정한 인성을 지니셨다는 사실을 가리킨다. 그렇다면 마찬가지로 하나님의 형체[모페 테우(*morphē theou*)]도 그리스도가 온전히 참 하나님으로서 진정한 신성을 지니셨다는 사실을 가리킨다.

하지만 모페는 사람의 본질이나 정수나 본체를 가리키는 다른 단어인 '우시아'(*ousia*)나 '퓌시스'(*physis*)의 단순한 동의어가 아니다. 신약에는 이곳 외에 모페가 쓰인 곳이 없으나(마가복음의 긴 종결부만은 예외인데 원작의 일부인지는 논란이 있다) 구약의 헬라어 역본에는 이 단어가 분명히 사람의 모양이나 형상을 가리키는 말로 쓰였다.[5] 아울러 모페의 한 동족어가 변화산의 예수님을 묘사할 때 쓰였다. 즉 그분의 모페가 변화되었다[메테모포테(*metemorphōthē*), 마 17:2]. 그러나 변화산에서도 그리스도의 불변의 신성에는 변화가 없었다. 그리스도의 신성의 영광이 겉으로 표현되지 않고 가려져 있었는데 잠

---

4 Marvin R. Vincent, *A Critical and Exegetical Commentary on the Epistle to the Philippians and to Philemon*, International Critical Commentary(Edinburgh: T. & T. Clark, 1902), 57.
5 사사기 8:18, 욥기 4:16, 이사야 44:13, 다니엘 3:19(칠십인역).

시 그분이 베일을 벗겨 자신의 영광을 다시 빛내셨을 뿐이다.

이 모두를 종합하면 이런 결론이 나올 수밖에 없다. 모페란 내면의 정수에 일치하는 외적 표현, 고유의 본질을 대변하는 겉모양을 가리킨다.[6] 즉 "기저의 존재를 참으로 온전히 표현해 주는 형체"다.[7] 다시 말해 모페가 본질은 아니지만, 실제로 하나님이 아닌 다음에야 누구도 남들 앞에 하나님의 형체로 보이거나 존재하며 그분의 모든 완전한 속성을 나타낼 수 없다.[8] 그리스도가 하나님의 형체로 존재하는 이유는 그분의 정수와 존재 자체가 영원 전부터 **하나님이시기** 때문이다.

빌립보서 2장의 문맥을 보면 그 점이 분명해진다. 6절에 바울은 그리스도가 하나님과 동등됨을 취할 것으로 여기지 않으셨다고 말했다. "동등됨"은 헬라어 단어 '이소스'(*isos*)를 번역한 것이다. 그 원어에서 이성질체(*isomers*)라는 단어가 나왔다. 원소의 종류와 개수는 같은데 구조식이 다른 화합물을 가리키는 말이다. 상이한 화합물이지만 화학적 차원에서는 서로 동등하여 이성질체라 한다. 화학에서 기하학으로 넘어가 이등변(*isosceles*) 삼각형은 두 변의 길이가 같은 삼각형이다. 예수님은 "하나님과 동등"[이사 테오(*isa theō*)]하시다. 하나님은 이사야 46장 9절에 "나는 하나님이라. 나 외에 다른 이가 없느니라. 나는 하나님이라. 나 같은 이가 없느니라"고 말씀하셨다. 이런 진술을 생각해 보면 다음과 같은 결론이 불가피하다. 1) 하나님 자신 외에는 누구도 하나님과 동등할 수 없다. 2) 그리스도는 하나님

---

6 Homer A. Kent, Jr., "Philippians," *The Expositor's Bible Commentary*, 제11권, Frank E. Gaebelein 편집(Grand Rapids: Zondervan, 1981), 123, 126.

7 J. H. Moulton & G. Milligan, *Vocabulary of the Greek New Testament*(London: Hodder and Stoughton, 1930), 417.

8 Charles Hodge, *Systematic Theology*, 전3권(Peabody, MA: Hendrickson Publishers, 2013), 2:386. (『찰스 하지 조직신학』 CH북스)

과 동등하시다. 3) 그러므로 그리스도 자신이 온전히 하나님일 수밖에 없다. "하나님의 형체"가 아들의 존엄한 본질을 가리킨다면 "하나님과 동등됨"은 아들의 존엄한 신분 내지 지위를 가리킨다.

모페가 내적 본질과 정수의 외적 표현이라면, 외적으로 표현된 하나님의 내적 본질과 정수는 무엇인가? 답은 영광이다. 구약 전체에서 하나님의 임재가 그분의 백성과 함께 거하실 때면 매번 그 쉐키나 영광이 나타났다. 때로는 구름기둥과 불기둥이었고, 때로는 성막과 성전에 가득한 찬란한 빛이었다. 아들 예수님은 하나님의 영광의 광채 자체시며(히 1:3), 또 하나님의 형상으로서 그 얼굴에 하나님의 영광이 충만하게 빛나신다(고후 4:4, 6). 그분은 하늘 보좌에 높이 앉으신 주님이며, 그 옷자락은 하늘 성전에 가득하고, 천사들이 "그의 영광이 온 땅에 충만하도다"라고 외친다(사 6:1-8, 참조. 요 12:37-41). 육신이 되어 우리 가운데 거하신 말씀은 세상이 존재하기 전부터 영원히 하나님의 형체와 본질과 영광으로 존재하셨다.

영원한 아들의 겸손

둘째, 영원한 아들의 영광을 보았으니 이제 본문에서 영원한 아들의 겸손도 관찰할 수 있다. "그는[그리스도는] 근본 하나님의 본체시나 하나님과 동등됨을 취할 것으로 여기지 아니하시고 오히려 자기를 비워 종의 형체를 가지사 사람들과 같이 되셨고"(빌 2:6-7).

그리스도는 영원히 하나님의 본체로 존재하시고, 아버지와 동등하시며, 위엄으로 창조세계를 다스리시고, 하늘에서 성도와 천사의 예배를 받으신다. 그런데도 하나님과 동등됨을 취할 것으로 여기지 않으셨다. 자신의 존엄한 지위에 집착하거나 이를 이기적으로 이용하여 사리를 도모하지 않으셨다.[9] 반대로 성육신의 사명을 겸손히 수용하셨다. 한동안 하늘의 영광을 버리고 인성을 취하여 신성의 광채와 위엄을 종의 형체 뒤에 가리셨다. 그분은 무한하고 명백한 능력과 권위를 유지하실 권리, 신성의 본질과 영광을 발산하실 권리, 가난과 고통과 모욕 없이 천군천사의 지고한 예배만을 받으실 권리가 얼마든지 있었다. 그런데 그런 복을 이기적으로 비굴하게 움켜쥐지 않고 다 희생하고 인간이 되어 죄인의 구원을 이루셨다. 요컨대 그분은 "자기를 비"우셨다(빌 2:7).

그렇다면 그분이 비우신 것은 무엇일까? 이른바 케노시스 기독론[10]을 받아들이는 일부 신학자는 "그분이 비우신 것이 신성", "'비교적' 신적인 속성", "신 의식", "신적 특권" 등이라고 답해 왔다. 그러나 이런 답은 성경에 충실하지 못하며 신학적으로 견실하지 못하다.

우선 성경에 나타난 예수님은 자신의 신성을 의식하셨고,[11] 신적 특권을 행사하셨으며,[12] 신의 속성을 발휘하셨다.[13] 게다가 예수님이 신성이나

---

[9] Gordon D. Fee, *Paul's Letter to the Philippians*, New International Commentary on the New Testament(Grand Rapids: Eerdmans, 1995), 209.
[10] 케노시스 기독론은 19세기에 이른바 계몽주의의 여파로 교회를 지배한 합리론에서 태동했다. 케노시스주의를 간단히 정의하기란 거의 불가능하지만, 기본적으로 예수님이 온전히 참 인간이시면서 온전히 참 하나님이실 수는 없다는 가르침이다. 케노시스주의자들은 그리스도가 "자기를 비"우셨다는 바울의 말을 빙자하여, 아들이 성육신을 통하여 참 인간이 되고자 신성의 일부를 공제하거나 포기했거나 제한하셨다고 결론짓는다. 케노시스 기독론에 대한 근래의 요약과 통찰력 있는 논박을 다음 책에서 볼 수 있다. Stephen Wellum, *God the Son Incarnate: The Doctrine of Christ*(Wheaton, IL: Crossway, 2017), 355-419.
[11] 그분은 자신이 아버지와 동등하며(요 5:17-18) 자신이 곧 하나님이라고(요 10:30, 33) 의식적으로 말씀하셨다. 또 하나님의 이름 여호와를 자신에게 적용하셨다(요 8:58-59, 참조. 출 3:14).
[12] 그분은 아버지와 똑같이 자기가 원하는 이들을 살리시고(요 5:21, 참조. 11:25), 하나님만이 하실 수 있는 죄 사하는 일을 하시며(눅 5:18-26), 구약 성경과 동등한 권위로 가르치시고(마 5:22-44), 하나님의 전유물인 절대 주권을 공유하시며(마 11:27, 요 10:17-18), 예배를 받으신다(요 20:28, 참조. 계 19:10).
[13] 그런 속성에는 케노시스주의자들이 가장 반박하는 편재성(마 28:20), 전지성(눅 5:22, 참조.

신적 속성이나 신 의식을 일부라도 버리셨다면 결코 온전한 참 하나님이 실 수 없다.[14] 그렇다면 성자 하나님이 비우신 것은 무엇일까? 질문 자체에 이 단어에 대한 오해가 드러난다. '케노오'는 문자적으로 '비우다'는 뜻이지만, 성경의 모든 용례에서 은유적 의미로 쓰였다(참조. 롬 4:14, 고전 1:17, 9:15, 고후 9:3). 신약의 그런 쓰임새에 따르면 이 단어는 '쏟아 내다'는 뜻이 아니다. 마치 예수님이 자신의 신성이나 속성이나 특권을 쏟아 내신다는 듯이 말이다. 그런 의도였다면 바울은 '엑케오'(*ekcheō*)라는 단어를 썼을 것이다. 무언가를 쏟거나 붓는다고 말할 때 그가 다른 곳에 쓴 단어다(참조. 롬 5:5, 딛 3:6). 하지만 성경 모든 곳에 '케노오'는 '무효로 하다, 파기하다, 실효를 잃게 하다'는 뜻으로 쓰였다. 로마서 4장 14절에 바울이 그렇게 썼다. "만일 율법에 속한 자들이 상속자이면 믿음이 헛것이 되고[케케노타이(*kekenōtai*)] 약속은 파기되었느니라." 그런데 아무도 "믿음이 비운 것은 무엇인가?"라고 묻지는 않는다. 율법으로 의를 이룰 수 있다면 믿음은 파기되어 무효로 끝난다는 개념이기 때문이다.[15]

그러므로 본문의 가르침은 그리스도가 무언가를 비우셨다는 것이 아니라 **자신을** 비우셨다는 것이다. 그분은 자신을 파기하셨다. 자신을 무효로 하셨다. 즉 비워진 내용물은 아들 자신이다. 그분은 하나님의 형체나 신의 속성이나 신적 특권을 비우신 것이 아니라 자신을 비우셨다. "자기를 무명으로 만들어"라고 옮긴 흠정역(KJV)에 그 뜻이 잘 담겨 있다. "자기를 아무것

막 2:6, 요 1:47-49, 2:25, 4:18, 6:64, 16:30, 21:17), 전능성(마 8:26-27, 14:15-21, 요 2:1-11, 11:43-44, 골 1:16-17, 히 1:3, 참조. 요 1:14, 2:11, 10:37-38, 14:10-11)도 포함된다.

14 성경적으로나 신학적으로나 충실한 입장이 되지 못하는 케노시스 신학의 실패에 대한 더 자세한 논의는 다음의 기사를 참조하라. Michael Riccardi, "Veiled in Flesh the Godhead See: A Study of the Kenosis of Christ," *The Master's Seminary Journal* 29, no. 2(2018 가을호).

15 Moises Silva, Philippians, *Baker Exegetical Commentary on the New Testament*(Grand Rapids: Baker Academic, 2005), 105.

도 아니게 하여"라고 번역한 신국제역(NIV)도 도움이 된다. 바로 다음 문구에서 아들이 자기를 비우신 방식을 설명한다. "자기를 비워 종의 형체를 가지사 사람들과 같이 되셨고." 그리스도는 성육신을 통하여 인성을 취함으로써 자신을 무효로 하셨다. 신성을 공제하신 것이 아니라 인성을 덧입음으로써 자신을 파기하셨다. 더함을 통한 비움이다! 존 머레이는 이렇게 썼다.

> 하나님의 아들이 겸손히 인간이 되심으로써 더는 이전의 그분이 아니라고 보는 입장이 있다. 어떤 식으로든 신의 속성과 특권을 버리고 하나님의 형체를 인간의 형체와 맞바꾸셨다는 것이다. 신의 특성을 비우는 공제와 박탈과 강등을 통하여 가난해지셨다는 것이다. 성경은 이런 개념을 전혀 뒷받침하지 않는다…성육신 상태에서도 하나님의 모든 충만이 그분 안에 거했다(골 2:9). 인자는 가난해지셨으나 신격을 벗지 않으셨고, 신격과 불가분인 그 어떤 속성과 특권도 버리지 않으셨다. 인간이 되어서도 그분의 신적 존재와 관계와 소유는 계속 풍성했다. 그분은 자신이기를 중단하여 가난해지신 것이 아니라 본래의 자기가 아닌 존재가 되어 가난해지셨다. 빼지 않고 더해서 가난해지셨다.[16]

그리스도는 본래의 자기가 아닌 존재가 되었을 때도 늘 자신으로 남아 계셨다. 신성을 인성과 맞바꾸신 것이 아니다. 인간의 **인격**이 되신 것도 아니다. 신의 인격으로서 인간의 **형체**를 입으셨을 뿐이다.[17] 신의 인격이

---

[16] John Murray, "The Riches and the Poverty of Jesus Christ," *The Collected Writings of John Murray*, 전4권(Carlisle, PA: Banner of Truth, 1982), 3:230–231.
[17] **인격**과 **형체**의 바른 정의와 구분은 정통 기독론에 필수다. 다음 책의 논의를 참조하라. Wellum, *God the Son Incarnate*, 290–293.

신 삼위일체의 제2위격은 영원히 하나님의 형체로 존재하셨으나, 종의 형체를 가져 사람과 같이 됨으로써 자신을 파기하셨다. 하늘의 위엄 중에 계실 때는 그분의 모습이 모든 아름다움의 전형이었겠지만, 사람의 모양으로 나타나실 때는(빌 2:8) "고운 모양도 없고 풍채도 없은즉 우리가 보기에 흠모할 만한 아름다운 것이 없도다. 그는 멸시를 받아 사람들에게 버림받았으며…마치 사람들이 그에게서 얼굴을 가리는 것같이 멸시를 당하였고 우리도 그를 귀히 여기지 아니하였[다]"(사 53:2-3). 부요하신 분이 가난해지셨다(참조. 고후 8:9). 예배받으시던 분이 멸시당하셨다. 복되신 분이 간고를 많이 겪으셨다. 주인이 종이 되셨다. 장 칼뱅이 썼듯이 "그리스도는 사실 신성을 벗으신 것이 아니라 보이지 않게 육신의 연약함 아래에 잠시 **감추셨다**. 즉 사람들 눈앞에서는 영광을 버리셨으나 영광을 감하신 것이 아니라 **가리셨다**."[18] 헤르만 바빙크도 "성육신 이전에 신의 위엄과 영광 안에 존재하셨던 그분이…이 땅에서는 이를 버리셨다. 즉 종의 형체 속에 **숨기고 사셨다**"라고 덧붙였다.[19]

그래서 케노시스의 중요한 일면이 '크륍시스'(krypsis)임을 알아야 한다. 이는 신성의 외표인 영광을 감추거나 가린다는 뜻이다.[20] 그리스도는 신성과 신의 속성과 특권을 온전히 소유하셨으나 그 위엄의 영광을 항상 다 드러내지는 않으셨다. 참 인간이 되시기 위해서였다. 그래서 광야에서 사탄이 그분께 신의 전능성을 구사하여 돌을 떡덩이가 되게 하라고 유혹했을 때 그분은 거부하셨고, 성전 꼭대기에서 뛰어내려 천사의 구조로 자신의

---

18 John Calvin, *Commentaries on the Epistles of the Paul the Apostle to the Philippians, Colossians, and Thessalonians*, Calvin's Commentaries, John Pringle 번역 편집(Grand Rapids: Baker, 2009), 56-57.
19 Herman Bavinck, *Reformed Dogmatics*, John Bolt 편집, John Vriend 번역, 전4권(Grand Rapids: Baker Academic, 2006), 3:432. 『개혁교의학』부흥과개혁사)
20 다음 책을 참조하라. Wellum, *God the Son Incarnate*, 370.

신적 영광을 드러내라는 유혹도 물리치셨다(마 4:1-11). 겟세마네에서 배반당하실 때도 그분은 성자 하나님으로서 열두 군단의 천사를 마음대로 부리실 수 있었으나(마 26:53) 자신을 위해서는 동원하지 않으셨다. 신적 능력을 구사하거나 신적 영광을 나타내어 자신에게만 이롭거나 참 인간으로서의 실존적 한계가 덜어지거나 메시아의 사명대로 자신이 섬기러 온 이들에게 유익하지 않을 경우, 그분은 매번 특권을 사양하셨다.

그러나 그분이 신적 능력을 구사하여 자신의 고유한 신적 영광을 나타내신 때도 분명히 있었다. 예컨대 물로 포도주를 만드시고, 파도를 꾸짖으시며, 사람의 속마음을 읽으시고, 죽은 사람을 살리셨다. 그런 경우에는 자신의 신적 영광을 드러내시는 것이 성자의 사역에 꼭 필요했다. 아버지께 받은 사명 때문에 유혹 중에도 허기를 견디셔야 했을 때(그래야 그분의 사람들에게 전가될 순종이 인간의 순종이 된다) 그분은 허기를 면할 권리를 기꺼이 포기하셨다(마 4:3-4). 그러나 동일한 신적 사명 때문에 자신의 영광을 드러내셔야 했을 때(그래야 그분의 신성을 입증하여 선민의 마음속에 믿음을 심어 주실 수 있으므로) 그분은 물로 포도주를 만드셨다(요 2:11).

영원한 아들은 그토록 겸손하셨다. 그분은 아버지와 성령으로 더불어 천상의 교제를 누리며 온전한 복 속에 영원히 존재하셨다. 창세전부터 천군천사의 막힘없는 예배를 누리셨다. 신적 사명 때문에 그분이 설령 누추한 마구간이 아니라 호화로운 환경에서 태어나셨다 해도, 단 한 번의 공복통을 느끼시는 것만으로도 하나님의 영원한 아들로서는 무한한 하강이었을 것이다. 영원한 아들은 약함과 질병과 쇠퇴와 슬픔이 전혀 없는 성육신 이전의 풍성한 영광을 뒤로하고 겸손히 가난을 택하셨다(참조. 고후 8:9). 인성과 연약한 육체를 입어 자신의 영광을 가리셨다. 모든 사람의 종으로 사시고 죽으시기 위해서였다.

성육신하신 그리스도의 겸손

셋째, 성자의 겸손은 인간의 형체를 입으신 데서 끝나지 않았다. 더 읽어 보면 성육신하신 그리스도의 겸손이 보인다. "사람의 모양으로 나타나사 자기를 낮추시고 죽기까지 복종하셨으니 곧 십자가에 죽으심이라"(빌 2:8).

성자 하나님은 그냥 인간이 아니라 복종하는 인간이 되셨다. 영원 전부터 영광과 위엄과 권세가 아버지와 동등한 아들인데도 성육신하신 뒤로는 권위와 복종의 관계로 아버지를 대하셨다(예를 들어 요 5:30, 6:38). 주인이 종이 되셨다. 당당히 명령을 발하실 주님이 친히 명령에 복종하셨다.

그것이 전부가 아니다. 그분은 복종하되 죽기까지 복종하셨다. 생명의 주인이 겸손히 죽음에 굴하셨다. 죄가 없으신 분이 겸손히 죄의 저주를 담당하셨다. 그분 안에 생명이 있어(요 1:4, 5:26) 자기가 원하는 이들을 살리시는 분이건만(요 5:21), 아버지께 받은 이들을 사랑하시기에 인간으로서의 생명을 겸손히 내려놓고 아버지께 복종하셨다. 그야말로 태양이 극대치로 빛나는 것과 같은 겸손이다. "놀라워라 주 사랑이 어찌 날 위함이온지"라는 복음성가 가사 그대로다.

그러나 하나님의 아들이 당하시는 굴욕이 바닥에 이르려면 아직 더 깊이 내려가야 한다. 그분은 인간이 되어 복종하되 죽기까지 복종하신 정도가 아니다. 하나님의 거룩하신 아들인 영광의 주께서 "자기를 낮추시고 죽기까지 복종하셨으니 곧 십자가에 죽으심이라." 십자가의 참상은 굳이 말이 필요 없다. 한 주석가에 따르면 "십자가는 인간의 흉악성과 잔인함을 극한까지 보여 주었다. 인간의 악한 마음이 고안해 낼 수 있는 가장 악랄한 형태의 가학적 고문과 처형이 곧 십자가였다."[21] 십자가형의 피해자는

---

[21] Walter Hansen, *The Letter to the Philippians*, Pillar New Testament Commentary(Grand Rapids: Eerdmans, 2009), 157.

나신으로 손목과 발에 쇠못이 박힌 채로 비바람에 노출되어 때로 며칠씩 방치되었다. 중력으로 몸이 아래로 처지기 때문에 허파가 자기 체중에 눌리면서 허파와 흉근이 몹시 늘어나 호흡이 곤란해졌다. 숨을 들이쉬려면 몸을 위로 들어올려야 했는데, 그러면 손목과 발을 꿰뚫은 쇠못에 살이 찢겼고 이미 채찍질로 열상을 입은 등살은 꺼끌꺼끌한 나무에 쓸렸다. 결국 더는 몸을 들어올려 숨쉴 기력조차 없어지면 십자가형의 피해자는 자기 체중에 눌려 질식사했다. 인간이 당할 수 있는 가장 가학적으로 잔인하고 극심하게 고통스러우며 역겹도록 비루한 죽음이었다. 2천 년 전 골고다에서 하나님의 아들이 그렇게 죽으셨다. 하나님이 십자가에 달리셨다.

그러나 이조차도 아직 그분의 사명이 끝난 것은 아니었다. 십자가의 수치와 고통은 하나님의 아들이 감수하신 밑바닥이 아니었다. 신명기 21장 23절에 보면 누구든지 나무에 달린 자는 하나님께 저주를 받았다고 했는데, 바울은 그 구절을 갈라디아서 3장 13절에서 인용했다. "기록된바 '나무에 달린 자마다 저주 아래에 있는 자라' 하였음이라." 십자가형에 수반된 고통과 고문과 수치보다 더 비참한 것은 하나님의 저주였다. 여기가 밑바닥이다. 가장 높으신 그분이 그보다 더 낮게 내려가실 데는 없었다. 영원한 아들이 하나님 아버지께 저주를 받으셨다. 여태 그분이 아셨던 것은 당연히 아버지의 진노가 아니라 즐거움과 칭찬뿐이었다. 그런데 갈보리에서 자기 마음의 기쁨이신 가장 사랑하는 아버지에게서 끊어지셨다. 영원한 시간 속에서 처음으로 아버지의 노여움을 느끼셨을 때 하나님의 아들은 얼마나 당혹스러우셨을까? "나의 하나님, 나의 하나님, 어찌하여 나를 버리셨나이까"라고 처절하게 부르짖던 그 심정이 어떠셨을까?

이것이 케노시스의 목적이었다. 인간이 하나님께 죄를 지었으므로 인간이 죄를 속해야 했으나 절대적으로 무력했다. 죄는 하나님만이 속하실 수 있는데 인류를 대신하여 받아들여질 제물은 인간뿐이었다. 그래서 하나님은 놀라운 지혜로 인간이 되어 인간을 자신과 화목하게 하셨다.

> 자녀들은 혈과 육에 속하였으매 그도 또한 같은 모양으로 혈과 육을 함께 지니심은 죽음을 통하여 죽음의 세력을 잡은 자 곧 마귀를 멸하시며 또 죽기를 무서워하므로 한평생 매여 종노릇하는 모든 자들을 놓아 주려 하심이니…그러므로 그가 범사에 형제들과 같이 되심이 마땅하도다. 이는 하나님의 일에 자비하고 신실한 대제사장이 되어 백성의 죄를 속량하려 하심이라(히 2:14-15, 17).

케노시스에서 배우는 교훈

지금까지 그리스도의 케노시스를 공부했는데 여기서 우리가 얻어야 할 것은 무엇인가? 첫째, 인간의 저주를 담당하려고 인간이 되신 이 신인(神人) 중보자를 신뢰해야 한다. 그분이 성육신하신 목적은 구원인데, 당신이 그 구원의 수혜자가 아니라면 그리스도의 성육신과 케노시스는 당신에게 무의미하다. 당신이 일차로 할 일은 무한히 거룩하신 하나님 앞에 자신의 죄를 인정하고, 스스로 그분의 의로운 요구에 부합할 수 없음을 고백하며, 눈을 당신 밖으로 돌려 구원에 필요한 일을 다 이루신 영광스러운 구주를 바라보고, 당신을 하나님께로 이끌어 주실 그분을 신뢰하는 것이다.

둘째, 그리스도 예수의 이 마음을 당신 안에 품어야 한다(빌 2:5). 잘 보면 흥미롭게도 바울이 빌립보서 2장 5-11절을 기록한 주목적은 본격 기독론을 자세히 강론하기 위해서가 아니다. 물론 그런 신학적 진리도 본문에 있고 그대로도 영광스럽다! 그러나 바울은 이를 교회가 실천해야 할 겸손의 예화와 모본으로 제시했다. 우리는 "아무 일에든지 다툼이나 허영으로 하지 말고 오직 겸손한 마음으로 각각 자기보다 남을 낫게 여기고 각각 자기 일을 돌볼뿐더러 또한 각각 다른 사람들의 일을 돌보아"야 한다(빌 2:3-4). 그리스도가 무려 하늘의 영광을 떠나 비참하고 저급한 십자가에까지 내려오셨으니, 한낱 흙으로 지어진 피조물로서 그 겸손에서 난 복음으로 구원받은 우리는 얼마든지 권리를 포기하고 평안의 매는 줄로 성령의 연합을 지켜야 한다(참조. 엡 4:3). 그리스도 안의 형제자매(또는 배우자나 가족)와 갈등이 생길 때면, 우리는 설령 자신이 옳고 복종과 존경과 인정을 받을 자격이 있다 해도 그분을 생각해야 한다. 유일하게 권리를 주장할 권리가 있는데도 사양하신 그분처럼 우리도 연합을 위하여 서로를 자신보다 중요하게 여기고 서로 존경하기를 먼저 해야 한다(참조. 롬 12:10). 케노시스는 그리스도의 겸손을 본받으라는 부르심이다.

셋째, 지고한 신학이 신앙생활의 가장 실천적 요소와 밀접한 관계가 있음을 알아야 한다. 개인의 겸손과 공동체의 연합처럼 기독교의 가장 평범하고 적용 가능한 주제(빌 2:3-4)가 인간이 생각하기에 가장 깊고 어려운 교리와 맞물려 있다(빌 2:5-8). 신잉을 고백하는 그리스도인 중에 이렇게 말하는 사람이 아주 많다. "나는 교리 논의와 신학 논쟁은 듣고 싶지 않습니다. 실천적 가르침을 원합니다. 여기 내 자리에서 살아가는 법을 가르쳐 줄 기독교를 원합니다." 그러나 빌립보서 2장에 비추어 보면 이런 생각은 어리석기 짝이 없다. 신학과 실천을 나누는 이분법이란 없다! 신학은 실천을 기르는 토양이다. 그리스도인의 삶은 필연적으로 신학에 근거해 있다. 존 머레이가 잘 말했다. "그리스도인이 실천해야 할 가장 평범한 의무들은 우리가 가진 거룩한 신앙의 가장 초월적인 신비에서 발원한다. 그리스도인이 베푸는 관용의 물줄기는 하나님의 신비의 바다에서 공급된다. 생각과 관심과 신앙에서 경건의 신비를 제거하면 신앙의 수원을 잃을 뿐 아니라 실천적 은혜의 물줄기까지 고갈된다."[22]

끝으로, 케노시스는 우리를 가르쳐 삼위일체 하나님을 예배하게 한다. 하나님을 예배하라. 그분의 생각은 심히 광대하고 지혜는 불가해하여 우리가 기를 쓰고 이해하려고 쩔쩔매는 진리들도 그분에게는 식은 죽 먹기다. 그분에게는 초보지만 우리에게는 신기하다. 그러니 그분을 예배함이 마땅하다. 차녹도 이렇게 글로 예배를 표현했다.

> 무한히 먼 두 속성이 세상 무엇보다도 긴밀하게 연합해 있다니 얼마나 신기한가…동일한 인격 안에 영광과 비애가 공존한다. 신성의 무한한 기쁨에 인성의 말 못할 슬픔이 어우러진다. 보좌의 하나님이 요람의 유아가 되신다. 우레처럼 호령하시는 창조주께서 우는 아기와 고난당하는 인간이 되신다. 지상의 인간도 천상의 천사도 [성육신에 놀란다.][23]

우리도 끊임없이 놀라기를 바란다. 성육신하신 성자 하나님을 성령으로 말미암아 무시로 예배하여 성부 하나님께 영광을 돌리기를 바란다.

---

22 Murray, "The Riches and the Poverty of Jesus Christ," 3:235.
23 Stephen Charnock, *The Works of Stephen Charnock*, 전5권, *The Existence and Attributes of God*(Edinburgh: Banner of Truth, 2010), 2:150. (『하나님의 존재와 속성』 부흥과개혁사)

10

우리를 대신하심:
속죄

고린도후서 5:21　　　　　　매튜 바렛(Matthew Barrett)

　　　　탁월한 신학적 사고의 특징은 신앙의 각 교리가 어떻게 함께 연결되는지를 보여 주는 능력에 있다. 기독교 교리는 직물과도 같아서 교리의 명주실 가닥마다 서로 맞물려 있다. 실이 한 가닥만 끊겨도 전체 직물이 뜯어질 수 있다. 긍정적으로 말하자면, 각 실가닥은 대단해 보이지 않아도 전부 엮어서 짜면 짱짱한 직물이 나온다. 그 세부 사항과 통합성과 아름다움은 숨이 막힐 정도다.

　고린도후서 5장 21절에서 바울은 대속과 전가라는 두 실가닥을 한데 엮는데, 알고 보면 이 둘은 기독교 교리라는 전체 직물의 핵을 이룬다. "하나님이 죄를 알지도 못하신 이를 우리를 대신하여 죄로 삼으신 것은 우리로 하여금 그 안에서 하나님의 의가 되게 하려 하심이라." D. A. 카슨은 이렇게 말했다. "물론 본문에 하나님이 우리 죄를 그리스도께 전가하셨다고 **명시되어** 있지는 않다. 하지만 하나님이 우리 대신 예수님을 '죄'로 삼아 그분이 대신 죽으시고 저주받으셨음을 인식할진대 우리 죄가 그분께 전가되었다는 개념을 비켜 가기란 극히 어렵다."[1]

비슷하게 토머스 슈라이너도 "하나님이 예수님을 죄로 삼으셨다는 말은 예수님이 죄가 없는데도 죄인으로 여겨지셨다는 뜻이거나 우리를 위하여 죄의 제물이 되셨다는 뜻이다"라고 덧붙였다. 그에 따르면 둘 중 어느 쪽이든 "인간의 죄가 예수님께로 옮겨졌다. 즉 우리 몫의 형벌을 그분이 받으셨다. 이는 위대한 교환이다. 예수님은 인간의 죄를 대신 지셨고, 신자는 예수 그리스도를 통하여 하나님의 의를 받는다."[2]

바울 서신의 전반에서 밝히고 있듯이 전가에는 제물과 형벌의 개념이 전제된다. 대속의 취지는 **경건하지 못한** 이들을 위한 대리 행위에 있기 때문이다. 본래 그들이 당할 결과는 하나님의 진노뿐이다(참조. 롬 1-2장, 엡 2:1-3). 대리자가 죄인을 어찌나 철저히 대변하셨으면 바울은 아예 하나님이 그리스도를 죄로 삼으셨다고 말했다. 고린도후서 5장 21절을 바울 서신 전반에 나오는 속죄 개념(예를 들어 롬 3:25)과 결합하면, 신학자들이 십자가의 핵심으로 지목해 온 '형벌 대속'이 비로소 보인다.[3]

---

[1] D. A. Carson, "The Vindication of Imputation: On Fields of Discourse and Semantic Fields", *Justification: What's at Stake in the Current Debates*, Mark Husbands & Daniel J. Treier 편집 (Downers Grove, IL: InterVarsity, 2004), 69.

[2] Thomas Shreiner, *Faith Alone: The Doctrine of Justification*, Matthew Barrett 편집(Grand Rapids: Zondervan, 2015), 187 (『오직 믿음』 부흥과개혁사). 전가를 배제하지 않는 '제물'의 관점에 대해서는 다음 책을 참조하라. Brian Vickers, *Jesus' Blood and Righteousness: Paul's Theology of Imputation*(Wheaton, IL: Crossway, 2006), 5장.

[3] J. I. 패커는 이렇게 말했다. "'형벌 대속'이라는 문구에 담긴 개념은 우리 주 예수 그리스도가 우리의 구원에 필요하다면 무엇이든 다 하시겠다는 사랑의 일념으로 우리의 필연적 운명인 하나님의 무서운 심판을 전부 대신 당하여 우리에게 용서와 입양과 영광을 확보해 주셨다는 것이다." J. I.

그런데 바울은 동시에 대속의 목적과 결과도 설명한다. 즉 하나님이 그리스도를 죄로 삼으심은 "우리로 하여금 그 안에서 하나님의 의가 되게 하려 하심"이다. 여기에 속죄의 교리가 아름답게 완성되어 있다. 교리라는 직물의 명주실 한 가닥(대속)이 다른 한 가닥(전가)과 불가분으로 얽혀 있다.

　초대 교회(예를 들어 『디오그네투스에게 보낸 편지』)를 연구한 학자들은 고린도후서 5장 21절 같은 본문을 '위대한 교환'으로 해석해 왔다.[4] 그리스도는 우리 대신 죄가 되어 죄의 형벌을 다 치르셨고, 우리는 그분의 온전한 의를 대신 받는다. 바울이 보기에 속죄의 대리적 성격은 그리스도의 의가 전가되어 경건하지 못한 이들을 의롭다 하시는 것과 불가항력으로 맞물려 있다. 바로 죄 없는 대리자가 죄가 되셨기에 하나님이 불경한 이들을 의롭다고 간주해 주신다.[5] 브라이언 비커스는 "하나님의 의가 된다는 말은 성품이 의롭다는 것이 아니라 하나님이 개개인을 그분 앞에 의로운 신분으로 여겨 주신다는 선언이다. 그분이 우리를 과거의 죄와 사망에 속한 자가 아니라 대변자이신 그리스도와 연합한 상태로 보시기 때문이다"라고 말했

Packer, "What Did the Cross Achieve?: The Logic of Penal Substitution," *Tyndale Bulletin* 25(1974): 25.
4　다음 책을 참조하라. Shreiner, *Faith Alone*, 29.
5　바울이 쓴 "되게"라는 동사를 오해하지 않도록 조심해야 한다. 슈라이너에 따르면 N. T. 라이트는 "이 본문[고후 5:21]을 전가의 의미로 해석하는 것에 대하여 몇 가지 반론을 제기했다. 예컨대 바울은 하나님의 의를 말했는데 어떻게 본문이 그리스도의 의의 전가를 지칭할 수 있는가? 이 반문은 내게 설득력이 없다. 바울이 하나님의 의를 말하기는 했지만, 그 의가 예수 그리스도 안에서 곧 우리의 것이기 때문이다. 하나님의 의는 '그[그리스도] 안에' 있다. 따라서 하나님의 의는 그리스도와의 연합을 통하여 신자에게 주어져 우리의 것이 된다." 나아가 "라이트는 '되게'[게노메타(*genōmetha*)]라는 동사가 '되어 간다'라는 개념일 뿐 동격의 용법일 수는 없다고 보았다. 우리는 하나님의 의**되어 가므로** 전가의 의미는 애초에 없다는 것이다. 그러나 바울이 동사 '되다'[기노마이(*ginomai*)]를 폭넓게 썼으므로 얼마든지 동격의 용법도 될 수 있다(참조. 롬 11:6, 12:6, 고전 3:18, 4:16). 설사 이 동사가 '되어 간다'라는 뜻일지라도 전가가 배제되지는 않는다. 신자가 그리스도와 연합한 덕분에 전에 없던 ('의로운!') 상태가 되기 때문이다. 신자는 하나님 앞에 의로운 신분을 선물로 받는다." 같은 책, 187.

다.[6] 바울이 보기에 우리 죄가 그리스도께 전가됨은 곧 속죄를 이루기 위해서이며, 속죄는 하나님이 불의한 이들을 의롭다 하시는 근거의 일부다.[7]

그런데 바울이 고린도 교인들에게 한 말은 21세기 현대 신학의 주류와는 극명한 대조를 이룬다. 개혁파 복음주의자에게는 고린도후서 5장 21절 같은 본문이 복음 자체의 기본이지만, 속죄와 칭의에 관한 절대다수의 문헌을 보면 바울의 기초 진술이 더는 당연시되지 않는다. 사실 상황이 너무나 복잡해졌다.

과거에는 형벌 대속을 부정하는 입장을 특정한 성경 본문들로 논박하는 것이 통했을 수 있다. 물론 그런 논박은 여전히 절대적으로 필요하다. 하지만 갈수록 더 명백해지듯이 형벌 대속의 부정은 다분히 원죄, 하나님의 정의, 그리스도의 신성과 인성의 위격적 연합, 그리스도와의 연합 등 교리의 다른 가닥들이 수정된 탓이다.[8] 직물의 어떤 가닥은 아예 제거되었다.

그러므로 우리는 고린도후서 5장 21절에 담긴 바울의 신학뿐만 아니라 그의 방법론에도 주목해야 한다. 아울러 복음이라는 직물의 핵이 웅장하게 버티고 있음은 오직 수많은 교리의 명주실이 떠받쳐 주고 있기 때문임을 인식해야 한다. 다시 말해 우리 앞에 놓인 과제는 교의학이며, 우리는 그것에 어쩌면 사도 바울이 상상하지도 못했을 방식으로 임해야 한다. 실

---

[6] Vickers, *Jesus' Blood and Righteousness*, 188.

[7] 그러나 비커스가 유익하게 부연했듯이 어법상 바울이 고린도후서 5장 21절에 한 말은 로마서 4-5장과 똑같지 않다. "여기서는 강조점이 주로 의적 적용(믿음)이나 의의 기초(그리스도의 순종)에 있지 않고 하나님이 사람을 의롭게 여기실 수 있는 수단, 즉 그리스도의 희생적인 십자가 죽음에 있다." 같은 책, 188-189.

[8] 예컨대 다음 두 책을 보라. Gregory A. Boyd, Joel B. Green & Bruce R. Reichenbach, *The Nature of the Atonement: Four Views*(Downers Grove, IL: IVP Academic, 2006)(『속죄의 본질 논쟁』 새물결플러스). Joel B. Green & Mark D. Baker, *Recovering the Scandal of the Cross: Atonement in New Testament and Contemporary Contexts*(Downers Grove, IL: IVP Academic, 2000)(『십자가와 구원의 문화적 이해』 죠이선교회출판부).

가닥이 서로 교직된 융단처럼, 우리도 여러 교리를 씨줄과 날줄로 엮어 각각 속죄 신학의 직물에 어떻게 기여하는지를 예증해야 한다.[9]

그래서 이제부터 다음과 같은 여러 교리 영역을 대략 탐색하면서 속죄와의 연관성을 알아보려 한다. 1) 원죄, 전가, 그리스도와의 연합, 2) 하나님의 완전하신 속성, 특히 그분의 정의와 단일성, 3) 삼위일체 하나님이다.

원죄, 전가, 그리스도와의 연합 등의 사법적 성격

마이클 호튼은 근래에 조직신학 책인 『언약적 관점에서 본 개혁주의 조직신학』에서 이런 심오한 관점을 제시했다.

> 죄의 문제가 단지 부정적 행동이나 행실이나 사회 구조라면, 그런 행동

---

[9] 또는 우리의 목적을 질문으로 표현할 수도 있다. 성경 저자들이 고린도후서 5장 21절 같은 본문에 내린 결론과 똑같은 결론에 우리도 제대로 도달하려면 신학의 직물이 어떠해야 할까? 하나의 교리 영역에서 오류를 범하면 그것이 복음 자체의 지극히 핵심적인 요소에 어떤 해를 끼칠까? 분명히 밝히지만 내가 찾으려는 것은 형벌 대속의 교리적 근거다. 확신컨대 우리에게 필요한 형벌 대속의 교리는 몇 가지 증거 본문에만 기초한 것이 아니라 거시적 신학의 틀에 싸여 있어야 하기 때문이다. 나의 이런 접근이 새로운 것은 아니다. J. I. 패커는 "십자가가 이룬 일은 무엇인가?"(42-43)라는 글에서 유익한 요약을 내놓아 형벌 대속의 논리를 분명히 설명했다. 그는 서로 맞물려 있는 아홉 가지 요소를 제시했다. 1) "하나님은…'아무것도 간과하지 않으시고' 모든 죄를 정당하게 심판하신다. 이것이 옳음을 성경이 단언하고 나의 양심도 확증한다. 2) 나는 죄 때문에 결국 형벌의 고통을 당하고 하나님의 존전에서 쫓겨나야 마땅하며(역시 양심으로 확증된다) 내 힘으로는 결코 죄를 없앨 수 없다. 3) 내가 죄 때문에 당해야 할 형벌이 무엇이든 하나님의 아들 예수 그리스도가 십자가에 죽으심으로 대신 치러 주셨다. 4) 덕분에 나는 그분을 믿음으로 말미암아 '그 안에서 하나님의 의'가 된다. 즉 의롭다 하심을 받아 용서와 수용과 아들의 신분이 내 것이 된다. 5) 하나님 앞에서 내 소망의 근거는 전적으로 나를 위한 그리스도의 죽음에 있다. '그분이 정의를 충족시키지 않으셨다면 내가 해야 하고, 그분이 진노를 당하지 않으셨다면 내가 영원히 당해야 한다'[패커가 존 오웬의 Works 10,284에서 인용한 말이다]. 6) 그리스도를 믿는 나의 믿음도 나를 위한 그리스도의 죽음 덕분에 하나님이 주신 선물이다. 즉 십자가가 믿음을 낳았다. 7) 나를 위한 그리스도의 죽음은 내가 영광의 날까지 보전될 것을 보증한다. 8) 나를 위한 그리스도의 죽음은 아버지와 아들이 나를 사랑하시는 척도이자 증표다. 9) 나를 위한 그리스도의 죽음은 나를 불러 신뢰하고 예배하고 사랑하고 섬기도록 강권한다."

에 대한 하나님의 반감 표시나 도덕적 모범으로 충분할지 모른다. 문제가 단지 질병과 실망과 고난이라면, 하나님이 돌보시고 고치시며 영생까지 가능하게 하셨음을 알기만 해도 크게 달라질 것이다. 그러나 죄의 실상과 형벌은 무엇보다도 사법적이다. 그리스도의 죽음이 우리를 구원함은 우주의 법정에서 하나님과 인간 사이의 심각한 위기를 해결하기 때문이다.[10]

원죄와 속죄의 이런 연관성은 원죄의 유전에 관한 이론들을 생각해 보면 확연히 드러난다. 4세기의 펠라기우스주의가 즉각 떠오른다. 물론 이는 펠라기우스 수사에 국한되지 않고 19세기의 앨버트 반즈(1798-1870), 20세기의 성경학자 C. K. 바렛(1917-2011)과 두 신학자 에밀 브루너(1889-1966), 루돌프 불트만(1884-1976) 등을 통하여 되살아났다.[11]

펠라기우스주의에 따르면 아담의 죄책이나 타락한 본성은 유전되지 않는다. 인류는 나쁜 본을 보고 따라갈 뿐이다. 창세기 3장에서 아담의 비극은 그의 대표성 때문에 온 인류가 정죄당한 것이 아니라 그가 형편없는 역할 모델이었다는 데 있다. 이런 모방 이론은 펠라기우스가 로마서 5장 12절을 해석한 방식에 특히 잘 나타난다. "아담 안에서 모든 사람이 죄를 지었다는 말은 혈통의 기원 때문에 죄가 옮았다는 뜻이 아니라 아담의 죄를 모방했다는 뜻이다."[12] 그에 따르면 그래도 인류에게는 이 죄의 습성을

---

10 Michael Horton, *The Christian Faith: A Systematic Theology for Pilgrims on the Way*(Grand Rapids: Zondervan, 2011), 516. (『언약적 관점에서 본 개혁주의 조직신학』 부흥과개혁사)
11 일종의 펠라기우스주의를 신봉하는 현대 로마가톨릭교회의 두 인물로 대릴 돔닝과 모니카 헬위그가 있다. 이들의 견해는 아담의 역사성을 부정하는 데서 출발한다. 예컨대 다음 책을 참조하라. Daryl Domning, *Original Selfishness: Original Sin and Evil in the Light of Evolution*, Ashgate Science and Religion 시리즈(New York, NY: Routledge, 2016).
12 다음 책에 인용되어 있다. Augustine, *Nature and Grace*, 출전: *Answer to the Pelagians I*,

물리칠 능력이 있다. 사실은 아예 죄를 짓지 않을 능력까지 있다. 아담에게서 죄의 성향을 물려받지 않았기 때문이다. 반드시 죄짓는 본성은 없다는 것이다.

그렇다면 하나님이 그리스도를 세상에 보내신 목적은 무엇일까? 펠라기우스에 따르면 성부가 성자를 보내심은 모세 율법보다 나은 율법을 가져오게 하시기 위해서였다. 칭의는 구약에서처럼 여전히 하나님의 율법을 통하여 이루어진다. 다만 이제 그리스도가 오셨으니 그리스도의 명령에 순종함으로써 칭의를 얻는다. 이 공식에서 십자가의 자리는 어디일까? 인류는 아담의 본을 따라 길을 잘못 들었으나 그리스도의 모범적인 선을 따르면 행로를 되돌릴 수 있다.[13]

원죄의 교리를 없애면 죄를 짊어져 죄책을 없애고 죗값을 치를 대리자도 불필요하고 무의미해진다. 죄는 더 이상 사법적 문제가 아닌 것이 된다. 그 결과 십자가도 더는 하나님의 정의가 충족됨이 아니고, 그리스도를 신뢰하는 사람의 계정에 의로운 신분이 전가될 수 있는 근거도 아니다. 원죄를 전가가 아닌 모방으로 둔갑시키면 신약이 왜 원죄의 결과에 중보자로 대처하는지 설명할 길이 묘연해진다. 중보자는 화목 제물로 하나님의 언약 백성을 구속하고자 새 언약의 머리로 행동하신다. 인간의 문제를 잘못 해석하면 십자가의 법적 성격까지 잘못 해석할 수밖에 없게 된다.

반면에 십자가를 원죄 개념에 비추어 해석하면 상황이 완전히 달라진다. 원죄 개념은 다른 신학들의 범주에 잘 맞아든다. 지면상 여기서 실재

Roland J. Teske 번역, John E. Rotelle 편집, The Works of Augustine I/23(New York: New City Press, 1997), 10.
[13] 펠라기우스에 대한 더 자세한 내용은 나의 다음 책을 참조하라. Matthew Barrett, *Salvation by Grace: The Case for Effectual Calling and Regeneration*(Phillipsburg, NJ: P&R, 2013), 2장.

론, 간접 전가, 직접 전가 사이의 논쟁을 평가할 수는 없다.[14] 그래도 논의의 취지상 직접 전가가 어떻게 형벌 대속을 옹호하는지 생각해 보라.

직접 전가의 관점은 개신교 학술 문헌에서 볼 수 있으며, 16세기 이후로 개혁 신학과 침례교 신학에서 공히 이를 가르쳤다.[15]

이 관점의 기초에 연합 대표자의 개념이 있다. 아담은 죄지을 때 후손을 대표했으며, 따라서 그의 죄책이 모든 언약 자손에게 직접 전가되었다. 그의 죄책이 인류에게 전가되었으므로 각 사람은 타락한 상태로 태어난다. 직접 전가를 옹호하는 이들이 로마서 5장 12-21절에 나오는 바울의 논증에 근거하여 논박하듯이, 아담의 죄책은 타락을 통하여 중재되는 것(간접 전가)이 아니며, 아담과의 연대도 순전히 또는 주로 인간이 지닌 공통 본성의 실재론 개념에 근거하지 않는다. 반대로 아담의 죄책은 **직접** 전가되며, 논리상 그 결과로 인류는 그의 타락한 본성을 받는다. 아담이 인류의 물리적

---

14 나의 다음 책을 참조하라. Matthew Barrett, *40 Questions About Salvation*(Grand Rapids: Kregel, 2018).

15 예컨대 다음 책을 참조하라. Francis Turretin(1623-1697년), *Institutes of Elenctic Theology*, 전3권, James T. Dennison Jr. 편집, George Musgrave Giger 번역(Phillipsburg, NJ: P&R Publishing, 1992-1997), 1:591-685(『변증신학 강요』 부흥과개혁사). 아울러 웨스트민스터 신앙고백(1647년), 사보이 선언(1658년), 제2차 런던신앙고백(1689년)도 주목할 만하다. 이 입장은 찰스 하지(1797-1878년) 같은 옛 프린스턴 신학자들과 헤르만 바빙크(1854-1921년) 같은 네덜란드 개혁 신학자들의 사상에도 나타난다. 다음 두 책을 참조하라. Charles Hodge, *Systematic Theology*(Grand Rapids: Eerdmans, 1986), 2:130-279(『조직신학』 CH북스). Herman Bavinck, *Reformed Dogmatics*, John Bolt 편집, John Vriend 번역(Grand Rapids: Baker Academic, 2006), 3:25-125(『개혁교의학』 부흥과개혁사). 20세기 초에 J. 그레샴 메이첸(1881-1937년), 존 머레이(1898-1975년), 루이스 벌코프(1957년 사망) 같은 미국 개혁 신학자들이 이 관점에 대한 주목할 만한 논고들을 내놓았다. 존 머레이의 『로마서 주석』(아바서원)과 *The Imputation of Adam's Sin*(아담의 죄의 전가)은 강력한 옹호론이다. 예컨대 다음 책을 참조하라. John Murray, "The Imputation of Adam's Sin," K. Scott Oliphint 편집, *Justified in Christ: God's Plan for Us in Justification*(Fearn, Ross-shire: Mentor, 2001), 205-284(『그리스도의 칭의론』 기독교문서선교회). 벌코프가 설명한 직접 전가의 관점은 그의 유명한 *Systematic Theology*(Edinburgh: The Banner of Truth, 2003), 219-226에 요약되어 있다(『벌코프 조직신학』 CH북스).

(자연적) 머리일 뿐 아니라 연합 대표자이므로 그의 신분과 이에 따른 본성까지 후손에게 전가된다.

직접 전가는 꼭 필요한 신학적 도구들을 갖추고 있어 바울의 법적인 속죄 개념도 성립되고, 그가 로마서 5장과 고린도전서 15장 22절에 아담과 둘째 아담으로 제시한 언약의 예표도 성립된다.[16] 칭의의 근원은 그리스도의 한 의로운 행위이며, 그 행위가 아담의 한 불순종 행위에서 기원한 정죄를 뒤집는다(참조. 롬 5:18-19).[17] 투레티누스는 "우리가 아담 안에서 죄인으로 간주됨은 그리스도 안에서 의롭다고 간주됨과 **같은 원리다**"라고 말했다.[18] 그러므로 이런 간주는 우리가 아담과 그리스도 중 누구와 연합되어 있느냐에 전적으로 달려 있다.

둘째 아담은 우리의 대표자이자 언약의 머리로 행하신다는 점에서 첫째 아담과 비슷하다. 이로써 둘째 아담은 첫째 아담에게서 전가된 죄책을 친히 담당하신다. 그런데 이런 대표성은 새 언약의 머리이신 그분이 대리자로 행하실 때에만 가능하다. 보다시피 둘째 아담이 담당하신 것이 죄책이므로 십자가에는 대리의 성격뿐 아니라 형벌의 성격도 있어야만 한다. **아담 안에서** 우리는 정죄와 심판과 형벌의 원인인 그의 죄책을 물려받았다. 유일한 해법은 우리 대신 정죄당하여 우리의 허물 때문에 찔리시고 우리의 죄악 때문에 상하실 중보자뿐이다(사 53:5). 아담과의 연합을 뒤집으려면 그리스도와 연합해야 한다. 그리스도와의 연합에는 이중의 전가가 수반된

---

[16] 여기서 깊이 들어갈 수 없으나 직접 전가의 옹호에 대해서는 나의 책 *40 Questions About Salvation*, 2-3장을 참조하라.
[17] 다음 책을 참조하라. Thomas R. Schreiner, "Original Sin and Original Death: Romans 5:12-19," *Adam, the Fall, and Original Sin: Theological, Biblical, and Scientific Perspectives*, Hans Madueme & Michael Reeves 편집(Grand Rapids: Baker, 2014), 271-288. (『아담, 타락, 원죄』 새물결플러스)
[18] Turretin, *Institutes of Elenctic Theology*, 1:618.

다. 우리의 죄책은 십자가에서 그분께 전가되었고, 그분의 온전한 순종과 의는 믿음으로 말미암아 우리에게 전가된다.

똑같이 성경적이고 똑같이 일관된 원죄 개념을 갖추면 훨씬 잘 준비된 상태에서 속죄에 관한 성경적 결론을 도출할 수 있다.

속죄, 칭의, 하나님의 완전한 속성

바울이 고린도후서 5장 21절에서 내린 결론에 우리도 도달할지 여부는 성경적인 원죄 개념을 갖출 뿐 아니라 하나님의 완전한 속성을 바르게 이해하는 데 달려 있다.

하나님의 정의와 하나님의 칭의

형벌 대속을 비판하는 이들이 그 교리에 부정적으로 반응하는 주된 이유 중 하나는, 정확히 왜 그리스도가 애초에 죄가 되셔야 했는지를 숙고하지 않기 때문이다. 그들에게 대속이 불필요하고 무의미해 보이는 것은 설마 하나님이 죄에 맞서 형벌을 요구하실 리 없다고 생각하기 때문이다.

지금 논의 중인 원죄와도 무관하지 않거니와 직접 전가는 죄책과 타락이 하나님의 거룩하심과 정의에 정면으로 배치됨을 전제한다. 하나님이 아담의 타락에 아무런 조치도 취하지 않으신다면 그분이 정말 정의로운 신인지부터 의심을 품는 것이 당연하다. 정의는 악과 불의에 눈감거나 위법을 무시할 수 없다. 정의로우신 하나님은 자신의 법을 타협하실 수 없다. 어느 사법 체계든 그 정도는 기본이다. 그렇지 않으면 법정의 신빙성을 의심받는다. 하나님이라고 다를 이유가 무엇인가? 그분은 정의의 의미를 정의하고 규정짓는 정의 **자체**이자 모본이신데 말이다.

형벌 대속이 그토록 못마땅해 보이는 이유는 응보적 정의라는 개념 자체에 대한 우리의 뿌리 깊은 거부감 때문이다. 그러나 응보적 정의는 하나님의 속성 자체에서 기원한다. 그분은 확고부동하게 거룩하고 의로우신 만큼 자신의 거룩한 법을 어기는 이들을 벌하셔야만 한다. 적어도 계속 거룩하시려면 말이다. 이 하나님은 단지 악을 벌하실 뿐 아니라 악에 맞서 분노가 타올라야 한다. 악은 그분이 아닌 모든 것을 대변하며, 그분의 전부를 총공격하려 들기 때문이다.

통치 이론의 속죄를 주창하는 이들은 바로 그 중요한 부분을 놓쳤다. 이 이론의 창시자인 17세기의 신학자 휴고 그로티우스(Hugo Grotius, 1583-1645)가 하나님을 우주의 최고 통치자로 본 것까지는 옳았다. 그러나 하나님을 초법의 통치자라 믿은 탓에 그분이 자신의 법을 타협하여 죄 문제를 해결하실 수 있다고 결론지었다. 타협된 율법이라도 유지되기만 하면 하나님의 거룩하심이 계속 예시되고 도덕 질서도 보존되어 통치자 하나님과 우리의 관계가 멀쩡하다는 것이다. 그로티우스에 따르면 이 세상에 "질서가 보존되고 예시됨"은 바로 우리의 "공동선"을 위해서다.[19]

그렇다면 그리스도는 왜 십자가에서 형벌을 당하셨는가? 십자가는 타협된 상태의 율법이 지켜지고 죄가 드러난 곳이다. 거기서 우리는 하나님의 법을 존중하는 법을 배운다. 그로티우스가 보기에 갈보리의 근본 목적은 충족이 아니었다. 어차피 그리스도는 타협된 상태의 율법에 부응하셨을 뿐이다. 십자가의 주목적은 도덕적 통치자라는 하나님의 정체를 지키는 데 있었다.

그런데 오히려 통치 이론은 하나님의 통치와 정의를 충분히 진지하게

---

[19] *Defense of the Catholic Faith on the Satisfaction of Christ, against F. Socinus*, 3. 다음 책에 인용되어 있다. H. D. McDonald, *Atonement of the Death of Christ: In Faith, Revelation, and History*(Grand Rapids: Baker, 1985), 204.

다루지 않는다. 하나님의 법이 위반됨은 단지 법적인 문제가 아니라 근본적으로 그분 자신의 도덕적 성품에 어긋난다. 율법을 타협하여 십자가를 도덕 질서에 관한 교훈으로 전락시키면, 죄가 탈인격화되어 하나님의 도덕적 성품이 기계적으로 취급된다. 마치 그분의 정의를 위반해도 인격적 속죄 대신 공식적 배상만 있으면 된다는 듯이 말이다. 호튼은 "십자가는 단지 하나님의 정의를 **예시하는** 것이 아니라(마치 성자 하나님의 잔혹한 죽음이 우리를 위한 실물 교육에 불과하다는 듯) 하나님의 정의를 **실현한다**"라고 말했다.[20]

하나님은 자신의 형상대로 지어진 인간이 세상의 도덕 질서의 균형을 어지럽혀서 그저 **심기가 불편해지신** 것이 아니다. 죄인은 정죄당한 채 진노하신 하나님의 손에 붙들려 있다. 조나단 에드워즈는 "하나님의 진노의 활시위에 화살이 물려 당겨져 있다. 정의의 활이 팽팽히 당신의 심장을 겨누고 있다. 그 화살이 지금 당장 당신의 피로 물들지 않는 유일한 이유는, 진노하신 하나님이 아무런 의무나 약속하신 것이 없는데도 그저 호의를 베푸시기 때문"이라고 말했다.[21]

그렇다고 하나님을 술 취하여 이유 없이 폭발하는 폭력 남편으로 희화화해서는 절대로 안 된다. 이는 부당한 자의적 분노로서 잔혹한 행위를 낳는다. 반대로 하나님의 분노는 의분이다. 흑암의 나라로 뭉친 그분의 적들에 맞선 거룩한 진노다.

하나님의 응보적 정의는 성경의 전체 이야기에 면면히 드러나 있다. 그래서 홍수가 악인들을 삼켰다. 그들의 마음이 늘 악으로 가득했기 때문이

20　Horton, *The Christian Faith*, 515.
21　Jonathan Edwards, "Sinners in the Hands of an Angry God," 제22권, *Sermons and Discourses, 1739-1742*, Harry S. Stout 편집(WJE 온라인). http://edwards.yale.edu/e?path=aHR0cDovL2Vkd2FyZHMueWFsZS5lZHUvY2dpLWJpbi9uZXdaGlsby9uYXZpZ2F0ZS5wbD93aTljLjx. (《진노한 하나님의 손에 붙들린 죄인들》 생명의말씀사)

다. 그래서 소돔과 고모라에 불과 유황이 쏟아졌다. 하나님이 창조하신 아름다운 성(性)을 그들이 집요하게 변질시켰기 때문이다. 그래서 이집트 사람들은 홍해에 빠져 죽었다. 그만둘 기회가 많았는데도 고집스레 하나님의 언약 백성을 노예로 부렸기 때문이다. 그래서 이스라엘은 아시리아와 바빌론에 포로로 끌려갔다. 유일하신 참 하나님을 자신들이 피조물의 형상대로 만든 우상들과 바꾸었기 때문이다. 그래서 예수님은 성전의 탁자들을 둘러엎으셨다. 아버지의 거룩한 예배 처소를 짓밟는 그들의 신성모독에 격노하셨기 때문이다. 그래서 예수님은 바리새인들에게 격노하여 영원한 형벌을 선고하셨다. 그들이 하나님의 이름을 이용하여 자신들의 위선을 가렸기 때문이다.

하나님이 광기에 사로잡혀 마구잡이로 그렇게 행하신 것이 아니다. 마치 분노를 걷잡을 수 없으셨다는 듯이 말이다. 그런 해석은 감정에 휘둘리지 않으시는 하나님의 속성에 어긋나며, 응보적 정의를 성경의 전체 이야기에서 분리한다. 또 하나님 나라에 맞서 진격하는 적이 있다는 것과 아담의 후손도 거기에 합세하여 주먹을 휘두르며 반항을 부르짖어 왔다는 사실을 보지 못한다. 인간은 아담의 죄책과 타락을 물려받았고, 기회만 주어졌다 하면 타락한 본성대로 행동한다. 억지로가 아니라 즐거이 탐닉하며 자신에게 임할 정죄를 더 키운다.

그래서 응보적 정의는 당연하다. 해법은 정의를 외면하지 않고 충족시키는 데 있다. 그리스도가 죄인에게 그토록 기쁜 소식인 까닭은 바로 그 정의를 우리 대신 충족시키셨기 때문이다. 새 언약의 머리이신 아들이 성육신하여 새 언약의 피를 흘려 진노의 잔을 마시지 않는 한(눅 22:20) 인간은 항상 영원히 그 정의의 응당한 형벌을 받을 수밖에 없다.

그런데 잘 보면 형벌 대속은 인간의 응당한 형벌을 해결할 뿐 아니라 하나님의 신성한 정의를 수호한다. 그것이 로마서 3장 26절에서 바울이 기뻐한 이유가 아닌가? 하나님이 자신의 "의로우"신 정체를 잃지 않으면서도 불경한 자들을 의롭다 하실 수 있음은 순전히 그리스도를 "화목 제물"로 세우셨기 때문이다(롬 3:25).

응보적 정의가 화목 제물로 충족되기에 국면이 전환된다. 마르틴 루터의 구분을 빌리자면, 우리에게 미치는 하나님의 의가 능동에서 수동으로 바뀐다.[22] 다시 말해 칭의의 근거가 바로 속죄에 있다. **하나님에게서** 난 의가 그리스도와 연합한 이들의 계정에 전가될 수 있음은 **하나님의** 의가 그리스도께 있기 때문이다.[23] 다시 바울의 표현으로 돌아가면 "이제는 율법 외에 하나님의 한 의가 나타났으니…곧 예수 그리스도를 믿음으로 말미암아 모든 믿는 자에게 미치는 하나님의 의"다(3:21-22). 우리가 "하나님의 은혜로 값없이 의롭다 하심을 얻"음(3:24)은 "그리스도 예수 안에 있는 속량으로 말미암아…이 예수를 하나님이 그의 피로써…화목제물로 세우셨"기 때문이다(3:24-25).

고린도후서 5장에도 응보적 정의가 전제되어 있다. 18절에서 바울이 "화목"의 개념을 소개함은 놀랄 일이 아니다. 그리스도로 말미암아 하나님은 "우리를 자기와 화목하게 하시고 또 우리에게 화목하게 하는 직분을 주

---

[22] 루터는 "병든 양심이 절망과 영원한 죽음에서 헤어날 길은 그리스도 안에 약속된 은혜를 붙드는 수밖에 없다. 그 은혜가 곧 믿음의 의, 수동적 의, 그리스도인의 의다"라고 말했다. 우리는 율법을 통한 자신의 의(루터가 말한 "능동적 의")를 의지할 것이 아니라 "수동적 의", 곧 예수님의 의를 의지해야 한다. "그래서 나는 모든 능동적 의, 곧 나 자신의 의나 하나님의 율법의 의를 모두 버리고 수동적 의, 곧 은혜와 자비와 죄 사함의 의만을 받아들인다." 루터의 말대로 예수님의 의는 우리가 "행하는 것이 아니라 받는" 의, 우리에게 "있는 것이 아니라 하나님 아버지께서 예수 그리스도를 통하여 주실 때 받아들이는" 의다. *Luther's Works*, Jaroslav Pelikan 편집(St. Louis and Philadelphia: Concordia, 1963), 26:5-6.

[23] "하나님에게서"와 "하나님의"의 구분은 다음 책에 나온다. Horton, *The Christian Faith*, 620-647.

셨"다(5:18). 그리스도를 통하여 이렇게 하나님과 화목해짐은 우리의 법적 지위와도 상관이 있을까? 19절에 긍정의 답이 나온다. "하나님께서 그리스도 안에 계시사 세상을 자기와 화목하게 하시며 **그들의 죄를 그들에게 돌리지 아니하시고.**" 화목은 사람의 죄가 본인에게 돌려지지(전가되지) 않고 그리스도께 돌려질(전가될) 때에만 가능한 결과다. 바울이 21절 서두에서 "하나님이 죄를 알지도 못하신 이를 우리를 대신하여 죄로 삼으신 것은"이라고 말한 이유가 그것으로 설명된다. 그것에 근거해서만 우리는 "하나님의 의"가 된다(5:21하).[24]

하나님의 단일성

형벌 대속의 직물에 짜인 교리의 실가닥에는 하나님의 정의뿐만 아니라 하나님의 단일성도 있는데, 아마 복음주의자들은 후자를 알아보는 안목이 길러져 있지 않을 것이다.

형벌 대속을 배격하는 비판자들의 문헌을 보면 놀랍게도 하나님의 사랑을 하나님의 정의와 대비하여 부각시킬 때가 많다.[25] 그러나 분노한 아버지가 사랑의 아들을 벌하신다는 흔한 희화화는 오류다. 잘 보면 진노와 정의에 대립되는 자비와 사랑이 그들의 해석 기법을 지배하기는 한다. 그러나 후자는 그냥 우선시되는 정도가 아니라 분노와 진노를 표현하시는 하나님과는 **정반대로** 그려진다.

오늘날 많은 그리스도인이 그런 논리에 놀라울 정도로 설득된다. 그러

---

[24] 잘 보면 골로새서 1장 20-21절도 속죄("십자가의 피")를 화목과 연결짓는다. 화목은 우리의 소외와 적의에 대한 해법이다.
[25] 다음 책에 소개된 많은 비판자를 참조하라. Steve Jeffery, *Michael Ovey, & Andrew Sach, Pierced for Our Transgressions: Rediscovering the Glory of Penal Substitution*(Wheaton, IL: Crossway, 2007).

나 전통적 일신론을 존중하려는 복음주의자라면 그런 책략을 본능적으로 간파할 것이다. 하나님의 단일성에 어긋나기 때문이다.

16-17세기에 일부 (아르미니우스주의 계열의) 항론파와 소치누스파가 단일성을 배격했음에도 불구하고, 단일성은 교부 시대와 중세와 종교개혁기의 사상가들이 정립하고 옹호한 유서 깊은 교리다.[26] 아우구스티누스는 『삼위일체론』에 "하나님의 속성은 단일하고 불변하며 무엇에도 좌우되지 않는다. 그분의 성격과 소유는 존재 자체와 다르지 않다"라고 썼다.[27] 안셀무스도 삼위일체가 "세 가지 것"(하나의 본질로 연합하신 세 인격체가 아니라)을 낳는다고 주장하는 이들을 반박하면서 역시 단일성에 호소했다. 하나님의 본질은 "단일한 실체"로서 "부분들로 합성될" 수 없다. "합성품은 실제로나 개념상 어쩔 수 없이 부분들로 분해될 수 있기" 때문에 하나님은 "합성품"일 수 없다.[28] 아퀴나스도 비슷하게 말했다.

하나님은 (육체가 아니므로) 지체로 구성되지 않으며 외형과 물질로도 구성되지 않으신다. 그분은 자신의 속성과 다르지 않으며 속성도 그분의 존재와 다르지 않다. 그분 안에서 고유성과 특이성을, 본질과 비본질을 구분할 수도 없다. 그러므로 분명히 하나님은 합성품이 아니라 전적으로 단일하시다.[29]

---

[26] 단일성 같은 교리는 현대에 들어 겨우 배격되기 시작했다(초연하심, 불변성, 영원성, 편재성 등 다른 전통적 속성도 마찬가지다). 단일성 같은 속성의 중요성을 제시한 나의 다음 책을 참조하라. Matthew Barrett, *A Pathway into the Heart of God*(Grand Rapids: Baker Books, 2019).

[27] Augustine, *The Trinity*, John E. Rotelle 편집, Edmund Hill 번역(Brooklyn, NY: New City, 1991), VII:10 (『삼위일체론』 분도출판사). 아울러 같은 저자의 다음 책도 참조하라. *City of God*, Marcus Dods 번역(New York: Random House, 1950), XI:10 (『하나님의 도성』 CH북스). 투레티누스도 아우구스티누스의 사상에 기초하여 단일성을 변호했다. Turretin, *Institutes*, 1:194.

[28] Anselm of Canterbury, *On the Incarnation of the Word*, 출전: *The Major Works*(Oxford: Oxford University Press, 1998), 244.

[29] Aquinas, *Summa Theologiae, Questions on God*, 케임브리지 철학사 전집, Brian Davies & Brian Leftow 편집(Cambridge: Cambridge University Press, 2006), 40. (『신학대전』 바오로딸)

아우구스티누스, 안셀무스, 아퀴나스와 더불어 우리도 하나님이 곧 그분의 속성이심을 인정하며 그 완전하신 속성의 단일성을 수호한다.[30] 이를 우리의 논의에 적용하면 단일성이란 십자가에서 표현된 진노가 **거룩한** 진노라는 뜻이다. 단일성 덕분에 우리는 아버지의 진노를 변덕스럽고 종잡을 수 없는 역정으로 둔갑시키는 희화화의 오류를 범하지 않는다. 하나님이 표출하시는 분노는 그분의 전 존재와 일치한다. 분노가 타오를지라도 정당하고 의로운 분노라는 뜻이다. 레온 모리스는 그것을 이렇게 표현했다.

> 걷잡을 수 없는 감정 폭발을 생각한다면 이는 이교적 개념으로 구약의 하나님께 전혀 적용할 수 없다. 그러나 이 진노를 거룩한 사랑의 이면이자 태워서 정화하는 불꽃으로 생각한다면 이 개념은 옛 성경을 이해하는 것은 물론 하나님의 속성을 바르게 정립하는 데도 유익하다.[31]

하나님의 사랑에 대해서도 똑같이 말할 수 있을까? 하나님의 진노가 사랑의 진노라는 말은 직관에 반대되는 것처럼 보일지 몰라도 성경과 일치한다. 성경은 속죄를 아버지께서 선민을 구원하시려는 의도인 사랑과 결코 분리하지 않는다. 그분의 진노가 아들에게 쏟아진 이유 자체가 그분이 세상을 사랑하심에도 불구하고가 아니라 세상을 이처럼 사랑하시기 때문이다(요 3:16).

---

[30] 하나님의 단일성에 대한 근래의 고찰로는 다음 여러 책을 참조하라. Katharin Rogers, *Perfect Being Theology*(Edinburgh: Edinburgh University Press, 2000), 24-39. James E. Dolezal, *God without Parts: Divine Simplicity and the Metaphysics of God's Absoluteness*(Eugene, OR: Pickwick, 2011). Steven J. Duby, *Divine Simplicity: A Dogmatic Account*, 제30권, T&T Clark 조직신학 연구서, John Webster, Ian A. McFarland, Ivor Davidson 편집(London and New York: Bloomsbury T&T Clark, 2016).

[31] Leon Morris, *Apostolic Preaching of the Cross*(Grand Rapids: Eerdmans, 1965), 159.

순서를 바꾸어 하나님의 사랑을 진노의 사랑이라고 말해도 될까? 그러면 하나님의 사랑이 사실은 결국 사랑이 아니라는 잘못된 인상을 줄 수 있다. 하지만 이와 연관된 다음 말은 가능하다. 즉 하나님의 사랑은 **질투하시는** 사랑이다. 구약에 하나님이 자기 백성을 징계하시고 심지어 심판하실 때가 얼마나 많은가? 이는 신랑인 자신의 이름을 위해서만이 아니라 언약에 충실해야 할 신부를 위해서도 질투하시기 때문이다(출 34:14, 신 4:24).[32] 레온 모리스의 말처럼 하나님의 사랑은 "사랑하는 대상의 도덕적 성품에 개의치 않는 경망한 감상"과는 거리가 먼 "정화하는 불"이다.[33]

동일한 교리 영역 내에서 꼭 짚어 둘 말이 있다. 하나님의 사랑은 **의로운** 사랑이다. 의로운 사랑은 다시 우리를 하나님의 정의로 데려간다. 십자가에서 가장 큰 사랑이 드러났지만(아버지께서 아들을 죽음에 내주셨다), 이 사랑을 한낱 의지력으로 축소해서는 안 된다. 하나님은 응당한 형벌을 요구하지 않은 채 의지적 선포만으로 그냥 죄를 용서하시는 분이 아니다. 그런 사랑은 그분의 정의에 어긋나며 의지만의 절대 권력 같은 면이 있어 예측하거나 믿을 수 없고 어쩌면 비윤리적이다. 속죄의 필연성에 전제되듯이 아들을 십자가로 보내신 아버지의 사랑은 의롭고 거룩한 사랑이다.[34]

그런 논리를 한 걸음 더 끌고 나가면 이렇게 논증할 수 있다. 세간의 통념과는 반대로 하나님의 사랑은 다른 속죄 이론들보다 오히려 형벌 대속으로 더 잘 설명된다. 하나님의 단일성에 충실하기 때문이다. 요한복음 3장 16-17절, 요한복음 15장 13절, 로마서 5장 8절, 특히 요한일서 4장 8-10절

---

[32] 하나님의 질투를 다룬 책으로 다음을 참조하라. Erik Thoennes, *Godly Jealousy: A Theology of Intolerant Love*(Fearn, Ross-shire: Christian Focus, 2005).

[33] Morris, *Apostolic Preaching of the Cross*, 158.

[34] 방금 내가 한 말에 단일성의 또 다른 실마리가 전제되어 있다. 즉 하나님의 능력은 의지만의 산물이 아니라 그분의 의와 사랑 또는 의로운 사랑과 일치해야 한다.

같은 본문은 속죄를 하나님의 사랑과 짝지을 뿐 아니라 형벌 대속의 근거도 하나님의 사랑에 둔다. 아버지께서 아들을 보내 우리 대신 벌을 받게 하심은 오로지 아버지도 우리를 극진히 사랑하시기 때문이다. 이런 구절에 언급된 사랑은 아들에게만 국한되지 않고 아버지에게도 해당한다. 예수님이 하나님의 백성을 사랑하여 우리를 대신하셨듯이 아버지도 사랑으로 그 사랑하는 아들을 포기하셨다. 호튼의 말처럼 "하나님은 먼저 충족을 요구하고 나서 사랑하신 것이 아니라 사랑에 이끌려 아들을 보내 충족을 이루게 하셨다."[35]

아울러 아들의 사랑도 아버지의 사랑과 동등하다.[36] 십자가에서 그분은 수동적 피해자가 되어 억지로 아버지의 진노를 투덜대며 받으신 것이 아니다. 요한복음 10장 15절과 18절에서 친히 말씀하셨듯이 예수님은 스스로 목숨을 버리셨다. 자원하신 이 행위는 영원 전에 아버지와 맺은 자발적 언약에서 비롯되었는데 신학자들은 이를 가리켜 "구속 언약"이라 칭한다.[37] 아버지는 아들을 세우셨고 아들은 기꺼이 사명을 받아들이셨다.

다른 어떤 이론보다도 형벌 대속은 십자가의 참상을 부각해 준다. 몸의 고통만 아니라 하나님의 진노로 인한 고뇌까지 말이다. 하지만 그럴수록 이 참상은 삼위일체 하나님의 사랑을 더 돋보이게 할 뿐이다. 즉 자기 백성을 구속하기 위해 그분이 얼마나 바닥까지 낮아지셨는지를 보여 준다. J. I. 패커는 이렇게 말했다. "얼마나 낮아져서 상대를 돕고 얼마나 많은 일을 선뜻 겸손히 행하고 당하는지가 사랑의 참 척도일진대 다음과 같은 주

---

35 Horton, *The Christian Faith*, 511.
36 같은 책, 514.
37 다음 책을 참조하라. J. V. Fesko, *The Trinity and the Covenant of Redemption*(Fearn, Ross-shire: Mentor, 2016).

장은 정당하다. 즉 형벌 대속 이론은 다른 어떤 속죄 이론보다 더 하나님의 사랑을 풍성하게 증언해 준다. 아들이 아버지의 뜻대로 낮아지는 정도가 다른 모든 이론에 감히 암시된 것보다 더 깊기 때문이다." 그리스도는 십자가형을 겨우 견디신 것이 아니다. 패커의 말처럼 형벌 이론은 "이 모든 것 위에 정말 상상할 수 없는 깊은 차원의 고뇌를 더해 준다…데니가 지적한 그 차원이란 바로 '그 암흑의 시간에 그분이 인류의 죄를 향한 하나님의 반응을 십분 절감하셔야 했다'는 것이다."[38]

과거의 소치누스와 맥을 같이한 맥레오드 캠벨(McLeod Campbell)은 개혁파의 관점이 "하나님의 사랑을 자의적 결정으로 전락시켜 그분의 성품을 드러내지 못한다"고 주장했는데, 패커는 그를 비판했다. 오히려 형벌 대속은 하나님의 성품 자체에서 기원한다. 자의적이기는커녕 십자가의 배후 동기는 우리 몫의 응보를 충족시켜 구원을 베푸시는 자비에 있다. 이 자비가 삼위일체의 세 위격 모두를 규정짓는다. 단일성에 비추어 보면 십자가야말로 의로운 사랑의 최고 예시였다고 결론지을 수 있다. 십자가는 "인애와 진리가 같이 만나고 의와 화평이 서로 입맞추었으며"라고 한 시편 85편 10절의 구현이었다.[39]

속죄, 진노, 사랑, 삼위일체의 불가분의 활동

지금까지 사랑과 의 같은 하나님의 완전한 속성을 서로 대립시키는 것이

---

38 Packer, "What Did the Cross Achieve?," 40.
39 오비의 결론이 정곡을 찌른다. "하나님의 사랑이 마치 그분의 거룩함과는 별개로 그분의 '일부'인 양 말해서는 안 된다. 하나님의 모든 속성은 서로 조화를 이룬다. 예컨대 그분의 거룩함은 사랑의 거룩함, 자비의 거룩함이고 그분의 정의는 진실한 정의, 거룩한 정의다. 이런 틀에 따라 하나님의 어떤 속성도 다른 속성보다 더 '핵심'이나 '본질'로 여겨져서는 안 된다." Ovey 외, *Pierced for Our Transgressions*, 138.

왜 부당한지를 하나님의 단일성에 비추어 살펴보았다. 그렇게 하는 사람들은 하나님의 완전한 속성뿐만 아니라 하나님의 **세 위격**마저 서로 다투게 만들 위험이 있다. 형벌 대속을 희화화하는 이들은 아버지와 아들을 대치시켜 아들을 분노한 아버지의 피해자로 만드는 경향이 있다. 그것이 사실이라면 형벌 대속은 속죄를 도구 삼아 삼위일체를 분열시키는 죄를 범하는 것이다. 이런 왜곡을 어떻게 피할 것인가?

이 부분은 교부들과 개혁가들에게 배우는 것이 좋겠다. 그들이 역설했듯이 삼위일체의 외부 사역은 분열되지 않는데, 흔히 이를 불가분의 활동 교리라 한다. 아우구스티누스에 따르면 성부 성자 성령은 서로 "불가분의 존재"이므로 "불가분으로 일하신다."[40] 세 위격이 본질과 의지에서 불가분이듯이 구속의 목적과 활동에서도 불가분이다.[41] 리처드 멀러는 "삼위일체 하나님은 본질과 지식과 의지에서 하나이므로 그 어떤 외부 사역에서도 한 위격은 이런 뜻으로 행하시고 다른 위격은 저런 뜻으로 행하시기가 불가능하다"라고 설명했다.[42] 세 위격이 단일한 본성과 의지를 똑같이 공유하고 있으므로 구속사의 경륜에서 삼위일체의 사역에도 그 나뉘지 않은

---

[40] Augustine, *The Trinity: De Trinitate*, *The Works of Saint Augustine*, John E. Rotelle 편집, Edmund Hill 번역(New York: New City, 191), 70. 다른 책에 그는 "그러므로 성부와 성자뿐만 아니라 성령까지 세 위격이 대등하며 불가분이시기에 사역도 불가분이다"라고 썼다. *Tractates on the Gospel of John 11-27*, The Fathers of the Church, John W. Rettig 번역(Washington, DC: The Catholic University of America Press, 1988), 166. 아울러 다음 책도 참조하라. Augustine, *Sermons: III(51-94) on the New Testament*, The Works of Saint Augustine, John E. Rotelle 편집, Edmund Hill 번역(New York: New City, 1991), 50-52.

[41] 불가분의 활동은 삼위일체의 세 위격이 서로 안에 거하심(즉 상호 내재)에 근거한다(참조. 요 14:10). 다음 책을 참조하라. Ovey 외, *Pierced for Our Transgressions*, 130.

[42] Richard A. Muller, *Dictionary of Latin and Greek Theological Terms: Drawn Principally from Protestant Scholastic Theology*(Grand Rapids: Baker Books, 1985), 213.

단일한 본질이 그대로 반영된다.[43]

그렇다면 구속사의 특정한 순간마다 각 위격의 행동 방식에 아무런 구분도 없다는 뜻인가? 우리는 사실상 양태론의 영역으로 넘어온 것인가? 천만의 말이다. 세 위격은 본질과 의지에서 불가분이며 따라서 구원 사역에서도 불가분이지만, 그럼에도 각기 구별된 인격체시다. 구속사의 어느 시점에든 불가분의 한 행위가 이루어질 때마다 삼위일체 중 하나 또는 그 이상의 위격이 드러나신다. 멀러는 "성육신과 중보 사역은 성자에게서 종결되지만 성부와 성자와 성령이 이를 계획하여 시행하셨다"라고 결론지었다.[44]

이것이 속죄와는 어떻게 연관되는가? 형벌 대속의 희화화가 가능하려면 속죄 이론에 불가분의 활동 교리가 부재해야만 한다. 하지만 삼위일체의 세 위격이 서로 대치한다는 것은 어불성설이다. 마치 분노한 아버지가 피해자 아들과 맞붙기라도 한다는 듯이 말이다. 아울러 삼위일체의 한 위격이 다른 위격과 독립적으로 또는 모순되게 행하시는 일도 없다.

오히려 십자가에 이르는 구속 사역을 세 위격이 연합하여 이루신다. 이 연합과 불가분성을 떠나서는 골고다의 속죄가 불가능하다.[45] 확실성도 보장되지 않는다. 일치된 목적이 없고서야 성부가 성자를 무덤에서 신원하여 속죄를 확증하실 줄 성자가 어떻게 확신하실 수 있겠는가?[46] 반면에 불

---

43 웰럼은 이렇게 썼다. "의지 기능도 본성에 속하므로 이렇게 말할 수 있다. 세 위격은 영원하고도 내재적인 관계에 따라 구별된 인격체로 행하시되 신적 본성의 여러 기능을 통하여 그리하며, 거기에 동일한 의지도 포함된다." Stephen J. Wellum, *God the Son Incarnate: The Doctrine of Christ*, John S. Feinberg 편집(Wheaton, IL: Crossway, 2016), 402.

44 같은 책. 아울러 부연할 것이 있다. 삼위일체는 신성도 하나요 의지도 하나지만, 성육신은 성자만의 일이므로 그리스도의 나뉘지 않은 위격 안에 두 의지가 있어 각각 신성과 인성에 상응한다. 바로 신의 의지와 인간의 의지다.

45 Ovey 외, *Pierced for Our Transgressions*, 130.

46 같은 책.

가분의 활동이란 셋 중 어떤 위격이든 구속사 속에서 행하실 때는 삼위일체 하나님의 단일한 의지에 일치되게 행하신다는 뜻이다. 해당 위격이 받으시는 쪽이든 베푸시는 쪽이든 삼위일체의 영원한 사역 속에 불화가 끼어들 일은 없다.

마이크 오비가 그의 책 『그가 찔림은 우리의 허물 때문이요』에서 설명했듯이, 삼위일체의 생리가 그렇다 보니 한 위격과 다른 위격이 각각 행동의 주체와 객체가 되어도 세 위격 사이에 (비판자들이 생각하는) 분열은 있을 수 없다.[47] 성경에 그렇게 나와 있는 많은 예를 생각해 보라.

- 성부(주체)와 성자(객체)
    - 아버지가 아들을 사랑하신다(요 3:35, 5:20, 17:23).
    - 아버지가 아들을 보내신다(요 6:39).
    - 아버지가 아들을 주어 세상을 구원하게 하신다(요 3:16, 롬 8:32).
    - 아버지가 아들을 무덤에서 다시 살리신다(갈 1:1, 엡 1:20, 행 2:24, 롬 6:4, 고전 6:14).
    - 아버지가 아들을 높이신다(빌 2:9).
    - 아버지가 아들을 영화롭게 하신다(요 17:1, 22, 24).

- 성자(주체)와 성부(객체)
    - 아들이 아버지를 사랑하여 순종하신다(요 14:31).
    - 아들이 아버지를 영화롭게 하신다(요 17:1).

---

47 같은 책.

- 성부와 성자(주체)와 성령(객체)
  - 아버지와 아들이 성령을 보내신다(요 3:34, 14:16, 26, 15:26, 16:7, 행 1:4).

- 성령(주체)과 성자(객체)
  - 성령이 아들을 광야로 보내신다(막 1:12).
  - 성령이 아들을 영화롭게 하신다(요 16:14).[48]

이렇게 성경에 증거가 예시되어 있듯이 삼위일체의 세 위격은 어느 하나의 구속 행위에서 주체나 객체 또는 둘 다가 되실 수 있다. 십자가라고 예외일 까닭이 무엇인가?

그런데 C. H. 다드는 그런 통찰을 흐려 놓으며 하나님의 진노에 대한 성경의 정의를 대폭 수정했다. 그분의 진노란 "인간을 향한 하나님의 태도를 말하는" 것이 아니라 "도덕적 우주의 필연적 인과 과정"이라는 것이다.[49] 그는 또 화목(속죄)을 보상으로 대체하여[예를 들어 신영어역(NEB, 1961년)에서 요한일서 2장 2절과 4장 10절, 로마서 3장 25절의 '힐라스테리온'(*hilastērion*)이 그렇게 옮겨져 있다] 성자가 성부께 화목의 주체가 되거나 하나님의 진노를 받는 객체가 되실 수 없다고 결론지었다. 그동안 레온 모리스와 로저 니콜이 다드의 주해를 충분히 비판했음에도 불구하고[50] 오늘날 폴 피데스(Paul Fiddes), 조엘 그린(Joel Green), 마크 베이커(Mark Baker), 톰 스메일(Tom Smail) 등 많은 사람이 속죄에 대한 다드의 반감을 이어 가고 있다. 그들은 여기에 신학적 요소까지 더

---

48 오비의 더 긴 논의를 내가 요약했다. 같은 책, 131.
49 C. H. Dodd, *The Epistle of Paul to the Romans*(London: Hodder & Stoughton, 1932), 23.
50 다음 두 책을 참조하라. Morris, *The Apostolic Preaching of the Cross*. Roger Nicole, "C. H. Dodd and the Doctrine of Propitiation," *Westminster Theological Journal* 17(1955): 117-157.

하여 주체와 객체의 구분이 삼위일체를 갈라놓을 수 있다고 주장해 왔다.[51]

그러나 이들 현대의 저자 중 누구도 '불가분의 활동' 교리가 어떻게 속죄의 응집력을 유지시켜 주는지는 충분히 주목하지 않는다. 십자가에서 아들은 주체로 행하여 객체인 아버지께 속죄하셨다. 그런데 아버지 또한 주체로 행하여 객체인 아들에게 진노를 부으셨음을 알 수 있다. 이런 주체와 객체의 상호작용이야말로 삼위일체 하나님의 분열되지 않은 한 의지의 성취다. 예수님의 겟세마네 기도로 밝히 드러났듯이 성육신하신 아들은 아버지의 예정된 목적에 자원하여 순종하셨다. 아버지는 아버지대로 아들이 이룬 속죄 사역을 인정하셨다. 아들을 죽은 자 가운데서 살려 신원하시고 속죄 사역을 확증하신 데서 그것이 가장 확연히 나타난다(롬 4:25).

자신이 버림받았다는 아들의 부르짖음은 어떻게 해석해야 할까? 분명히 그분은 시편 22편을 인용하여 하나님께 버림받은 심정을 표출하셨다. 그분의 절규를 한순간 삼위일체가 존재론적으로 해체되거나 분열되었다고 해석해서는 안 된다. 오히려 구속과 언약과 법정의 관점에서 풀이해야 한다. 여기에 원죄의 교리가 전략적으로 필요하나. 이들은 둘째 아담이자 연합 대표자로서 우리의 죄책을 짊어지셨다는 의미에서만 아버지께 버림을 받으셨다. 언약을 어긴 우리 대신 버림받으신 것이다. 그분이 이런 형벌을 받으실 이유가 없는데도(바울이 고린도후서 5장 21절에 말했듯이 그분은 "죄를 알지도 못하신" 분이다) "하나님이…죄로 삼으신 것은 우리로 하여금 그 안에서 하나님의 의가 되게 하려 하심"이었다(고후 5:21). 갈라디아서의 표현으로 하자면 "그리스도께서 우리를 위하여 저주를 받은바 되사 율법의 저주에서 우리를 속량하셨"다(3:13).

---

[51] 오비가 다음 책에 지적한 내용이다. *Pierced for Our Transgressions*, 131.

이런 대표성의 의미에서 그리스도는 저주받아 아버지께 버림받으셨고, 죄를 담당하시는 분으로서 응당한 형벌을 받으셨다. 그러나 이렇게 버림으실 때조차 삼위일체는 또 다른 의미에서 변함없이 불가분이었고 전능하게 하나이셨다. 아들이 이루신 사명이 **아버지께서** 그분을 세워 이루게 하신 바로 그 사명이었기 때문이다. 직관에 반대되게 보이겠지만, 버림받던 그 암흑의 순간에 삼위일체 하나님은 깨어질 수 없는 연합을 보여 주셨다.

결론

물론 속죄의 직물에는 더 살펴볼 만한 다른 실가닥들도 있다.[52] 많은 신학적 명주실이 이 교리의 직물에 서로 맞물려 있다. 그 맞물림이 제대로 이루어질지는 우리가 결국 어떤 속죄 신학을 받아들이느냐에 따라 대폭 달라진다.

이것이 목회 사역에 미치는 영향도 지대하다. 주일 설교를 준비하느라 개개의 성경 본문을 주해하는 일도 중요하지만 그것은 시작에 불과하다. 훨씬 더 많은 일이 필요하다. 목사는 신학적으로 사고해야 한다. 목회자는 신학자가 되어야 한다. 그래야만 속죄의 모든 교리적 영광을 볼 수 있다. 그래야만 양 떼가 속죄의 모든 체계적 아름다움을 볼 수 있다.

---

[52] 나는 셰퍼드 콘퍼런스(The Shepherds' Conference)에서 다양한 기독론과 그것이 속죄에 미치는 영향을 탐색한 바 있는데, 그 강연의 전문을 다음 웹사이트에서 참조하라. https://www.gracechurch.org/sermons/12959?AspxAutoDetectCookieSupport=1.

11

무덤에서 살아나심:
부활

고린도전서 15:1-20　　　　　　톰 페닝턴(Tom Pennington)

　　　　　비교 종교학 과목을 들어보면 알겠지만, 세상 종교의 대부분은 그 기초가 철학적 명제에 있다. 네 종교, 즉 유대교와 불교와 이슬람교와 기독교만 주로 창시자에 기반을 두고 있다. 그런데 네 창시자 모두 죽었다. 아브라함은 주전 2000년경에 죽어 헤브론에 묻혔다. 부처는 주전 5-6세기에 죽었는데 전승에 따르면 80세의 일기였고 시신은 화장되었다. 무함마드는 주후 632년 6월 8일에 죽어 시신이 사우디아라비아의 메디나에 묻혔고, 해마다 수백만의 메카 순례자가 그의 무덤을 방문한다. 예수님도 주후 30년이나 33년에 죽어 예루살렘 외곽의 빌린 무덤에 장사되었다. **넷 다** 죽었다.

　　그런데 유독 기독교만 빈 무덤을 자랑한다. 기독교 신앙만이 창시자가 죽은 자 가운데서 영원무궁하게 다시 살아났다고 주장한다. 우리가 그리스도를 전파하는 이유는 **죽은 자 가운데서 살아나신** 그리스도를 전파하기 때문이다!

교회사의 가장 위대한 지성들은 부활의 절대적 중요성을 잘 알았다. 마르틴 루터는 "신앙의 이 항목이 가장 중요하다. 부활이 없다면 우리에게 위로나 소망도 없고 그리스도가 하신 일도 다 헛되기 때문이다"라고 썼다.[1] 장 칼뱅도 "그리스도의 부활이 우리 신앙의 가장 중요한 항목이고" "복음의 핵심 요지", "종교의 주요 항목"이라고 썼다.[2] 나중에 B. B. 워필드는 "그리스도가 친히 자신의 주장 전체를 일부러 부활에 거셨다. 표적을 요구하는 이들에게 그분은 이 표적을 자신의 유일하고 충분한 자격으로 제시하셨다"라고 썼다.[3]

우리 신앙에 이보다 필수인 항목은 없으며, 기독교 신앙에서 부활이 차지하는 중요성을 고린도전서 15장보다 더 명확히 설명한 성경 본문은 없다. 바울은 고린도에 잘못된 가르침이 나돈다는 말을 듣고 이에 답하고자 15장을 썼다. 12절에 "너희 중에서 어떤 사람들은 어찌하여 죽은 자 가운데서 부활이 없다 하느냐"라는 그의 말이 나온다. 그런 견해는 어디에서 왔을까? 바울에게서 오지 않았음은 분명하다.

고린도 신자들은 주로 헬라인이었다. 헬라 문화에도 영혼의 불멸성을 믿는 사람이 많았고, 예컨대 플라톤도 인간의 영혼이 불멸하다고 보았다. 그런데 그는 또한 육체가 감옥이며 죽음을 통하여 불멸의 영혼이 감옥에

---

[1] Martin Luther, *What Luther Says*, Ewald M. Plass 편집(Saint Louis, MO: Concordia, 1959), 181.
[2] John Calvin, *Calvin's Wisdom: An Anthology Arranged Alphabetically*, Graham Miller 편집 (Edinburgh, Scotland: Banner of Truth Trust, 1992), 300.
[3] 다음 책에 인용되어 있다. Josh McDowell, *The New Evidence That Demands a Verdict*(Nashville: Thomas Nelson Inc., 1999), 208. (『기독교변증 총서』 순출판사)

서 풀려난다고 가르쳤다. 몸이 부활한다는 개념은 헬라인에게 터무니없어 보였다. 영원히 감옥에 남아 있을 이유가 무엇인가? 그래서 아테네에서 바울이 죽은 자의 부활을 말하자 어떤 사람들은 그를 조롱했다(행 17:32).

교회에 흔히 있는 일이지만 안타깝게도 고린도 교회에도 세속 사상(이 경우에는 헬레니즘의 이원론)이 파고들었다. 바울이 들으니 고린도 교회에 신자의 몸이 부활할 것을 부인하는 이들이 있었다. 그들은 신자가 죽으면 영원히 영으로 존재한다고 가르쳤던 모양이다. 바로 이 잘못된 가르침을 바울이 고린도전서 15장에서 바로잡고 있다.

15장 첫 부분에는 일단 바울이 다루려는 주제가 소개된다. 1-11절에서 그는 예수님의 부활이 복음의 핵심 교의임을 일깨워 준다. "형제들아, 내가 너희에게 전한 복음을 너희에게 알게 하노니 이는 너희가 받은 것이요 또 그 가운데 선 것이라. 너희가 만일 내가 전한 그 말을 굳게 지키고 헛되이 믿지 아니하였으면 그로 말미암아 구원을 받으리라"(1-2절). 이것이 바울을 비롯한 사도들이 전한 복음이요 고린도 교인들이 믿은 복음이다. 구원을 받으려면 계속해서 이 복음을 믿어야 한다.

이어서 바울은 복음을 요약한다. "내가 받은 것을 먼저 너희에게 전하였노니"(3절). 사도행전 18장에 기록되어 있듯이 그는 이 복음의 메시지를 18개월 동안 그들에게 사역할 때 전했다. 그는 이 메시지를 자신이 지어낸 것이 아니라며 "내가 받은 것"이라고 밝혔다. 어디서 어떻게 받았는지 갈라디아서에 나온다. "형제들아, 내가 너희에게 알게 하노니 내가 전한 복음은 사람의 뜻을 따라 된 것이 아니니라. 이는 내가 사람에게서 받은 것도 아니요 배운 것도 아니요 오직 예수 그리스도의 계시로 말미암은 것이라"(갈 1:11-12). 바울은 이제부터 요약하려는 복음이 자신의 복음이 아님을 분명히 해둔다. 주 예수님이 그에게 직접 복음을 가르쳐 주셨다!

게다가 이 메시지는 가장 중요하다(이 장의 저자가 사용하는 NASB 등 여러 역본에 3절의 "먼저"가 그렇게 옮겨져 있다—옮긴이). 그것이 일차이고 핵심이며 필수다. 바울은 기독교 신앙의 이 핵심 메시지를 유앙겔리온(*euangelion*), 즉 "복음"(기쁜 소식)이라 칭했다(1절). 이어 3-11절에 기쁜 소식을 요약했는데, 이 본문은 교회의 초기 신앙고백의 단편일 수도 있다. 많은 교회 역사가가 그렇게 본다.

> 내가 받은 것을 먼저 너희에게 전하였노니 이는 성경대로 그리스도께서 우리 죄를 위하여 죽으시고 장사 지낸바 되셨다가 성경대로 사흘 만에 다시 살아나사 게바에게 보이시고 후에 열두 제자에게와 그 후에 오백여 형제에게 일시에 보이셨나니 그중에 지금까지 대다수는 살아 있고 어떤 사람은 잠들었으며 그 후에 야고보에게 보이셨으며 그 후에 모든 사도에게와 맨 나중에 만삭되지 못하여 난 자 같은 내게도 보이셨느니라. 나는 사도 중에 가장 작은 자라. 나는 하나님의 교회를 박해하였으므로 사도라 칭함 받기를 감당하지 못할 자니라. 그러나 내가 나 된 것은 하나님의 은혜로 된 것이니 내게 주신 그의 은혜가 헛되지 아니하여 내가 모든 사도보다 더 많이 수고하였으나 내가 한 것이 아니요 오직 나와 함께하신 하나님의 은혜로라. 그러므로 나나 그들이나 이같이 전파하매 너희도 이같이 믿었느니라(3-11절).

이 본문에서 바울은 복음(자신이 주님께 직접 받아 전한 기독교 신앙의 핵심 메시지)을 네 가지 기본 명제로 압축한다. 문장의 구조가 명확하다. 그리스도께 받아 고린도 교회에 전한 복음의 네 명제를 그는 매번 헬라어의 흔한 종속접속사 "~하는 것"[호티(*hoti*)]으로 시작한다. 즉 그가 "너희에게 전하였노니"라고 말한 진리는 "성경대로 그리스도께서 우리 죄를 위하여 죽으"신 것(3절)과 "장사 지낸바 되"신 것(4절)과 "성경대로 사흘 만에 다시 살아나"신 것(4절)과 "보이"신(나타나신) 것(5-8절)이다.

네 명제 모두 복음의 중핵이며, 관건은 우리 주 예수 그리스도시다. 예수님의 생애에 일어난 이 네 가지 사건 속에 복음의 핵심이 담겨 있다.

자세히 살펴본 복음의 네 가지 명제

우리를 대신하신 죽음

먼저 "성경대로 그리스도께서 우리 죄를 위하여 죽으시고"(3절)라는 말부터 보자. 여기 "위하여"로 번역된 헬라어 단어는 흔히 '위하다, 유익하게 하다'는 뜻으로 쓰인다. 예수님의 죽음은 믿는 자들의 죄와 관련하여 무언가 유익을 이루었다. 그분의 죽음이 죄와 어떻게 관계되느냐가 핵심 질문인데, 안타깝게도 속죄의 성질에 대한 이 논란은 지금도 계속되고 있다. 마가복음 10장 45절에서 우리 주님은 자신의 죽음이 우리 죄를 **대신하는** 성격이라고 밝히 설명하셨다. 즉 그분이 오신 것은 "자기 목숨을 많은 사람의 대속물로 주려 함"이었다. 여기 "~의"로 옮겨진 헬라어 단어[안티(anti)]는 '대신하여, 대리하여'라는 뜻이다. 요컨대 그리스도가 우리 죄를 위하여 죽으셨다는 말은 죄 때문에 마땅히 죽어야 할 자들을 **대신하여** 죽으셨다는 의미다.

하나님은 거룩하고 정의로우시므로 단 하나의 죄도 벌하지 않으실 수 없다. 그런데 사랑과 은혜로 신기하게 이루어 내신 칭의를 통하여, 아버지는 신자가 될 모든 사람의 모든 죄책을 그리스도에게 전가하셨다. 하나님은 당신의 머릿속을 스쳐간 모든 악한 생각, 여태 표출한 모든 비열한 태도, 입에서 나온 모든 불경한 말, 여태 범한 모든 죄의 행위를 다 아셨다. 그리고 이 모두에 형벌이 요구되었다. 그런데 아버지께서 은혜롭게도 이 모든 죄를 예수 그리스도에게 전가하셨다. 그리하여 이 모든 죄에 마땅히 내려야 할 벌을 자기 아들에게 부으셨다.

　로마서 3장 25절을 보면 성부 하나님이 공공연히 십자가에 아들을 화목 제물로 드러내셨다. 우리 죄에 대한 그분의 정의로운 진노를 충족시키신 것이다. 고린도후서 5장 21절에는 하나님이 "죄를 알지도 못하신" 그리스도를 "우리를 대신하여 죄로 삼으"셨다고 했다. 베드로전서 2장 24절에도 "친히 나무에 달려 그 몸으로 우리 죄를 담당하셨으니"라고 나와 있다. 이것이 주님이 우리를 위하여 해주신 일이다.

　메시아가 죄인들을 대신하여 죽으신다는 개념은 바울이 지어낸 것이 아니라 3절에 말했듯이 히브리 성경대로 된 일이다. 사실 창세기 3장 15절로 까마득히 거슬러 올라간다. 거기서 하나님은 장차 한 특정한 남자 인간이 세상에 와서 죄를 최종 해결할 것이라고 뱀에게 말씀하셨다. 창세기 12장 3절에는 저주받아 마땅한 땅의 모든 족속이 아브라함의 후손을 통하여 영적으로 복을 받으리라는 하나님의 말씀이 나온다. 창세기 22장 17-18절은 더 구체적이다. 아브라함의 씨는 일반적 의미의 물리적 후손을 가리킨다. 그런데 이어서 주님이 "네 씨가 그[히브리어 원문에 단수 '그의'로 되어 있다] 대적의 성문을 차지하리라"고 말씀하신다. 이는 하나님이 집단적 의미의 아브라함 자손이 아니라 특정한 한 자손을 두고 하신 말씀이다. 그 씨가 그 대적의 성문을 차지할 것이다! 아브라함의 한 자손을 통하여 하나님은 오로지 그분의 진노를 당해야 마땅한 모든 족속의 사람들에게 영적으로 복을 주신다.

　메시아의 사역을 통하여 하나님은 진노를 받아야 마땅한 죄인들에게 영적으로 복을 주실 수 있다. 그런데 그 일이 정확히 어떻게 이루어질지는 우리 주님이 태어나시기 약 7백 년 전이 되어서야 밝혀진다. 바로 선지자 이사야를 통하여 주신 이사야 53장의 익숙한 말씀이다. "그가 찔림은 우리의 허물 때문이요 그가 상함은 우리의 죄악 때문이라. 그가 징계를 받으므로 우리는 평화를 누리고 그가 채찍에 맞으므로 우리는 나음을 받았도다. 우리는 다 양 같아서 그릇 행하여 각기 제 길로 갔거늘"(5-6절). 이사야의 말을 직역하면, 여호와께서 우리 모두의 죄책으로 하여금 메시아를 치게 하셨다. 그래서 그분이 다 당하셨다. 이어 이사야는 "그가 살아 있는 자들의 땅에서 끊어짐은 마땅히 형벌받을 내 백성의 허물 때문이라"(8절)고 말한다. 이 고난의 종이 죽으신 이유가 10절에는 "그[가 자신]의 영혼을 속건제물로 드리"셨다고 설명되어 있고, 11절에도 "나의…종이…많은 사람을 의롭게 하며 또 그들의 죄악을 친히 담당하리로다"라고 덧붙여져 있다. 그리스도는 성경대로 우리 죄를 위하여 죽으셨다.

장사 지낸 바 되심

고린도전서 15장 4절에 바울은 고린도 교인들에게 전한 복음의 두 번째 핵심 명제를 "장사 지낸 바 되셨다가"라고 덧붙인다. 예수 그리스도를 장사 지낸 일은 사복음서에 모두 기록되어 있다. 사복음서를 보면 그분이 시신은 금요일 오후 해지기 전에 십자가에서 내려졌고, 니고데모와 아리마대 요셉(둘 다 유대인 최고의회의 부유하고 영향력 있는 의원으로 은밀히 예수님의 제자가 되었다)이 시신을 장사 지낼 준비를 했다.

 그들은 35킬로그램의 향료를 겹겹의 세마포 사이에 넣어가며 서둘러 시신을 싸서 얼른 인근의 새 무덤에 안치했다. 현지의 부드러운 석회암에 판 굴로서 아리마대 요셉의 무덤이었는데, 위치는 아마 오늘날의 성묘교회일 것이다. 그들은 시신을 무덤에 둔 뒤 커다란 원형 돌판으로 입구를 봉했다. 복음서에 보면 예수님을 따르던 여자 중 적어도 넷이 이 장례를 목격했다. 바울이 그리스도께 받아서 전한 복음에도 우리 주님이 장사 지낸 바

되셨다는 사실이 들어 있다. 그분의 시신은 무덤에 안치되었다.

이것이 왜 복음의 필수 요소인가? 예수님이 죽으셨다는 증거이기 때문이다. 그전에 로마 병사가 그분의 죽음을 창끝으로 확인한 뒤 백부장이 빌라도에게 보증했으니 장례는 그분이 실제로 죽으셨다는 추가 증거다. 또한 예수님의 장례는 그분이 부활하셨다는 증거이기도 하다. 제자들이 부활을 확신한 주요 증거 중 하나가 빈 무덤이었다. 그들이 빈 무덤을 보고 부활을 확신할 수 있었던 근거는 그분이 장사 지내진 것과 무덤의 정확한 위치를 전하는 목격자의 증언에 있었다. 유대 산헤드린의 두 의원이 증언했고, 최소한 네 여자가 증언했으며, 무덤을 지키도록 배치된 로마 수비대도 증언했다. 예수님은 성경에 예언된 대로 우리 죄를 위하여 죽으셨을 뿐 아니라 **장사 지낸 바** 되셨다.

승리의 부활

바울이 전한 복음의 세 번째 위대한 명제는 "성경대로 사흘 만에 다시 살아나사"(4절)였다. 사복음서는 모두 부활에서 절정에 달한다. 초대 교회의 설교를 살펴보면 부활이 모든 설교의 핵심임을 금방 알 수 있다. 기독교 신앙과 거기에 약속된 구원은 예수 그리스도의 부활에 생사가 달려 있다.

바울의 원문에 "살아나사"는 과거 사건의 결과가 현재까지 지속될 때 쓰는 완료시제로 되어 있다. 예수님은 다시 살아나 **지금도** 살아 계신다. 그분께는 불멸하는 생명의 권능이 있다! 아버지께서 기적처럼 예수님의 몸에 물리적 생명을 되돌리셨다. 그런데 예수님은 자신이 예전에 다시 살리셨던 이들처럼 살아나신 것이 아니다. 예수님을 살리실 때 아버지는 영광스러운 새 몸을 주셨다. 바울은 빌립보서 3장 21절에 이것을 "자기 영광의 몸"이라고 표현했다. 부활하신 그분의 몸은 그때나 지금이나 실제로 살과 뼈가 있는 물리적인 몸이다. 다른 사람이 만질 수 있는 몸, 음식을 먹고 마실 수 있는 몸, 그러면서도 인간의 연약함과 질병과 죽음에 더는 매이지 않은 몸이다.

메시아의 부활 역시 새삼스러운 개념이 아니라 바울의 말처럼 "성경대로" 된 일이다(고전 15:4). 사도들이 사도행전에서 가장 자주 인용한 구약 본문은 시편 16편 10절이다. "이는 내 영혼을 음부에 버리지 아니하시며 주의 거룩한 자로 썩지 않게 하실 것임이니이다"(개역한글). 베드로가 오순절 날 설교할 때 다윗의 예언을 설명했듯이, 메시아는 죽기는 하지만 결코 시신의 부패를 경험하지 않는다. 향료로 방부 처리를 하지 않은 시신은 며칠 내로 썩기 시작한다. 따라서 예수님이 사흘째, 정확히 약 36시간 이내에 살아나셨다는 사실은 그 예언의 성취에 매우 중요하다. 구약에 부활이 암시된 또 다른 핵심 본문은 이사야 53장 10절이다. "여호와께서 그에게 상함을 받게 하시기를 원하사 질고를 당하게 하셨은즉 그의 영혼을 속건 제물로 드리기에 이르면." 메시아는 속건 제물이 되어 죽으셔야 했다. 그런데 다음 문구를 보면 속건 제물로 죽으실지라도 "7가 씨를 보게 되며 그의 날은 길 것이요 또 그의 손으로 여호와께서 기뻐하시는 뜻을 성취하리로다"라고 되어 있다. 이어 12절에 이 종이 죽은 후에 "내가 그에게 존귀한 자와 함께 몫을 받게 하며 강한 자와 함께 탈취한 것을 나누게 하리니 이는 그가 자기 영혼을 버려 사망에 이르게…[하였]음이니라"고 덧붙여져 있다. 예수님은 성경 말씀대로 사흘 만에 다시 살아나셨다.

영광스러운 부활

바울이 고린도전서 15장에서 말한 복음의 네 번째 명제는 그리스도가 부활하신 후 많은 목격자에게 나타나셨다는 것이다(5-11절). 여기 바울이 그리스도께 받아서 전한 복음 메시지의 또 다른 핵심 요소가 있다. "보이시고"(5절).

하나님은 일부러 부활 이후에 열네 번이나 되는 나타나심을 통하여 부활의 역사적 사실성을 확증하셨다. 예수님은 적어도 열 군데에서 여러 번에 걸쳐 총 5,500명이 넘는 사람에게 나타나셨다. 개인에게, 일단의 제자에게, 5백 명이나 되는 큰 무리에게 자신을 보이셨다. 남자와 여자에게 보이셨다. 공적으로, 사적으로, 하루 중 다른 때에, 예루살렘과 갈릴리에 나타나셨다. 5-8절에서 바울은 그리스도가 부활 후에 나타나신 14회 중에서 6회를 기록했다. 그의 요지는 우리가 받아들인 기쁜 소식이 맹신의 비약이 아니라는 것이다. 복음의 근거는 구약 성경에 기록되어 있고, 예수님이 대리인으로 엄선하신 사도들의 기록을 통하여 신약에 전수되었다. 부활하신 그리스도를 목격한 5백 명도 넘는 신자의 증언도 빼놓을 수 없다.

이렇듯 복음의 심장에는 네 가지 기본 명제가 있다. 그것이 우리가 전하는 메시지의 핵심이다. 이 첫 단락을 바울은 11절에서 이렇게 마무리한다. "그러므로 나나 그들[다른 사도들]이나 이같이 전파하매 너희도 이같이 믿었느니라."

부활을 부정할 때 나타나는 결과

지금까지는 바울의 도입부였고 12-19절에 드디어 본론이 나온다. 그는 고린도 교인들에게 그들의 생각이 모순된 점을 보여 주려 했다. 신자가 장차 몸으로 부활할 것을 그들이 부인한다면 이는 비논리적이다. 그들이 믿는다고 주장하는 복음에는 예수님의 육체적 부활이 하나의 핵심 명제로 들어 있기 때문이다.

"그리스도께서 죽은 자 가운데서 다시 살아나셨다 전파되었거늘 너희

중에서 어떤 사람들은 어찌하여 죽은 자 가운데서 부활이 없다 하느냐. 만일 죽은 자의 부활이 없으면 그리스도도 다시 살아나지 못하셨으리라"(12-13절). 이런 말이나 같다. "너희가 신자의 부활을 부인한다면 논리적으로 아무도 죽은 자 가운데서 다시 살아난 적이 없다. 이는 그리스도도 다시 살아나지 않으셨다는 뜻이다." 그런데 예수 그리스도의 부활을 부정할 때 나타나는 결과는 그야말로 대참사다.

14-19절에서 바울은 그들의 입장이 가져올 섬뜩한 결과를 나열하여 주님의 부활이 중심에 있음을 입증한다. 그리스도가 다시 살아나지 않으셨다면 모든 것이 사라진다. 이 쐐기돌을 빼내면 기독교는 붕괴하여 깨진 돌무더기가 되고 만다. 쓸모없이 죽은 종교들을 폐기하는 역사의 쓰레기통에나 어울릴 것이다. 예수님의 시신이 지금도 멀리 이스라엘의 무덤 속에 있다면 그 결과는 짐작하기는커녕 상상할 수도 없다. 그리스도가 부활하지 않으셨을 경우에 나타날 비참한 결과를 바울은 구체적으로 다섯 가지로 꼽는다.

합당한 복음이 없다

첫 번째 결과는 합당한 복음이 없다는 것이다. 14절에 "그리스도께서 만일 다시 살아나지 못하셨으면 우리가 전파하는 것도 헛것이요"라고 했다. 여기 "전파하는 것"으로 번역된 헬라어 단어 케리그마(kerugma)는 전파하는 행위가 아니라 바울이 주님을 위하여 공식적으로 선포한 내용을 가리킨다. 그 내용을 그는 방금 1-11절에서 설명했다. 요컨대 "그리스도께서 다시 살아나지 않으셨다면 복음은 헛것"이라는 말이다. "헛것"으로 옮겨진 원어는 '비어 있다, 알맹이가 없다, 영적 가치가 없다'는 뜻이다. 무덤이 비어 있지 않으면 복음이 속 빈 강정이 된다. 그리스도가 부활하지 않으셨다면 복음은 쓸모없는 메시지가 되어 기독교라는 거대한 건물이 몽땅 허물어진다.

미국 역사상 최악의 재난으로 존스타운 대홍수를 빼놓을 수 없다. 며칠간 비가 내린 끝에 1889년 5월 31일 사우스포크 댐에 대참사가 일어났다. 댐의 위치는 펜실베이니아주 존스타운 시내에서 상류 쪽으로 22킬로미터 지점이었다. 댐이 터지자 2천만 톤의 물이 방류되며 미시시피강과 똑같은 유속으로 흘렀다. 불과 몇 분 후에 높이가 10-12미터에 달하는 큰물과 잔해가 시속 65킬로미터의 속도로 존스타운 시내에 들이닥쳤다. 10제곱킬로미터 면적의 시내가 파괴되었고 2,200명이 사망했다. 99가구는 전원이 몰살당했다.

댐은 왜 붕괴되었을까? 역사가 데이비드 맥컬로는 이 재난을 다룬 저서에 이렇게 설명했다. "사우스포크 댐의 경우 재건 담당자들이 이 분야의 전문가여야 했으나 전문가가 아니었다. 잘 알지도 못하면서 일했거나, 그와 똑같이 중요하게 자신들이 하는 일이 어떤 결과를 가져올 수 있는지를 몰랐다."[4] 그래서 완전무결해야 할 댐의 구조물에 결함이 생겼다.

우리의 신앙이라는 거대한 건물에서 그리스도의 부활은 중심에 해당한다. 부활이 복음과 기독교 신앙을 떠받친다. 부활이 사실이 아니라면 사우스포크 댐처럼 전체 구조물이 붕괴되어 부활을 믿은 사람을 모두 파멸에 떨어뜨린다. 그리스도의 시신이 살아나지 않고 지금도 유대의 후미진 무덤에 누워 계시다면, 바울을 비롯한 사도들이 전한 기쁜 소식은 마땅히 폐기되어야 할 구닥다리 허구에 불과하다. 합당한 복음도 없고 우리가 전할 메시지도 없다.

---

4 David McCullough, *The Johnstown Flood*(New York: Simon & Schuster, 1968), 262.

합리적인 믿음이 없다

그다음으로 이어지는 두 번째 비참한 결과가 있다. 그리스도가 부활하지 않으셨다면 합리적인 믿음도 없다. 바울은 고린도 교인들에게 "그리스도께서 만일 다시 살아나지 못하셨으면 우리가 전파하는 것도 헛것이요 또 너희 믿음도 헛것이며"(14절)라고 말했다. 이는 실체 없이 속이 빈 믿음이다. 믿는 것이야 자유지만 영적 가치가 전혀 없이 쓸모없는 믿음이다.

우리를 대신하신 그리스도의 죽음과 부활은 공동 운명체다. 둘 다 사도들의 말대로 역사 속의 실제 사건이어서 우리 믿음이 합리적이든지, 아니면 둘 다 날조여서 우리 믿음이 불합리하든지 둘 중 하나다. 포스트모더니즘에서 뭐라 말하든 실재란 사람에 따라 주관적이지 않다.

멕시코의 빈민 아동에 대한 신문 기사를 읽어 보았겠지만, 그들의 암 치료에 투여된 약은 가짜였다. 정부 관리의 보고에 따르면 "감식 결과 아동들의 화학요법에 쓰인 것은 실제 의약품이 아니라 약리 작용이 없는 합성물이었다. 사실상 증류수에 불과했다."[5] 정말 비참한 일이다. 가족들은 그 약이 진짜며 자녀에게 도움이 된다고 믿었다. 안타깝게도 몇 아이는 목숨을 잃었다. 이 가슴 아픈 사례에서 보듯이 믿음이 아무리 커도 믿음의 대상이 잘못되어 있으면 소용없다.

우리가 믿는 대상은 부활하신 주님이다. 그분이 아직도 죽어 있다면 우리의 믿음은 쓸모없고 복음에 대한 확신도 완전히 불합리하다. 그리스도가 다시 살아나지 않으셨다면 합당한 복음과 합리적인 믿음은 없다.

---

5 Andrew V. Pestano, "Mexico probing 'brutal sin' alleging cancer kids given water, not chemo," *UPI* 웹사이트(2017년 1월 20일). https://www.upi.com/Top_News/World-News/2017/01/20/Mexico-probing-brutal-sin-alleging-cancer-kids-given-water-not-chemo/5181484920103/.

확실한 계시가 없다

세 번째 비참한 결과는 확실한 계시가 없다는 것이다. 15절에서 바울은 "또 우리가 하나님의 거짓 증인으로 발견되리니 우리가 하나님이 그리스도를 다시 살리셨다고 증언하였음이라. 만일 죽은 자가 다시 살아나는 일이 없으면 하나님이 그리스도를 다시 살리지 아니하셨으리라"고 썼다. 이 구절에서 사도는 인상적인 단어를 택했다. "발견되리니"라는 동사는 흔히 사람의 본색이 탄로났다고 말할 때 쓰인다.

죽은 자의 부활이 없다는 일부 고린도 교인의 말이 맞다면 그리스도는 다시 살아나지 않으셨다. 그러면 지금까지 부활이 있다고 가르친 사람은 모두 하나님의 거짓 증인이었음이 탄로난다. 바울의 말대로 우리의 증언은 거짓일 뿐 아니라 하나님을 거스른 것이 된다. 하나님이 말씀하여 보내지 않으셨는데도 자신이 하나님을 대언한다고 주장하는 것은 중죄다.

예컨대 예레미야 23장에서 하나님은 "이 선지자들은 내가 보내지 아니하였어도 달음질하며 내가 그들에게 이르지 아니하였어도 예언하였은즉 그들이 만일 나의 회의에 참여하였더라면 내 백성에게 내 말을 들려서… 하였으리라"(21-22절)고 말씀하셨다. 이어서 예레미야는 인간이 지어낸 메시지로 자칭 선지자 행세를 한 그들에게 하나님의 심판을 선고한다.

바울의 말인즉 그리스도가 부활하지 않으셨다면 하나님이 죽은 자를 살리신다고 가르친 사람은 모두 예레미야 시대의 그 무익한 선지자들과 같다는 것이다. 그들은 거짓말쟁이요 거짓 선지자라서 믿을 만하지 못하다. 그들은 심지어 하나님의 심판 아래 놓여 있다.

누가 거기에 해당할까? 5-7절의 목격자들이 해당한다. 8절에 "내게도 보이셨느니라"고 말했으니 바울 자신도 해당한다. 5절에 "게바에게 보이시고 후에 열두 제자에게"라고 했고, 또 7절에 "야고보에게 보이셨으며 그 후에 모든 사도에게"라고 했으니 사도 전원이 해당한다. 11절에 따르면 사도들은 부활을 목격했을 뿐 아니라 전파했다. 그러므로 그리스도가 부활하지 않으셨다면 사도들 모두가 거짓 선지자가 된다. 그들이 가르친 모든 내용, 곧 신약 전체가 거짓 가르침이 된다.

바울의 고발은 거기서 그치지 않고 더 거슬러 올라가 구약까지 잡아낸다. 4절에서 그리스도가 "성경대로 사흘 만에 다시 살아나사"라고 했기 때문이다. 이는 구약도 믿을 수 없다는 뜻이다. 심지어 예수 그리스도 자신도 이 고발을 면하기 어렵다. 어째서 그런가? 바울이 전한 복음의 핵심은 부활인데 이 복음을 예수 그리스도께 받았기 때문이다. 우리 주님은 사역 초기에 "너희가 이 성전을 헐라. 내가 사흘 동안에 일으키리라"(요 2:19)고 말씀하셨다. 또 사역 중에 적어도 세 번 더 자신의 부활을 명확히 예언하셨다. 따라서 부활이 없다면 그리스도도 믿을 수 없는 분이 된다. 성경의 가치와 신빙성은 공자나 무함마드나 조셉 스미스(Joseph Smith)의 글 정도밖에 되지 않는다. 하나님에게서 온 믿을 만한 메시지도 없고 확실한 계시도 없게 된다.

진정한 용서가 없다

부활이 없을 때 오는 네 번째 비참한 결과는 진정한 용서를 누릴 수 없다는 것이다. "만일 죽은 자가 다시 살아나는 일이 없으면 그리스도도 다시 살아나신 일이 없었을 터이요 그리스도께서 다시 살아나신 일이 없으면 너희의 믿음도 헛되고 너희가 여전히 죄 가운데 있을 것이요"(16-17절). 바울은 독자에게 논리의 흐름을 되짚는다. "죽은 사람이 살아나지 않는다면 그리스도도 살아나지 않으셨고, 그것이 사실이라면 너희의 믿음도 헛되다." **헛되다**는 단어는 아무런 결과가 없어 무익하다는 뜻이다.

바울은 우리 믿음이 구체적으로 어떻게 헛된지를 "너희가 여전히 죄 가운데 있을 것이요"라고 설명했다. 믿어도 진정한 죄 사함이 없다는 것이다. 다시 말해 당신의 죄에 관한 한 그리스도의 죽음을 통하여 이루어진 일이 전무하게 된다. 신약에 보면 용서와 칭의가 연결될 때가 많은데 이는 놀라운 묶음이다. 우리 죄를 용서받는 것도 그렇고, 예수 그리스도의 의가 우리의 의로 전가되는 것도 그렇다. 그런데 칭의는 종종 부활과도 연결된다.

예컨대 로마서 4장 25절에 "예수는 우리가 범죄한 것 때문에 내줌이 되고 또한 우리를 의롭다 하시기 위하여 살아나셨느니라"고 했다. 우리의 칭의가 확보되려면 예수님의 부활이 꼭 필요했다. 그러나 바울의 이 말이 그리스도가 부활을 **통해서만** 칭의를 확보하셨다는 뜻일 수는 없다. 몇 구절 후인 5장 9절에서 "우리가 그의 피로 말미암아 의롭다 하심을 받았으니"라고 했기 때문이다.

예수님의 죽음으로 칭의가 확보되었는데, 그렇다면 부활은 칭의와 어떤 관계인가? 주로 부활은 아버지께서 예수님을 죄의 제물로 받아 우리의 칭의를 확보하셨다는 증거다. 아버지께서 그리스도를 죽은 자 가운데서 다시 살리지 않으셨다면, 이는 예수님이 자신의 주장과는 다른 존재이며 따라서 우리의 구속을 이룰 자격이 없다는 공적 선언이 되었을 것이다. "그리스도께서 다시 살아나신 일이 없으면…너희가 여전히 죄 가운데 있을 것이요"(17절).

마틴 로이드 존스는 "하나님은 아들이 십자가에서 이루신 일에 전적으로 충분히 만족하셨다. 이 사실을 선포한 것이 부활이다…아들을 살리심으로써 하나님은 아들이 일을 다 이루고 속죄를 완수하여 하나님을 화목하게 하고 그분을 온전히 충족시키셨음을 선포하셨다!"라고 썼다.[6] 부활은

---

6 Martyn Lloyd-Jones, *Romans, An Exposition of Chapters 3:20-4:25—Atonement and*

아버지께서 아들을 제물로 받아 우리의 칭의를 확보하셨다는 증거다.

미국의 모든 지폐에는 재무부 공식 인장이 찍혀 있다. 여태 발행된 지전에 예외가 하나도 없다. 미국 정부가 조폐를 시작한 때는 남북전쟁 자금으로 그린백 통화를 발행한 1862년이다. 처음에는 직원 다섯 명이 재무부 본관의 다락에서 한 가지 일만 했다. 발행된 모든 지폐에 일일이 재무부 공식 인장을 찍는 것이다. 인장은 그 돈이 법정 화폐로 통용될 진품이라는 증거였다.

이와 마찬가지로 부활은 하나님이 예수님을 제물로 받으셨다는 공식 인장이었다. 그리스도의 죽음을 통하여 우리의 빚이 완불되었음을 하나님이 인정하신다고 말씀하신 셈이다. 금요일 오후 3시에 주님은 큰 소리로 "다 이루었다"라고 외치며 수난을 마감하셨다. 그러나 하늘은 아버지께서 동의하시는지 보려고 기다렸다. 주일 아침 동트기 전 어느 시점에 아버지도 우리 주 예수님을 죽은 자 가운데서 살리심으로써 "다 이루었다"라고 사실상 화답하셨다!

찰스 스펄전은 이렇게 썼다.

> 예수 그리스도의 피는 하나님께 받아들여졌다. 그리스도가 죽어 무덤에 계신 동안에는 하나님이 이 대속물을 받으셨는지 하늘도 땅도 알 수 없었다. 인류 구원의 위대한 대헌장에 하나님의 인장이 필요했다. 마침내 인장이 찍힌 때는…하나님이 천사를 불러 명하시어 천사가 하늘에서 내려와 돌을 굴리던 순간이었다…그리스도가 아버지의 권능의 영광으로 죽은 자 가운데서 살아나 밖으로 나오시던 그때, 우리 구속의 대헌장에

Justification(Edinburgh, Scotland: Banner of Truth Trust, 1998), 244. (『마틴 로이드 존스의 로마서 강해-제1권(3:20-4:25)』 기독교문서선교회)

인장이 찍혔다. 그분의 피가 받아들여져 우리 죄가 사해졌다. 당신이 오늘이라도 그리스도의 피에 의지하여 하나님께 나아온다면 이제 하나님은 당신을 물리치실 수 없다. 예를 갖추어 말하거니와 영원하신 하나님도 그리스도의 피에 의지하는 죄인을 물리치실 수 없다. 만일 물리치신다면 자신을 부인하는 셈이기 때문이다…**이미 부활을 받아들이신 하나님은 결코 이를 번복하실 수 없다.** 당신이 십자가에 달리신 예수님의 피에만 순전히 의지하여 하나님께 나아간다면 그분은 하나님이기를 포기하시지 않는 한, 당신이나 그 피를 물리치실 수 없다.[7]

아버지께서 예수 그리스도를 죽은 자 가운데서 살리심으로써 그 죽음에 친히 인을 치셨다! 그분이 그리스도를 다시 살리지 않으셨다면 이는 그 제물을 물리치셨다는 뜻이고, 우리는 여전히 죗값을 치러야 한다. 진정한 용서가 없는 것이다.

영생이 없다

부활이 없다면 다섯 번째이자 마지막 결과로 영생이 없다. 바울은 "또한 그리스도 안에서 잠자는 자도 망하였으리니"(18절)라고 썼다. "또한"이라는 말이 암시하듯 이것은 그가 방금 전에 한 말의 불가피한 결과다. 즉 우리가 여전히 죄 가운데 있다면 그리스도 안에서 죽은 이들도 죄 가운데 있을 수밖에 없다. 일부 고린도 교인의 말대로 부활이 없다면 예수님을 믿다가 죽은 이들은 여전히 죄 가운데 죽어 "망하"였다. 이 동사는 바울이 하나님과 영원히 분리된 상태로 죽은 이들을 기술할 때 쓴 단어다. 고린도전서 1

---

[7] Charles Spurgeon, "The Blood," *Spurgeon: New Park Street Pulpit: 347 Sermons from the Prince of Preachers*(OSNOVA, 2012).

장 18절에서 "십자가의 도가 멸망하는 자들에게는 미련한 것이요"라고 했고, 고린도후서 4장 3절에서도 "우리의 복음이…망하는 자들에게 가리어진 것이라"고 했다. 데살로니가후서 2장 10절에는 망하는 자들이 진리를 받아들이지 않고 사랑하지도 않아 구원받지 못하는 부류로 정의되어 있다. 성경은 영혼 소멸설을 단호히 배격한다. 마태복음 25장 46절에서 주님이 친히 밝히셨듯이 예수님 없이 죽은 이들도 영생을 얻은 이들과 똑같이 영원히 존재한다. "그들은 영벌에, 의인들은 영생에 들어가리라."

바울의 말은 예수님의 부활이 없다면 그분을 믿다가 죽은 이들이 없어져 버린다는 뜻이 아니다. 그들도 계속해서 영원히 산다. 다만 아주 잃은 바 되어 영영 하나님과 분리된 채로 영원히 지옥의 고통을 당한다. 그들에게 영생은 없고 영벌뿐이다.

그리스도가 부활하지 않으셨을 경우에 임할 모든 비참한 결과를 바울은 19절에서 이런 섬뜩한 말로 요약한다. "만일 그리스도 안에서 우리가 바라는 것이 다만 이 세상의 삶뿐이면 모든 사람 가운데 우리가 더욱 불쌍한 자이리라." 왜 그럴까? 부활이 없다면 우리가 믿는 복음은 알맹이가 없고, 그리스도를 믿는 믿음은 무익하며, 하나님의 말씀은 거짓말이 되기 때문이다. 우리는 여전히 죄의 형벌 아래 살아가며, 예수님을 믿다가 죽은 이들도 모두 회복 불능으로 잃은 바 되는 것이다. 죽으면 우리도 하나님과 영원히 분리된다. 그러니 당연히 모든 사람 가운데서 가장 불쌍하다.

그런데 20절에 반전이 나온다. "그러나 이제 그리스도께서 죽은 자 가운데서 다시 살아나사." 여기 "이제"라는 단어는 시간의 순서가 아니라 논리의 전개다. 지금까지 길고도 어두운 한순간 동안 바울은 논의의 취지상 그리스도가 부활하지 않으셨다고 가정했다. 그러다 "이제"라는 단어로 우리를 도로 현실로 데려다 놓는다.

다행히 나는 악몽을 기억하지 못하는 편인데 이따금 기억나는 악몽이 하나 있다. 언제나 똑같다. 내가 어떤 장소에 가면 큰 무리가 틀림없이 예배를 드리려고 모여 있다. 예배가 시작되기 5분 전쯤인데 문득 알고 보니 내가 설교를 해야 한다. 이것이 악몽인 이유는 내가 전혀 준비되어 있지 않기 때문이다. 회중이 마지막 찬송을 부른다. 그다음은 내가 강단에 올라가 하나님의 말씀을 전할 차례다. 나는 설교할 메시지를 찾으려고 부랴부랴 성경을 뒤진다. 당신도 어쩌면 이보다 더 초조한 악몽을 꾼 적이 있을 것이다. 악몽에서 깨어나 그것이 사실과 생시가 아님을 알면 얼마나 깊은 안도가 밀려오는지 모른다.

20절의 "그러나 이제 그리스도께서 죽은 자 가운데서 다시 살아나사"라는 말씀에 도달한 우리의 심정이 그래야 한다. 현실로 돌아온 것을 환영한다! 그리스도가 죽은 자 가운데서 다시 살아나셨기에 그 모든 비참한 결과는 사실이 아니다. 오히려 정반대가 사실이다. 복음은 은혜와 소망의 합당한 메시지다. 우리의 믿음은 합리적이다. 복음에 대한 확신도 철저히 정당하다. 여태 그리스도의 부활을 가르친 모든 사람은 믿을 만한 증인이며, 그리하여 성경은 하나님의 확실한 계시다. 그리스도의 죽음을 통하여 진정하고 영원한 용서가 이루어졌다. "내 지은 죄 주홍빛 같더라도 주 예수께 다 아뢰면 그 십자가 피로써 다 씻으사 흰 눈보다 더 정하리라."[8] 그동안 죽은 모든 신자는 지금 그리스도의 임재 안에 있으며, 장차 주님이 그러하셨던 것처럼 몸의 부활을 경험할 것이다. 이 놀라운 15장 나머지에서 바울이 설명했듯이 우리는 예수 그리스도의 부활 덕분에 이 모든 실체를 철석같이 확신할 수 있다.

---

8 Horatio G. Spafford, "It Is Well with My Soul"(1873), *Timeless Truths* 웹사이트. http://Library.timelesstruths.org/music/It_Is_Well_with_My_Soul/. (새찬송가 413장)

부활에 합당한 삶

아마 당신은 이미 부활을 믿을 것이다. 그렇다면 우리는 이 본문의 가르침에 어떻게 반응해야 할까? 『성경적 교리』라는 책에 부활의 결과가 스무 가지쯤 열거되어 있으니 그 책을 읽어 볼 것을 권한다.[9] 여기서는 하나님의 말씀을 전하고 그분의 백성을 목양하는 이들을 위하여 그리스도의 부활에 함축된 의미를 몇 가지만 살펴보겠다.

복음에 언제나 부활이 포함되어 있음을 자신과 교인에게 일깨우라. 4절에서 바울이 말했듯이 부활은 그를 비롯한 사도들이 전한 복음의 한 핵심 교의였다. 로마서 10장에 보면 그리스도인이 되려면 예수 그리스도가 죽은 자 가운데서 살아나셨음을 믿어야 한다. 찰스 하지는 그 본문을 이렇게 설명했다. "그리스도의 부활은 그분의 사명이 신성하고 그분의 모든 주장이 정당함을 보여 주는 크고 결정적인 증거였다. 따라서 죽은 자 가운데서 살아나신 그분을 믿는다는 말은 곧 그분이 하나님의 아들이시고, 우리 죄를 위한 화목 제물이시며, 인간의 구속자요 주님이심을 믿는다는 뜻이다. 그분의 정체는 자신이 주장하신 대로이며, 그분은 뜻하신 일을 다 이루셨다."[10] 예수님의 모든 주장과 가르침이 부활로 확증되었음을 믿지 않는 사람에게는 구원이 없다. 그러므로 당신이 전하는 복음에 늘 부활을 포함시키기로 결단하라.

예수님의 주장들이 부활로 입증되었음을 자신과 교인에게 일깨우라. 그분은 하나님의 아들로 자칭하셨고 그 주장의 유효성을 과감히 자신의 부활에 거셨다. 요한복음 2장 18절에서 유대인들이 예수님께 "네가 이런 일을 행하

---

[9] John MacArthur & Richard Mayhue 편집, *Biblical Doctrine: A Systematic Summary of Bible Truth*(Wheaton, IL: Crossway, 2017).

[10] Charles Hodge, *A Commentary on Romans*(East Peoria: Banner of Truth Trust, 2009), 129.

니 무슨 표적을 우리에게 보이겠느냐"라고 했을 때 그분은 "너희가 이 성전을 헐라. 내가 사흘 동안에 일으키리라"(19절)고 답하셨다. 유대인 지도자들이 예수님께 사형을 선고한 것도 그분이 하나님의 아들임을 자칭하셨기 때문이다. 마가복음 14장 61-64절에 보면 대제사장 가야바가 예수님께 "네가 찬송 받을 이의 아들 그리스도[메시아]냐"라고 묻는다. 이에 예수님은 "내가 그니라. 인자가 권능자의 우편에 앉은 것과 하늘 구름을 타고 오는 것을 너희가 보리라"고 이르셨다. 그러자 대제사장이 자기 옷을 찢으며 "우리가 어찌 더 증인을 요구하리요. 그 신성모독 하는 말을 너희가 들었도다. 너희는 어떻게 생각하느냐"라고 이르자 그들이 다 예수님을 사형에 해당한 자로 정죄했다. 부활이 없다면 그들의 말이 옳았을 것이다. 예수님의 부활은 자신이 하나님의 아들이라는 그분의 주장이 신성모독이 아니라 철저히 옳았다는 증거다!

그래서 오순절 날 베드로는 부활과 승천에 근거하여 "이스라엘 온 집은 확실히 알지니 너희가 십자가에 못 박은 이 예수를 하나님이 주와 그리스도가 되게 하셨느니라"(행 2:36)고 말했다. 로마서 1장 4절에도 "성결의 영으로는 죽은 자들 가운데서 부활하사 능력으로 하나님의 아들로 선포되셨으니 곧 우리 주 예수 그리스도시니라"고 덧붙여져 있다. 예수님의 주장들은 부활로 입증되었다.

예수님이 피로 사신 모든 복이 부활로 확보되고 보증됨을 자신과 교인에게 일깨우라. 로마서 5장 10절에 "우리가 원수 되었을 때에 그의 아들의 죽으심으로 말미암아 하나님과 화목하게 되었은즉 화목하게 된 자로서는 더욱 그의 살아나심으로 말미암아 구원을 받을 것이니라"고 했다. 헬라어 원문을 직역하면 "그의 생명 안에서 구원을 받을 것이니라"다. 그분이 확보하신 모든 복이 우리 것이 된다는 보장은 우리와 예수 그리스도의 관계, 즉 부활하신 그분과의 연합에 있다. 로마서 8장 34절에 "누가 정죄하리요. 죽으실 뿐 아니라 다시 살아나신 이는 그리스도 예수시니 그는 하나님 우편에 계신 자요"라고 했다. 거기서 그분은 무엇을 하시는가? "우리를 위하여 간구하시는 자시니라." 히브리서 7장 25절에도 "자기를 힘입어 하나님께 나아가는 자들을 온전히 구원하실 수 있으니 이는 그가 항상 살아 계셔서 그들을 위하여 간구하심이라"고 나와 있다. 그분의 죽음으로 확보된 모든 것이 그분의 생명을 통하여 우리에게 보장된다.

그리스도 안에서 죽은 사람은 모두 장차 부활할 것을 자신과 교인에게 일깨우라. 나는 사랑하는 이의 시신을 내려다보는 우리 교인과 함께 관 앞에 설 기회가 자주 있다. 당신도 비슷한 상황에 처하거든 그리스도인에게는 죽음이 끝이 아님을 교인에게 말해 주라. 우리가 전파하는 부활의 주 그리스도가 죽음을 이기셨음을 상기시켜 주라. 그분은 죽음의 독침을 제거하셨다. 죽음과 무덤을 주관하는 열쇠와 권세가 그분에게 있다.

죽음을 두려워할 필요가 없음을 교인에게 일깨우라. 오히려 우리는 담대하고 기쁘게 죽음을 맞이할 수 있다. 고린도전서 15장 말미에 비울은 "사망아, 너의 승리가 어디 있느냐. 사망아, 네가 쏘는 것이 어디 있느냐"(55절)라고 말했다. 권장할 만한 일은 아니지만 나는 앨라배마주 남부에서 자라던 어린 시절에 가끔 토끼풀 속에서 벌을 찾아내던 기억이 있다. 기다리고 있다가 순진한 벌이 토끼풀에 앉으면 살짝 발로 밟았다. 죽을 정도로는 아니고 기절만 시킨 뒤 날개를 잡고 독침을 내어 가죽 허리띠 끝에 바짝 대면 독침이 가죽에 박혔다. 그때부터 쏘일 염려 없이 벌을 가지고 놀 수 있었다. 그리스도가 사망을 바로 그렇게 만드셨다. 친히 쏘이심으로 독침을 제거하셨다!

비신자에게는 부활이 장차 예수님이 그들의 심판자가 되신다는 뜻임을 말해 주라.

회개하고 예수 그리스도를 구주와 주님으로 영접한 적이 없는 사람은 그분이 부활하셨다는 사실에 어떻게 반응해야 하는가? 바울이 사도행전 17장의 메시지에 그 답을 밝혔다. "하나님이…이제는 어디든지 사람에게 다 명하사 회개하라 하셨으니 이는 정하신 사람으로 하여금 천하를 공의로 심판할 날을 작정하시고 이에 그를 죽은 자 가운데서 다시 살리신 것으로 모든 사람에게 믿을 만한 증거를 주셨음이니라"(30-31절). 죄인에게는 부활을 적용할 길이 하나뿐이니 곧 회개하는 것이다. 회개하라는 명령의 정당성을 입증하는 데 필요한 모든 증거를 하나님이 부활을 통하여 그들에게 주셨다. 거부하는 사람은 어느 날 심판자이신 예수 그리스도 앞에 서야 한다. 로마서 2장에서 바울은 그날을 "진노의 날"이라 칭했다. 오직 진노뿐인 날이다. 회개하지 않으면 어린양의 충천한 노기를 피할 길이 없다. 그것이 부활의 의미임을 죄인에게 경고하라.

끝으로, **부활이 우리를 충실한 사역의 삶으로 이끌어 줌을 자신과 교인에게 일깨우라.** 고린도전서 15장 맨 끝에 바울은 예수님이 부활하셨고 우리도 장차 부활한다는 이 진리의 파급 효과를 하나 제시한다. "그러므로 내 사랑하는 형제들아, 견실하며 흔들리지 말고 항상 주의 일에 더욱 힘쓰는 자들이 되라. 이는 너희 수고가 주 안에서 헛되지 않은 줄 앎이라"(58절). 복음의 진리를 견실하게 확신하라. 그리스도는 우리 죄를 위하여 죽으시고 장사 지낸 바 되셨다가 다시 살아나셨다. 그분을 믿는 우리도 그분처럼 부활한다는 확신에서 흔들리지 말라. 항상 주님의 일에 더욱 힘쓰라. 순종과 섬김의 삶에 헌신하라. 당신의 수고가 주님 안에서 헛되지 않은 줄 알기 때문이다.

우리는 죽은 자 가운데서 다시 살아나신 그리스도를 전파한다!

12

하늘 위로 높이 오르심:
승천

에베소서 1:15-23   H. B. 찰스 주니어(H.B. Charles Jr.)

        주 예수 그리스도가 부활하신 지 40일이 지났건만 제자들은 그동안 있었던 일과 그것이 향후에 미칠 의미가 얼마나 엄청난지를 여전히 몰랐다. 그래서 "주께서 이스라엘 나라를 회복하심이 이때니이까"(행 1:6)라고 물었다. 그들은 이스라엘의 정치적 명운과 점령국 로마에 집착했을 뿐, 그리스도가 십자가에서 이루신 일로 영적 필요를 채워 주신 데는 관심이 없었다. 여전히 엉뚱한 방향을 보고 있었던 것이다. 예수님은 이렇게 답하셨다. "때와 시기는 아버지께서 자기의 권한에 두셨으니 너희가 알 바 아니요 오직 성령이 너희에게 임하시면 너희가 권능을 받고 예루살렘과 온 유대와 사마리아와 땅 끝까지 이르러 내 증인이 되리라"(7-8절).
    이것이 예수님이 하나님의 오른편으로 승천하시기 전에 제자들에게 남기신 마지막 지시였다. 거기서 대화가 툭 끊겼다. 우버 택시를 타고 가버리듯 주님은 순식간에 구름 위로 떠올라 시야에서 사라지셨다. 이렇게 그분이 제자들의 목전에서 승천하실 때 천사들이 "갈릴리 사람들아, 어찌하여 서서 하늘을 쳐다보느냐. 너희 가운데서 하늘로 올려지신 이 예수는 하늘로 가심을 본 그대로 오시리라"(11절)고 발표했다. 이 영광스러운 사건 이후로 그리스도의 승귀(昇貴, exaltation) 모습은 가끔씩 언뜻 보일 따름이고, 그동안 제자들은 부활하신 구주의 기쁜 소식을 땅끝까지 전한다.

스데반이 돌에 맞아 죽을 때 하늘을 우러러보니 하나님의 영광과 그 우편에 서신 예수님이 보였다(행 7:54-60). 다소의 사울은 그리스도의 제자들을 찾아 체포하려고 다메섹으로 가던 길에 하늘의 눈부신 광채에 눈이 멀었고 타고 가던 동물에서 떨어졌다. "사울아, 사울아, 네가 어찌하여 나를 박해하느냐"(9:4)라고 묻는 소리에 사울이 음성의 정체를 되묻자 주님은 "나는 네가 박해하는 예수라"(9:5)고 답하셨다.

부활하여 영화롭게 높여지신 그리스도는 이렇게 잠깐씩 등장하실 뿐이고, 누가가 사도행전을 기록한 초점은 지상 교회의 사역에 있다. 제자들은 성령 하나님의 능력을 입어 그리스도의 복음으로 세상을 뒤집어 놓았다. 사도행전 1장의 사건에 곧장 이어질 후속 기사는 에베소서 1장에 가서야 나온다. 에베소서 1장 15-23절에 에베소 성도들을 위한 바울의 중보 기도가 기록되어 있다. 이 기도에 그리스도의 승천은 전제되어 있기만 하고, 바울은 그분의 부활과 승귀와 왕위에 초점을 맞춘다. 그러나 바로 여기서 우리는 그리스도가 승천하신 의미와 중요성과 유익을 볼 수 있다.

바울의 안부(1-2절)로 시작된 에베소서 1장은 곧 은혜의 찬송으로 이어진다. 죄인을 구원하시는 삼위일체 하나님만의 주권적 은혜를 찬양하는 노래다(3-14절). 우선 3절에서 바울은 "찬송하리로다, 하나님 곧 우리 주 예수 그리스도의 아버지께서 그리스도 안에서 하늘에 속한 모든 신령한 복을 우리에게 주시되"라며 기뻐한다. 이 예배 부름에 뒤이어 그는 십자가에서 그리스도가 이루신 일을 통하여 은혜로 죄인을 구원하시는 성부 성자 성령 하나님을 찬송한다. 그러다가 15-23절에 가면 하나님을 향한 그의 찬송이 성도들을 위한 기도로 흘러넘친다. 이 서신에 기록된 두 번의 기도 중 첫 번째다. 이 본문이 하나님을 더 잘 알게 해달라고 영적 깨달음을 구하는 기도라면, 3장 14-21절은 영적 능력과 힘을 구하는 기도다.

하나님의 조명을 구하는 첫 번째 기도에 앞서 15-16절에서 기도의 계기부터 밝힌다. "이로 말미암아 주 예수 안에서 너희 믿음과 모든 성도를 향한 사랑을 나도 듣고 내가 기도할 때에 기억하며 너희로 말미암아 감사하기를 그치지 아니하고." 에베소 교회에 대한 소식을 듣고 바울은 그들이 참 신자이며 그리스도를 믿고 구원받은 진정한 회심자라는 확신이 들었다. 그들은 또 그리스도 안의 형제자매로서 서로를 진정으로 사랑했다. 이에 바울은 감동하여 이 성도들을 인하여 하나님을 끊임없이 찬송했고 기도 시간에 그들을 기억했다.

17-18절에 성도들을 위한 이 기도의 핵심 간구가 나온다. "우리 주 예수 그리스도의 하나님, 영광의 아버지께서 지혜와 계시의 영을 너희에게 주사 하나님을 알게 하시고 너희 마음의 눈을 밝히사 그의 부르심의 소망이 무엇이며 성도 안에서 그 기업의 영광의 풍성함이 무엇[인지를…너희로 알게 하시기를 구하노라]." 표현이 거창하지만 기도 제목 자체는 단순하다. 영적 깨달음을 구하는 기도다. 바울은 그들이 하나님을 더 잘 알고, 하나님이 그리스도 안에서 해주신 일을 알기를 바랐다. 그들의 마음 눈이 열리고 밝아져, 하나님이 예수님의 십자가의 피와 빈 무덤을 통하여 주신 큰 복을 알게 해달라고 기도했다. 물론 원래의 **수신자**는 우리가 아니지만 그래도

이 서신은 **우리를 위하여** 기록되었다. 본래의 수신자만큼이나 우리에게도 이 기도가 필요하다. 우리도 하나님을 더 잘 알고 그분의 놀라운 은혜를[그 은혜의 실상과 역사(役事)와 능력을] 더 충분히 이해해야 한다. 교회에서 우리가 섬기는 교인에게도 이것이 아주 절실히 필요하다. 굳이 말하자면 섬기는 지도자인 우리에게 가장 절실하다.

18-19절에는 바울이 이 원대한 간구의 예상되는 결과를 진술한다. "그의 부르심의 소망이 무엇이며 성도 안에서 그 기업의 영광의 풍성함이 무엇이며 그의 힘의 위력으로 역사하심을 따라 믿는 우리에게 베푸신 능력의 지극히 크심이 어떠한 것을 너희로 알게 하시기를 구하노라." 하나님이 성도들을 위한 바울의 이 위대한 기도에 응답하시면 세 가지 영적 유익이 돌아온다. 셋 다 자세히 공부할 가치가 있으나 이 장에서는 19절에 나오는 세 번째 영적 유익에 중점을 두려 한다. 곧 "그의 힘의 위력으로 역사하심을 따라 믿는 우리에게 베푸신 능력의 지극히 크심"이다.

바울은 하나님의 지극히 크신 능력을 성도들이 삶 속에서 직접 경험하도록 기도했다. 전능자 하나님의 전능하신 능력은 말로 표현할 수 없다. 사실 19-20절에 하나님의 능력을 묘사하는 헬라어 단어가 네 가지나 쓰였다. 하나님의 능력은 워낙 커서 우리의 이해를 초월한다. 그런데 불가해할 만큼 지극히 크신 그 능력이 우리를 위하여 역사한다. 그래서 바울은 그분의 지극히 크신 능력이 믿는 우리에게 베풀어진다고 표현했다. 하나님의 지극히 크신 능력은 그분의 아들 주 예수 그리스도를 믿는 이들을 위하여 역사한다.

D. A. 카슨은 다음과 같이 주해한다. "바울은 정통이지만 죽은 기독교에 만족할 수 없었다. 칭의의 이론은 무성하지만 사람들의 삶을 변화시키

는 데는 무능한 기독교에 만족할 수 없었다."[1] 우리도 거기에 만족해서는 안 된다. 우리가 섬기는 사람들은 하나님의 주권적 은혜의 실상을 알아야 한다. 그 주권적 은혜의 능력도 경험해야 한다. 우리 자신도 마찬가지다. 우리 교인들도 하나님의 주권적 은혜의 실상을 알고 그 은혜의 능력을 경험해야 한다. 그렇다고 그리스도를 전파하는 일이 우선순위에서 밀려나는 것은 결코 아니다(참조. 골 1:28). 오히려 이는 기도와 말씀 사역에 헌신하는 것이 우리 목회자의 소명임을 일깨워 준다.

한번은 어느 젊은 목사가 내게 기도와 말씀 사역 중 어느 쪽이 더 중요하냐고 물었다. 나는 비행기를 타고 3만 피트(약 9,000미터) 상공을 날 때 왼쪽 날개와 오른쪽 날개 중 어느 쪽이 더 중요하냐고 반문했다. 한쪽 날개라도 제대로 작동하지 않으면 비행기는 추락한다. 비슷하게 워렌 위어스비도 "새가 두 날개로 날고 배가 두 노를 저어 물살을 가르듯 하나님의 말씀과 기도가 우리의 균형을 잡아 주고 전진하게 한다"라고 썼다.[2]

물론 바울은 성도들이 하나님을 더 잘 알고 그분의 주권적 은혜를 더 깊이 이해하도록 기도했다. 하나님은 주 예수 그리스도의 피로 우리를 구원하고 속량하신 분이다. 하지만 바울이 말하는 지식은 그저 그리스도 안에서 하나님을 아는 데서 끝나지 않고, 삶을 변화시키는 하나님의 능력을 경험하는 데로 나아간다. 바로 이 변화를 두고 그는 "우리 가운데서 역사하시는 능력대로 우리가 구하거나 생각하는 모든 것에 더 넘치도록"(엡 3:20)이라는 표현을 썼다. 주 예수 그리스도로 말미암아 하나님의 능력이 우리

---

[1] D. A. Carson, *A Call to Spiritual Reformation: Priorities from Paul and His Prayers*(Grand Rapids: Baker, 1992), 117. (『바울의 기도』 복있는사람)

[2] Warren W. & David W. Wiersbe, *10 Power Principles for Christian Service*(Grand Rapids: Baker Books, 2010), 83. (『건강한 사역자입니까?』 디모데)

를 위하여 역사함은 우리로 하여금 유혹을 물리치고, 죄를 이겨 내고, 순종하며 살고, 이타적으로 사랑하고, 신실하게 섬기고, 담대히 증언하고, 고난까지 기쁘게 당하게 하기 위해서다. 느껴지지 않을지 모르지만 하나님의 능력은 그리스도 안에서 지금부터 영원까지 당신을 위하여 역사한다. 존 필립스는 "이는 이슬방울이 맺힘같이 부드럽고 나무가 자라남같이 눈에 띄지 않지만 하나님의 보좌같이 영원하다"라고 썼다.[3] 그러니 자신이 강하게 느껴지지 않더라도 염려하지 말라. 하나님은 그런 식으로 일하셔서 우리로 하여금 늘 하나님께 의존하게 하신다. 자신이 약하게 느껴질수록 하나님을 더 의지하는 법이다. 느껴지지 않을지 모르지만 하나님은 당신에게 필요한 만큼 힘을 주신다.

지극히 크신 이 능력이 우리를 위하여 역사함을 어떻게 알 수 있는가? 1장 20절에 보면 믿는 우리에게 베푸시는 능력은 곧 "그리스도 안에서 역사하"는 능력이다. 하나님의 능력을 경험하려면 자신이나 상황이나 주변 세상에 초점을 맞추어서는 안 된다. 히브리서 12장 2절에 보듯이 믿음의 경주를 완주하려면 "믿음의 주요 또 온전하게 하시는 이인 예수를 바라보"아야 한다. "그는 그 앞에 있는 기쁨을 위하여 십자가를 참으사 부끄러움을 개의치 아니하시더니 하나님 보좌 우편에 앉으셨"다. 우리는 승천을 간과한 채 예수님의 십자가와 부활에서 곧바로 오순절로 건너뛰는 경향이 있다. 그나마 승천을 생각하더라도 사족처럼 대하기 일쑤다. 그러나 에베소서 1장 20-23절에서 승천하신 그리스도는 하나님의 능력이 우리 안에, 우리를 통하여, 우리 가운데 역사한다는 궁극적 증거로 제시된다. 승천하신 그리스도 안에 나타난 하나님의 능력이 20-23절에 네 가지로 강조되어 있다.

---

[3] John Phillips, *Exploring Ephesians and Philippians*, 제2판(Grand Rapids: Kergel Academic & Professional, 2002), 102.

하나님은 예수 그리스도를 죽은 자 가운데서 다시 살리셨다

기독교를 타종교와 구별지어 주는 진리가 성경에 많이 있다. 가장 중요하고 눈부신 차이점 중 하나가 예수님의 부활이다. 그리스도인은 예수님이 십자가의 죽음과 장례를 거쳐 죽은 자 가운데서 다시 살아나셨다고 믿는다. 부활하신 그분을 많은 목격자가 보았다. 이것이야말로 역사적 기독교의 진원지다. 신봉자들이 창시자의 무덤에 가서 시신의 부재를 확인하는 종교는 기독교뿐이다. 아무리 완고하고 적대적인 비신자도 무덤이 비어 있고 예수님의 시신이 없다는 사실만큼은 반박할 수 없다. 이 사실을 설명하려는(또는 일축하려는) 이론이나 상충되는 철학이 많지만, 성경의 설명보다 더 나은 설명은 없다. 즉 예수님은 살아나셨다! 하나님의 벽장에는 해골이 없다. 예수님은 오늘도 살아 계신다.

기독교는 예수님의 부활이라는 역사적 사실에 기초해 있다. 부활의 역동적 능력에 기초해 있기도 하다. 에베소서 1장 19절에서 바울은 우리를 위하여 역사하는 하나님의 지극히 크신 능력을 신자들이 알게 해달라고 기도한다. 이 능력이 얼마나 큰지는 우리의 이해를 초월한다. 그런데 그 지극히 크신 능력이 그리스도 안에 나타났다. 하나님의 능력이 그리스도 안에 나타난 첫 번째 방식이 20절에 나온다. "그의 능력이 그리스도 안에서 역사하사 죽은 자들 가운데서 다시 살리시고."

내가 자라난 교회 전통에서는 설교자가 십자가를 빠뜨리면 직무 유기였다. 설교 본문이 어디든 갈보리 이야기를 해야 했다. 단 설교자는 예수님을 십자가에 남겨 두어서는 안 되었다. 교인들은 예수님이 금요일에 죽으시고 요셉의 새 무덤에 장사 지낸 바 되었다가 주일 새벽에 다시 살아나셨다는 말까지 나오기를 기다렸다. 과연 예수님은 사흘 만에 죽은 자 가운데서 일어나셨다. 그러나 성경의 표현은 그런 식이 아니다. 바울의 이번 구절처럼 신약에 부활은 일관되게 수동적 관점으로 기술된다. 예수님이 그냥 일어나신 것이 아니라 하나님이 그분을 다시 살리셨다! 하나님은 예수님을 다시 살려 그분이 하나님의 독생자임을 입증하였다. 하나님은 예수님을 다시 살려 십자가에 달리신 그분의 대속 죽음을 자신이 인정함을 선포하셨다. 하나님은 예수 그리스도를 다시 살려 그분을 만유의 주로 높이는 일을 다 이루셨다.

에베소서 1장 19-20절에 보면 하나님이 예수님을 죽은 자 가운데서 다시 살리신 목적이 또 있다. 즉 우리 삶을 변화시킬 능력이 예수님께 있음을 우리에게 입증하셨다. 십자가의 죽음이 하나님의 사랑을 드러냈다면, 부활은 예수님의 능력을 드러냈다. 바울은 로마 성도들에게 거룩하게 살 것을 촉구하면서 세례의 의미를 설명했다. "무릇 그리스도 예수와 합하여 세례를 받은 우리는 그의 죽으심과 합하여 세례를 받은 줄을 알지 못하느냐. 그러므로 우리가 그의 죽으심과 합하여 세례를 받음으로 그와 함께 장사되었나니 이는 아버지의 영광으로 말미암아 그리스도를 죽은 자 가운데서 살리심과 같이 우리로 또한 새 생명 가운데서 행하게 하려 함이라"(롬 6:3-4). 예수님을 다시 살리신 하나님의 영광스러운 능력 덕분에 우리도 능히 새 생명 가운데서 행할 수 있다.

로마서의 조금 뒷부분에서 바울은 "예수를 죽은 자 가운데서 살리신 이의 영이 너희 안에 거하시면 그리스도 예수를 죽은 자 가운데서 살리신 이가 너희 안에 거하시는 그의 영으로 말미암아 너희 죽을 몸도 살리시리라"(8:11)고 썼다. 이는 신자를 향한 하나님의 능력을 알게 해주는 시금석이다. 예수님을 능히 살리신 하나님이라면 그만한 능력이 요구되지 않는 일쯤이야 당연히 처리하실 수 있다. 고린도전서 15장 58절에서 바울은 우리에게 그리스도의 부활에 합당하게 살아가며 하나님을 신뢰하고 섬기는 법을 이렇게 말했다. "그러므로 내 사랑하는 형제들아, 견실하며 흔들리지 말고 항상 주의 일에 더욱 힘쓰는 자들이 되라. 이는 너희 수고가 주 안에서 헛되지 않은 줄 앎이라."

하나님은 예수 그리스도를 자신의 오른편에 앉히셨다

신자는 20절에 나오는 하나님의 능력도 받아 누릴 수 있다. "그의 능력이 그리스도 안에서 역사하사 죽은 자들 가운데서 다시 살리시고 하늘에서 자기의 오른편에 앉히사." 그리스도를 일으키신 하나님의 능력이 또한 그분을 앉히셨다. 신자를 향한 하나님의 지극히 크신 능력은 그분이 그리스도를 앉히신 자리, 즉 '하늘에서 자기의 오른편'을 보면 알 수 있다. 히브리서 1장 3절에도 "죄를 정결하게 하는 일을 하시고 높은 곳에 계신 지극히 크신 이의 우편에 앉으셨느니라"고 나와 있다.

주 예수 그리스도는 하늘에서 하나님의 오른편에 앉아 계신다. 하나님의 오른편에 종으로 서 계시거나 노예로 무릎 꿇고 계신 것이 아니라 아들로 앉아 계신다. 하나님의 오른편은 그분의 힘과 은총과 위엄을 기리키는 성경의 관용구다. 그리스도는 바로 그곳에 앉아 전능자 하나님과 동격의 주권으로 왕위에 오르셨다. 요한복음 17장 5절에서 예수님은 "아버지여, 창세 전에 내가 아버지와 함께 가졌던 영화로써 지금도 아버지와 함께 나를 영화롭게 하옵소서"라고 기도하셨다. 이 기도에 응답하여 성부 하나님은 예수님을 죽은 자 가운데서 살려 자신의 오른편에 앉히셨다. 21절에서 바울은 그리스도의 왕위를 창조세계와 연관시켜 더 묘사한다. "모든 통치와 권세와 능력과 주권과 이 세상뿐 아니라 오는 세상에 일컫는 모든 이름 위에 뛰어나게 하시고." 높여지신 그리스도의 주권적 권세에 대한 두 가지 사실이 이 구절에 나와 있다.

첫째, 그리스도의 권세는 온 우주에 미친다. 21절에 보듯이 그리스도의 주권적 권세는 "모든 통치와 권세와 능력과 주권…위에 뛰어나"다. 이 네 단어는 눈에 보이지 않는 영적 존재의 영역을 가리킨다. 에베소서 6장 12절에는 "우리의 씨름은 혈과 육을 상대하는 것이 아니요 통치자들과 권세들과 이 어둠의 세상 주관자들과 하늘에 있는 악의 영들을 상대함이라"고 했다. 본문 21절에 열거된 영적 존재는 필시 사탄과 그 휘하의 타락한 천사들을 가리킬 것이다. 굳이 네 단어의 차이를 정리할 필요는 없다. 핵심은 "모든"이란 단어다. 하나님은 그리스도를 "모든 통치와 권세와 능력과 주권과…모든 이름 위에" 앉히셨다. 혹시라도 어떤 영적 존재나 세력을 빠뜨렸을까 봐 바울은 그리스도가 그 밖에 모든 것을 다 주관하신다고 선포했다.

우리는 사탄과 그의 악한 세력을 두려워할 필요도 없고, 거기에 속박될 수도 없으며, 결코 패배하지도 않는다. 그리스도는 이 모든 어둠의 세상 주관자들 위에 앉아 계신다. 주 예수 그리스도가 다스리지 않으시는 곳은 없다. 내가 이것을 처음 배운 것은 신학 공부를 통해서가 아니다. 어렸을 때 교회 어린이 성가대에서 "온 세상 주 다스리시네! 작은 아기도 주 다스리시네! 너와 나 주 다스리시네!"라는 노래를 부르며 배웠다. 그리스도의 권세는 온 우주에 미친다. 그분만이 세상에서 일컫는 모든 이름을 다스리신다!

둘째, 그리스도의 권세는 영원하다. 21절에 그분의 권세는 "모든 통치와 권세와 능력과 주권과 **이 세상뿐 아니라 오는 세상**에 일컫는 모든 이름 위에 뛰어나"다고 했다. 그리스도의 권세는 온 우주에 미치며 영원하다. 만물을 항상 다스리신다. 당신이 언제 어디에 있든 거기서도 그분이 주관하신다. 시대와 시절과 시기와 철과 때가 바뀌어도 그분의 주권적 권세는 변하지 않는다. 히브리서 13장 8절에 "예수 그리스도는 어제나 오늘이나 영원토록 동일하시니라"고 했다. 그분의 주권적 권세는 끝이 없다. 아이작 왓츠

는 "햇빛을 받는 곳마다 주 예수 다스리시고 이 세상 끝날 때까지 그 나라 왕성하리라"고 썼다.[4]

그리스도의 권세는 영원히 온 우주에 미친다. 하나님의 능력이 그를 다시 살려 자신의 오른편에 앉히셨기 때문이다. 에베소서 다른 곳에서 바울은 이렇게 썼다.

> 긍휼이 풍성하신 하나님이 우리를 사랑하신 그 큰 사랑을 인하여 허물로 죽은 우리를 그리스도와 함께 살리셨고 (너희는 은혜로 구원을 받은 것이라) 또 함께 일으키사 그리스도 예수 안에서 함께 하늘에 앉히시니 이는 그리스도 예수 안에서 우리에게 자비하심으로써 그 은혜의 지극히 풍성함을 오는 여러 세대에 나타내려 하심이라(2:4-7).

당신이 믿음으로 그리스도 안에 있다면 하나님이 그리스도께 해주신 일은 곧 당신에게 해주신 일이다. 허물과 죄로 죽어 있던 당신을 하나님이 그리스도와 함께 살리셨다. 하나님도 없고 세상에 소망도 없던 당신을 그분이 그리스도와 함께 하늘에 앉히셨다. 이는 구원받은 무리에 대한 신약의 더 없이 숭고한 선언이다. 그리스도와 함께 앉게 되었다는 말은 그리스도 안에서 우리에게 영적 권세와 초월적 시각과 영원한 안전이 있다는 뜻이다.

하나님은 만물을 그리스도의 발아래에 복종하게 하셨다

22절에 "또 만물을 그의 발아래에 복종하게 하시고"라고 했다. 언뜻 보면 이 말은 20절의 반복처럼 보인다. 그러나 요점이 다르다. 20절은 그리스

---

[4] Isaac Watts, "Jesus Shall Reign Where'er the Sun"(1719). https://hymnary.org/text/Jesus_shall_reign_whereer_the_sun. (새찬송가 138장)

도에 대한 말이다. 하나님이 그분을 자신의 오른편에 앉히셨다. 22절은 만물에 대한 말이다. 하나님이 창조세계에 존재하는 모든 것을 그리스도의 발아래에 두셨다. 영국에서 왕위는 엘리자베스 2세 여왕의 몫이지만 국정을 운영하는 사람은 총리다. 여왕의 권세는 형식적일 뿐이다. 주 예수 그리스도는 그렇지 않다. 하나님은 그분을 자신의 오른편에 앉히시고 모든 창조세계를 그분의 직속 권한 아래 두셨다. 시편 2편 7-9절에 이런 말씀이 있다. "내가 여호와의 명령을 전하노라. 여호와께서 내게 이르시되 '너는 내 아들이라. 오늘 내가 너를 낳았도다. 내게 구하라. 내가 이방 나라를 네 유업으로 주리니 네 소유가 땅 끝까지 이르리로다. 네가 철장으로 그들을 깨뜨림이여. 질그릇같이 부수리라' 하시도다."

그리스도는 모든 창조세계를 통치하고 다스리신다. 빌립보서 2장 9-11절에 보면 "이러므로 하나님이 그를 지극히 높여 모든 이름 위에 뛰어난 이름을 주사 하늘에 있는 자들과 땅에 있는 자들과 땅 아래에 있는 자들로 모든 무릎을 예수의 이름에 꿇게 하시고 모든 입으로 예수 그리스도를 주라 시인하여 하나님 아버지께 영광을 돌리게 하셨느니라"고 했다. 이 본문은 모든 사람이 구원받는다는 뜻이 아니다. 구원받으려면 죄를 회개하고 그리스도의 피와 의를 신뢰해야 한다. 그렇게 구원받지 않은 죄인은 죄 가운데 죽어 지옥에서 영원한 형벌을 받는다. 그러나 장차 만인이 예수 그리스도의 주권에 복종할 것이다.

이것이 주 예수 그리스도의 주권적 권세요 무적의 통치다. 그분의 주권은 우주 만물에 미친다. 장차 지옥에서조차 만인이 무릎을 꿇고 입으로 예수님을 주라 시인한다. 나아가 고린도전서 15장 25-28절에 이런 말씀도 있다.

그가 모든 원수를 그 발아래에 둘 때까지 반드시 왕 노릇하시리니 맨 나중에 멸망 받을 원수는 사망이니라. 만물을 그의 발아래에 두셨다 하셨으니 만물을 아래에 둔다 말씀하실 때에 만물을 그의 아래에 두신 이가 그중에 들지 아니한 것이 분명하도다. 만물을 그에게 복종하게 하실 때에는 아들 자신도 그때에 만물을 자기에게 복종하게 하신 이에게 복종하게 되리니 이는 하나님이 만유의 주로서 만유 안에 계시려 하심이라.

하나님은 예수 그리스도를 만물 위에 교회의 머리로 삼으셨다

22-23절에 "또 만물을 그의 발아래에 복종하게 하시고 그를 만물 위에 교회의 머리로 삼으셨느니라. 교회는 그의 몸이니 만물 안에서 만물을 충만하게 하시는 이의 충만함이니라"고 했다. 주 예수 그리스도는 교회의 머리시다. "내가 이 반석 위에 내 교회를 세우리니 음부의 권세가 이기지 못하리라"(마 16:18)고 친히 선포하셨다. 그분은 "내가 네 교회를 세우리니"나 "네가 내 교회를 세우리니"라고 하지 않으셨다. 교회는 그리스도의 것이며 지금도 그분이 세우신다. 골로새서 1장 18절에 "그는 몸인 교회의 머리시라. 그가 근본이시요 죽은 자들 가운데서 먼저 나신 이시니 이는 친히 만물의 으뜸이 되려 하심이요"라고 했다. 과연 그리스도는 교회를 주관하시는 최고의 머리시다. 그런데 바울의 표현은 거기서 한 걸음 더 나아간다. 22절에 보면 하나님은 그리스도를 "만물 위에…머리로" 삼으셨다. 주 예수 그리스도는 만물을 다스리시는 주권적 통치자시다. 하나님은 "그를 만물 위에 교회의 머리로 삼으셨"다.

차이가 보이는가? 내 머리는 내 몸을 지배한다. 하지만 내 주위나 외부에서 내게 벌어지는 일은 내 머리의 소관이 아니다. 예수님이 교회만의 머리시라면 교회 안의 일에 대해서만 발언권이 있으실 것이다. 하지만 하나님은 그분을 만물 위에 교회의 머리로 삼으셨다. 부활 승천하여 왕위에 앉으신 그리스도는 자신이 구원한 백성과 이토록 긴밀히 연합되어 있다. 한 성경 주석가는 "그리스도인들 사이에 이상한 모순이 있다. 예수 그리스도께 매료되어 보이는 이들이 동시에 교회를 거부한다. 그들은 진정한 그리스도를 모르거나 진정한 교회를 모르거나 아니면 둘 다 모른다"라고 주해했다.[5]

교회에서 나쁜 일을 겪은 사람이 많다. 그렇다고 그리스도를 받아들이면서 교회를 거부할 수는 없다. 그리스도는 머리시고 교회는 그분의 몸이다. 그리스도는 신랑이시고 교회는 그분의 신부다. 그리스도는 목자시고 교회는 그분의 양이다. 에베소서 1-3장은 교회를 중시하도록 가르친다. 그중 교회에 대한 가장 고매한 진술은 3장 21절이다. "교회 안에서와 그리스도 예수 안에서 영광이 대대로 영원무궁하기를 원하노라. 아멘." 신약의 모든 송영은 교회를 상대로 기록되었는데 이번만은 교회가 송영 속에 들어가 있다. 교회가 하나님의 영광에 방해된다고 주장하는 이들이 있다. 그러나 바울은 교회가 하나님의 영광에 필수라고 선포한다. 그리스도를 중시하면서 동시에 교회를 경시할 수는 없다. 하나님은 만물을 그리스도의 발아래에 복종하게 하시고 그분을 만물 위에 교회의 머리로 삼으셨다.

23절에 "교회는 그의 몸이니 만물 안에서 만물을 충만하게 하시는 이의 충만함이니라"고 했다. 이는 그리스도와 교회의 친밀한 연합을 확언하는 놀라운 말이다. 교회는 그리스도의 몸이다. 교회는 죽은 기관이 아니라 살아 있는 유기체다. 그리스도의 몸 된 교회는 "만물을 충만하게 하시는 이의 충만함"이다. 이 문구는 해석하기 어려워 논란이 많다. 나는 장 칼뱅의 주해에 동의한다. "교회의 영예는 여기서 최고조에 달한다. 장차 우리와 연합하실 때까지 하나님의 아들이 자신을 어느 정도 불완전하게 여기신다."[6]

---

5 Tom Julien, *Inherited Wealth: Studies in Ephesians*(Winona Lake, IN: BHM Books, 1987), 29.
6 다음 책에 인용되어 있다. John MacArthur, *Ephesians*(John MacArthur New Testament Comme-

그리스도는 그 정도로 우리를 사랑하신다! 우리는 그 정도로 주 예수님과 연합되어 있다! 그분 안에서 우리에게 주어진 하나님의 능력과 은혜가 그 정도다! 그리스도와 교회가 워낙 한몸으로 얽혀 있다 보니 신기하게도 성도의 교제가 그분을 완성시킨다. 그렇다고 그분의 임재와 능력과 목적이 교회의 변덕에 의존한다는 뜻은 아니다. 23절에서 교회는 "만물을 충만하게 하시는 이의 충만함"이라 했다. 즉 교회는 그리스도의 충만함이다. 그리스도가 만물을 충만하게 하신다. 그러니 섬기고 설교하고 증언하고 고난당하고 사역할 때 높여지신 이 그리스도만을 바라보자. 하나님의 능력이 그리스도 안에서 우리를 위하여 역사함을 신뢰하자. 그 능력에 힘입어 우리는 복음의 메시지에 합당한 삶으로 하나님께 영광을 돌릴 수 있다.

어떤 작가가 자신의 젊은 날을 회고했다. 그가 살던 하숙집에 한 은퇴한 음악 교사도 살고 있었다. 시간이 가면서 젊은 작가와 연로한 음악가는 친구가 되었다. 아침마다 둘이서 똑같은 일과를 되풀이했다. 젊은이가 노인의 방에 불쑥 고개를 들이밀고 "어르신, 오늘의 소식은 무엇입니까?"라고 물으면 노인은 소리굽쇠를 꺼내 휠체어를 툭 치며 이렇게 즐기이 알렸다. "젊은이, 오늘의 기쁜 소식은 방금 들은 이 소리가 가운데 도라는 것일세. 어제도 가운데 도였고 오늘도 가운데 도이며 천 년이 지나도 가운데 도라네. 위층의 테너는 음정이 불안하고 복도 저편의 피아노는 음이 떨어지지만, 이 소리만은 가운데 도일세." 주 예수 그리스도도 어제나 오늘이나 영원토록 동일하시다. 승천하신 그리스도는 언제나 우리의 소망이요 힘이요 기쁨이시다!

---

ntary)(Chicago: Moody Publishers, 1986), 49.

13

왕의 귀환:
재림

데살로니가후서 1:5-10 　　　　　　마이클 블라크(Michael Vlach)

　　　　예수님의 재림은 신약의 굵직한 주제다. 특히 스가랴 14장, 마태복음 24-25장, 마가복음 13장, 누가복음 21장, 사도행전 1장, 요한계시록 19장 등에 명시되어 있다. 예수님의 재림은 데살로니가후서 1장 5-10절에 나오는 바울의 논의에도 중요한데, 그것이 이 장의 초점이다. 재림은 신자에게는 소망의 큰 이유가 되지만, 구주 예수님을 거부하고 하나님의 백성을 대적하는 이들에게는 무서운 심판이 임하는 때이기도 하다. 재림을 진지하게 대해야 한다. 재림은 세상이 지금처럼 영원히 계속되지 않을 것임을 일깨워 준다. 장차 예수님이 다시 오셔서 악을 제하시고 그분의 의로운 나라를 세우신다.

　　교회는 전통적으로 예수님의 재림이 중요하다는 것을 인식했다. 일례로 다음은 사도신경의 진술이다.

> [예수님이] 사흘 만에 죽은 자 가운데서 다시 살아나시며
> 하늘에 오르사
> 전능하신 하나님 우편에 앉아 계시다가
> 저리로서 산 자와 죽은 자를 심판하러 오시리라.

초림과 재림의 성취를 제대로 이해해야 한다

성경의 전체 이야기를 이해하려면 예수님의 초림과 재림 양쪽 모두의 의미를 아는 것이 중요하다. 둘 중 하나만 강조하면 오류에 빠질 수 있다. 예수님의 재림을 제쳐두고 초림만 강조하는 이들은 종말론의 과잉 실현 쪽으로 치우칠 수 있다. 너무 지나치게 종말의 소망이 현세에 성취된다고 보는 것이다. 바울은 디모데후서 2장 18절에서 이 오류를 이렇게 다루었다. "진리에 관하여는 그들이 그릇되었도다. 부활이 이미 지나갔다 함으로 어떤 사람들의 믿음을 무너뜨리느니라." 일부에서 부활이 이미 이루어졌다고 말한 모양인데 바울은 그것이 중대한 오류라고 말했다. 부활은 장차 예수님이 재림하실 때 이루어진다. 데살로니가후서 2장에서도 그가 지적했듯이 어떤 이들은 주의 날이 이미 도래했다는 잘못된 믿음에 빠져 있었다. 바울은 "영으로나 또는 말로나 또는 우리에게서 받았다 하는 편지로나 주의 날이 이르렀다고 해서 쉽게 마음이 흔들리거나 두려워하거나 하지 말아야 한다는 것이라. 누가 어떻게 하여도 너희가 미혹되지 말라"(2-3절)고 권고했다. 그러면서 주의 날이 아직 오지 않은 두 가지 이유를 데살로니가 교인들에게 설명했다. 1) 배교하는 일이 아직 일어나지 않았고 2) 멸망의 아들이 아직 나타나지 않았다(3-4절). 지금이 주의 날이 아닌 이유를 데살

로니가 교인들이 제대로 아는 것이 바울에게는 중요했다.

반대로 예수님의 재림을 중시하면서 초림으로 이루신 일에는 충분히 주목하지 않을 수도 있다. 예컨대 어떤 이들은 오늘의 신자가 새 언약을 누림을 부인한다. 그러나 바울은 그리스도인이 현재 "새 언약의 일꾼"이라고 말했다(고후 3:6).

이렇듯 예수님의 두 강림을 모두 이해하는 것이 중요하다. 그분은 주후 1세기에 오셔서 구약의 예언을 성취하셨다. 그분은 마지막 아담이고 고난의 종이며 메시아시다. 처음 오셨을 때 예수님은 친히 죽으셔서 자기 백성의 구원을 사셨다. 유대인과 이방인 할 것 없이 그분을 믿는 이들에게 새 언약의 구원을 베푸셨고 자기 백성에게 성령도 부어 주셨다. 예수님의 초림에 관하여 베드로는 "그러나 하나님이 모든 선지자의 입을 통하여 자기의 그리스도께서 고난 받으실 일을 미리 알게 하신 것을 이와 같이 이루셨느니라"(행 3:18)고 말했다. 이 구절에 보듯이 예수님의 고난을 예언한 구약의 본문들은 이미 성취되었다.

그러나 예수님의 사역이 초림 때 다 끝난 것은 아니고 앞으로 재림 때 성취될 예언도 많이 있다. 악인의 응징, 의인의 안식과 보상, 몸의 부활, 자연의 변화, 적그리스도의 도래, 이스라엘의 구원과 회복 같은 사건은 아직 성취되지 않았다. 지상 사역 말기에 예수님은 장래의 사건을 가리켜 "이날들은 기록된 모든 것을 이루는 징벌의 날이니라"(눅 21:22)고 말씀하셨다.

일부 예언은 성취되었고 일부는 성취를 앞두고 있다는 사실은 이치에 잘 맞는다. 예수님이 두 번 오실진대 어떤 예언은 초림으로 성취되었고, 어떤 예언은 재림을 기다리는 중이라는 해석이 자연스러워 보인다. 이러한 틀의 좋은 예가 요한계시록 5장 9-10절에 나온다. 9절에 보면 예수님이 "죽임을 당하사" 자기 피로 각 족속과 방언과 백성과 나라 가운데서 사람들을 "사서"라고 과거시제로 나와 있다. 이 진리는 그분의 초림과 희생의 죽음으로 성취되었다. 그런데 10절에는 그분이 사신 그 사람들이 "땅에서 왕 노릇하리로다"라고 되어 있다. 성도의 통치는 미래의 사건이며, 그래서 요한계시록 19-20장에서 예수님의 재림과 지상의 천년왕국을 묘사할 때 다른 사건들과 함께 설명된다.

데살로니가후서 1장

데살로니가후서 1장은 재림을 논한 전략적 본문이다. 첫 네 구절에서 바울은 실루아노와 디모데로 더불어 데살로니가 교인들에게 문안하며 하나님 아버지와 예수 그리스도의 이름으로 은혜와 평강을 빈다. 이어 이 교회를 인하여 하나님을 찬송한다고 고백한다. 교인들은 믿음이 더욱 자랐고 서로를 향한 사랑도 풍성했다. 또 박해와 환난 중에도 인내와 믿음을 보였다. 한마디로 이 교회는 잘하고 있었다. 그런데 "박해와 환난"이 언급된 것으로 보아 예수님을 믿는다는 이유로 현지 교인들을 대적하는 부류가 있었던 것 같다. 본문에는 구체적으로 어떤 박해와 환난인지 나와 있지 않다. 그러나 사도행전 17장 5-8절에 보면 저잣거리의 일부 유대인이 떼를 지어 성을 소동하게 하면서 야손의 집까지 습격했다. 그들은 야손과 몇몇 형제를 시 당국 앞으로 끌고 갔다. 요컨대 사도행전 17장에서 보듯이 데살로니가 교인들은 엄연한 박해에 부딪혔고, 바울은 데살로니가후서 1장 4절에서 그 사실을 재확인했다.

데살로니가후서 1장 3-5절

1장 전체에서 바울은 예수님의 재림이 그리스도인과 비신자 양쪽에 각각 어떤 의미인지를 기술한다. 예수님의 재림으로 모든 것이 달라진다! 그분의 십자가와 더불어 영광의 재림은 역사상 가장 극적인 사건이다. 그때 상황이 반전되어 절정에 달한다. 하나님의 백성에게 박해와 환난을 가하던 이들은 거꾸로 하나님께 환난을 당하고, 예수님을 위하여 현세에 환난을 당한 이들은 결국 안식을 얻는다. 인류 역사의 대부분은 악인이 형통했고 (참조. 시 73편) 하나님의 백성은 수시로 박해를 받았다. 그러나 때가 이르면 형세가 역전된다.

마르틴 루터는 데살로니가후서 주석 서문에 이렇게 썼다. 1장에서 "하나님은 그들에게 영원한 상과 벌로 위로하신다. 상은 온갖 환난 중에도 믿음으로 인내한 그들에게 임하고, 벌은 그들을 박해한 세력에게 영원한 고통으로 임한다."[1] 지금은 교회가 박해받지만 바울은 날이 이르면 달라진다고 선언한다. 그날 악인은 심판당하고 의인은 보상과 안식을 얻을 것이다.

5절에 그 내용이 나온다. "이는 하나님의 공의로운 심판의 표요 너희로 하여금 하나님의 나라에 합당한 자로 여김을 받게 하려 함이니 그 나라를 위하여 너희가 또한 고난을 받느니라." 여기서 바울은 3-4절에 언급한 데살로니가 교인들의 믿음과 사랑과 인내를 현재 그들 앞에 닥친 박해와 연결짓는다. 그러면서 그들을 위한 "공의로운 심판"이 있다고 말한다. 하나님의 공의로운 심판이 그분을 대적하는 이들에게 어떤 의미인지는 곧이어 밝혀진다. 하지만 이미 데살로니가 교인들 편인 공의로운 심판도 있다. 그들이 예수님과 연합했기에 하나님은 그들 편에서 판결하셨다. 그들의 인내하는 믿음이야말로 하나님의 공의로운 심판이 그들 편이었다는 증거다.

데살로니가 교인들은 의롭다 칭함을 받고 하나님과의 바른 관계에 들어선 사람답게 행동했다. 그들이 실천한 인내는 예수님 안에서 의로워진 그

---

[1] Martin Luther, "Preface to the Second Epistle of Saint Paul to the Thessalonians," *Tyndale House* 웹사이트. https://www.stepbible.org/?q=version=Luther|reference=2Th.

들의 신분에 걸맞았다. 그리스도인이 박해 중에도 충실하면 이는 하나님이 그들 편에서 판결하셨다는 증거다. 에드먼드 히버트는 "그들이 능히 인내했다는 사실 자체가 그들에게 새 생명이 주어졌다는 증거였다"라고 말했다.[2] 요컨대 그들을 붙들어 주신 하나님의 임재는 그분이 억울한 고난에 반드시 상을 주신다는 반증이다.

바울은 또 데살로니가 교인들이 "하나님의 나라에 합당한 자로 여김을 받게" 된다며, 지금 받는 고난도 그 나라를 위해서라고 말했다. 여기서 그가 말하는 나라는 예수님의 재림 때 임할 미래의 나라다. 데살로니가 신자들은 현재는 하나님 나라에 가 있지 않다. 이미 가 있다면 비신자에게 박해와 환난을 당할 일도 없을 것이다. 그러나 현재 받는 고난으로 보아 그들은 예수님이 지상에 재림하여 그 나라가 임할 때 그곳에 들어가기에 합당한 존재다. 디모데후서 2장 12절에서 바울은 "참으면 또한 [주와] 함께 왕 노릇할 것이요"라고 말했다. 현세에 충실하게 인내해야 내세에 예수님과 함께 다스릴 수 있다(참조. 계 2:26-27, 3:21). 교회는 충실하도록 부름받았다. 믿음으로 고난을 견딘다면 이는 하나님이 그 사람 편에서 공의로운 판결을 주셨다는 반증이다.

데살로니가 교인들(과 모든 그리스도인)은 박해받고 하나님 나라에 합당하게 여겨지겠으나, 그 합당함의 근거는 그들의 훌륭한 행위나 고유한 가치에 있지 않다. 오로지 하나님이 그들 안에서 역사하시고 그들에게 은혜를 베푸신 결과다.

이어지는 데살로니가후서 본문에서 바울은 하나님의 공의로운 심판이 비신자에게 미치는 영향을 기술한다. 다만 거기로 넘어가기 전에 데살로

---

2 D. Edmond Hiebert, *1 and 2 Thessalonians* (Chicago: Moody Press, 1992), 307.

니가 교인들 편에서 내려진 공의로운 심판이 있음을 아는 것이 좋겠다. 그들이 시련 중에 인내했다는 것이 그 증거다.

데살로니가후서 1장 6-7절

6절부터 바울은 하나님이 악인을 어떻게 처리하실지를 논한다. 이 구절을 보기 전에 우선 하나님이 비신자에게 내리실 심판의 세 가지 측면부터 보자. 바로 형벌과 멸망과 추방이다. 셋 다 1장에 나와 있고 요한계시록에서 재확인된다. 첫째, 하나님은 그분께 순종하지 않는 이들을 벌하신다. 악인에게 그 행위대로 갚으시는 복수이고 응보다. 그들이 마땅히 당할 결과는 좋지 못하다. 불못에 관하여 요한계시록 14장 11절에 "그 고난의 연기가 세세토록 올라가리로다…누구든지 밤낮 쉼을 얻지 못하리라"고 했다.

둘째, 망한다는 개념도 있다. 죄인에게 지옥이란 멸망을 뜻한다. 멸망과 상실과 폐기를 뜻한다. 비신자는 심판 날에 모든 것을 잃는다.

셋째, 추방이다. 죄인은 하나님 나라에 또는 새 땅에 들어갈 수 없다. 왕이신 하나님은 악인이 그 나라의 영광과 복에 참여함을 허락하지 않으신다. 그래서 악인은 형벌과 멸망을 당할 뿐 아니라 하나님 나라의 아름다움과 영광에 들어갈 수 없다. 장차 임할 새 예루살렘에서 그들이 추방될 일이 요한계시록 22장 14-15절에 이렇게 선포되어 있다. "자기 두루마기를 빠는 자들은 복이 있으니 이는 그들이 생명나무에 나아가며 문들을 통하여 성에 들어갈 권세를 받으려 함이로다. 개들과 점술가들과 음행하는 자들과 살인자들과 우상숭배자들과 및 거짓말을 좋아하며 지어내는 자는 다 성 밖에 있으리라." 요컨대 하나님은 재판장으로서 회개하지 않는 죄인을 벌하시고, 전사로서 적들을 멸하시며, 왕으로서 악인을 그 나라에서 쫓아내신다.

이제 본문 6-7절을 보면 예수님의 재림이 비신자에게 어떤 의미인지 알 수 있다. "너희로 환난을 받게 하는 자들에게는 환난으로 갚으시고 환난을 받는 너희에게는 우리와 함께 안식으로 갚으시는 것이 하나님의 공의시니 주 예수께서 자기의 능력의 천사들과 함께 하늘로부터 불꽃 가운데에 나타나실 때에." 바울이 지적했듯이 그때 하나님이 행하실 일은 "공의"다. 즉 데살로니가 교인들을 괴롭힌 이들에게 환난으로 갚으시는 것이 의롭고 정당하다. 다시 말해 하나님의 백성을 해치는 이들에게는 응보가 따른다. "환난"으로 번역된 단어[틀립신(thlipsin)]는 '압제, 고통, 괴로움'을 뜻하고, "갚으시고"로 번역된 단어[안타포두나이(antapodounai)]는 '보답하다, 마땅히 줄 것을 주다'는 뜻이다. 즉 하나님은 자기 백성을 괴롭히는 이들에게 그대로 갚아 주신다. 여기에 신성한 역설이 있다. 현세에 데살로니가 교인들에게 환난을 가한 이들이 미래에는 하나님께 환난을 당한다. 하나님은 자기 백성에게 가해지는 악을 모두 기억해 두셨다가 날이 이르면 그리스도인을 괴롭힌 그들에게 환난으로 갚으신다.

바울이 로마서 12장 19절에서 한 말에도 그 개념이 나온다. "내 사랑하는 자들아, 너희가 친히 원수를 갚지 말고 하나님의 진노하심에 맡기라. 기록되었으되 '원수 갚는 것이 내게 있으니 내가 갚으리라'고 주께서 말씀하시니라." 그리스도인은 가해자에게 직접 복수해서는 안 된다. 복수는 하나님만의 권한이기 때문이다. 히브리서 10장 30절에서도 비슷한 진리를 볼 수 있다. "'원수 갚는 것이 내게 있으니 내가 갚으리라' 하시고 또 다시 '주께서 그의 백성을 심판하리라' 말씀하신 것을 우리가 아노니." 다시 말하지만 악인에게 복수하는 것은 교회의 소관이 아니다. 우리는 종교재판이나 일체의 물리적 보복에 가담해서는 안 된다.

예수님이 곡식과 가라지의 비유에 밝히셨듯이(마 13:24-30, 36-43) 세상 끝

날에 악인을 심판하실 일은 그분의 권한이다. 그때 그분이 "천사들"을 보내 그 나라에서 불경한 자들을 제하실 것이다. 그리하여 정의가 실현된다. 그리스도인은 악인의 박해를 의당 예상하고 스스로 위안해야 한다. 하나님이 자기 백성에게 가해지는 악을 언젠가는 벌하고 응징하심을 확실히 알기 때문이다.

이렇듯 하나님의 적들에게는 재림 때에 환난이 임한다. 반대로 하나님은 환난당한 그리스도인들에게는 "안식"을 주신다. "안식"으로 번역된 단어[아네신(anesin)]는 '해방, 편안함'을 뜻한다. 박해와 환난은 안식과 해방에 밀려난다. 그렇다고 그리스도인이 다시는 아무 일도 하지 않거나 천국의 소파 같은 데로 물러난다는 뜻은 아니다. 많은 본문에서 밝히고 있듯이 예수님의 재림 후에도 그리스도인의 활동은 계속된다(참조. 눅 19:11-27, 계 20:4, 22:5). 다만 그분이 다시 오시면 그리스도인은 타락한 세상에 수반되던 어려운 환경과 압제자들로부터 해방되어 안식을 누린다.

고린도후서 7장 5절에도 안식과 환난의 개념이 대비된다. "우리가 마게도냐에 이르렀을 때에도 우리 육체가 편하지 못하였고 사방으로 환난을 당하여." 바울은 환난을 당하느라 편하게 안식을 누릴 수 없었다.

먼저 환난이 있고 그 후에 안식을 얻는다는 개념은 예수님이 소아시아 일곱 교회에 주신 메시지에도 나온다(계 2-3장). 이 교회들은 종종 박해에 부딪혔으나 예수님은 견디어 이기면 장차 복을 주겠다고 메시지마다 그들에게 약속하셨다. 특히 요한계시록 2장 26-27절과 3장 21절에는 역경과 박해를 이기는 그리스도인들이 장차 보좌에 앉아 다스린다는 약속이 나온다.

그리스도인의 안식은 예수님의 재림 때 이루어진다. 물론 재림 이전에 예수님 안에서 죽는 이들도 이 세상의 수고에서 벗어나 하늘에서 예수님의 임재를 누린다. 그러나 바울이 데살로니가후서 본문에 말한 안식은 예수님의 재림과 연관되어 있다.

이 진리의 예를 요한계시록 6장 9-11절에서 볼 수 있다. 이 땅에서 예수님을 증언하다가 죽임당한 이들이 언급되는 대목이다. 그들의 시신은 땅에 남아 있지만 영혼은 하늘에 등장한다. 그런데 하늘에 당도했어도 아직 끝나지 않은 일이 있다. 그들은 땅에서 벌어지고 있는 일을 잊지 못한다. 그래서 큰 소리로 "거룩하고 참되신 대주재여, 땅에 거하는 자들을 심판하여 우리 피를 갚아 주지 아니하시기를 어느 때까지 하시려 하나이까"(계 6:10)라고 부르짖는다. 이 성도들은 주님께 자신들을 죽인 자들을 응징해 달라고 구한다. 그런데 11절에 보면 더 기다리라는 응답이 돌아온다. 그래서 하늘의 이 성도들은 안식과 복수가 완성될 미래의 날을 기다려야 한다. 그날은 요한계시록 19장에 기록된 대로 예수님이 재림하실 때에야 임한다. 요한계시록 20장 4절에 따르면 예수님을 위하여 순교한 이들이 살아나 그분과 더불어 천 년 동안 통치한다. 그때 예수님의 적들은 멸망하고 성도들은 그분과 함께 다스린다. 이로써 "그들로 우리 하나님 앞에서 나라[를]…삼으셨으니 그들이 땅에서 왕 노릇하리로다"라는 요한계시록 5장 10절 말씀이 성취된다.

데살로니가 교인들 같은 그리스도인에게 안식이 임할 그때가 본문 7절 뒷부분에서 더 자세히 묘사된다. "주 예수께서 자기의 능력의 천사들과 함께 하늘로부터 불꽃 가운데에 나타나실 때에." 여기 "나타나실"로 번역된 단어[아포칼립시스(*apokalypsis*)]는 '드러내다, 벗기다'는 뜻이다. 현재 예수님은 육안에 보이지 않게 가려져 있다. 지금은 하늘 아버지의 오른편에서 모든 권세로 아버지와 더불어 신성의 보좌에 앉아 계신다(참조. 시 110:1, 히 10:12). 그래서 현세에는 다분히 세상에 가려져 있다. 그러나 장차 한순간에 영광 중에 훤히 나타나실 것이다. 인간의 시야에 보이지 않던 그분이 밝게 드러나신다. 마태복음 17장에 보면 이렇게 영광 중에 나타나신 예수님을 사도들 몇이 변화산에서 이미 조금 경험했다. "엿새 후에 예수께서 베드로와 야고보와 그 형제 요한을 데리시고 따로 높은 산에 올라가셨더니 그들 앞에서 변형되사 그 얼굴이 해같이 빛나며 옷이 빛과 같이 희어졌더라"(마 17:1-2).

예수님의 재림은 인류 역사상 가장 극적인 사건이 될 것이다. 그분은 처음에는 온유하게 오셨다. 고난당하는 종과 하나님의 어린양으로 오셔서 죄를 짊어지셨다. 우리를 위하여 모욕과 죽임을 잠자코 당하셨다(참조. 사 53장). 이 또한 길이 남으실 모습이지만, 그분이 재림하실 때는 맹렬한 전사와 왕으로 오셔서 적들을 이기고 멸하실 것이다. 본문 8절에 나와 있듯이 불법한 자(적그리스도)를 폐하신다. 예수님의 재림을 묘사한 요한계시록 19장 15절에 "그의 입에서 예리한 검이 나오니 그것으로 만국을 치겠고 친히 그들을 철장으로 다스리며 또 친히 하나님 곧 전능하신 이의 맹렬한 진노의 포도주 틀을 밟겠고"라고 선포되어 있다.

마태복음 25장 31-46절에 보면 예수님은 천사들과 함께 영광 중에 오셔서 악인을 제하여 그 나라에 들어오지 못하게 하신다. 그분은 능력의 천사들과 함께 불꽃 가운데 다시 오신다. "인자가 자기 영광으로 모든 천사와 함께 올 때에 자기 영광의 보좌에 앉으리니"(마 25:31). 그분이 다윗의 영광스러운 왕위에 앉으실 시점은 바로 영광 중에 천사들과 함께 오실 그때다(참조. 눅 1:32-33). 모든 민족을 앞에 모아 놓고 그분은 목자가 왕과 염소를 구분하듯이 의인과 악인을 가르실 것이다(마 25:32).

마태복음 25장과 요한계시록 19장처럼 데살로니가후서 1장도 과격한 본문이다. 본문의 그리스도는 전사이자 왕으로 다시 오셔서 자신의 나라를 세우고 적들을 처리하신다. 메시아이신 예수님의 재림을 시편 110편

5-7절에서도 볼 수 있다.

> 주의 오른쪽에 계신 주께서
> 그의 노하시는 날에 왕들을 쳐서 깨뜨리실 것이라.
> 뭇 나라를 심판하여
> 시체로 가득하게 하시고
> 여러 나라의 머리를 쳐서 깨뜨리시며
> 길가의 시냇물을 마시므로
> 그의 머리를 드시리로다.

 데살로니가후서 본문은 이렇게 이어진다. "하나님을 모르는 자들과 우리 주 예수의 복음에 복종하지 않는 자들에게 형벌을 내리시리니"(8절). 역시 악인에게는 응보가 따른다. 이 응보는 복수, 철저한 형벌, 정의를 뜻한다. 그들이 저지른 범죄에 대한 형벌이다. 응보의 대상은 하나님을 모르는 자들과 주 예수 그리스도의 복음에 복종하지 않는 자들이다. 하나님을 모르는 자들은 이방인을, 예수님의 복음에 복종하지 않는 자들은 유대인을 가리킨다고 보는 입장이 있다. 둘 다 비신자를 가리키는 대구법으로 보는 입장도 있다. 어느 경우든 진리를 거부한 악인에게는 응보가 임한다.

 계속해서 바울은 9절에 "이런 자들은 주의 얼굴과 그의 힘의 영광을 떠나 영원한 멸망의 형벌을 받으리로다"라고 했다. 비신자의 멸망과 추방이 함께 언급된 구절이다. 우선 "영원한 멸망"은 영원히 망한 상태를 가리킨다. 악인의 존재가 영원히 없어지는 영혼 소멸설은 여기에 없다. 이것은 자신이 의식하는 영원한 멸망이다. 완전히 망하여 상실된 상태가 영원히 지속된다.

또 "주의 얼굴[을]…을 떠나"라는 표현은 주님 앞에서 쫓겨난다는 뜻이다. 인간에게 일어날 수 있는 최고의 일은 하나님의 임재 안에 있는 것이다. 그런데 이 사람들은 완전히 드러날 그분의 임재로부터 영원히 추방된다. 사상 최고의 일이 하나님의 임재 안에 사는 것이라면 최악의 일은 돌이킬 가망 없이 그분의 임재로부터 추방되는 것이다. 그것이 악인의 운명이다. 이 이야기는 누구에게나 좋게 끝나는 것이 아니다. 예수님을 신뢰하는 이들만이 하나님을 보고 그분의 임재를 누린다.

장차 임할 심판 날과 관련하여 예수님은 "불법을 행하는 자들아, 내게서 떠나가라"(마 7:23)고 말씀하셨다. 심판 날에 어떤 이들은 자신의 종교 활동을 내세우며 예수님을 안다고 주장하겠지만, 애초에 그분을 안 적이 없으므로 그분을 떠나야 한다. 그들의 삶은 불법이 특징이다. 마태복음 25장 41-46절에서 예수님은 "저주를 받은 자들아, 나를 떠나 마귀와 그 사자들을 위하여 예비된 영원한 불에 들어가라…그들은 영벌에, 의인들은 영생에 들어가리라"고 말씀하셨다.

끝으로 본문 10절에 보면 "그날에 그가 강림하사 그의 성도들에게서 영광을 받으시고 모든 믿는 자들에게서 놀랍게 여김을 얻으시리니 이는 (우리의 증거가 너희에게 믿어졌음이라)"고 했다. 그날 예수님은 재림하여 성도들의 영광과 모든 믿는 자들의 경탄을 받으신다. 이는 재림 날에 **성도들이** 예수님을 영화롭게 한다는 뜻일 수도 있고, **성도들 안에서** 그분이 영화롭게 되신다는 뜻일 수도 있다. 그들이야말로 예수님이 이루신 일의 산 증거이므로 그분의 영광이 **그들 안에** 드러난다. 디모데후서 4장 8절에 "이제 후로는 나를 위하여 의의 면류관이 예비되었으므로 주 곧 의로우신 재판장이 그날에 내게 주실 것이며 내게만 아니라 주의 나타나심을 사모하는 모든 자에게도니라"는 말씀이 있다.

신자는 예수님의 나타나심을 진심으로 갈구해야 한다. 그분의 재림을 사모하고 간절히 고대해야 한다. 재림을 사모하지 않는 사람은 삶에 문제가 있을 수 있다. 신자는 예수님의 나타나심을 사모한다. 그리스도인의 관건이 예수님과의 관계일진대 그분의 영광이 이 땅에 온전히 임하기를 열망하지 않을 까닭이 무엇인가?

"모든 믿는 자들에게서 놀랍게 여김을 얻으시리니"라는 바울의 말에서 "놀랍게 여김"으로 번역된 동사[타우마조(*thaumazo*)]는 '대경실색하다, 깜짝 놀라다'는 뜻이다. 그리스도가 어떻게 재림하실지 궁금할 수 있으나 예측할 길은 없다. 다만 우리의 상상을 훨씬 초월할 것이다. 그날 우리는 깜짝 놀라고 대경실색할 것이다.

결론

데살로니가후서 1장에 확증되어 있듯이 우리는 객관적인 옳고 그름이 엄존하는 도덕적 우주에 살고 있다. 또 상과 벌은 반드시 필요하다. 선도 실존하고 악도 실존한다. 이 모두는 선의 유일한 기준이신 성경의 하나님과 관계된다. 예수님을 아는 이들은 그분의 재림 때 현세의 박해와 환난과 시련에서 벗어나 안식을 얻는다. 그러나 불신을 고수하는 이들은 형벌과 멸망을 당하여 그분의 나라에서 추방된다. 우리는 예수님을 모르는 이들에게는 회개하고 믿도록 권면해야 한다. 그분을 아는 이들에게는 본문에 제시된 소망을 얻도록 권면해야 한다. 예수님은 다시 오신다. 그분이 다시 오실 때 모든 것이 달라진다.

3부

그리스도의 말씀

THE
WORD
OF
CHRIST

14

다른 복음은 없나니:
그리스도의 참 복음

갈라디아서 1:6-7　　　　　　　　　　　　필 존슨(Phil Johnson)

　　갈라디아서 1장 6-10절에 신약을 통틀어 가장 신랄한 독설이 일부 나온다. 그것은 다양성, 관용, 우호적 공존 등 포스트모던의 모든 인기 있는 개념과는 거리가 멀다. 요즘 흔히 이 본문을 대충 넘어가거나 애써 무시하는 이유도 그래서일 것이다. 그러나 이 본문을 그렇게 경시함은 심각한 과오다. 이 편지는 바울 서신 전체에서 가장 논쟁적이며, 특히 이 대목은 그의 선제공격이다. 서신 전체의 기조가 여기서 정해진다. 게다가 21세기 벽두(무분별한 개방으로 교리적으로 느슨해진 에큐메니컬 시대)에 선 교회에 미치는 실제적 함의도 심오하다.

　요컨대 바울은 누구든지 복음의 순수성을 변질시키는 사람과는 그리스도인이 교제하거나 가르침을 받아들여서는 안 된다고 힘주어 말한다. 다른 복음의 교사들에게 저주를 발하기까지 한다. "우리나 혹은 하늘로부터 온 천사라도 우리가 너희에게 전한 복음 외에 다른 복음을 전하면 저주를 받을지어다"(8절).

서신의 배경

서신의 수신자는 바울이 잘 알던 일단의 교회였다. 그는 1차 선교여행 때 갈라디아 지방을 두루 다녔다(행 13-14장). 이고니온, 루스드라, 더베, 비시디아 안디옥에서 말씀을 전하며 교회 개척 사역을 시작했는데 모두 갈라디아의 주요 성읍들이다. 그 후에 2차와 3차 선교여행 때도 그는 그 도시들을 똑같이 다시 방문했다.

분명히 그는 이 교회들에 애착이 깊었고 그곳의 회중을 참으로 아꼈다. 그가 사역 초기에 세운 그 교회들에는 그에게 직접 복음을 처음 들은 사람들이 가득했다. 그는 그들의 영적 아버지였다. 그래서 서신의 서두부터 당연히 아버지다운 애정이 넘쳐난다.

하지만 분위기는 딱히 따뜻하거나 우호적이지 않다. 첫머리의 통렬한 말투에서부터 이 편지는 나머지 바울 서신과 구분된다. 그의 글에서 자녀를 꾸짖는 부모의 분개한 목소리가 들려온다. "그리스도의 은혜로 너희를 부르신 이를 이같이 속히 떠나 다른 복음을 따르는 것을 내가 이상하게 여기노라. 다른 복음은 없나니 다만 어떤 사람들이 너희를 교란하여 그리스도의 복음을 변하게 하려 함이라"(6-7절).

바울은 거짓 교사들이 갈라디아 전역에 퍼뜨리고 있던 오류를 지적했다. 그들은 이방인이 그리스도인이 되려면 먼저 유대교로 개종해야 한다고 우겼다. 할례받지 않은 이방인을 하나님이 절대로 의롭다 하지 않으신다는 것이다. 그들은 스스로 전도하거나 교회를 개척한 것이 아니라 수고

하는 사도들의 고혈을 빨아먹었을 뿐이다. 양의 탈을 쓴 이리의 전형인 그들은 바울이 교회를 개척하는 곳마다 악착같이 따라다녔던 것 같다.

사도행전 15장에 그들의 거짓 교리가 기술되어 있다. 이 이단의 배후 주동자는 그리스도를 믿는다고 고백하는 바리새인들이었다. 15장 5절에 "바리새파 중에 어떤 믿는 사람들"이라 지칭한 데서 알 수 있다.

물론 바울도 한때 그리스도인과 이방인을 다 미워했던 골수 바리새인이었다. 그러다 갑자기 극적으로 회심했고, 그리스도로부터 이방인에게 복음을 전하라는 사명을 받았다. 그가 개척한 교회들에는 이교 문화에 있다가 회심한 사람들이 가득했다. 그런데 그가 한 지역에서 다른 지역으로 교회를 개척하러 옮길 때마다 거짓 교사들이 따라다니며 이방인 교인들에게 **진짜** 그리스도인이 되려면 할례부터 시작해서 구약의 온갖 의식과 음식 규정을 지켜야 한다고 말했다. 사도행전 15장 1절에 보면 그들은 "형제들을 가르치되 '너희가 모세의 법대로 할례를 받지 아니하면 능히 구원을 받지 못하리라'"고 했다. 오직 은혜로 말미암아 오직 믿음으로 구원받는다는 단순한 메시지로는 이방인이 그 나라에 들어가기에 부족하다는 것이다. 그래서 "이방인에게 할례를 행하고 모세의 율법을 지키라 명하는 것이 마땅하다"(5절)고 우겼다.

이것이 그들이 지닌 오류의 골자였는데 바울이 갈라디아 교인들에게 전한 내용과 정면으로 배치된다. 사도는 늘 믿음만이 칭의의 수단임을 강조했다. "일을 아니할지라도 경건하지 아니한 자를 의롭다 하시는 이를 믿는 자에게는 그의 믿음을 의로 여기시나니"(롬 4:5). 할례를 비롯한 **그 어떤** 선행도 칭의의 전제 조건이 되지 못한다.

바울은 로마서 4장 9-11절에서 구체적인 예까지 들었다. 창세기로 거슬러 올라가 15-17장의 시간 순서를 추적하여 아브라함이 의롭게 여겨진 때가 할례받기 몇 년 전이었음을 입증했다. "그가 할례의 표를 받은 것은 무할례 시에 믿음으로 된 의를 인친 것이니"(11절).

그런데도 거짓 교사들은 이방인들에게 사실상 이렇게 말했다. "아니다. 바울이 너희에게 전한 메시지는 복음의 일부일 뿐이다. 믿음도 중요하지만 율법에 규정된 행위도 지켜야 의롭게 된다." 그리하여 바리새파의 율법주의를 교회 안으로 끌어들였다. 그들은 오늘날 인기를 얻고 있는 히브리 뿌리 운동의 시조였다. 이는 철저히 유대교를 따라야만 참된 기독교라고 주장하는 이단이다. 그래서 그들은 대개 "유대주의자"로 불렸고 "할례자들"이나 "할례파"로 불리기도 했다(행 11:2, 갈 2:12, 딛 1:10). 바울은 그들을 더 심한 호칭으로 부른 적도 있다. 그의 후기 서신인 빌립보서 3장 2절에 "개들…행악하는 자들…손할례당을 삼가라"(개역한글)는 표현이 나온다. 헬라어 원어로 "손할례당"은 '육신을 상해하는 자들'이라는 뜻이다.

거짓 교사들을 책망하는 바울

바울에 따르면 유대주의자들이 가르친 복음은 사실 아예 복음이 아니었다. 1장 6-7절의 헬라어 원문에 아주 비슷하면서 별개인 두 형용사가 나온다. "**다른** 복음을 따르는 것을…**다른** 복음은 없나니." 앞의 "다른"으로 번역된 단어[헤테로스(heteros)]는 '종류까지 다른 것'을 뜻하고, 뒤의 "다른"으로 번역된 단어[알로스(allos)]는 '같은 종류의 다른 것'을 뜻한다. 그러므로 그의 말은 그들이 전혀 다른 복음으로 장난치고 있으며 이는 참 복음의 정당한 대안이 아니라는 것이다. "다른 복음"이라는 표현 자체가 어불성설이라는 것이 그의 요지다. **다른 복음은 없다.** 그것이 이 본문의 주제다.

그 논지에 최대한 힘을 싣고자 그는 정당하게 동원할 만한 가장 혹독한 표현을 썼다. 두 번이나 저주를 발한 것이다. "그러나 우리나 혹은 하늘로부터 온 천사라도 우리가 너희에게 전한 복음 외에 다른 복음을 전하면 저주를 받을지어다. 우리가 전에 말하였거니와 내가 지금 다시 말하노니 만일 누구든지 너희가 받은 것 외에 다른 복음을 전하면 저주를 받을지어다"(8-9절). 새미국표준성경역(NASB)에는 "저주를 받을지어다"에 두 번 다 느낌표가 붙어 있어 바울이 저주를 얼마나 강조했는지를 제대로 보여 준다(만일 그가 오늘날 살아 있어 이 반복된 저주를 트위터에 올린다면 아마 전부 대문자로 쓸 것이다).

바울의 글 어디에도 이보다 과격한 표현은 없다. 서두뿐만 아니라 이 서신의 나머지에도 강경 발언이 가득하다. 예컨대 5장 12절에서 그는 과연 할례가 사람을 의롭게 하는 것이라면 거짓 교사들은 이 해로운 교리를 논리적 결론으로 끌고 나가 아예 스스로 거세해야 한다고 제안했다.

매서운 말이다! 그러나 1장 6-7절은 더 매섭다. 유대주의자들이 영원히 저주받아 마땅하다는 말이기 때문이다.

이 저주를 그냥 넘어가지 말고 거기서 **우리가** 배워야 할 것이 무엇인지 생각해야 한다. 바울의 발언 수위를 적절히 누그러뜨릴 길은 없다. 이 또한 성령의 감화로 된 성경이므로 어쩌다 나온 과장된 표현쯤으로 일축할 수도 없다. 이 저주도 다른 모든 성경 본문처럼 하나님이 감동하셨으며, 이는 "기록된 말씀 밖으로 넘어가"(고전 4:6) 복음을 자기 입맛과 편견대로 개조하는 것이 얼마나 심각한 악인지를 보여 주기 위한 것이다.

갈라디아의 거짓 교사들도 사도행전 15장의 거짓 교사들처럼 바리새인 출신이라면, 한때 바울이 개인적으로 알던 동료였을 수 있다. 그들은 그리스도를 믿는다고 고백했을지도 모르지만, 바울은 그들을 친절히 대하려 하지 않았다. 억지로 형식적인 존경을 표하거나 공손한 동질감을 꾸며내지 않았다. 우호적인 대화를 청하거나 토론을 제의하지도 않았다.

바울은 그들을 공적으로 비판하기 전에 그들에게 따로 글을 보내지도 않았다. 그냥 그들을 이단으로 여겨 무시했고 갈라디아 교인들에게도 그들과 상종하지 말라고 지시했다. 그의 말대로 우리는 **상대가 누구든** 다른 복음을 내세우는 사람을 일체 받아들여서는 안 된다. 천사나 사도라도 예외가 없다. 물론 이는 요점을 최대한 강조하기 위한 가정일 뿐이다. 진정한 천사나 사도가 다른 복음을 내세울 일은 없다. 그래도 만일 있다면 바울의 말대로 **저주를 면할 수 없다.**

오늘날 복음주의적 예절 수호자들은 바울의 반론과 독설의 수준이 종교적 신념이나 성경 교리에 관한 토론에 전혀 적합하지 않다고 말할지 모른다. 그런 식으로 말해서는 안 된다는 것이다. 그러나 본문에서 보듯이 따뜻한 환대가 늘 옳지만은 않다. 축복보다 저주가 더 적합할 때도 있다.

물론 남을 욕하는 것이 제2의 천성인 양 입만 열면 쏟아져 나오는 저주는 바람직하지 못하다. 꼼꼼한 의의 감시자로 자처하면서 남을 저주하고 정죄할 **줄밖에 모르는** 사람은 피하는 것이 좋다. 사사건건 반대 의견만 내놓는 것이 명예 훈장감은 아니다. 조금만 의견이 달라도 당장 아무에게나 하늘에서 불이 떨어지게 하고 싶어진다면 당신은 경건한 성품의 본보기가 못 된다.

예수님은 "너희 원수를 사랑하며 너희를 미워하는 자를 선대하며 너희를 저주하는 자를 위하여 축복하며 너희를 모욕하는 자를 위하여 기도하라"(눅 6:27-28)고 말씀하셨다. 바울은 "[우리가] 모욕을 당한즉 축복하고 박해를 받은즉 참고 비방을 받은즉 권면하니"(고전 4:12-13)라고 고백했고, 베드로전서 3장 9절에서도 "악을 악으로, 욕을 욕으로 갚지 말고 도리어 복을 빌라"고 했다. 반대되는 대응만으로 **충분한** 경우라면 그것이 최선의 방법 중 하나다. "너희를 박해하는 자를 축복하라. 축복하고 저주하지 말라"(롬 12:14).

우리 자신이 적에게 인신공격의 표적이 되었을 때는 그렇게 해야 한다. 하지만 갈라디아의 경우는 그런 문제가 아니었다. 그들은 바울의 사사로운 자존심을 모욕하거나 경멸한 것이 아니다. 그들은 **복음**을 공격하고 있었다. 그것은 천국을 대적하는 노골적 공격이었기에 바울이 매섭게 반응하는 것이 마땅했다.

"그리스도의 은혜로 너희를 부르신 이를 이같이 속히 떠나"(6절)라는 말은 그들이 바울을 떠났다는 말이 아니다. "너희를 부르신 이"는 하나님을 가리킨다. 복음을 통하여 신자를 부르고 이끄시는 분은 하나님이다. "**하나님이** 우리를…거룩하신 소명으로 부르심은"(딤후 1:9). "또 미리 정하신 그들을 또한 부르시고"(롬 8:30). 갈라디아서 5장 7-8절에서 바울은 갈라디아 교인들에게 "너희가 달음질을 잘하더니 누가 너희를 막아 진리를 순종하지 못하게 하더냐. 그 권면은 **너희를 부르신 이**에게서 난 것이 아니니라"고 말했다. 우리를 그리스도의 은혜 안으로 부르시는 이는 하나님이다. 그런데 갈라디아 교인들은 다른 복음을 집적거리다가 하나님을 등지기 직전까지 갔다. 그분을 "떠나…다른 복음을 따"른 것이다(1:6).

이렇듯 거짓 복음의 전파자들은 바울의 육체를 괴롭히는 가시 정도가 아니라 사람들을 그리스도의 진리에서 떠나게 했고, 그리하여 갈라디아 교회들에 중대한 위협이 되었다. 그래서 바울은 그들을 저주받을 이단이라 칭했다.

다시 말해 바울이 옹호한 것은 메신저가 아니라 메시지였다.

그런데 이 거짓 교사들은 그리스도를 공공연히 대적한 것이 아니라 복음 전파자로 행세하면서 복음 진리의 본질적인 핵을 치밀하게 공격했다. 그 핵이란 바로 하나님의 은혜라는 원리다. 그들의 가르침에 따르면 복음의 관건은 그리스도가 죄인을 위하여 이루신 일을 단순히 선포하는 것이 아니라 죄인이 하나님께 해드려야 할 일에 대한 메시지다. 이렇게 앞뒤가 전도된 메시지의 전달자를 축복한다면 이는 명백한 죄다. 그런 위험을 **무시하는** 것만으로도 죄다(갈라디아서 2장에서 베드로가 그렇게 하려다가 다른 사람들이 다 보는 데서 바울에게 책망을 들었다).

디도서 1장 10-11절에서 바울은 똑같은 거짓 교사들을 "할례파"라 칭하며 "그들의 입을 막을 것이라"고 말했다. 포스트모던 시대에 정치적으로 공정한 정서는 아니겠지만, 복음을 변질시키는 거짓 교사들에게는 그것만이 적절한 대응이다.

아울러 '사랑의 사도'라 불리는 요한도 비슷한 말을 했다. 그에 따르면 우리는 그리스도의 본질적 가르침을 약화시키거나 공격하려는 사람을 우호적으로 받아들여서는 안 된다. 요한서 1장 9-11절에서 그는 "지나쳐 그리스도의 교훈 안에 거하지 아니하는 자는 다 하나님을 모시지 못하되…누구든지 이 교훈을 가지지 않고 너희에게 나아가거든 그를 집에 들이지도 말고 인사도 하지 말라. 그에게 인사하는 자는 그 악한 일에 참여하는 자임이라"고 말했다.

두 사도의 말처럼 복음은 순수하고 특수하여 누구든지 이를 비틀거나 왜곡하거나 변조하는 사람은 저주받을 죄를 짓는 것이다. 안타깝게도 개신교인들은 사도들이 그 진리를 얼마나 힘주어 강조했는지를 망각해 왔다.

이른바 많은 개신교인이 한 술 더 떠서 복음이 정말 하나뿐임을 망각한 듯 보인다. 종교개혁이 일어난 지 5백 년이 흐른 지금, 로마와의 에큐메니컬한 관계가 개신교계에 이보다 더 인기 있었던 적은 없다. 그러나 루터 시대 이후로 로마는 복음을 보는 입장이 조금도 바뀌지 않았다. 로마가톨릭교회는 지금도 대사(大赦: 고백 성사를 통하여 죄가 사면된 후에 남아 있는 벌을 교황이나 주교가 면제해 주는 행위)를 팔고, 믿음으로만 의롭게 된다는 '오직 믿음'의 교리를 딱 잘라 거부한다.

  1500년대 이후로 복음을 보는 입장이 바뀐 쪽은 개신교다. 물론 좋은 쪽으로 바뀌지 않았다. 믿기지 않거든 세계의 유수한 종교 텔레비전 채널을 아무데나 켜서 거짓 복음을 파는 온갖 사이비와 종교 돌팔이들의 방송을 몇 시간만 시청해 보라. 그들은 헌금의 대가로 하나님의 은총과 현세의 형통을 약속한다. 저마다의 물질주의적 대사를 팔고 있다.

  종교 장사꾼은 면죄부를 팔던 요한 테첼의 시대보다 오늘날에 수없이 더 많은데, 대부분 명목상 복음주의자들이다. **복음주의**라는 단어는 본래 '복음을 지향한다'는 뜻이지만, 텔레비전 전도자들이 전하는 내용은 '다른 복음'의 화신이다. 바울의 말대로 그것은 아예 복음도 아니다. 우리 세대에도 루터와 칼뱅의 정신을 이어받은 사람들이 절실히 필요하다. 거짓 복음을 상대로 주저 없이 격론의 투쟁을 벌일 진정한 성경학자들이 필요하다.

  본문의 바울처럼 치열하게 오류에 맞서 논쟁하는 사람은 자동으로 학자의 신임을 잃는 것이 오늘날 지배적인 기류인 듯하다. 하지만 이는 학문을 보는 무기력한 관점이다. 교회 역사상 최고의 학자들은 언제나 치열한 논객이었다.

  현재 복음주의 운동에는 거짓 복음이 넘쳐난다. 교회에 명쾌하고 타협 없는 지성의 목소리가 이보다 더 절실한 때는 없었다. 기꺼이 바울처럼 기탄없이 하나뿐인 참 복음을 옹호해야 한다.

갈라디아 교인들을 책망하는 바울

갈라디아서 1장의 문맥을 생각해 보라. 서신 본론의 첫 구절은 6절이고, 1-5절은 안부와 축복이다. 1세기에는 그것이 이런 서간문의 표준 형식이었고 사도 바울도 으레 그 틀을 따랐다. 원문에서 모든 바울 서신의 첫 단어느 사도의 이름인 '바울'이고, 때로 그와 함께 여행 중이거나 사역 중이던 동료 일꾼의 이름이 병기된다. 이어 개인이나 단체 등 수신자의 이름이 나온다. 그다음에 그는 대개 수신 교회나 개인을 격려하거나 칭찬하는 말을 썼다.

심지어 고린도 교회에 편지를 쓸 때도 바울은 칭찬을 빼놓지 않았다. 심각한 문제가 첩첩이 쌓인 지독히 역기능적인 회중이었는데도 말이다. 그 교회가 얼마나 무질서와 혼란에 빠져 있었는지 생각해 보라. 그들은 파당으로 갈라져 싸웠고 교인들 간에 서로 소송을 제기했다. 적절한 훈련을 무시하고 은사를 남용하며 성만찬 때 술에 취했다. 교리 면에서도 여러 모로 혼탁해져 몸의 부활이라는 기본 개념에조차 고전했다. 게다가 고린도 교인들은 이단의 꼬임에 넘어가 바울의 권위에 저항하려 했다.

이렇듯 고린도 교회에 손봐야 할 심각한 문제가 많은데도 바울은 첫 서신의 불과 네 구절째부터 이렇게 말했다. "그리스도 예수 안에서 너희에게 주신 하나님의 은혜로 말미암아 내가 너희를 위하여 항상 하나님께 감사하노니 이는 너희가 그 안에서 모든 일 곧 모든 언변과 모든 지식에 풍족하므로 그리스도의 증거가 너희 중에 견고하게 되어 너희가 모든 은사에 부족함이 없이"(고전 1:4-7).

그것이 바울의 통상적 관례였다. 그는 칭찬이나 격려의 말로 시작하기를 좋아했다. 에베소서에도 맨 첫 구절부터 그 교회의 신실함을 칭찬했다. 책망하거나 바로잡아야 할 때도 늘 수신자에 대한 너그러운 말로 운을 뗐다. 그의 모든 서신이 이 틀을 따랐는데 갈라디아서만은 예외다.

갈라디아서에는 처음부터 끝까지 인정이나 칭찬의 말이 한 마디도 없다. 감사나 기쁨의 낌새조차 없다. 안부를 마치자마자 그는 대뜸 꾸짖으며 축복 대신 저주를 발한다.

그래서 이 본문은 충격적이다. 바울은 평소의 정중한 형식 대신 곧장 본론으로 들어가 격한 질책을 쏟아 낸다. "너희를 부르신 이를 이같이 속히 떠나 다른 복음을 따르는 것을 내가 이상하게 여기노라"(1:6). 서신 전체가 이처럼 적나라하다. 훈시 일색의 긴박한 견책이 노골적으로 표현되고 있다.

3장 1절에서 그는 갈라디아 사람들이 무언가 악한 세력에 홀린 것 같다며 "어리석도다"라고 말했다. 4장 11절에서는 "내가 너희를 위하여 수고한 것이 헛될까 두려워하노라"는 말에 이어 아홉 절 뒤에 "내가…너희에 대하여 의혹이 있음이라"(20절)고 덧붙였다. 그냥 모욕한 것은 결코 아니지만 서신 내내 이런 엄한 어조가 유지된다. 책망의 위력을 낮추거나 유화하려는 말이 전혀 없다. 그는 다른 복음을 집적거리는 그들 때문에 심려가 몹시 깊었다. 처음부터 끝까지 그의 말에서 그런 걱정이 느껴진다.

바울 서신의 또 다른 두드러진 특징은 거의 매번 서두에 복음의 핵심 진리를 진술하거나 복음 자체를 요약한다는 것이다. 물론 갈라디아서도 마찬가지다. 그것이 절실히 필요했기 때문이다. 1장 4-5절에 참 복음이 간난명료하게 진술된다. "그리스도께서 하나님 곧 우리 아버지의 뜻을 따라 이 악한 세대에서 우리를 건지시려고 우리 죄를 대속하기 위하여 자기 몸을 주셨으니 영광이 그에게 세세토록 있을지어다." 바울의 가르침에 익숙한 사람은 누구나 금세 알겠지만 이 짤막한 말 속에 의미심장하게도 대속의 원리가 담겨 있다. "그리스도께서…**우리 죄를 대속하기 위하여** 자기 몸을 주셨으니."

주님이 죽으신 목적은 우리에게 현세의 물질적 형통을 주기 위해서가 아니다. 단지 국가 간의 장벽과 민족적 편견의 벽을 허물기 위해서도 아니다. 현세의 예술과 문화를 속량하기 위해서도 아니다. 사회 정의에 대한 메시지를 보내기 위해서도 아니다. 우리를 영적 자아실현의 여정에 오르게 하기 위해서도 아니다. 우리 스스로 죄를 속하도록 자기희생의 본을 보이기 위해서는 더욱 아니다. 그분은 "자기 몸을 주"셔서 우리 죄를 최종적으로 완전히 속하시며, 그리하여 "이 악한 세대에서 우리를 건지"신다.

고린도후서 4장 5절에서 바울은 "우리는 우리를 전파하는 것이 아니라 오직 그리스도 예수의 주 되신 것[을]…전파함이라"고 말했다. 거짓 교사들은 할례를 메시지의 관건으로 삼음으로써 그리스도가 아닌 자신을 전파했다. 복음의 관건은 당신과 내가 아니고, 우리가 해야 할 일도 아니며, 그리스도가 이미 이루신 일이다. 바울의 메시지는 신중하고 면밀하게 거기에 초점을 맞추었다. 그래서 고린도 교인들에게 "우리는 십자가에 못 박힌 그리스도를 전하니"(고전 1:23)라고 말했다. "내가 너희 중에서 예수 그리스도와 그가 십자가에 못 박히신 것 외에는 아무것도 알지 아니하기로 작정하였음이라"(2:2). 구체적으로 그가 전한 기쁜 소식은 갈라디아서 1장 4절의 내용이다. "그리스도께서…이 악한 세대에서 우리를 건지시려고 우리 죄를 대속하기 위하여 자기 몸을 주셨으니." 유일한 참 복음을 한 문장에 담아 내면 바로 그것이다. 누구든지 더 복잡해 보이는 내러티브를 가지고 온다면 우리는 배격해야 한다. 공연히 그들과 우호적으로 대화하여 그들의 관점을 누구나 고려해 보게 해서는 안 된다.

이런 심각한 이단이 그렇게 일찍 사도 시대 때부터 교회 안에 파고들었다는 것이 기막히고도 의미심장하다. 이같이 속히 진리를 떠나는 갈라디아 교인들을 보며 바울도 놀랐다. 어떤 이들은 초대 교회가 완전히 순전했다고 본다. 초대 교회에서 가르치는 내용이면 무조건 전적으로 믿어야 한다는 것이다. 하지만 성경 자체에 나와 있듯이 모든 가르침을 성경에 비추어 검토하여 옳은지 확인해야 한다. 설령 스승이 천사나 사도일지라도 말이다. 그런 분별이 필요하다.

안타깝게도 사실상 모든 세대의 교회가 본문의 바울과 같은 입장을 취하지 못했다. 그래서 가시적 교회에는 늘 개혁이 필요하다. 믿음을 고백하며 교회에 들어와 하나님의 백성으로 자처하지만 믿음이 피상적인 그리스도인들은 늘 있었다. 그들은 복음의 메시지에 별로 관심이 없다. 오히려 조금만 땜질하면 복음을 재구성하여 십자가의 반감을 없앨 수 있다고 생각한다. 적대적인 세상의 기준에 그리스도가 걸림돌과 방해물이 되지 않도록 우리가 메시지를 뜯어고칠 수 있다는 듯이 말이다

모든 인간은 타락한 본성을 타고난 죄인이어서 다른 복음을 원한다. 성경에도 그렇게 나와 있다. "십자가의 도가 멸망하는 자들에게는 미련한 것이요"(고전 1:18). 그러나 우리는 부름받은 대로 "십자가에 못 박힌 그리스도를 전하니 유대인에게는 거리끼는 것이요 이방인에게는 미련한 것"이다(23절). 육신의 생각은 무언가 덜 불쾌하거나 더 세련되거나 품위 있거나 의식(儀式)이 많은 것을 원한다.

자칭 신자인 한 유명한 음악가가 근래에 트위터에 일련의 메시지를 올려, 피로 속죄한다는 개념이 원시적이고 황당하다고 밀했다. "피로 하나님께 속죄해야 한다"는 기독교의 가르침이 "아름답지 못하고 끔찍하다"는 것이다. 그러면서 어쩌면 십자가의 진짜 메시지는 "피 제사의 개념이 불필요하므로 우리도 더는 그런 폭력에 의지하여 하나님께 나아가려 해서는 안 된다"는 것이라고 넘겨짚었다. 그는 복음을 유화하고 정화하여 불쾌한 부분을 빼고 더 고상해 보이는 종교적 원리를 보태려 했다.

할례파가 하려던 일도 바로 그것이었다.

R. C. 스프롤은 언젠가 자신이 속죄에 대하여 강연하던 중 청중 가운데 한 사람이 "그건 원시적이고 저속합니다!"라고 외쳤던 일화를 소개했다.

스프롤은 이렇게 대답했다. "지당한 말씀입니다. 특히 당신이 선택한 원

시적이고 저속하다는 단어가 제 마음에 듭니다…그러면 하나님이 자신의 사랑과 구원을 계시하실 때 엘리트 집단인 전문 학자들만 알아들을 수 있게 전문용어와 아주 심오한 개념으로 계시하시겠습니까? 하나님이 원시적으로 말씀하심은 상대인 우리가 원시적이기 때문입니다."

이어 그는 "원시적이라는 단어가 성경의 내용을 표현하기에 제격이라면 저속하다는 단어는 그보다 더 제격입니다…십자가보다 저속한 것이 무엇입니까? 그야말로 우주적 규모의 저속함이지요. 십자가에서 그리스도는 우리를 구원하시려고 인간의 모든 저속함을 대신 짊어지셨습니다"라고 말했다.[1]

바울도 고린도후서 5장 21절에서 **주저 없이** 똑같이 말했다. "하나님이 죄를 알지도 못하신 이를[그리스도를] 우리를 대신하여 죄로 삼으신 것은 우리로 하여금 그 안에서 하나님의 의가 되게 하려 하심이라." 하나님이 결국 구원하실 무리가 있는데, 그들 모두가 저지른 악하고 저속하고 부정한 행위의 죄책이 모두 합해져 그리스도께 전가되었다. 스펄전은 그 본문에 대하여 이렇게 말했다.

> 죄가 한 덩어리로 다 모였다고 생각하면 얼마나 섬뜩한 장면인가. 살인과 정욕과 [강간과] 간음과 온갖 범죄가 하나의 흉측한 더미로 모두 쌓여 있다. 형제여, 불순한 우리조차 이 죄 덩어리를 차마 볼 수 없거늘 하나님의 순전하고 거룩하신 눈으로야 오죽하겠는가. 그런데도 본문에서 보다시피 하나님은 그리스도를 마치 그 죄 덩어리인 양 보셨다.[2]

---

1 R. C. Sproul, *Knowing Scripture*(Downers Grove, IL: InterVarsity Press, 2009), 18-19. (『성경을 아는 지식』 좋은씨앗)

2 Charles Spurgeon, "Christ-Our Substitute," *The New Park Street Pulpit*, 전6권(London: Passmore & Alabaster, 1860), 6:194.

십자가를 걸림돌로 보지 않고는 제대로 이해할 길이 없다. 복음을 충실히 전하면서 사람들에게 반감을 주지 않기란 불가능하다는 뜻이다. 바울의 저주는 그렇게 해보려는 모든 사람에게 해당한다.

복음을 변질시키는 전형적인 이단치고 처음부터 일부러 저주받을 죄를 범하려는 사람은 없을 것이다. 이단이 되려고 미리 작정하고 교회에 들어오는 사람은 극히 드물거나 거의 전대미문일 것이다. 내 생각에 대부분의 거짓 교사는 다른 사람을 미혹하기 전에 자신부터 미혹된다. 자신에 대하여 "마땅히 생각할 그 이상의 생각을 품"는다(롬 12:3). 자신이 이성 하나로 (더 심하게는 느낌으로) 참과 거짓을 분간할 수 있다고 생각한다. 그러나 잠언 28장 26절에 "자기의 마음을 믿는 자는 미련한 자"라고 나와 있다. 그들은 십자가의 메시지 중 무엇이든 입맛에 맞지 않는 부분을 고치는 것이 정말 좋은 일이라고 믿는다.

오늘날의 가시적 교회에는 바울이 본문에서 저주한 죄를 짓는 사람들이 가득하다. 그들은 자신이 '새로운 관점'을 찾아냈다든지, 밀레니엄 세대에 맞게 복음에 '참신성'을 더했다든지, 피의 속죄가 너무 원시적이거나 반감을 주므로 포스트모던의 대안 메시지를 개발했다고 주장한다. 동기가 순수하다고 자처할지도 모른다. 할례파와 똑같이 메시지를 청중에게 더 끌리거나 마음에 들게 만들려는 동기였을 수 있다. 하지만 본문의 요점을 놓치지 말라. 바울은 그런 모든 시도를 저주했다.

솔직히 우리 모두는 자신이 매력과 영향력을 행사할 만큼 제법 똑똑하다고 생각하는 경향이 있다. 복음을 변질시키지 않고도 기발한 방식을 찾아내 십자가의 반감을 줄일 수 있다는 것이다. 우리 중에 그런 생각을 품어 보지 않은 사람은 거의 없을 것이다. 이런 욕심을 우리는 죄로 인식하고 죽여야 한다. 바울도 힘주어 그렇게 말했다. "오직 하나님께 옳게 여기심을 입어 복음을 위탁받았으니 우리가 이와 같이 말함은 사람을 기쁘게 하려 함이 아니요 오직…하나님을 기쁘시게 하려 함이라"(살전 2:4). 그러려면 그는 메시지를 고쳐서 미화할 것이 아니라 다음과 같이 하라고 디모데에게 말했다. "망령되고 헛된 말과 거짓된 지식의 반론을 피함으로 네게 부탁한 것을 지키라. 이것을 따르는 사람들이 있어 믿음에서 벗어났느니라"(딤전 6:20-21).

구도자 중심의 실용적 사역 철학이라는 풍조를 우리 모두 지난 40년 동안 보았다. 철저한 상황화가 거의 혹은 전혀 위험하지 않다고(멋과 문화참여와 대중적 인기가 건전한 교리와 공존할 수 있다고) 누군가 경솔하게 주장할 때마다 이제는 우리도 분명히 알아차려야 한다. 그런 철학을 가진 사람은 언제나 결국 복음을 왜곡하거나 골자를 빼 버린다. 본인은 그럴 뜻이 없다고 한사코 우길지라도 말이다. 세상 사람들이 보기에 멋있어져 우리의 매력이나 인기로 그들의 마음을 얻는 데 주력한다면, 우리는 이미 복음을 타협한 것이다. 다시 말해 세상의 존중을 얻는 것이 전도의 열쇠라고 생각하는 사람은 주 되신 그리스도 예수가 아니라 자신을 전파하는 죄를 짓는 것이다.

하나님은 복음을 일부러 단순하게 고안하셨다. 복음은 인간의 자존심에 치명타를 날린다. 복음에 무언가를 더하거나 빼면 반드시 변질된다. 사실 고린도후서 11장 3절에 따르면 사탄의 핵심 전략 중 하나는 우리를 "그리스도 안에 있는 단순함에서"(흠정역) 떠나도록 미혹하는 것이다.

복음의 단순한 진리를 충실히 선포하지 못하도록 우리를 교묘히 미혹하는 세 가지 흔한 욕심이 있다. 바울의 갈라디아서 본문에 그 셋이 모두 암시되어 있다.

새로운 가르침에 대한 욕심

첫째는 새로운 것에 집착하는 욕심이다. 이 악성 성향이 적어도 지난 250년간 미국 복음주의 운동을 병들게 했다. 오늘날 복음주의자들이 숨 가쁠 정도로 빠르고 쉽게 유행을 갈아타는 이유가 여기에 있다.

우리가 섬기는 교인들은(심지어 일부 목회자도) 그리스도 안에 있는 단순함에서 떠나 변질되기 너무 쉽다. 대중문화의 유행을 따라가지 않고는 이 세대에 효과적으로 다가갈 수 없다고 주장하는 사람들 때문에 오늘날 교회 안에 엄청난 압박감이 있다. 그래서 말씀을 전하지 않고 드라마나 영화를 주해하는 목사가 그렇게 많다.

그러나 무엇이든 지금의 유행도 머잖아 한물간다. 급변하는 유행의 속도를 따라가기가 사실상 불가능해졌을 뿐 아니라 다들 경험으로 알듯이 오늘의 유행이 내일이면 웃음거리로 바뀐다.

수십 년 동안 미국의 복음주의자들은 끝없이 연속되는 듯한 얄팍한 유행을 맹목적으로 쫓아다녔다. 한때는 모두가 귀신들과의 영토 싸움에 관한 소설 『어둠의 권세들』(This Present Darkness)과 그 모든 속편을 읽었다. 그러다 종말과 관련된 『레프트 비하인드』 열풍이 불었다. 그것이 사그라진 때는 너도나도 『야베스의 기도』를 읽으면서부터였다. 그다음은 '목적이 이끄는 40일', 그다음은 멜 깁슨의 영화 〈패션 오브 크라이스트〉, 그다음은 이머징 처치 운동, 그다음은 힙스터 기독교다.

지금은 우리도 선풍적인 인기를 끌다가 유행이 지나버린 것들을 돌아보며 거의 전부 무시한다. 영향력 있는 사람치고 『야베스의 기도』에 열광하는 사람은 많지 않으며 『마음의 회복』은 농담의 소재가 되었다. 복음주의의 새로운 열풍을 일일이 쫓아다닌다 해서 더 시의성을 띠는 것도 아니다. 그것은 오히려 결국 시의성을 잃는 확실한 길이다.

1887년에 스펄전의 친구이자 동료 목사인 로버트 쉰들러는 "내리막길"이란 제목의 두 글 중 첫 편에 이렇게 썼다. "신학에서…진리는 새것이 아니고 새것은 진리가 아니다."[3] 정말 그렇다. '오직 성경'의 원리(하나님의 영광과 인간의 구원과 믿음과 삶에 필요한 것이 성경 하나에 다 있으며, 성경에 무엇도 더해서는 안 된다는 원리)를 받아들이는 사람은 이 짧은 경구의 진리를 인정할 수밖에 없다. "무엇이든 새것은 진리가 아니고 무엇이든 진리는 새것이 아니다."

그것이 복음에 대한 바울의 요지다.

그의 말을 다시 보라. "너희를 부르신 이를 **이같이 속히** 떠나[는]…것을 내가 이상하게 여기노라." 이어 두 번째 저주를 발하기 직전에 그는 "우리가 전에 말하였거니와 내가 지금 다시 말하노니"라고 했다. 바로 앞 절에서 말했다는 뜻이 아니다. **그렇게** 분명한 것이라면 굳이 상기시킬 필요도 없다. 이는 자신이 그들 곁에 함께 있던 때의 일을 상기시키는 말이다. 그 때 그는 다른 복음을 가지고 오거든 누구의 말도 듣지 말라고 이미 그들에게 경고했다.

그런데 갈라디아 교인들은 새로운 것을 찾아 숨가쁠 정도로 빠르게 바울의 단순명료한 메시지를 떠났다. 역시 이는 일반적인 성향이다. 끝까지 확고부동하려면 굳센 투지가 필요하다. 하나님 말씀의 진리에 깊이 닻을 내리지 못한 사람은 늘 "사람의 속임수와 간사한 유혹에 빠져 온갖 교훈의 풍조에 밀려 요동"할 위험이 있다(엡 4:14). 갈라디아 사람들이 그런 상태였다. 새로운 것이 주의를 사로잡자 닻이 든든하지 못했던 그들은 순전히 새롭다는 사실에 금세 휩쓸렸.

오늘날 그 동일한 성향이 전 세계적으로 모든 문화를 몰아가고 있다. 교회

---

3 Robert Schindler, "The Down Grade," *The Sword and the Trowel*(1887년 3월): 126.

안에서도 마찬가지다. 사도행전 17장 21절의 아테네 사람들처럼 다들 "가장 새로운 것을 말하고 듣는 것 이외에는 달리 시간을 쓰지 않"는다. 실시간의 추세가 인터넷에 끊임없이 올라와 새로운 것에 대한 욕심을 부추긴다.

해법은 바로 불변의 복음이다. 참 복음은 하나뿐이며 더 나아질 수 없다. 메시지를 더 새롭고 시의성 있게 만들어야 차세대에게 다가갈 수 있다고 말하는 사람이 있다면 그는 "저주를 받을지어다!"

현재 그리스도인의 블로그 세계에는 자칭 복음주의자로되 "그리스도께서…이 악한 세대에서 우리를 건지시려고 우리 죄를 대속하기 위하여 자기 몸을 주셨"다는 진리에 확고히 헌신하지 않은 사람들이 즐비하다. 대신 그들은 사회 정의부터 문화참여에 이르기까지 온갖 것을 전하는 데 열을 올린다. 복음의 목표가 우리를 이 악한 세대에서 **건지는** 것이 아니라 이 세대의 가치와 은어와 오락에 푹 빠지게 하는 것인 양 말이다.

어떤 이들은 차라리 다른 말은 거의 못할 것이 없을지언정 복음의 굵직한 주제들만은 피한다. 알다시피 예수님은 "[성령께서] 와서 죄에 대하여, 의에 대하여, 심판에 대하여 세상을 책망하시리라"(요 16:8)고 말씀하셨다. 그런데 오늘날 무수히 많은 복음주의 강단에서 이런 주제들은 '시의성'이 없다는 이유로 일부러 제외된다.

교회 지도자의 메시지나 사역 철학이 새로운 것에 집착하는 욕심에 영향을 받으면 그런 결과를 피할 수 없다. 내 생각에 이는 21세기 복음주의 운동의 고질적인 죄다.

복음을 고치려는 욕심

설교자의 메시지를 빗나가게 하는 두 번째 현세적 욕심은 복음을 수정하려는 욕구다. "어떤 사람들이 너희를 교란하여 그리스도의 복음을 **변하게**

하려 함이라"(갈 1:7). 바울이 밝혔듯이 거짓 교사들은 동기가 나빴다. 악한 욕심을 가지고 미리 작정하여 복음을 왜곡하고 변형시켰다.

그들은 순전히 그리스도가 싫어서 의식적으로 사탄과 결속하여 고의로 흉하게 악을 모의했을까? 내 생각에 바울의 말이 꼭 그런 뜻은 아닐 것이다. 그들은 그리스도의 적으로 자처하지 않았을 것이다. 스스로 미혹되어 생각이 영적으로 어두워지다 보니 오히려 자신들이 복음을 더 좋아지게 만든다고 믿었을 것이다. 복음을 모세 율법과 더 조화되게 하고, 이방인 회심자들의 중대한 오명을 없애 주며, 자기들이 보기에 바울의 가르침 중에서 확연한 결함을 고쳐 주는 것이라고 말이다.

그들의 문제는 새로운 것에 집착하는 욕심이 아니었다. 갈라디아 교인들은 그 욕심 때문에 거짓 교리에 그토록 쉽게 넘어갔을 수 있으나 할례파의 의중은 달랐다. 그들은 이미 종식된 옛 언약의 요소들을 고수하고 싶었다. 그래서 복음을 고치려는 욕구가 싹텄다. 아마 메시지를 자기네 제사장들과 학자들에게 더 받아들여지기 쉽게 만들려고 그랬을 것이다. 그들은 오직 그리스도 안에서 오직 믿음으로 말미암아 오직 은혜로 구원받는다는 단순한 메시지보다 더 복잡한 무엇을 원했다. 더 세련되고 화려하고 인간의 자존심에 부합되는 종교를 원했다.

이런 수정 욕구 때문에 학계의 많은 사람이 파멸에 떨어진다. 요즘은 신학생이 복음의 어떤 핵심 교리에 대하여 학위 논문을 쓴다면, 기존의 권위 있는 신념에 맞서 새로운 관점을 개발하거나 아직 발표된 적 없는 논증을 제시하라는 권고(또는 아예 정식 요구)를 받을 소지가 높다. "새것이 아니면 가치가 없다"는 것이 학계를 다분히 지배하는 철학인 것 같다.

그래서 복음주의 학자들은 원칙상 늘 새로운 관점과 수정된 교리를 만들어 낸다. 삼위일체처럼 아주 기본적이고 확립된 지 오래된 교리조차도 사정없이 개정되어 재구성되기 일쑤다. 이는 포스트모던 사상의 열매다. 아무것도 확실하게 여겨지지 않는다. 아무것도 고정된 것이 없고 진정한 권위도 없다. 요즘은 무엇이든 재구성과 개조를 거쳐 비틀리고 왜곡될 수 있다. 이른바 보수 복음주의 학자들도 때로 자신의 신앙 고백을 수정하려는 집요한 욕구에 물들어 보인다.

할례파는 위험하긴 했지만 **그 정도로** 무모하지는 않았다. 사실 그들이 바울의 복음에 가한 수정은 오늘날의 기준으로 보자면 차라리 사소해 보인다. 그들은 성경의 권위에 이의를 제기하거나 그리스도의 의가 전가됨을 부인하지 않았다. 대속의 개념을 직접 비난하지도 않았다. 그들의 제안은 구원 순서의 작은 변화로 귀결된다. 모종의 선행이 칭의에 선행되어야 한다는 것이었다.

바울은 선행이 구원의 믿음에서 흘러나오는 것이지 그 반대가 아니라고 가르쳤다. 즉 죄인은 처음 믿는 순간에 온전히 의롭게 된다. 그때부터 순종이 진정한 믿음의 필연적 열매로 뒤따라온다. 바울 사도가 거듭 강조했듯이 죄인이 칭의를 얻는 수단은 **오직 믿음**이다. 역시 로마서 4장 5절에 명백히 말한 대로다. "일을 아니할지라도…믿는 자에게는 그의 믿음을 의로 여기시나니." 요컨대 칭의가 먼저이고 행위는 그다음이다.

그런데 할례파는 아니라며 최소한의 순종 표현, 즉 의식법을 지키는 첫 행위가 칭의의 필수 전제 조건이라고 말했다. 순종이 먼저이고 칭의는 그다음이라는 것이다.

양쪽 다 행위 없는 믿음은 죽은 것이라 여겼다. 진정한 구원에 늘 믿음과 순종이 수반된다는 생각도 양쪽이 같았다. 그런데 순서에서 입장이 갈렸다.

오늘날 유행하는 기준으로 보자면 그 차이는 너무 작아 걱정할 것이 없어 보일 수 있다. 그 점에 대하여 J. 그레샴 메이첸은 이렇게 말했다.

> **많은** 면에서 유대주의자들은 바울과 정확히 일치했다. 그들도 예수님이 메시아이심을 믿었고…그분이 죽은 자 가운데서 정말 살아나셨음을 믿었다…구원받으려면 반드시 그리스도를 믿어야 한다는 것도 믿었다…현대의 관점에서 볼 때 [그들과 바울의] 차이는 아주 근소해 보일 수 있다…그처럼 자신과 대동소이한 교사들이니 당연히 바울이 그들과 제휴했어야 하지 않을까? 당연히 그들을 그리스도인의 연합이라는 위대한 원리로 대했어야 하지 않을까?[4]

그러나 메이첸의 말대로 "바울은 전혀 그러지 않았다. 그가 전혀 그러지 않았기 때문에…오늘날 기독교 교회가 존재한다."[5]

그토록 작아 보이는 차이점이 사실은 복음의 핵심에 대한 전면 공격이었다. 할례파는 칭의의 조건을 죄인의 행위에 두었는데, 이 사소해 보이는 손질이 복음의 메시지를 송두리째 망쳐 놓았다.

누군가가 복음이 충분히 복잡하거나 학문적이거나 엄격하지 않다고 판단할 때마다 그런 일이 벌어진다. 복음을 비트는 사람은 그 순간 거의 언제나 모종의 행위를 공식에 집어넣는다. 강단 앞으로 나아가거나 정형화된 기도를 하거나 세례를 받거나 기타 단순한 의식을 지키는 등 아주 사소한 요건일 수도 있다. 그러나 **무엇이 되었든** 인간의 행위를 칭의의 수단으로 삼으면 교리가 완전히 무너진다.

---

[4] J. Gresham Machen, *Christianity and Liberalism*(Grand Rapids: Eerdmans, 2009), 20-21. (『기독교와 자유주의』 복있는사람)
[5] 같은 책, 21.

구원받는 진정한 믿음은 중생하게 하시는 하나님의 사역이 자연스럽게 표출된 것이다. **그분이** 영적 맹인을 눈뜨게 하여 회개하게 하시고 믿음을 깨우신다. 중생과 믿음과 회개는 다 하나님의 은혜로 이루어진다. 인간의 행위가 아니다. 바울이 에베소서 2장 8-9절에서 말했듯이 "너희는 그 은혜에 의하여 믿음으로 말미암아 구원을 받았으니 이것[즉 구원의 모든 면]은 너희에게서 난 것이 아니요 하나님의 선물이라. 행위에서 난 것이 아니니 이는 누구든지 자랑하지 못하게 함이라." 이것이 복음 진리의 핵심 교의인데, 유대주의자들의 아주 작은 수정이 이를 완전히 무효로 만들었다. 구원의 그 어떤 요소도 인간의 행위가 아니라는 근본 진리를 없애 버렸기 때문이다.

복음에 관한 한 수정의 욕구는 저주받을 죄다.

사람에게 인정받으려는 욕심

흔히 복음을 변질시키는 세 번째 악한 태도는 사람에게 칭찬받으려는 욕심이다. "이제 내가 사람들에게 좋게 하랴, 하나님께 좋게 하랴, 사람들에게 **기쁨을 구하랴**. 내가 지금까지 사람들의 **기쁨**을 구하였다면 그리스도의 종이 아니니라"(갈 1:10). 그냥 할례파에 동의했거나 베드로가 처음에 그랬듯이 그들의 오류를 모르는 체했다면, 바울도 많은 사람을 기쁘게 할 수 있었다.

애초에 할례파를 지배한 동기는 틀림없이 인간의 인정을 탐하는 마음이었을 것이다. 보나마나 그들은 자신의 활동을 영리한 홍보 운동으로 여겼다. 유대교의 엘리트 실세에게 반감을 주는 요소를 복음에서 제하려 했다.

바울도 이를 잘 알았다. 갈라디아서 5장 11절에서 그는 자기도 할례를 전했다면 박해를 면하고 "십자가의 걸림돌"을 제했을 것이라고 말했다. 할례파는 자신들이 메시지에 매력을 더하여 그리스도를 이롭게 한다고 확신했을 것이다. 그러나 정작 그들이 한 일은 하나님 대신 인간에게 영광을 구한 것이다. 바울이 10절에서 말했듯이 그렇게 행동하면서 그리스도를 섬길 수는 없다.

예수님은 이를 바리새파의 핵심 오류로 지적하셨다. "그들의 모든 행위를 사람에게 보이고자 하나니"(마 23:5). 이스라엘의 허다한 무리도 똑같은 이유로 그리스도를 배척하고 불신을 고집했다. "그들은 사람의 영광을 하나님의 영광보다 더 사랑하였더라"(요 12:43). 진정한 믿음에 이보다 큰 방해물은 없다. 예수님은 "너희가 서로 영광을 취하고 유일하신 하나님께로부터 오는 영광은 구하지 아니하니 어찌 나를 믿을 수 있느냐"(요 5:44)라고 하셨고, 다른 곳에서도 "사람 중에 높임을 받는 그것은 하나님 앞에 미움을 받는 것이니라"(눅 16:15)고 말씀하셨다.

인간의 칭찬을 탐하는 죄는 바리새인의 경우처럼 지독하고 현란한 율법주의를 낳을 수 있으나 늘 그런 것만은 아니다. 현대 학계의 사람들은 인간의 칭찬을 받으려는 욕심 때문에 오히려 소신을 억누르며 진리마다 지나치게 에두르는 경향이 있다. 그래서 결국 오만 가지 유보 조항을 늘어놓고 애매하게 얼버무리느라 진리는 몽땅 그 속에 파묻혀 버린다. 말을 사리면서 복음을 충실하게 선포할 수는 없다. 부정적인 반응을 겁내면 명확하고 단호해질 수 없다. 청중의 인정과 호평을 사려는 쪽으로 메시지를 수정했다면 당신은 참 복음을 아예 전하지 않은 것이다.

바울의 철학을 잘 보라. "유대인은 표적을 구하고 헬라인은 지혜를 찾"음을 그도 알았다(고전 1:22). 그의 사역 철학이 오늘날 성업 중인 사실상 모든 교회 성장 전문가의 전략과 비슷했다면 그는 전도양양했을 것이다. 분명히 그는 "사도의 표…표적과 기사와 능력"을 모두 내보일 역량이 있었다(고후 12:12). 나아가 모든 사도 중에서 교육 수준이 가장 높아 아레오바고에서 그리스 철학자들을 거뜬히 맞상대했다. 철학적 미사여구를 다 동원하여 그리스의 지혜의 언어로 복음을 상황화하려면 그럴 수도 있었다. 그러나 그는 "우리는 십자가에 못 박힌 그리스도를 전하니 유대인에게는 거리끼는 것이요 이방인에게는 미련한 것이로되"(고전 1:23)라고 말했다. 유대인의 요구대로 표적을 보여 주기는커녕 그는 그들에게 걸림돌을 내놓았다. 그리스인의 요구대로 학식과 지혜로 답하지 않고 뻔히 그들에게 미련해 보일 메시지를 전했다.

그에게 청중을 약 올리려는 삐딱한 속셈이 있어서가 아니었다. 바울이 뒤이어 설명했듯이 이 메시지와 전략은 **하나님이** 정하신 것이다. "이는 아무 육체도 하나님 앞에서 자랑하지 못하게 하려 하심이라"(29절). 복음은 인간의 자존심에 영합하지 않는다. 복음에 무언가를 더하거나 빼고 싶어질 때면 그 사실을 기억해야 한다. 복음은 하나뿐인데 자아를 내세우고 싶은 현세의 욕심 때문에 복음을 무효로 하거나 수정하거나 미화하기가 너무도 쉽다. 우리도 바울처럼 이 모든 성향을 신중히 경계해야 한다.

충실한 사역에 따르는 대가가 이 땅에서는 커 보일지 모르나 하늘의 영광을 생각하면 그만한 가치가 있고도 남는다.

15

그리스도와 정경의 완성

요한복음 14-16장　　　　　브래드 클라센(Brad Klassen)

　　　예수님의 인격 및 사역과 관련하여 한 가지 중요하게 고찰해야 할 점은, 성육신하신 하나님의 말씀인 그분과 기록된 하나님의 말씀인 성경의 관계다. 구약의 경우는 이 관계를 쉽게 알 수 있다. 구약의 영감과 권위에 대하여 예수님이 직접 말씀하셨기 때문이다. 존 웨넘이 이를 잘 요약했다. "그리스도께 구약은 진리와 권위와 영감의 말씀이었다. 그분께 구약의 하나님은 살아 계신 하나님이었고, 구약의 가르침은 살아 계신 하나님의 가르침이었다. 성경이 하는 말이 곧 그분께는 하나님의 말씀이었다."[1]
　　반면에 예수님과 신약의 관계는 똑같은 방식으로는 알 수 없다. 신약의

---

[1] John Wenham, *Christ and the Bible*, 제3판(Eugene, OR: Wipf & Stock, 2009), 34.

책들은 예수님의 지상 사역 이후에 기록되었으므로 그분이 인용하거나 특유의 생성 방식을 언급하실 수 없었다. 따라서 예수님이 구약을 경시하셨다고 주장하는 사람은 급진적 회의론자에 불과한 반면, 그분이 신약의 집필을 예상하거나 심지어 위임하셨는지에 대해서는 자칭 덜 회의적인 많은 사람들도 의문을 제기한다. 사실 오늘날 많은 학자는 신약이 구약과 대등한 권위를 가진 정경이라는 사실을 예수님과는 거의 무관하게 본다. 제임스 바가 이 입장을 잘 표현했다. "기독교 신앙이 그리스도인들이 집필한 경전의 통치를 받는다는 개념은 기독교 창시 계획의 필수 요소가 아니었다. 예수님이 신약 전체는 고사하고 복음서의 집필이라도 명하거나 인가하신 모습은 그분의 가르침 어디에도 없다. 그분은 무심결에라도 제자들에게 무언가를 기록하라고 말씀하신 적이 없다."[2] 이런 주장에 따르면 신약 정경이라는 전체 개념의 기원은 그리스도가 아니라 3세기의 교회다. 기독교의 권위 있는 저작집이 없던 처음 3백 년 동안에도 그리스도의 교회는 멀쩡히 존재했다는 것이다.[3]

신약 정경을 이렇게 경시하는 데서 근본적인 의문이 제기된다. **예수님은 신약으로 묶여 구약과 함께 신앙과 실천 문제에서 교회의 최고 권위 역할을 할 일련의 저작을 위임하거나 예상하셨는가?**

예수님이 특정 저자들에게 특정한 책들을 쓰도록 명시적으로 명하셨어야만 그 질문에 긍정으로 답할 수 있다면, 물론 긍정 답변은 불가능하다. 그러나 그런 가정은 지나치게 단순하다. 꼭 명시적 증거가 있어야 예수님이 신약을 구성하는 저작을 예상하고 위임하셨다는 정당한 확신에 도달할

---

2 James Barr, *Holy Scripture: Canon, Authority and Criticism*(Philadelphia: Westminster, 1983), 12.
3 Christian Smith, *The Bible Made Impossible: Why Biblicism Is Not a Truly Evangelical Reading of Scripture*(Grand Rapids: Brazos, 2012), 120.

수 있는 것은 아니다. 오히려 신약이란 개념이 3세기 교회의 편의상의 발상이 아니라 예수님 자신의 생애와 가르침에서 자연스럽게 흘러나온 필연임을 입증해 주는 **암시적** 증언이 많이 있다. 예수님 사역의 세 가지 특정한 면에서 그런 증언을 볼 수 있다. 1) 예수님은 자신의 말씀을 세상에 선포하도록 **사도들**을 준비시키셨다. 2) 예수님은 사도들을 모든 진리 가운데로 인도하실 **성령**을 약속하셨다. 3) 예수님은 **교회**가 사도들의 증언으로 말미암아 거룩해지도록 기도하셨다.

미리 밝혀 둘 세 가지 단서가 있다. 첫째로, '정경' 연구는 당연히 범위가 넓다. 이런 성격의 작업에서 이 주제와 흔히 연관되는 문제를 모두 다룰 수는 없다. 예컨대 정경의 범위라든가 교회가 정경을 인정하게 된 역사적 과정 등이 그렇다.[4]

여기서는 초점을 다음 질문으로만 국한할 것이다. **1세기의 제자들에게 예수님은 권위 있는 새 성경을 기록하는 일을 위임하고 예상하셨는가?**

두 번째 단서는 **정경**이란 단어 자체의 이해와 관계된다. 여기서는 정경이 정의를 진술하기만 하고 당연히 그렇게 전제할 것이다.[5] 우선 이 단어의 의미는 '외부 이론'을 따르지 않는다. 이 정의에 따르면 3–4세기의 교회가 현재의 신약을 구성하는 27권의 책에 권위를 부여했다. 따라서 정경

---

[4] 이런 주제에 대한 유익한 고찰은 다음 두 책을 참조하라. Michael J. Kruger, *Canon Revisited: Establishing the Origins and Authority of the New Testament Books*(Wheaton, IL: Crossway, 2012). 같은 저자, *The Question of Canon: Challenging the Status Quo in the New Testament Debate*(Downers Grove, IL: InterVarsity Press, 2013).

[5] 단어 카논(κανών)은 본래 '곧은 자'를 뜻했으나, '품질의 평가 기준, 활동 지침이나 규정'이라는 비유적 의미로 확장되었다. 다음 책을 참조하라. Walter Bauer & Frederick William Danker 편집, *A Greek-English Lexicon of the New Testament and Other Early Christian Literature*, 제3판(Chicago: University of Chicago Press, 2001), κανών 항목, 507(이하 BDAG로 약칭). 시간이 흘러서는 '공식 목록'이란 뜻으로 쓰였다.

은 단순히 초대 교회로부터 권위를 받은 책의 목록을 가리킨다.

또 이 단어의 의미는 '기능 이론'을 따르지도 않는다. 이 접근에 따르면 신약의 권위는 교회가 신앙과 실천의 기준으로 특정한 책들을 활용하고 다른 책들은 제외하는 과정에서 서서히 생겨났다. 즉 정경은 실용적 과정의 산물이다. 가장 널리 존중되고 활용되는 책들이 권위를 인정받아 저작집에 채택되었다는 것이다.

지금부터 우리가 쓸 정경이란 단어는 '본질 이론'에 따른 것이다. 이는 신약의 책들을 그 자체의 **본질** 때문에 정경이라고 보는 관점이다. 신약의 각 책은 하나님의 감화를 통하여 생겨나는 순간부터(딤후 3:16) 이미 고유의 권위가 있으며 따라서 '정경'이다. 초대 교회가 그 책의 존재를 인식하기도 전부터 말이다.[6] 그래서 B. B. 워필드는 이렇게 썼다.

> 사도들이 권위 있는 마지막 책을 교회에 주는 순간 신약 정경은 완결되었다. 그때는 요한이 요한계시록을 쓴 주후 98년경이었다…역사가 증언하듯이 널리 흩어져 있던 교회에 이 책들이 보급되고 공인되는 과정은 느렸다. 그러나 이를 교회 자체의 권위와 취향대로 그 책들이 서서히 '정경화'되었다는 증거로 착각해서는 안 된다.[7]

마이클 크루거도 이렇게 간결하게 말했다. "정경 아니던 책이 정경이 **되는** 것이 아니라 하나님이 그분 교회의 영원한 지침으로 주신 책이라서 처

---

[6] Simon J. Kistemaker, "The Canon of the New Testament," *Journal of the Evangelical Theological Society* 20, no. 1(1977년 겨울호), 13.

[7] B. B. Warfield, "The Latest Phase in Historical Rationalism," *Presbyterian Quarterly* 9(1895), 208, 210.

음부터 정경이다."[8]

그러므로 정경과 관련하여 교회의 역할은 이미 하나님의 계시라는 고유의 본질을 지니고 있던 책들을 **식별하는** 일이었다.[9]

세 번째 단서는 신약의 본문 자체를 보는 관점과 관계된다. 비판적 학자들은 성경 본문을 있는 그대로 보지 않는 경향이 있고, 일부 복음주의자마저 신약의 역사적 신빙성 문제를 회의론의 관점에서 보려 한다. 그러나 우리는 신약의 본문이 역사적으로 정확하고 무오함을 전제로 한다. 전달하려 의도한 모든 내용에서 그렇다. 복음서 저자들이 기록한 예수님의 말씀과 행적은 나중에 윤색된 것이 아니라 그대로 역사적 사실이다. 그렇게 보면 예수님이 과연 신약 정경의 집필을 위임하셨다는 사실이 복음서에 충분히 입증되어 있다.

예수님은 자신의 말씀을 세상에 선포하도록 사도들을 준비시키셨다

신약 정경의 집필을 논하려면 언제나 예수님이 열두 제자를 훈련하신 데서 출발해야 한다.[10] 예수님이 사도들을 준비시키셨다는 논증이 때로 간과됨은 그것이 너무 뻔한 사실이기 때문이거나, 예수님의 3년 지상 사역의 초점이 오로지 속죄를 위한 본인의 준비에 있었다는 착각 때문이다. 그분의 초점이 십자가에만 있었다면 3년 동안 가시는 곳마다 굳이 그들을 우

---

8 Kruger, *The Question of Canon*, 40.

9 F. F. Bruce, *The Books and the Parchments*(Old Tappan, NJ: Revell, 1963), 112-113. R. L. Harris, *Inspiration and Canonicity of the Bible*(재판; Eugene, OR: Wipf & Stock, 2008), 116-117 (『성경의 영감과 정경』 개혁주의출판사). Bruce M. Metzger, *The Canon of the New Testament: Its Origin, Development, and Significance*(New York: Clarendon Press, 1997), 282-288.

10 Wenham, *Christ and the Bible*, 114-116.

르르 데리고 다니실 까닭이 무엇인가?

3년 사역의 근본 목적 중 하나는 소수의 인원을 택하여 그분의 말씀과 행적을 직접 보고 들은 증인으로 준비시키는 데 있었다. 세계 복음화라는 그분의 거대한 목표를 생각하면 단지 열두 명에 집중하신 것은 놀랍도록 적은 수였다. 물론 누가의 기록에 보면 예수님은 적어도 70명이라는 더 큰 무리의 제자를 보내어 그분의 일을 진척시키셨다(눅 10:1-24). 그러나 그 큰 무리 중에서 그분은 열두 명만 따로 택하여 "사도", 즉 공인된 메신저라고 "칭하"셨다(6:13).[11]

마가는 예수님이 이 열두 명을 택하신 이유를 두 가지로 기록했다. 첫째, 그들은 그분과 "함께 있"어야 했다(막 3:14). 예수님이 외롭다거나 하인이 필요해서가 아니라 제자들이 예수님의 모든 언행을 보고 들어야 했기 때문이다. 입을 열어 말하는 순간 "예수와 함께 있던" 자들로 인식될 정도로(행 4:13) 그들은 예수님과 일심동체가 되어야 했다. 예수님과 함께 보낸 시간 때문에 그들은 직접 보고 들은 권위 있는 증인으로 세워진다. 둘째, 예수님이 이 특수 집단을 택하신 목적은 "보내사 전도도 하며…권능도 가지게 하려 하심"이었다(막 3:14-15). 여기서 전도란 전하는 사람의 주관적 해석이 아니다. 마가가 "전도도 하며"에 쓴 동사[케뤼세인(κηρύσσειν)]는 전령이 윗사람의 메시지를 맡아 대중에게 권위 있게 전달하는 선포를 암시한다. 다시 말해 사도들은 예수님의 대언자로 선택되었다. 한 작가는 그것을 이렇게 표현했다. "케뤼세인의 행위를 통하여 해당 사건은 청중에게 실재가 된다. 그러므로 전령은 제대로 공표하는 것이 극히 중요하다. 그는 사

---

[11] J. B. Lightfoot, *Epistle to the Galatians*(New York: Macmillan, 1865), 89. 라이트풋은 "'사도'는 메신저일 뿐 아니라 그를 보낸 사람의 대리자로서 사명과 권한을 위임받았다"라고 썼다. 다음 책도 참조하라. J. Norval Geldenhuys, *Supreme Authority: The Authority of the Lord, His Apostles and the New Testament*(재판; Eugene, OR: Wipf & Stock, 2007), 53-54.

견을 말할 재량이 없으며 자신을 보낸 사람에게서 받은 메시지만 전달해야 한다."[12]

예수님이 열두 사도를 택하셨을 뿐 아니라 훈련하셨다는 논증에는 집중 교육을 통하여 그들에게 말씀을 나누어 주신 일도 포함된다. 사도들이 예수님의 권위 있는 가르침을 충실히 선포하려면 그분의 입에서 나오는 그 가르침을 직접 받아야 했다.

그래서 3년 동안 예수님은 가장 진정한 의미에서 사도들의 "선생"이었다(요 13:13). 사실 그분의 지상 사역은 소수의 제자를 교육하시는 데 대폭 집중되었다. 물론 대중 사역도 하셨지만 으레 제자들을 따로 모아 모든 것을 자세히 설명해 주셨다(예를 들어, 막 4:34). "진리" 자체의 화신이며(요 14:6) "솔로몬보다 더 큰 이"(마 12:42)가 날마다 체계적으로 말씀을 나누어 주어 장차 선포 사역을 할 그들을 준비시키셨다. 그래서 A. B. 브루스는 이렇게 말했다.

> 사실 열두 제자는 선택받는 순간부터 사도라는 위대한 직분을 위한 일상적 도제가 되었다. 그 과정에서 매일 주님과 따로 친밀히 교제하면서 장차 자신들이 세상을 향한 그분의 증인이자 대사로서 어떤 사람이 되어 무엇을 행하고 믿고 가르쳐야 할지를 배웠다. 그래서 이들을 훈련하신 일은 그리스도의 개인 사역에서 시종 두드러진 부분이었다. 그분이 일삼아 어두운 데서 주신 말씀을 그들은 나중에 광명한 데서 말해야 했고, 그분이 그들의 귀에 대고 하신 말씀을 그들은 훗날 지붕 위에서 전파해야 했다.[13]

---

[12] Klass Runia, "What Is Preaching According to the New Testament?" *Tyndale Bulletin* 29(1978), 8.
[13] Alexander Balmain Bruce, *Training of the Twelve*, 제4판 개정판(New York: A. C. Armstrong & Son, 1889), 30. (『열두 제자의 훈련』 CH북스)

예수님이 사도들을 준비시키셨다는 논증은 그분을 대신하여 여러 책임을 완수하도록 위임하신 데서 절정에 달한다. 그 일환으로 처음에 예수님은 사도들에게 이스라엘 백성을 상대로 한 단기 전도를 맡기셨고(예를 들어, 마 10:5-7), 이런 사명에는 권한도 함께 위임되었다. 구약 선지자들의 말이 하나님의 말씀으로 취급되어야 했듯이 사도들의 말도 예수님의 말씀으로 받아들여져야 했다. "누구든지 너희를 영접하지도 아니하고 너희 말을 듣지도 아니하거든 그 집이나 성에서 나가 너희 발의 먼지를 떨어버리라. 내가 진실로 너희에게 이르노니 심판 날에 소돔과 고모라 땅이 그 성보다 견디기 쉬우리라"(10:14-15). 사도들에게 부여된 말의 권위는 예수님을 보내신 분에게까지 끊기지 않고 거슬러 올라갔다. "너희를 영접하는 자는 나를 영접하는 것이요 나를 영접하는 자는 나를 보내신 이를 영접하는 것이니라"(10:40, 참조. 요 13:20).

　예수님이 사도들에게 주신 마지막 명령이 특히 중요하다(참조. 마 28:18-20, 막 16:15, 눅 24:44-49, 요 20:21, 행 1:8). 누가는 예수님이 승천하기 직전에 하신 말씀을 이렇게 기록했다.

> "내가 너희와 함께 있을 때에 너희에게 말한 바 곧 모세의 율법과 선지자의 글과 시편에 나를 가리켜 기록된 모든 것이 이루어져야 하리라 한 말이 이것이라" 하시고 이에 그들의 마음을 열어 성경을 깨닫게 하시고 또 이르시되 "이같이 그리스도가 고난을 받고 제삼일에 죽은 자 가운데서 살아날 것과 또 그의 이름으로 죄 사함을 받게 하는 회개가 예루살렘에서 시작하여 모든 족속에게 전파될 것이 기록되었으니 너희는 이 모든 일의 증인이라"(눅 24:44-48).

여기서 예수님은 진리의 세 가지 출처를 한데 엮어 한 흐름인 하나님의 계시로 통합하신다. 1) **예수님**의 말씀("내가…너희에게 말한 바", 44절상). 2) **구약**의 말씀("나를 가리켜 기록된 모든 것", 44하-46절). 3) 증인인 **사도들**의 말("그의 이름으로 죄 사함을 받게 하는 회개가…전파될 것…너희는 이 모든 일의 증인이라", 47-48절). 더욱이 마태의 기록에서 예수님이 명백히 밝히셨듯이 "모든 민족"을 제자로 삼으려면 "내가…분부한 모든 것"이 반드시 필요하며, 이 기준은 "세상 끝날까지" 유효하다(마 28:19-20). 예수님의 말씀이 충실히 보존되지 않고는 세계 선교란 분명 있을 수 없다.

요컨대 예수님이 사도들을 택하고 가르치고 위임하신 일은 그분이 신약 성경의 집필을 예상하고 위임하셨다는 직접적 증거는 아니지만 필수 전제조건인 것만은 분명하다. 그다음에 그분이 행하신 두 가지 일이 이를 더 확증해 준다.

예수님은 사도들을 모든 진리 가운데로 인도하실 성령을 약속하셨다

예수님과 신약 정경의 관계를 생각할 때 고려해야 할 것이 또 있다. 장차 성령이 사도들을 "모든 진리 가운데로" 인도하시리라는 예수님의 약속이다(요 16:13). 버나드 램은 이렇게 썼다. "신약의 궁극적 신빙성은 성령의 이 사역에 있다. 신약 집필의 필요충분조건도 여기에 있고, 이 거룩한 경전의 권위도 이 주관자께로 거슬러 올라간다. 아울러 기독교 신앙에 대한 우리의 내적 확신의 진정한 근거도 여기에 있다."[14]

예수님이 감람산 강화 중에 선언하셨듯이 그분의 말씀은 영구 존속된다. "천지는 없어질지언정 내 말은 없어지지 아니하리라"(마 24:35, 참조. 막

---

14 Bernard Ramm, *The Witness of the Spirit: An Essay on the Contemporary Relevance of the Internal Witness of the Holy Spirit*(Grand Rapids: Eerdmans, 1960), 57-58.

13:31, 눅 21:33). 이 진술이 "세상 끝"에 관한 그분의 예언과 직결되긴 하지만(마 24:3), 그래도 원리는 명확하다. 예수님의 상세한 가르침은 세월이 흘러도 유실되지 않는다. 천지라면 인간에게 알려진 가장 부동의 대상인데, 그 천지의 영속성마저도 그분 말씀의 영속성에는 비할 바가 못 된다.

그런데 예수님의 말씀과 똑같이 영속성을 지닌 것이 또 있는데 바로 구약 성경이다. 산상수훈에서 그분은 비슷한 표현으로 "천지가 없어지기 전에는 율법의 일점일획도 결코 없어지지 아니하고 다 이루리라"(마 5:18, 참조. 눅 16:17)고 단언하셨다. 또 "성경은 폐하지 못하나니"(요 10:35)라는 선포로 동일한 진리를 강조하셨다. 구약 자체에 이미 나오는 가르침을 그렇게 되풀이하신 것이다. 이사야는 "우리 하나님의 말씀은 영원히 서리라"(사 40:8)고 기술했고, 다윗은 율법이 "영원까지 이"른다고 선포했다(시 19:9). 시편 119편의 저자도 "여호와여, 주의 말씀은 영원히 하늘에 굳게 섰사오며"(89절)라고 외쳤다. 구약을 하나님 말씀의 영원한 기록으로 보는 것에는 의문의 여지가 없다. 그런데 예수님은 자신의 말에도 그와 똑같은 영속성과 권위가 있다고 주장하셨다.

그렇다면 예수님의 말씀이 정확히 **어떻게** 구약 성경처럼 영존하게 될까? 물론 예수님은 자신의 가르침을 세상에 전파하도록 사도들을 준비시키셨다. 하지만 그분이 이 땅에서 사역하시는 동안에 그들이 무언가를 기록했다는 기록은 없다. 게다가 이 선택된 무리의 일원이 아닌 사람도 나중에 예수님의 말씀을 기록했다(눅 1:1-4). 그러니 예수님은 어떻게 그토록 담대하게 그런 주장을 하실 수 있었을까?

답은 예수님이 약속하신 성령께 있다. 예수님의 삶과 가르침을 증언해야 할 사도들에게 그분은 그들의 증언에 정확성과 영속성을 보장해 주실 보혜사를 약속하셨다. 그분은 이 약속을 열두 제자를 준비시키던 초기부터 하셨다. 다음은 예수님이 그들을 증인으로 단기 파송하기 전에 하신 말씀이다.

> 보라, 내가 너희를 보냄이 양을 이리 가운데로 보냄과 같도다. 그러므로 너희는 뱀같이 지혜롭고 비둘기같이 순결하라. 사람들을 삼가라. 그들이 너희를 공회에 넘겨주겠고 그들의 회당에서 채찍질하리라. 또 너희가 나로 말미암아 총독들과 임금들 앞에 끌려가리니 이는 그들과 이방인들에게 증거가 되게 하려 하심이라. 너희를 넘겨줄 때에 어떻게 또는 무엇을 말할까 염려하지 말라. 그때에 너희에게 할 말을 주시리니 말하는 이는 너희가 아니라 너희 속에서 말씀하시는 이 곧 너희 아버지의 성령이시니라(마 10:16-20, 참조. 막 13:11, 눅 12:12).

하나님이 모세에게 "이제 가라. 내가 네 입과 함께 있어서 할 말을 가르치리라"(출 4:12)고 말씀하신 것과 같이, 예수님도 세상 앞에 나아가 변호할 사도들에게 "너의 아버지의 성령"이 할 말을 주실 것이라고 약속하셨다.

보혜사의 사역에 대한 예수님의 가장 자세한 가르침은 다락방 강화에 나온다. 우선 예수님은 자신이 떠날 때를 기하여 보혜사가 오신다고 가르치셨다. 성령의 사역에 관한 다섯 번의 중요한 진술(요 14:16-17, 26, 15:26, 16:7-11, 12-15) 가운데 맨 처음으로 예수님은 이렇게 말씀하셨다. "내가 아버지께 구하겠으니 그가 또 다른 보혜사를 너희에게 주사 영원토록 너희와 함께 있게 하리니 그는 진리의 영이라. 세상은 능히 그를 받지 못하나니 이는 그를 보지도 못하고 알지도 못함이라. 그러나 너희는 그를 아나니 그는 너희와 함께 거하심이요 또 너희 속에 계시겠음이라"(14:16-17).

예수님이 "또 다른 보혜사"라고 표현하신 성령의 정체는 위에서 제기한 질문에 답하는 데 중요하다. "보혜사"로 옮겨진 간단한 단어[파라클레토스 (παράκλητος), 참조. 14:26, 15:26, 16:7]는 "돕는 존재",[15] "옆에 불려와 도움을 베푸는 이"[16]를 뜻한다. 성경 바깥의 헬라어 문헌에는 이 단어가 피고 옆에 소환된 **변호인**이나 **중재자**를 가리킬 때 쓰였다.[17] 이는 적절한 단어이며, 특히 이전에 사도들에게 주신 예수님의 약속(마 10:16-20)에 비추어볼 때 그렇다. 사도들이 유대인과 이방인 앞에 불려가 증언할 때 성령이 하실 일이 이 단어 속에 간명하게 담겨 있기 때문이다.

예수님은 이 보혜사의 정체를 "진리의 영"으로 밝히셨다(요 14:17, 참조. 15:26, 16:13). 예수님도 "진리가 충만"하다고 묘사되었고(1:14), 자신이 거짓이 아닌 "진리"를 말한다고 주장하셨으며(8:45-46), "진리"의 화신으로 자처하셨다(14:6). 그런데 이제 **또 다른** 보혜사인 "진리의 영"이 오셔서 제자들과 함께 거하실 것이다(14:17). 여태까지 그리스도가 그러셨듯이 이제부터 성령이 그들에게 진리의 새로운 원천이 되실 것이다.

진리의 영을 보내시는 목적은 보혜사에 대한 예수님의 두 번째 진술에서 더 명확히 밝혀진다. "내가 아직 너희와 함께 있어서 이 말을 너희에게 하였거니와 보혜사 곧 아버지께서 내 이름으로 보내실 성령 그가 너희에게 모든 것을 가르치고 내가 너희에게 말한 모든 것을 생각나게 하리라"(14:25-26). 여기에 성령의 역할이 두 가지로 나와 있다. **가르치는** 일과 **상기시키는** 일이다.

첫째로, 성령은 **가르치는** 사역을 하신다. 즉 하나님의 지식을 나누어 주

---

15 Andreas J. Köstenberger, John, *Baker Exegetical Commentary on the New Testament*(Grand Rapids: Baker Academic, 2004), 435, 주 70. (『BECNT 요한복음』 부흥과개혁사)

16 Murray J. Harris, John, *Exegetical Guide to the Greek New Testament*(Nashville, TN: Broadman & Holman Academic, 2015), 260.

17 BDAG, παράκλητος 항목, 766.

신다. 제자들이 아직 받을 준비가 안 된 진리가 많았는데, 세상에 그리스도를 전하는 사명을 다하려면 그런 진리가 꼭 필요했다. 예수님이 다락방 강화의 끝부분에 말씀하신 대로다.

> 내가 아직도 너희에게 이를 것이 많으나 지금은 너희가 감당하지 못하리라. 그러나 진리의 성령이 오시면 그가 너희를 모든 진리 가운데로 인도하시리니 그가 스스로 말하지 않고 오직 들은 것을 말하며 장래 일을 너희에게 알리시리라. 그가 내 영광을 나타내리니 내 것을 가지고 너희에게 알리시겠음이라. 무릇 아버지께 있는 것은 다 내 것이라. 그러므로 내가 말하기를 그가 내 것을 가지고 너희에게 알리시리라 하였노라(요 16:12-15).

다시 말해 떠날 때가 임박하신 예수님은 특히 "장래 일"(16:13상)과 관련하여 그들을 자신의 "모든 진리 가운데로 인도"하실(13절하), 즉 진리를 "얻도록 도우실"[18] 성령을 약속하셨다. 물론 성령이 주실 새로운 계시는 예수님이 이미 주신 계시와 질적으로 다르지 않다. 이어지는 그분의 말씀처럼 성령은 "내 것을 가지고 너희에게 알리"신다(15절). 그리스도가 이미 친히 가르치신 내용과 성령이 증인인 사도들에게 더 계시해 주실 내용은 완벽한 연속체다. 하나님의 로고스(요 1:1)이신 그리스도는 이 땅의 역사 속에서 그리하셨듯이 하늘에서도 아버지의 거룩한 진리를 계속 계시하실 위대한 분이다.

둘째로, 성령은 **상기시키는** 사역을 하신다. 즉 지상 사역 내내 있었던

---

[18] BDAG, ὁδηγέω 항목, 690.

그리스도의 언행을 생각나게 하신다. 여기서 중요한 것은 "증언"이란 개념이다. 제자들에게 맡겨진 사명의 성격을 예수님은 다락방 강화 전체에 암시하셨다. 예컨대 이런 말씀이다. "내가 아버지께로부터 너희에게 보낼 보혜사 곧 아버지께로부터 나오시는 진리의 성령이 오실 때에 그가 나를 증언하실 것이요 너희도 처음부터 나와 함께 있었으므로 증언하느니라"(15:26-27).

사도들은 예수 그리스도의 지상 사역을 증언하도록 택함을 받았다. 그런데 그분과 함께 보낸 시간이 전부 그분의 사명이 완수되기 이전이다 보니, 많은 세밀한 가르침을 아직 이해하기 힘들었고(12:16) 더러는 망각하기도 했다(2:22). 하지만 예수님의 말씀을 정확히 선포하는 것이 그들 사명의 핵심이었다. 특히나 예수님과 함께 있을 시간이 이제 곧 끝날 텐데 그들은 어떻게 기억하고 이해할 것인가?

나아가 예수님은 자신이 떠난 후에 자신을 향한 사랑이 어떻게 표현될지를 자세히 설명하셨다. "사람이 나를 사랑하면 내 말을 지키리니 내 아버지께서 그를 사랑하실 것이요 우리가 그에게 가서 거처를 그와 함께하리라. 나를 사랑하지 아니하는 자는 내 말을 지키지 아니하나니 너희가 듣는 말은 내 말이 아니요 나를 보내신 **아버지의** 말씀이니라"(14:23-24). 순종으로 그리스도께 사랑을 온전히 표현하려면 그분의 가르침이 그야말로 전부 다 필요하다. 그리스도의 말씀을 맡은 증인들이 그분의 가르침을 기억할 수 없다면 그런 기준이 충족될 수 없다.

다행히 예수님은 사도들을 무력하게 버려두지 않으신다. 예수님의 모든 가르침을 "생각나게 하"시는(14:26) 것이 성령 사역의 주된 요소인 덕분에 사도들은 그 지식을 틀리게 기억하거나 누락하지 않을 수 있다. 그리스도를 사랑하는 데나 세상에 증언하는 데나 그 내용이 필수이기 때문이다.

결국 정경의 필요성을 확정지은 것은 믿음과 사랑과 순종과 증언에 그분의 말씀이 꼭 필요하다는 예수님 자신의 주장이었다. 나아가 사도들이 기억하고 이해하고 전달할 그분의 말씀은 예수님이 약속하신 진리의 영 덕분에 정경의 필수 요건에 부합할 수밖에 없다. 이 정경은 처음에는 이른바 "사도의 가르침"을 통하여 구전으로 형성되었다(예를 들어, 행 2:42). 그러나 그들은 그리스도에 대한 자신들의 증언이 보전되어 "만민에게"(막 16:15) 전파되어야 함을 알았고, 이 증언의 정확성을 보장해 주실 성령이 약속되었음도 알았다. 그러니 그들이 만일 자신들의 말이 기록될 필요가 없다고 믿었다면 이는 어불성설이다. 동일한 성령의 능력으로(참조. 벧후 1:19-21) 그리스도를 증언했던(참조. 벧전 1:10-12) 옛 선지자들의 말은 기록되었는데 말이다.

이렇듯 성령에 대한 예수님의 가르침에는 정경 집필과 관련하여 중대한 의미가 있다. 그런데 그 의미가 종종 증발하는 이유는 현대의 독자들이 자꾸 예수님이 하신 이런 약속의 직접적 수혜자로 끼어들기 때문이다. 물론 이 강화에는 모든 신자에게 적용되는 부분도 있긴 하지만, 요한복음 14장 26절("…성령 그가 너희에게 모든 것을 가르치고 내가 너희에게 말한 모든 것을 생각나게 하리라") 같은 약속은 적용이 제한된다. 그래서 싱클레어 퍼거슨은 이렇게 썼다.

> 이 말씀 또한 마치 현대 그리스도인에게 직접 적용된다는 듯 그 의미가 반감되기 일쑤다. 사실 이 말씀은 사도들에게 주신 특수한 약속이며 그들이 신약 성경을 집필함으로써 성취되었다. 복음서에는 성령이 그들에게 생각나게 해주신 예수님의 말씀과 가르침이 담겨 있고, 서신서에는 그들이 성령을 통하여 받은 계시가 추가되어 있다.[19]

---

19 Sinclair B. Ferguson, *The Holy Spirit*, Contours of Christian Theology(Downers Grove, IL: InterVarsity Press, 1996), 70. (『성령』 IVP)

예수님은 교회가 사도들의 증언으로 거룩해지도록 기도하셨다

신약의 집필과 예수님의 관계를 생각할 때는 겟세마네 동산에서 드린 그분의 중보 기도도 염두에 두어야 한다. 요한복음 17장의 이 간구는 하나님의 아들이 아버지께 드린 말씀 중 가장 긴 기록이며, 예수님의 지상 사역 전체가 그 안에 감동적으로 압축되어 있다.

예수님의 기도 내용은 1) 예수님 자신(1-5절), 2) 예수님의 사도들(6-19절), 3) 미래의 교회(20-26절), 이 세 대상에 집중된다. 사도란 아버지께서 예수님 사역의 특별한 증인으로 주신 특정인들이다(6절). 그들을 위한 기도가 시작되는 대목에서 예수님이 밝히셨듯이 그분이 사명을 완수하시는 데는 구두 증언이 핵심이었다.

> 세상 중에서 내게 주신 사람들에게 내가 아버지의 이름을 나타내었나이다. 그들은 아버지의 것이었는데 내게 주셨으며 그들은 아버지의 말씀을 지키었나이다. 지금 그들은 아버지께서 내게 주신 것이 다 아버지로부터 온 것인 줄 알았나이다. 나는 아버지께서 내게 주신 말씀들을 그들에게 주었사오며 그들은 이것을 받고 내가 아버지께로부터 나온 줄을 참으로 아오며 아버지께서 나를 보내신 줄도 믿었사옵나이다(6-8절).

예수님의 궁극적 사명은 아버지를 계시하시는 것이었다("내가 이를 위하여 태어났으며," 18:37). 예수님은 그 사명을 완수하셨음을 이 기도에 완료시제를 써서 아주 확실히 말씀하셨다. "나는 아버지께서 내게 주신[완료시제] 말씀들을 그들에게 주었사오며[완료시제]"(17:8). "내가 아버지의 말씀을 그들에게 주었사오매[완료시제]"(14절). 이 사명의 한가운데에 특수한 명제들("말씀들", 8절)로 이루어진 지식의 총합("말씀", 14절)이 있다.

그러나 예수님의 몫이 완수되었을 뿐이지 아직 전체 사명은 끝나지 않았다. 이제부터 이 메시지를 전달하는 일은 사도들의 책임이다. 그래서 사도들을 위한 예수님의 중보는 아버지께서 그들을 당면 과제에 충실하도록 거룩하게 지켜 주실 수단에 집중하면서 절정에 이른다. "그들을 진리로 거룩하게 하옵소서. 아버지의 말씀은 진리니이다. 아버지께서 나를 세상에 보내신 것같이 나도 그들을 세상에 보내었고 또 그들을 위하여 내가 나를 거룩하게 하오니 이는 그들도 진리로 거룩함을 얻게 하려 함이니이다"(17-19절). 논리를 연장하자면 "아버지의 말씀"(17절)은 (구약을 포함하여) 하나님의 입에서 나온 모든 말씀을 지칭한다고 볼 수 있다. 그러나 예수님이 하신 기도의 문맥상, 특히 8절과 14절에서 아버지의 이 "말씀"은 그리스도가 사도들에게 알려 주신 말씀을 직접 받을 수밖에 없다.[20] 다시 말해 예수님은 사도들의 교육 사역을 내다보시면서 그들을 구별하여 충실하게 지켜 줄 위대한 수단이 곧 자신이 아버지께 받아서 그들에게 계시한 말씀임을 아셨다. 그들은 말씀을 전해야 할 뿐 아니라 이 말씀으로 거룩해져야 했다.

이어 세계 교회들 위한 기도로 넘어가시도(20-26절) 예수님은 죄인이 구원과 성화에 '말'이 핵심 역할을 하리라는 것을 아셨다. "내가 비옵는 것은 이 사람들만 위함이 아니요 또 그들의 말로 말미암아 나를 믿는 사람들도 위함이니 아버지여, 아버지께서 내 안에, 내가 아버지 안에 있는 것같이 그들도 다 하나가 되어 우리 안에 있게 하사 세상으로 아버지께서 나를 보내신 것을 믿게 하옵소서"(20-21절). 사람들이 예수 그리스도를 알고 구원받아 영적으로 그분과 연합하게 되는 위대한 수단이 이제 "**그들의 말**"(20절), 즉 사도들의 말로 지칭된다. 사도들은 그리스도가 주신 아버지의 말

---

[20] C. K. Barrett, *The Gospel According to St. John*, 제2판(Philadelphia: Westminster, 1978), 510. Köstenberger, *John*, 492. Harris, *John*, 290.

씀으로 구별되었는데, 이제 그 동일한 말씀을 세상에 전해야 했다. 그분의 말씀이 그들의 말이 되었다. 그들이 충실히 선포하면 잃은 바 된 영혼들이 구원받고 그리스도의 영적인 몸에 연합한다.

이 기도에서 예수님은 말씀의 **근원**(아버지)과 말씀의 **계시자**(아들)와 말씀의 **메신저**(사도들)를 하나로 연결하셨다. 이 점을 간과해서는 안 된다. 예수님은 하나님의 계시를 칭하는 표현으로 "아버지의 말씀"과 "그들의 말"을 자유자재로 넘나드셨고, 자신은 실질적인 연결 고리 역할을 하셨다. 하나님을 세상에 계시하는 일을 최종 완수하려면 그분의 신성한 지혜대로 이 세 요소가 다 필요하다. F. F. 브루스가 주해했듯이 "그들이 그분의 이름으로 선포할 메시지 자체에 그들을 거룩하게 하는 효험이 있다. 세상에서 그들의 사명이 그분의 사명을 연장하는 것이듯 그 메시지도 그분의 메시지의 연속이다."[21] 그래서 세상을 향한 권위 있고 영속적 증언인 신약의 집필은 아들의 기도에 대한 아버지의 응답이라 볼 수 있다. 궁극적인 사명이 다 이루어지려면 아버지의 말씀이 그리스도 안에 계시될 뿐 아니라 사도들이 그리스도의 말씀을 충실히 전달해야 했다. 전자는 완수되었으나 후자는 아직 미완이었다. 예수님은 그 일이 완수되도록 기도하셨고, 하나님의 섭리로 사도들은 온 세상이 읽을 수 있게 붓을 들어 글로 쓰기 시작했다.

따라서 "2세기 후반까지도 그런 저작집의 출현을 예견하기란 불가능했다"라든지 "신약이 있어야 한다는 지시는 어디에도 없었다"라는 주장은 지독한 편견에서만 나올 수 있다.[22] 예수님은 일단의 사도들을 특별히 준비시키셨고, 자신의 가르침을 선포하도록 그들을 인도해 주실 성령을 약속

---

21 F. F. Bruce, *The Gospel and Epistles of John*(Grand Rapids: Eerdmans, 1983), 334.
22 Harry Y. Gamble, *The New Testament Canon: Its Making and Meaning*(Philadelphia: Fortress Press, 1985), 12.

하셨으며, 그들의 말을 통하여 교회를 구원하고 거룩하게 하시도록 아버지께 기도하셨다. 이 모두가 예수님이 신약의 출현을 예상하고 위임하셨음을 뒷받침하는 논리적 근거다. 마이클 크루거는 이렇게 말했다.

> 사도들은 그리스도의 대언자로서 이 구원의 메시지를 전하고 보존할 사명을 받았다. 메시지는 처음에는 구전되다가 결국 더 영구적인 형태로 기록되었다. 신약의 책들이 권위 있음은 교회가 그렇다고 선포했거나 심지어 사도가 직접 기록했기 때문이 아니라, 사도들에게 맡겨진 본질적인 내용이 그 속에 담겨 있기 때문이다.[23]

이보다 더 수십 년 전에 존 웨넘도 비슷하게 역설했다.

> 이렇게 말하는 것이 정당해 보인다. 즉 그리스도께 자신의 가르침은 진리와 권위와 영감의 말씀이었고, 성령의 가르침을 받은 사도들의 가르침 또한 마찬가지였다. 성령의 지도하에 그분 자신과 사도들이 한 말은 곧 예수님께는 하나님의 말씀이었다. 그분께 신약의 하나님은 살아 계신 하나님이었고, 원리적으로 신약의 가르침은 살아 계신 하나님의 가르침이었다.[24]

이보다 더 수십 년 전에 겔든휘스는 이렇게 썼다.

> 예수님께 최고의 신적 권세가 있었다는 사실 **자체**가…신약의 형성을 공

---

23 Kruger, *Canon Revisited*, 193–194.
24 Wenham, *Christ and the Bible*, 127.

부하는 데 지극히 중요하다. 우리에게 다음과 같은 확신을 주기 때문이다. 모든 권세의 주님이 능력으로 역사하여, 자신의 생애와 사역의 의미에 대한 충분하고도 아주 확실한 진술과 진정한 선포가 반드시 글로 기록되어 만세에 보전되게 하셨다. 그리스도를 통하여 하나님이 '단번에' 온전히 계시되셨으므로 이에 따른 당연한 논리적 귀결이 있다. 하늘과 땅의 모든 권세를 받으신 주님이 초대 교회사를 주관하여 신약 정경의 진정성과 충족성을 확보하셨다.[25]

신약 정경의 마지막 책이 나오고 나서 한 세기도 지나지 않은 훨씬 더 이전에는 이레니우스가 『이단 논박』(주후 180년경)에 이렇게 썼다.

> 우리는 다름 아닌 사도들에게 복음을 전해 받고 구원의 계획을 배웠다. 그들은 한때 사람들 앞에서 선포하다가 **나중에 하나님의 뜻대로 우리에게 성경을 전수하여** 신앙의 기초와 기둥이 되게 했다. 그들이 '온전한 지식'을 갖추기도 전에 전파했다는 주장은 부당하다. 그런데도 어떤 이들은 감히 그렇게 말하며 자기네가 사도들의 결점을 보완해 준다고 떠벌인다. 우리 주님이 죽은 자 가운데서 살아나신 뒤에 성령이 [사도들에게] 임하여, 그들은 위로부터 능력과 모든 것[은사]과 온전한 지식을 충만히 받았다. 그들은 땅 끝까지 가서 하나님이 우리에게 주신 기쁨의 좋은 소식을 전했고 하늘의 평안을 인간에게 선포했다. 하나님의 복음은 정말 모든 개인에게 똑같이 주어졌다.[26]

---

25 Geldenhuys, *Supreme Authority*, 29.
26 Irenaeus, *Against Heresies*, Ante-Nicene Fathers, 제1권, Alexander Roberts, James Donaldson & A. Cleveland Coxe 편집, Alexander Roberts & William Rambaut 번역(Buffalo, NY: Christian Literature Publishing Co., 1885), III.1. 케빈 나이트가 편집한 개정판을 웹사이트 *New Advent*에서

신약의 저자들은 예수님이 자신에게 집필을 위임하셨다고 믿었을까?

신약의 책을 가장 많이 쓴 다소의 바울은 열두 사도의 일원이 아니었다. 신약의 저자는 자신이 예수 그리스도의 전권을 위임받아 하나님의 말씀을 쓰는 줄 알았을까? 바울의 저작은 그 여부를 가릴 시험 사례로 제격이다. 만일 신약의 저자 중 자신의 글이 본질상 정경임을 전혀 감지하지 못한 사람이 있다면 바울도 그중 한 명일 것이다. 그런데 밝혀져 있는 증거를 보면 그렇지 않다.

- 바울은 예수 그리스도의 생애와 가르침을 증언하도록 그분께 직접 위임받은 '증인'에 자신을 포함시켰다(행 22:14-15, 23:11, 26:16-18, 고전 15:3-11).
- 바울은 하나님께 세움받은 '사도'로 자처했고, 자신에게도 열두 사도와 똑같이 어느 교회에나 순종을 명할 권한이 있다고 여겼다(롬 1:1-6, 고전 1:1, 17, 9:1-2, 15:8-10, 고후 1:1, 12:11-12, 갈 1:1, 2:7-10, 엡 1:1, 3:8-10, 골 1:1, 살전 2:6, 딤전 1:1, 2:7, 딤후 1:1, 딛 1:1 3).
- 바울은 자신이 전하는 것이 자신의 메시지가 아니라(고후 4:5) 하나님의 말씀이라고 주장했다(고후 2:17, 4:2, 살전 2:13).
- 바울은 자신을 다름 아닌 그리스도 말씀의 메신저로 보았다(고전 11:23-25, 15:3, 갈 1:12).
- 바울은 교회가 자신을 비롯한 신약의 사도들과 선지자들의 말 위에 세워진다고 믿었다(고전 3:10, 엡 2:19-20).
- 바울은 자신이 성령의 계시를 직접 받았다고 주장했다(고전 2:1-4, 12-

볼 수 있다. http://www.newadvent.org/fathers/0103301.htm.

13, 엡 3:1-5).

- 바울은 자기 글도 자신이 전하는 말씀과 똑같이 권위가 있다고 주장했다(고후 10:11, 살후 2:15).
- 바울은 자기 글의 권위를 역사 속에 주어진 예수 그리스도의 가르침과 동급에 놓았다(참조. 고전 7:10, 12, 25).
- 바울은 자신의 가르침("이것들", 딤전 4:11, 15-16, 5:7, 6:2, 딤후 2:2, 딛 2:15)의 권위를 성경과 동급에 놓았다(참조. 딤전 4:11, 13).
- 바울은 자기 글이 권위 있는 기준(또는 정경)의 일부이며, 자기 말을 배척하는 사람은 스스로 교회를 떠나는 것이라고 말했다(롬 16:25-26, 고전 7:17, 14:37-38, 고후 13:10, 갈 1:9, 살후 3:6, 14).
- 바울은 자신에게 모든 교회를 지도할 권한이 있다고 주장했다(고전 4:17, 7:17, 11:16).
- 바울은 교회 예배 시간에 자기 편지를 공적으로 낭독하도록 명하여(골 4:16, 살전 5:27) 의식적으로 자기 글을 역시 공적으로 낭독해야 할 구약 성경과 동급에 놓았다(딤전 4:13).
- 바울은 사도의 고유한 지위를 인식하여 독자들에게 자기 편지가 곧 본인의 저작임을 애써 강조했다(고전 16:21, 갈 6:11, 골 4:18, 살후 3:17, 몬 1:19). 아울러 사도인 자신을 사칭하는 다른 사람들의 편지를 받아들이지 말라고 독자들에게 경고했다(살후 2:1-2).
- 바울은 누가복음이 교회에 널리 인정되기 전부터 누가복음의 정경적 지위를 인정했다(참조. 딤전 5:18, 신 25:4, 눅 10:7. 바울이 디모데전서를 쓴 때는 주후 62-64년경이었고, 누가복음은 주후 60-61년경에 기록되었다).
- 사도 베드로는 바울의 저작을 '성경'으로 인정했다(벧후 3:15-16).

종합하자면 바울이 자기 저작을 정경으로 인식했다는 증거가 구약의 많은 책들(예수님이 진리와 권위와 영감의 말씀으로 인정하신 책들)의 경우보다 더 많다. 존 파이퍼가 이를 잘 요약했다. "바울은 예수님이 성령을 보내 사도들을 진리 가운데로 인도하겠다고 하신 그 약속(요 14:25-26, 16:12-13)의 성취로 자신이 성령의 감화를 받아 진리를 기록했다고 주장했으며, 그 진리가 하나님의 감동으로 된 권위 있는 구약과 본질상 대등한 수준임을 역설했다."[27]

신약 정경과 관련하여 살펴볼 만한 흥미로운 문제들이 있긴 하지만, 결국 정경과 예수 그리스도를 분리시키려는 시도는 정경의 권위를 허물고 다른 권위(교회 전통, 합리주의나 신비주의 같은 주관론, 각자의 종교 공동체 등)를 세우려는 시도에 지나지 않는다. 신약 정경을 그리스도와 분리하면 그리스도 사명의 본질 자체가 위태로워진다. 사도들 자신이 신약에 증언했고 하나님의 성령도 우리 안에 증언하시거니와, 오늘날 우리는 신약 성경에 기록된 하나님의 말씀과 예수 그리스도로 성육신하신 하나님의 말씀이 완전한 조화를 이룬다는 것을 알 수 있다.

---

[27] John Piper, *A Peculiar Glory: How the Christian Scriptures Reveal Their Complete Truthfulness* (Wheaton, IL: Crossway, 2016), 123. (『존 파이퍼의 성경과 하나님의 영광』 두란노)

16

구약에 나타난 그리스도

누가복음 24:25-27　　　　　　　　애브너 차우(Abner Chou)

　　5백 년 전에 개혁가들은 '오직 그리스도'를 선언했다. 그것이 종교개혁의 심장 박동이었다. 천 년의 절반이 지난 지금도 '오직 그리스도'는 여전히 건재하다. 놀랄 일이 아니다. '오직 그리스도'의 교리는 5백 년 세월에 묶여 있을 수 없다. 영원한 진리이기 때문이다. 고금의 선지자들(창 3:15, 시 110:1, 미 5:2, 슥 14:4)과 사도들(갈 6:14, 히 1:1-4, 벧전 1:13, 요일 5:13)이 그분을 선포했다. 종말에 모든 이가 그분 앞에 무릎을 꿇을 것이다(빌 2:10-11). 만물이 그분에게서 나와 그분으로 말미암고 그분께로 돌아간다(골 1:16). '오직 그리스도'만이 영원히 충만한 실체다.

　그래서 우리의 관건은 그리스도시다. 결국 우리는 그리스도인이며, 성경은 이 호칭을 가볍게 여겨서는 안 된다고 말한다. 사도행전 11장 26절에 안디옥 주민들이 그 도시의 신자들을 '그리스도인'이라 일컬은 이유는 그들의 전도와 가르침 때문이었다. 그리스도인이라는 칭호가 생겨난 것은 본인들이 그렇게 자칭해서가 아니라 그리스도를 따르는 무리라는 평판을 얻었기 때문이다. 그리스도인으로 불리려면 그만한 자격을 갖추어야 한다는 뜻이다. 앞서간 그들처럼 우리도 명쾌하고 담대하게 그리스도를 전파해야 한다.

그 도전에 부응하려면 그리스도를 **온전하게** 선포해야 한다. 신약뿐만 아니라 구약으로도 그분을 높여야 한다. 주님이 친히 모세와 모든 선지자가 그분에 관하여 말했다고 단언하셨다(눅 24:27). 나아가 사도들도 거듭 구약으로 그리스도를 설명했다(행 2:33-35, 히 1:1-14, 참조. 시 2:8, 110:1). 구약은 그리스도를 이해하는 데 기본이며, 따라서 그분을 높이는 데도 매우 중요하다.

아울러 그 도전에 부응하려면 그리스도를 **충실하게** 선포해야 한다. 성경은 우리에게 하나님의 말씀을 옳게 분별할 것(딤후 2:15)과 성경을 억지로 풀지 말 것(벧후 3:16)을 명한다. 구약의 모든 구절을 그리스도로 해석해야 한다고 믿는 사람들이 간혹 있다.[1] 그러나 그리스도의 말씀을 잘못 해석해서는 그분께 순종할 수 없다. 그리스도를 높이려면 그분을 선포하되 성경을 옳게 분별해야 한다.

---

[1] 다음 여러 책을 참조하라. Bryan Chapell, *Christ-Centered Preaching: Redeeming the Expository Sermon*(Grand Rapids: Baker Books, 1994), 279 (『그리스도 중심의 설교』 은성). Sidney Greidanus, *Preaching Christ from the Old Testament: A Contemporary Hermeneutical Model*(Grand Rapids: William B. Eerdmans, 1999), 203-205 (『구약의 그리스도, 어떻게 설교할 것인가』 이레서원). David Murray, "David Murray on Christ-Centered Hermeneutics," *Christ-Centered Preaching and Teahching*, Ed Stetzer 편집(Nashville: Lifeway, 2013), 9. Graeme Goldsworthy, *Preaching the Whole Bible as Christian Scripture: The Application of Biblical Theology to Expository Preaching*(Grand Rapids: Eerdmans Publishing, 2000), 15-21 (『성경신학적 설교 어떻게 할 것인가』 성서유니온선교회). 이런 관점에 대한 비판은 다음 기사를 참조하라. Abner Chou, "A Hermeneutical Evaluation of the Christocentric Hermeneutic," *Master's Seminary Journal* 27(2016): 113-139.

그리스도를 온전하고 충실하게 설교하는 사명의 완벽한 모본은 바로 예수님이시다. 주님은 평생 성경을 해설하셨다. 그 과정에서 우리는 예수님이 성경 해석의 대가이심을 볼 수 있다. 열두 살밖에 안 되었을 때도 그분은 구약에 대한 통찰로 사람들을 놀라게 하셨다(눅 2:41-51). 동시대인들도 그분이 성경으로 잘 말씀하심을 인정했다(눅 20:39). 예수님은 **탁월한** 성경 해석자셨다. 사실 주님의 해석법은 성경 자체의 해석법과 같다. 궁극의 선지자이신 예수님은 구약을 선지자들과 조화되게 읽으셨고(삼상 15:22, 호 6:6, 마 9:13, 히 1:1-4) 사도들도 성경을 그분이 해석하신 대로 해석했다(마 21:42, 롬 9:33, 엡 2:20, 벧전 2:4). 따라서 그리스도의 해석법은 공히 신구약 자체의 해석법과 같다. 그분은 성경의 작동 원리를 정확히 아셨다. 그래서 성경 연구에 관한 한 그리스도보다 더 나은 학습 대상은 없다.

이 장에서 바로 그 일을 하려 한다. 주님의 발아래 앉아 그분께 구약 읽는 법을 배우는 것이 목표다. 그분은 우리에게 구약의 깊이를 보여 주시고, 그분의 말씀을 잘못 해석해서는 결코 그분을 높일 수 없음도 알려 주실 것이다. 결국 우리의 목표는 처음부터 끝까지 그리스도를 높이는 것이다. 그분을 선포하되 그분께 영광이 되도록 그분의 해석법을 따르는 것이다. 그러면 우리의 관건이 참으로 오직 그리스도가 되어 '그리스도인'이라는 이름에 걸맞게 살 수 있다.

예수님이 성경을 읽으신 방식

그렇다면 예수님은 성경을 어떻게 읽으셨을까? 해석의 대가로서 그분은 구약을 어떻게 통찰하셨는가? 누가복음 24장 25-27절에 근거하여 그분의 해석법을 요약할 수 있다.

이르시되 "미련하고 선지자들이 말한 모든 것을 마음에 더디 믿는 자들이여, 그리스도가 이런 고난을 받고 자기의 영광에 들어가야 할 것이 아니냐" 하시고 이에 모세와 모든 선지자의 글로 시작하여 모든 성경에 쓴 바 자기에 관한 것을 자세히 설명하시니라.

우선 예수님이 하지 **않으신** 일부터 밝혀 두어야 한다. 어떤 이들은 이 본문을 읽고서 예수님이 구약의 모든 구절을 그분 자신으로 해석하신다고 단정한다. 그러나 본문은 그렇게 말하지 않는다. 누가는 예수님이 모든 구약에서 "자기에 관한 것"을 말씀하셨다고 썼다. 다시 말해 주님은 구약 전체에 나와 있는 자신과 관련된 본문을 제시하셨다. 이른바 창의적 해석을 시도하신 것이 아니다.

실제로 누가복음 24장에 보면 주님은 전통적 해석법을 취하셨다. 여기서 우리의 목표는 예수님이 구약을 문자적, 문법적, 역사적으로 읽으셨음을, 이 본문을 비롯한 성경 전반에 근거하여 예증하는 것이다. 나아가 이 접근법의 복합성을 그분이 십분 살려내셨음도 살펴볼 것이다.

그 점을 염두에 두고 누가복음 24장에서 볼 수 있는 첫 번째 교훈은 주님이 구약을 선지자들의 의도와 식견대로 읽으셨다는 것이다. 그런 의미에서 그분은 구약을 문자적으로 해석하셨다. 본문에 그분은 구약을 "선지자들이 말한 모든 것"이라 표현하셨다. 선지자들의 의도가 곧 구약의 의미임을 인정하신 것이다. 성경을 깨닫지 못한다고 제자들을 책망하신 이유도 바로 그래서다. 그분이 구약에 다른 의미나 더 깊은 뜻이 있어야 한다고 생각했다면 제자들을 책망하실 수 없다. 그들이 거기까지 알 수는 없을 테니 말이다. 그러나 예수님의 요지는 제자들이 선지자들의 어구 자체에 근거하여 의당 알았어야 한다는 것이다. 예수님은 구약의 의미가 더 풍부해야 한다고 보지 않으셨다. 사실 주님이 밝히셨듯이 문제는 구약의 의미가 부실한 것이 아니라 제자들이 미련하고 더디 믿어 새 마음이 필요했다는 것이다(눅 24:25).[2] 요컨대 예수님은 선지자의 의도 자체를 구약의 의미로 보셨다. 정말 문자적 해석법을 취하신 것이다.

이는 예수님이 선지자들이 어련히 알고서 말했다고 믿으셨기 때문이다. 예수님이 거듭 단언하셨듯이 선지자들은 그분에 대하여 말했고(요 5:39), 구약은 그분을 고대했다(눅 24:44). 또 그분이 말씀하신 대로 다윗은 메시아를 언급했고 메시아의 신성까지 알았으며(마 22:41-46), 이사야는 주님의 권능과 긍휼을 예언했다(눅 4:17-19). 예수님은 구약의 저자들에게 복합적인 메시아 신학이 있었음을 아셨다. 그들의 신학에 메시아 이외의 내용이 아주 많음도 아셨고, 그들이 삶과 신앙의 다양한 주제를 심도 있게 다루었음도 아셨다. 하나님의 진노(창 19:1-24, 마 10:15), 결혼(창 2:24, 마 19:5-6), 간음(출 20:14, 마 5:27, 19:9), 이혼(신 24:1-4, 마 19:7-8), 종말론(단 11:31, 마 24:15) 같은 주제를 그분은 구약으로 논하셨다. 이중 어느 본문도 자기 자신으로 해석하지 않으셨고 오히려 선지자들이 한 말에 호소하셨다. 그들의 말에 식견과 위력이 있음을 믿으셨기 때문이다. 이 모두에서 보듯이 예수님은 구약을 문자적으로 해석하셨다. 본문을 재해석하신 것이 아니라 하나님이 그 심오함과 권위로 본래 말씀하신 것을 이끌어 내는 법을 아셨다. 그래서 그분은 성경 해석의 대가시다.

둘째로, 누가복음 24장이 우리에게 또 가르쳐 주듯이 예수님은 저자의 의도를 극도로 정확히 살려내셨다. 이런 면에서 그분의 해석법은 문법적이다. 본문의 세부 사항과 표현 자체에 집중하신다. 본문 25절에 주님

---

2 D. A. Carson, *Collected Writings on Scripture*(Wheaton, IL: Crossway Books, 2010), 283.

은 제자들에게 "선지자들이 말한 **모든** 것"을 일깨우셨다. "모든"이란 단어로 구약 전체의 폭과 깊이를 강조하셨다. 당연히 그분은 매우 정확성을 기하셨다. 시편 82편 6절의 "신들"이란 단어로 자신의 신성을 변호하셨고(요 10:34), 원문의 시제를 살려내어 부활을 뒷받침하셨으며(마 22:32), "많은 사람"이란 표현으로 이사야 53장을 암시하셨다(막 10:45). 구약을 해석할 때 개개 단어와 구문까지 유념하셨음을 이렇게 거듭 보여 주셨다. 바로 문법적 해석법이다.

해석의 대가이신 예수님의 면모는 그렇게 세부에 주목하여 얻어내신 놀라운 통찰에 있다. 그분은 선지자들이 구약을 한데 엮어 신학으로 발전시켜 나갔음을 아셨다. 이는 앞서 말한 바 그분이 선지자들의 자체적 식견을 인정하셨다는 개념에 살을 입혀 준다. 그분은 선지자들이 특정한 세부 사항을 연결 고리 삼아 이전의 성경 부분을 풀어냈음을 아셨다. 사실 그분도 그 논리를 그대로 따르셨다. 선지자들이 이스라엘을 포도나무라 칭했는데(사 5:1-3, 렘 2:21, 호 10:1) 예수님도 그 은유를 완성하신다(요 15:1-9). 선지자들이 여러 나라를 큰 나무로 표현했는데(단 4:11-16, 겔 17:23) 예수님도 같은 비유를 말씀하셨다(마 13:31-32). 선지자들이 레위기 18장 5절로 이스라엘의 불순종을 지적했는데(느 9:29, 겔 18:9) 예수님도 똑같이 하셨다(눅 10:28). 그분은 성경이 어떻게 서로 연결되는지 자세히 아셨다. 이런 문법적 접근이 그리스도의 통찰을 돋보이게 한다.

끝으로, 누가복음 24장에 보면 주님은 또한 역사적 해석법을 쓰셨다. 성경의 역사성을 인정하며 해석하셨다. 본문 26절에 그분은 "그리스도가 이런 고난을 받고 자기의 영광에 들어가야 할" 필요성이 구약에 확증되어 있다고 말씀하셨다. 구약에 언급된 일이 역사 속에 실제로 벌어질 사건임을 믿으신 것이다. 이런 역사성은 그분의 사역에 관한 예언에만 적용되는 것이 아니다. 그분은 아담(마 19:4-5), 이사야(마 15:7), 니느웨 사람들(눅 11:30), 스바의 여왕(눅 11:31), 엘리야와 엘리사(눅 4:25-27), 솔로몬(눅 11:31), 다윗(막 2:25), 아비아달(막 2:26), 요나(마 12:39-41), 아브라함과 이삭과 야곱(마 22:32) 등이 실존 인물임도 인정하셨다. 예수님의 성경 해석은 철저히 역사에 입각해 있다.

그래서 그분의 성경 해석은 철저히 구속사, 즉 하나님의 계획에 입각해 있기도 하다. 주님께 역사란 우연이 아니라 하나님의 주권적 사역이다. 한결같이 그분은 구약이 신약으로 이어진다고 보셨다. "모든 선지자와 율법이 예언한 것은 요한까지니"(마 11:13)라고 말씀하셨고, 과거 구약의 불신 세대들이 현 세대에 이르러 최고조에 달했다고 하셨다(마 23:35, 눅 11:51). 이는 구약 선지자들의 관점과도 일치한다. 그들에게 역사란 전부 완성의 시점을 향하여 나아가는 하나님의 계획이었다(느 9:1-38, 시 68:1-35). 예수님도 역사를 단지 과거의 사실이 아니라 하나님의 전진 계획으로 보셨다.

요컨대 누가복음 24장에서 보듯이 예수님은 성경을 문자적, 문법적, 역사적으로 해석하셨다. 실제로 그분의 사역 전체가 이 사실을 증명한다. 그분은 이런 원리가 어떻게 작동하여 본연의 목적을 이루는지를 아셨다. 그분은 성경의 역사 안에 거하셨고, 거기에 구약에서 신약으로 넘어가는 하나님의 계획이 망라되어 있음을 아셨다. 성경의 세부 사항을 인정하셨고, 그것이 어떻게 한데 엮여 신학으로 발전되는지도 아셨다. 그래서 저자의 의도를 받아들이셨다. 선지자들의 식견을 아셨기 때문이다. 그분은 구약의 위력을 십분 이끌어 내시기만 하면 되었다. 그래서 그분은 그토록 심오하셨다. 그래서 그분의 말씀을 들은 사람들은 그 가르침에 한없이 매료되었고(요 7:46), 결코 그분을 논박할 수 없었다(막 12:34). 예수님은 한번도 구약을 재해석하실 필요가 없었다. 선지자들이 쟁여 놓은 의미를 모두 풀어

내시기만 하면 되었다.

주님은 구약의 본질을 통찰하신 대가였다. "선지자들이 말한 모든 것"(눅 24:25)을 정말 훤히 아셨다. 그분의 통찰은 구약이 그저 두서없는 이야기 모음이나 한낱 역사나 알쏭달쏭한 시와 예언이 아님을 보여 준다. 구약에는 신약을 향하여 나아가는 심오한 신학이 들어 있다. 선지자들이 제시한 그 신학은 여러 모로 의식적으로 그리스도를 고대한다.

따라서 구약에 나타난 그리스도를 보려고 우리 스스로 방법을 개발할 필요가 없다. 주님이 예시하셨듯이 구약은 이미 우리에게 그분을 보여 주고 있다. 주님처럼 우리도 선지자들의 말을 주의 깊게 읽기만 하면 된다.

그리스도의 해석법과 통찰에 비추어, 구약 자체가 그리스도를 높이는 방식을 크게 네 가지로 볼 수 있다.

구약은 그리스도를 예언한다

첫째, 주님이 일깨워 주시듯이 구약은 그분을 예언한다. 앞서 논했듯이 선지자들의 의도를 존중한다는 의미에서 그분은 구약을 '문자적으로' 해석하셨다. 이는 예수님이 선지자들이 어련히 알고서 하는 말임을 믿으셨기 때문이다. 그분은 구약의 저자들이 자신에 대하여 말했으며(요 5:39) 그들에게 메시아 신학이 있음을 믿으셨다. 따라서 구약 자체는 의도적으로 그리스도를 예언한다.

구약의 처음부터 끝까지가 다 그렇다. 창세기 3장 15절에 장차 한 후손이 여자에게서 나서 사탄의 머리를 상하게 한다고 선포되어 있다. 창세기 후반부에 야곱은 유다가 왕의 규를 들 것과 그 통치의 절정에 이 후손이 있을 것을 예고했다. 사실 그분의 통치로 만물이 회복된다(창 49:10-12). 민수기의 발람도 이런 예언을 재확인했다. 그에 따르면 장차 한 규가 일어나 하나님의 적을 쳐서 무찌른다(민 24:17). 나중에 다윗은 그 후손이 멜기세덱처럼 제사장이자 왕이며(시 110:1-4), 이 왕이 하나님의 저주 아래 고난당하여(시 22:1) 아브라함(시 22:23-29)과 다윗(시 89:1-52)에게 주신 약속을 이룬다고 선포했다. 이를 바탕으로 이사야도 고난당하는 종의 실체를 더 제시했다(사 52:13-53:12). 다니엘도 인자 같은 이의 영광을 기술했는데(단 7:9-13) 그분은 또한 자기 백성을 위하여 끊어진다(단 9:26). 스가랴도 그분이 자기 백성을 위하여 찔리어 그들을 영적으로나(슥 12:10, 13:1) 민족적으로나(14:1-10) 회복시킨다고 말했다. 구약의 마지막 책인 말라기는 이 왕의 길을 예비할 메신저에 주목하라는 권고로 마무리된다(말 3:1-2). 이상은 메시아에 관한 구약 예언의 일부일 뿐이다(참조. 사 7:14, 42:1-4, 61:1-3, 호 3:5, 미 5:2, 슥 6:9-15, 9:9).[3] 이 모두에서 보듯이 메시아에 대한 직접적 예언이 구약에 가득하다. 이런 예언을 통하여 그리스도를 많이 배울 수 있다.

그렇다면 특정한 본문이 메시아에 관한 예언인지 어떻게 아는가? 대개 선지자는 자신의 새로운 예언을 메시아에 관한 이전의 본문과 연결지어 자신이 누구를 말하고 있는지를 알린다. 예컨대 시편 72편과 110편의 저자들은 왕이 적들의 머리를 깨뜨려(110:6) 적들이 왕의 발아래 뱀처럼 된다고 말한다(72:9). 창세기 3장 15절을 암시하는 표현이다. 이로써 저자들은 이 두 시가 그리스도도 함께 다루고 있음을 내비친다.[4] 마찬가지로 특정한 시편(2:8, 22:27, 72:8)과 예언(사 52:10, 미 5:4)에 쓰인 "땅 끝까지"라는 핵심 문구는 전적으로 메시아의 궁극적 통치를 가리킨다. 사실 이 논리는 신약에

---

[3] 다음 책을 참조하라. Walter C. Kaiser, *The Messiah in the Old Testament*(Grand Rapids: Zondervan Publishing, 1995). (『구약에 나타난 메시아』 크리스챤출판사)

[4] 다음 책을 참조하라. James Hamilton, "The Skull Crushing Seed of the Woman: Inner-Biblical Interpretation of Genesis 3:15," *Southern Baptist Journal of Theology* 10(2006): 30-54.

도 지속되어 우리는 예루살렘에서부터 "땅 끝까지" 그리스도의 증인이 되어야 한다(행 1:8). 이 문구가 일관되게 메시아에게 쓰이다 보니(구약뿐만 아니라 신약에서도 그렇다) 선지자들은 자신이 그분을 말하고 있음을 그런 식으로 알렸다. 덕분에 우리는 선지자들이 메시아를 예언한 때를 분간할 수 있다. 그들이 자신의 의도를 밝혀 줄 단서를 남겼기 때문이다. 그들이 어련히 알아서 그랬으니 우리는 주의 깊게 읽기만 하면 된다.

비슷한 맥락에서 기억해야 할 것이 있다. 선지자들이 예언을 기록한 것은 그리스도를 예고하기 위해서만이 아니라 신학적 목적도 있다. 예언의 문맥을 보면 신학이 드러난다. 예수님이 베들레헴에서 태어나신다는 미가의 예언은 문맥상 그분이 무너진 다윗 왕조를 일으킬(미 1:4-5) 새로운 다윗(미 5:2)이심을 보여 준다. 메시아가 감람산에 다시 와서 산을 둘로 가르신다는 스가랴의 예언(슥 14:4)은 문맥상 그분이 패배의 자리(참조. 삼하 15:30)를 압승의 장으로 바꾸실 것을 보여 준다(슥 14:4-5). 문맥상 시편 22편은 메시아의 죽음만 예언한 것이 아니라 그 죽음이 하나님의 계획과 구속사에 미칠 심대한 의미까지 보여 준다. 메시아의 죽음과 부활을 통하여 이스라엘은 회개하고(23-25절) 모든 나라가 하나님께 나아오며(27-28절) 죽은 자들이 살아난다(26, 29절). 이렇듯 시편 22편은 주님의 죽음에 대한 예언일 뿐만 아니라 그분의 희생에 대한 신학이다. 문맥을 보면 알 수 있듯이 예언에는 단지 변증의 목적만 있는 것이 아니라 메시아에 대한 풍부한 신학까지 들어 있다.

그러므로 모든 구절에서 그리스도를 찾으려 들면 정작 그분을 말하는 본문에서 결국 풍성한 깊이를 놓칠 수 있다. 구약에 메시아가 가득히 예언되어 있으므로 그리스도에 대한 심오한 진리도 가득하다. 구약을 문맥에 맞게 읽으면 선지자들이 그분에 대한 예언을 통하여 우리에게 주려는 깊고도 풍성한 내용을 확실히 얻을 수 있다.

구약은 그리스도가 하나님의 계획에 참여하심을 보여 준다

구약이 그리스도를 높이는 두 번째 방식은 하나님의 계획에 참여하시는 그분을 보여 주는 것이다. 예수님은 선지자들이 메시아에 대한 지식을 가지고 있다고 믿으셨다. 어련히 알아서 했다는 것이다. 그래서 예언 외에도 선지자들은 삼위일체 하나님 중 제2위격의 활동을 암시하는 긴장을 자주 기록했다. 이런 긴장을 식별하려면 문자적, 문법적, 역사적 해석이 필요한데 바로 그리스도가 취하신 접근이다.

예컨대 창세기 19장 24절에 보면 여호와께서 하늘의 여호와께로부터 불을 내리셨다고 되어 있다. 어떻게 하늘과 땅에 하나씩 여호와가 둘일 수 있는가? 이는 소돔과 고모라의 멸망에 삼위일체의 제2위격인 성자 하나님이 개입하셨음을 암시한다. 비슷하게 창세기 32장 24-30절에도 주님의 사자는 주님과 구별된 듯 보이나(하나님이 그분을 보내셨으므로) 하나님 자신이시다. 분명히 하나님으로서 말씀하셨고(29-30절), 야곱을 이스라엘로 개명하신 일(28절)도 하나님 특유의 행위다(창 1:5). 그래서 '이스라엘'이란 이름을 부여하는 일에 성자가 개입하신 듯 보인다. 출애굽기 14장에는 여호와께서 하늘에서 구름 기둥을 통하여 내려다보신다는 말씀이 나온다(24절). 그런데 이미 문맥상 그 구름 기둥은 여호와 자신이다(출 13:21). 어떻게 여호와께서 여호와를 통하여 보실 수 있을까? 이 역시 성자 하나님이 구름 기둥으로 이스라엘을 인도하심을 암시한다.[5] 가나안 정복 때도 같은 일이 벌어진다. 여호와의 군대 대장이 여호수아 앞에 나타난다. 그는 하나님

---

[5] 다음 책을 참조하라. Jeffrey H. Tigay, *Deuteronomy, JPS Torah Commentary*(Philadelphia: Jewish Publication Society, 1996), 57. 제프리는 유대교 랍비들이 이런 긴장을 풀이하느라 애먹었다고 지적했다. 또 다른 예로 신명기 4장 37절에서는 여호와께서 이스라엘을 이집트에서 친히 인도해 내셨다고 했으나 다른 데서는 여호와의 사자가 했다고 되어 있다. 다음 책도 참조하라. James A. Borland, *Christ in the Old Testament*(Chicago: Moody, 1978).

이 보내셨으므로 그분과 구별되지만(수 5:14), 예배를 받으시므로 그분 자신이다(15절). 떨기나무 가운데서 모세에게 나타나셨던 바로 그분이다(출 3:5). 삼위일체의 제2위격이 가나안 정복을 지휘하셨다. 하나님의 사자와 관련된 동일한 긴장은 사사 시대(삿 13:3-21)와 심지어 왕정 시대(왕하 19:35)에도 발생한다. 삼손의 출생과 히스기야를 적군으로부터 구해 주신 일도 성자가 주관하셨다.

　이상의 예에서 우리는 자칫 구약을 잘못 해석할 수 있는 위험성을 볼 수 있다. 그리스도를 있지도 않은 데서 찾으려 하면 정작 그분이 있는 데를 놓칠 수 있다. 소돔과 고모라, 이스라엘의 명명, 출애굽, 가나안 정복 등 역사상 지극히 중요한 사건에 주 예수님도 일익을 담당하셨다. 하나님의 계획을 진전시키셨다. 그런데 구약을 잘못 해석하면 본의 아니게 그리스도의 절대적 중요성을 경시할 수 있다. 그분을 중심에서 몰아내는 결과를 낳을 수 있다. 반대로 문자적, 문법적, 역사적 해석에 충실하면 그런 긴장을 식별하여 그리스도가 하나님의 계획에 정말 중추적으로 참여하심을 알아볼 수 있다. 구약의 예증대로 구속사 내내 그분이 늘 영웅이셨음을 부각시킬 수 있다.

구약은 미시적 차원에서 그리스도의 길을 예비한다

셋째, 예수님은 구약에 자신에 관한 신학이 담겨 있음을 일깨워 주신다. 앞서 보았듯이 그분은 문법적 해석을 취하여 선지자들이 세부 사항을 한데 엮어 신학으로 발전시켜 나가는 것에 주목하셨다. 이런 진리는 우리의 사고와 삶을 빚어낼 뿐 아니라 수시로 그리스도의 인격과 사역을 부연해 주기도 한다.

　이것을 확인하는 좋은 방법은 복음서를 군데군데 훑어가면서 예수님 사역의 본질이 구약에서 어떻게 강조되어 있는지를 살펴보는 것이다. 이 경우의 구약 본문은 해당 사건이 발생하리라는 예언은 아니다. 그 자체로는 예언이 아니지만 주님의 생애에 영향을 미칠 진리를 알려 준다.

그런 예는 그리스도의 출생에서부터 나타난다. 알다시피 헤롯이 남자아기들을 죽였으나 하나님이 그리스도를 살육에서 구하신다(마 2:13-15). 이 사건의 의미는 구약에서 밝혀진다. 이 구명은 하나님이 바로에게서 모세를 구하신 일에 조응하며, 예수님이 이스라엘을 새로운 출애굽으로 인도하실 새로운 모세이심을 보여 준다(마 2:15, 호 11:1). 예수님이 과연 자기 백성의 참 통치자요 구원자이심을 하나님이 그 일을 통하여 선포하신 것이다.

구약의 신학은 그리스도의 출생뿐만 아니라 그분의 사역을 보는 눈에도 영향을 미친다. 덕분에 우리는 예컨대 그분이 다니시는 장소의 의미를 알 수 있다. 예수님은 예루살렘에 들어가 맹인과 저는 자들을 모두 고쳐 주신다(마 21:14). 이는 임의의 사건이 아니다. 구약의 다윗은 예루살렘을 처음 정복한 뒤 맹인과 저는 자들을 그 성에 들어오지 못하게 공표했다(삼하 5:8). 그런데 예수님이 예루살렘에 들어가 맹인과 저는 자들을 모두 고쳐 주심으로써 이를 완전하게 하셨다. 진정한 승리의 입성이었다.

마찬가지로 구약에 힘입어 우리는 주님이 주신 가르침의 의미도 알 수 있다. 그분은 참 포도나무로 자처하셨는데(요 15:1-4) 일찍이 선지자들은 이스라엘을 열매 맺지 못하는 병든 포도나무에 비유했다(사 5:2, 렘 2:21). 예수님의 이 가르침을 구약에 비추어 보면 웅대하다. 난생처음 이스라엘이 주님을 위하여 열매를 맺을 수 있다고 선포하신 것이다. 이는 그분이 그들과는 전적으로 다르시기 때문이며, 덕분에 그들은 그분 안에서 온전히 본연의 모습이 될 수 있다.

아울러 구약은 우리에게 주님의 활동이 의미하는 바도 보여 준다. 예수님은 이방인 지역으로 가는 중에 배 안에서 주무셨다(눅 8:23). 이는 이방인에게 가지 않으려고 도망가다가 배 안에서 잠든 요나와 대비된다(욘 1:5). 예수님의 자발적 행동이 구약 덕분에 부각된다. 요나는 실패했으나 그분은 열방을 향한 하나님의 사명을 자진하여 수행하신다. 이처럼 구약의 신학은 주님의 모든 삶의 면면이 중요함을 예증해 준다.

그리스도의 죽음에 대한 신학도 구약의 신학에 결부되어 해석됨은 물론이다. 시편(시 22:1, 참조. 마 27:46), 고난당하는 종(사 53:9-11, 참조. 막 10:45), 어두움(습 1:15, 참조. 마 27:45) 등에 암시된 것으로 보아 주님의 죽음은 근본적으로 형벌 대속이다. 그분의 죽음으로 죄에 대한 하나님의 진노가 충족되었다. 동시에 어떤 시편(22, 69편)에 보면 예수님이 이스라엘의 왕으로서 고난당하셨다. 그분은 피해자가 아니라 자기 백성의 참 통치자로서 하나님의 저주를 담당하셨다. 사실 그분의 죽음은 아담이 행한 일을 뒤집었다. 누가복음에 그분은 강도에게 "오늘 네가 나와 함께 낙원에 있으리라"(눅 23:43)고 말씀하셨다. 구약의 헬라어 역본에 "에덴"을 번역할 때 실제로 헬라어 "낙원"이란 단어가 쓰였다(칠십인역, 창 2:8). 주님의 죽음은 결국 우리를 에덴의 상태로 되돌린다. 구약의 신학은 주님의 죽음의 기초이며, 그 죽음의 본질과 엄청난 영향을 우리에게 알려 준다.

그분의 부활도 마찬가지다. 예수님이 사흘째에 살아나셨다는 사실은 하나님이 이스라엘을 셋째 날에 살리시리라고 한 호세아의 전망과 일치한다(호 6:2). 호세아가 나중에 선포했던 "사망아, 네 재앙이 어디 있느냐"(호 13:14)라는 말은 아예 바울의 부활 신학에 접목되었다. 예수님이 사흘 만에 부활하신 일은 우연이 아니라, 하나님이 이스라엘도 그와 똑같이 살리실 것을 보이려고 그렇게 정하셨다. 더욱이 예수님이 한 주의 첫날(주일)에 부활하신 것도 똑같이 의미심장하다. 사복음서 전체에 명시된 이 "첫날"(마

28:1, 막 16:2, 눅 24:1, 요 20:1)은 창세기 1장과 창조의 첫날을 연상시킨다. 예수님의 부활로 새 창조가 이루어진다. 그분이 만물을 새롭게 하신다. 마찬가지로 예수님을 동산지기로 착각했다는 사실(요 20:15)도 우연이 아니다. 아담이 동산지기였듯이 예수님은 창조세계를 다스리시는 새 아담이다. 이렇듯 구약은 그분의 부활에 관한 세부 사항 하나까지 다 중요하고 심오함을 보여 준다.

구약은 출생부터 부활까지 그리스도의 생애 전체에 영향을 미친다.[6] 그래서 구약을 읽을 때 문맥을 무시하면 위험하다. 그러면 구약 신학의 폭과 깊이를 알 수 없어 결과적으로 신약에서도 그리스도의 인격과 사역의 풍성한 의미를 놓친다. 그리스도가 없는 구절까지 다 그분으로 해석하려 하면 오히려 그분의 영광이 가로막힌다. 그래서 우리는 구약을 더욱더 신중히 연구해야 한다. 그러면 삶과 신앙에 유익한 진리를 얻을 뿐 아니라 신학이 엄청나게 넓어지고 깊어진다. 그리하여 풍성하고 복합적인 주님의 생애를 볼 준비가 된다.

구약은 거시적 차원에서 그리스도의 길을 예비한다

끝으로, 주님은 역사와 자신의 이야기에 입각한 역사적 해석법을 취하셨다. 그분은 구약이 하나님 계획의 일부로서 신약으로 이어짐을 아셨다. 선지자들도 이런 전체 그림을 내다보고 글을 썼다. 그래서 그리스도를 직접 말하지 않는 본문도 해당 책의 전체 문맥에 기여하며, 각 책은 하나님 계획의 일부로서 결국 그리스도로 연결된다. 구약을 바로 이해하면 그 계획의 중요성을 십분 알 수 있다. 하나님 계획의 정점은 바로 구주시다.

---

6 다음 책을 참조하라. G. K. Beale, *A New Testament Biblical Theology: The Unfolding of the Old Testament in the New*(Grand Rapids: Baker, 2011), 1–6, 29–248. (『신약성경신학』 부흥과개혁사)

이것을 확인하는 최선의 방법은 한 걸음 물러나 구약의 각 책이 전체 그림과 어떻게 맞물려 있는지를 살펴보는 것이다. 그러면 거시적 차원에서 이를 점차 그리스도와 연결지을 수 있다.

창세기에서 천지를 창조하신 하나님은 뱀의 머리를 상하게 할 계획에 착수하신다(창 3:15). 창세기 이야기는 그 목적을 향하여 진행된다. 이는 출애굽기에도 계속되어 하나님은 자기 백성을 구원하여 하나님 자신을 선포하고(출 19:6) 자신의 은혜를 드러낼(출 34:6-8) 민족으로 삼으신다. 동시에 레위기에 나타난 이스라엘은 앞으로 하나님의 거룩하심과 부정한 자가 거룩해질 수 있는 길을 설명할 존재다. 민수기에는 한 후손에 대한 하나님의 계획이 진전된다. 그분은 광야에서 이스라엘을 심판하고 보존하시는 한편, 정복할 나라들이 가까워오자 적들을 무찌를 그 후손을 발람을 통하여 다시 선포하신다(민 24:16-17). 신명기에는 이스라엘이 어떻게 하나님의 법을 이해하고 설명해야 하는지가 설명된다. 관건은 그분을 사랑하는 것이다(신 6:4). 나아가 하나님은 자신의 계획을 상술하시며, 새 언약(신 30:6)과 모세 같은 선지자(신 18:18)의 필요성을 말씀하신다. 모세오경이 끝나면서 하나님의 계획은 둘째 모세인 그 후손을 향하여 진행된다.

그 후손을 향하여 진행되는 역사를 역사서에서 볼 수 있다. 여호수아서에서 하나님이 땅을 정복하신 후로, 사사기의 증거처럼 지도자의 필요성이 대두된다(삿 17:6). 룻기는 하나님이 보아스와 다윗을 통하여 그 후손의 혈통을 이어 가심을 보여 준다(룻 4:22). 사무엘상하를 보면 하나님이 왕조를 일으켜 다윗에게 다윗 언약이라는 소중한 약속을 주신다(삼하 7:1-14). 다윗과 솔로몬은 그 언약의 위력을 보여 준다. 이 언약에는 정말 모든 일을 바로잡을 잠재력이 있다(왕상 4-5장). 그러나 사무엘하와 열왕기상하에서 보듯이 누구도 이 언약을 성취하여 하나님의 약속을 실현하지 못한다.

마찬가지로 역대상하에서도 보면 하나님이 자기 백성과 최선의 관계를 맺기 원하심에도 불구하고 이스라엘은 반항하고 왕은 이 관계를 중재하지 못한다. 그래서 이스라엘은 결국 하나님의 심판을 받아 포로로 끌려간다. 그래도 하나님은 계획을 속행하신다. 에스더서에서 그분은 자기 백성을 보호하여 적에게 이기게 하신다. 모르드개는 솔로몬의 영화에 견주어지기도 한다(에 6:14, 10:3, 왕상 1:42, 2:33). 이 모두를 성취할 참되신 왕을 향하여 하나님의 계획이 여전히 진행되기 때문이다. 하나님은 자기 백성을 본토로 돌아오게 하시지만, 그렇다고 그분의 약속이 전부 실현된 것은 아니다. 물론 에스라와 느헤미야는 하나님이 계속 역사하여 성전과 예루살렘이 재건됨을 보여 준다. 그러나 그 일은 완성되지 못한다. 성전은 초라하고(스 3:12), 예루살렘은 미약하며(느 4:1-23, 11:1), 백성은 여전히 악하고(스 10:1-44), 여태 다윗 왕위에 왕이 없다. 이렇듯 구약의 역사서는 하나님의 계획이 다 이루어지지 않았음을 보여 준다. 그 계획은 의도적으로 신약으로 넘어간다.

지혜서에서도 하나님의 계획을 계시하며 그리스도를 고대한다. 신구약을 통틀어 가장 먼저 기록된 책인 욥기는 불의한 세상 속에서도 의로우신 하나님으로 성경의 막을 연다. 또한 성경과 그리스도의 전체 이야기에 대한 포석으로 하나님의 말씀(욥 28:1-28)과 복음(욥 7:21, 9:33, 14:14)의 필요성을 부각시킨다. 시편은 그리스도에 대한 예언을 담고 있을 뿐 아니라 장차 오실 만왕의 왕을 예배하도록 애써 우리를 준비시킨다(72:1-20, 98:1-9). 잠언은 장차 궁극의 왕이신 메시아가 성취하실 왕궁의 지혜를 설명한다. 나아가 지혜롭게 그분을 높이며 사는 법을 알려 준다. 전도서는 우리의 사고를 일신하여 현세에 무엇이 귀한지를 알게 함으로써 장차 그리스도가 하실 일을 중시하도록 준비시켜 준다. 아가서는 그리스도를 높이는 참된 사랑과 순결과 결혼을 다룬다. 직접 그분을 말하지는 않지만 성경의 굵직한 주제이자 그리스도가 교회에 베푸시는 사랑에도 아울러 기여한다(참조. 엡 5:22-33). 거시적 차원에서 지혜서는 왕이신 그분을 모든 일상에서 중시하고 깨닫고 높일 줄 아는 한 백성을 길러 낸다.

역사서와 지혜서에 더하여 선지서도 구속사에 동참한다. 사실 선지자들은 전체 그림을 알 뿐만 아니라 계시로 말미암아 하나님의 전체 계획을 빚어 나간다. 이사야는 하나님의 구원 계획에 따라 장차 고난당하는 종이 죄를 해결하고(52:13-53:12) 하나님 나라를 세우실 것을 논한다(11:1-9). 예레미야서에 보면 열방을 파멸하고 재건하실 하나님의 계획(1:10)은 참 선지자요 제사장이요 왕이신 "가지"를 중심으로 이루어진다(23:5). 예레미야애가는 포로 생활의 슬픔을 배경으로 장차 다윗의 후손인 참되신 왕이 결국 그런 고난을 당하실 것을 예고한다(3:1, 19, 참조. 시 69:21). 에스겔은 하나님과 이스라엘의 관계를 말하면서 선한 목자의 사역으로 말미암아 하나님의 영광이 온 땅에 가득할 날을 내다본다(34:1-31). 다니엘은 하나님의 원대한 계획을 논하면서 결국 유일한 참 통치자가 인자이심을 밝힌다(7:9-14).

소선지서에서도 그리스도로 연결되는 전체 그림이 부분부분 상술된다. 호세아는 새로운 출애굽과 새로운 모세와 새로운 다윗의 동력원이 하나님의 사랑임을 설파한다(1:11, 3:5, 11:1-11). 요엘은 주의 날에 임하여 자기 백성을 심판하고 회복하실 하나님의 권능을 보여 주는데, 여기에는 그리스도를 통해서만 이루어질 복도 포함된다(2:23-29, 참조. 행 2:1-21). 아모스도 그 일을 되풀이하되 하나님이 이스라엘을 대하실 때나 다윗 왕조를 일으켜 자기 백성에게 약속을 지키실 때나 공정하신 분임을 보여 준다(9:11-15). 오바댜는 주께서 에돔과 열방을 대적하실 날을 말하는데, 이는 그리스도의 종말론적 사역의 정황을 이룬다(1:15-20, 참조. 살전 5:2-9). 요나는 이방인을 돌보시는 하나님을 말하여 그분의 계획에 그리스도 안에서 이방인도 포함됨을 알려 준다(참조. 눅 8:23, 행 10:5-23). 미가의 주제는 죄를 용서하고 이스라엘의 참 지도자를 세우실 하나님의 주권인데, 그 지도자란 바로 베들레헴에 태어나실 새로운 다윗이다(5:2, 7:7-20). 나훔이 보여 주는 니느웨의 함락은 이사야서에 진술된 하나님의 전체 계획이 성취된다는 증표다(1:15). 하박국서에 보면 충실한 무리는 하나님을 믿으며, 그분은 장차 오셔서 메시아를 옹호하신다(3:1-15). 스바냐는 하나님이 결국 자기 백성을 연단하시고 그들을 인하여 기뻐 노래하시리라는 말로 그리스도의 종말론적 사역의 결과를 보여 준다. 학개도 똑같이 하나님이 결국 그들의 축제를 회복하실 터이므로 이스라엘이 충실해야 한다고 말한다. 스가랴는 여호와께서 약속을 기억하신다고 선포하는데, 이 약속에는 하나님의 전체 계획과 그 핵심 인물인 메시아가 포함되어 있다(6:9-15, 9:9, 12:10). 구약의 정경이자 구약 역사의 맨 마지막 책인 말라기는 메시아의 길을 예비할 '나의 사자'(말라기라는 이름의 뜻)를 내다보며, 이로써 선지자들이 제시한 전체 계획이 정말 그리스도를 향하여 진행됨을 보여 준다.

지금까지 살펴보았듯이 구약의 모든 책은 그리스도로 연결된다. 모든 구절에 억지로 그리스도를 끼워 넣을 것이 아니라 한 걸음 물러나 하나의 책 전체가 하나님의 계획에 어떻게 기여하는지를 보아야 한다.[7] 그러면 주님의 인격과 사역의 충분한 정황은 물론이고 그분을 위하여 어떻게 살아야 하는지도 알 수 있다. 구약을 제대로 연구하지 않으면 그만큼 잃는 게 많다는 뜻이다. 구약의 의미를 피상적으로만 이해하면 하나님 계획의 중

---

7 다음 여러 책을 참조하라. James M. Hamilton, *God's Glory in Salvation Through Judgment* (Wheaton, IL: Crossway, 2010). Walter Kaiser, *The Promise-Plan of God: A Biblical Theology of the Old and New Testaments*(Grand Rapids: Zondervan, 2008). Paul R. House, "Examining the Narratives of Old Testament Narrative: A n Exploration in Biblical Theology," *Westminster Theological Journal* 67(2005): 229-245.

요성과 그 정점이신 주님을 다 볼 수 없다. 예수님이 성취하신 하나님의 계획은 그저 단순한 것이 아니라 역사와 열방과 개인과 약속과 언약과 우주 전체를 아우른다. 그래서 구약을 제대로 이해하면 신학의 유익을 얻을 뿐만 아니라 그리스도만이 성취하시는 충만함까지 볼 수 있다. 구약을 올바른 해석법으로 알면 그리스도가 웅대한 영웅이심이 밝혀진다.

결론

우리는 그리스도를 전파한다. 온갖 잡다한 영웅과 해법을 내세우는 세상에서 우리는 홀로 합당하시고 홀로 능하신 그분만을 선포한다(계 5:9). 선지자들과 사도들이 한 일도 그것이고, 종교개혁자들이 되찾은 것도 그것이다. 이제 우리도 앞서간 그들에게 합류해야 한다. 이것이 우리의 사명이요 정체다. 우리는 그리스도인이며 우리의 관건은 바로 그분이시다.

우리는 그리스도를 충실하게 전파한다. 성경 해석법을 우리 마음대로 지어내는 것이 아니라 주님이 정해 놓으신 해석법에 따른다. 이는 선지자들과 사도들의 방법이요 따라서 성경 자체의 방법이다. 즉 우리는 본문의 세부 사항과 역사와 하나님의 계획에 입각하여 저자의 의도를 파악한다. 이 해석법으로 구약의 심오한 신학을 충분히 알 수 있다. 그 신학은 그리스도를 높이도록 우리의 삶을 빚어 줄 뿐 아니라 그분의 영광 전체를 드러내 준다. 그래서 우리는 모든 본문을 그리스도로 해석할 필요가 없다. 그분이 정해 놓으신 방식대로 해석하여 그리스도를 높이면 된다.

우리는 그리스도를 온전하게 전파한다. 신약뿐만 아니라 구약으로도 그분을 전한다. 구약의 예언에서 그리스도의 신학을 본다. 구약에서 신약으로 구속사를 이끌어 가시는 그분이 곧 하나님 계획의 구심점임을 선포한다. 우리는 구약의 신학에 제시된 그분의 복합적인 삶을 해설한다. 성경 전체에 계시된 하나님의 전체 계획을 성취하시는 분, 바로 그분의 결정적 역할을 높인다. 우리는 그분을 단순화하는 것이 아니라 성경에서 공들여 밝혀진 대로 그분의 영광 전체를 드러낸다.

　우리는 그리스도를 전파한다. 그분을 선포하되 그분의 말씀을 높이는 방식으로 그분께 최고의 영광을 돌리기를 바란다. 이것이 진정한 그리스도 중심의 해석이다.

17

구약을 성취하신 그리스도

누가복음 24:27, 44　　　마이클 그리산티(Michael Grisanti)

　　　　인생의 어떤 사건은 예고 없이 불쑥 닥친다. 어떤 사건은 신중한 계획에 따라 적시에 절정 내지 최고조에 이른다. 그리스도의 탄생은 많은 구약 본문의 절정이다. 하나님이 그렇게 의도하셨다. 예수님은 위대하신 하나님이 계시하신 계획대로 오셨으며, 이를 통하여 우리는 다양한 진리를 더 잘 이해할 수 있다.

　첫째로, 성경에 계시된 위대하고 장엄하신 하나님은 **약속대로** 계획을 이루신다. 그분은 약속을 지키시는 하나님이다. 둘째로, 곧 보겠지만 구약이 짜는 직물이나 짓는 건물은 예수님의 출생과 생애와 사역으로 놀랍게 성취된다. 그것을 여기에서 전부 다룰 수는 없지만 반드시 알아야 할 것이 있다. 그리스도는 성경의 메시지뿐만 아니라 창조된 우주를 향한 하나님의 계획을 성취하시는 데서도 중심 역할을 하신다. **성부 하나님은 성자 예수 그리스도를 통하여 온 땅과 모든 거민을 다스리시고, 구속받은 나라 이스라엘을 약속의 땅으로 돌아오게 하신다.** 셋째로, 이 장에서 지적하겠지만 신약에서 배우는 예수님을 그분이 오실 길을 예비한 구약의 약속과 연결짓는 것이 중요하다. 그러려면 구약을 재해석할 것이 아니라 있는 그대로 받아들여야 한다.

해석 논쟁의 간략한 개괄

"성경은 메시아에 관한 책인가?" 이 질문을 주제로 책을 쓴 학자가 많다. 질문을 이렇게 더 좁힐 수도 있다. "구약의 초점은 메시아인가?" "약속된 메시아에 대한 명확하고 구체적인 예언이 구약에 들어 있는가?" 마스터스 신학교의 모토 중 하나는 "우리는 그리스도를 전파한다"이다. 예수님이 친히 확언하셨듯이 구약에 나타난 하나님의 뜻은 그분으로 성취되었다(눅 24:27, 44). 그렇다면 이 글에서 다루려는 논쟁은 무엇인가?

우선 그리스도 중심으로 구약에 접근한다는 문제는 이 글에서 다루지 않겠다.[1] 월터 카이저는 그리스도 중심의 접근에 이렇게 우려를 표했다.

> 우리는 구약의 모든 본문을 성급히 잘못된 기독론으로 재해석하거나 대변하려는 듯한 이들에게 우려를 표한다. 그들은 신약을 기초로 오용하

---

[1] 구약을 소급해서 보는 이 접근은 구약의 모든 본문에 근본적으로 중요한 기독론의 진리가 들어 있으므로 가르침이나 설교가 영원한 가치를 지니려면 반드시 이를 중요하게 다루어야 한다고 주장한다. 자주 인용되는 단적인 예가 다윗과 골리앗의 싸움이다. 그리스도 중심의 접근을 지지하는 이들은 이 본문이 주로 우리 죄를 위하여 십자가에서 죽으실 그리스도를 가리킨다고 주장한다. 나는 이렇게 성경을 그리스도 중심으로 보는 접근을 받아들이지 않으며 오히려 몹시 우려한다. 그러나 이 글에서는 그 문제를 다루지 않겠다.

여 구약의 본래 의미를 자기 생각대로 새롭게 재정립한다.

그러나 우리는 구약의 각 본문을 일단 저자가 하나님의 회의에 참여하여 주님께 받았을 때의 그 의미대로 두어야 한다. 거듭 상기해야 하거니와 주님이 우리에게 주신 것은 그분의 계시다. 정경 전반부의 모든 본문에 우리가 주제넘게 자의적으로 '오직 예수'의 메시지를 투사해서는 안 된다. 구약의 본문마다 예수님이 주제는 아니다! 단순히 책망하고 훈계하고 가르치기 위한 본문도 있다![2]

반면에 이 장의 초점은 구약이 어떻게 그리스도의 출생과 생애와 사역의 길을 예비하는가에 있다. 이 문제에 대한 학문적 논쟁에는 지면을 많이 할애하지 않겠다. 그런 논쟁은 간단히 요약만 하고 전체 그림으로 넘어가서 구약이 어떻게 기초를 다져 약속된 메시아에 대한 이해를 발전시켜 나가는지에 집중할 것이다.[3] 이를 통하여 구약이 약속된 메시아로 오실 예수님의 길을 어떻게 훌륭하고 유익하게 예비하는지 더 잘 이해하게 되기를 바란다.

우선 삼가해야 할 해석의 양극단에 이어, 메시아 관련 본문을 이해하는 세 가지 다른 접근을 간단히 살펴보자.

---

2 Walter C. Kaiser Jr., "The Hasel-Kaiser and Evangelical Discussions on the Search for a Center or Mitte to Biblical Theology," *Journal of the Adventist Society* 26, no. 2(2015): 48.
3 메시아에 대한 책과 논문과 기사가 많이 나와 있지만 그중 몇 가지만 소개한다. Walter C. Kaiser, Jr., *The Messiah in the Old Testament*(Grand Rapids: Zondervan, 1995) (『구약에 나타난 메시아』 크리스챤출판사). Michael Rydelnik, *The Messianic Hope: Is the Hebrew Bible Really Messianic?* NAC Studies in Bible & Theology(Nashville: Broadman & Holman, 2010). William Varner, *The Messiah: Revealed, Rejected, Received*(Bloomington, IN: AuthorHouse, 2004). Christopher J. H. Wright, *Knowing Jesus Through the Old Testament*(Downers Grove, IL: InterVarsity, 1995) (『구약의 빛 아래서 그리스도를 아는 지식』 성서유니온선교회).

삼가해야 할 해석의 양극단

구약의 메시아를 이해하는 극단적 접근의 예를 많은 학자가 제시했으나 그중 두드러진 것은 다음 두 가지다.

첫째, 메시아의 강림이 구약에 명시적으로 약속되어 있다는 개념을 크게 축소하거나 아예 배격한다.[4] 예컨대 트렘퍼 롱맨은 "원문의 문학적 역사적 문맥상 어느 한 본문이라도 장래의 메시아 인물의 전조로 이해해야 한다는 논리는 성립될 수 없다"라고 썼다.[5] 클라인 스노드그래스도 "초대 교회가 그런 본문을 예수님께 적용한 것은 그분의 정체에 대한 확신 때문이었다. 그분의 정체에 대한 확신은 구약에서 비롯되지 않았다. 그들은 예수님을 먼저 만났고 그 후에야 구약이 어떻게 그분께 들어맞는지를 보았다"라고 말했다. 이어 그는 예수님을 구약의 **성취**라기보다는 **정점**으로 보는 것이 낫다고 말했다.[6]

래리 허타도에 따르면 포로 시대 이후의 유대인들이 성경대로 다윗 왕조의 소생을 희구하다가 점차 고대한 것이 "주로 이스라엘의 독립과 의를 되찾기 위하여 하나님의 보내심을 받을 미래의 인물(메시아)"이었다. 그는 이런 대망이 구약의 예언에서 비롯된 것이 아니라 구약 이후인 헬레니즘 시대의 희망에서 싹텄다며, "그러나 최근의 연구 결과 선민의 구원과 성화를 바라던 옛 유대인들의 종말론적 희망에 대망의 '메시아'가 늘 명시되거나 확연히 들어 있지는 않았다"라고 주장했다.[7]

---

[4] 이어지는 세 학자에 대한 요약은 다음 책의 유익한 고찰에 의지했다. Rydelnik, *The Messianic Hope: Is the Hebrew Bible Really Messianic?*, 4.

[5] Tremper Longman III, "The Messiah: Explorations in the Law and Writings," *The Messiah in the Old and New Testaments*, S. E. Porter 편집(Grand Rapids: Eerdmans, 2007), 13.

[6] K. Snodgrass, "The Use of the Old Testament in the New," *The Right Doctrine from the Wrong Texts?*, G. K. Beale 편집(Grand Rapids: Baker, 1994), 39, 41.

[7] Larry Hurtado, "Christ," *Dictionary of Jesus and the Gospels*, Joel B. Green, Scot McKnight, & I.

둘째, **하나님의 의도는** (적어도 처음에는) 해당 문맥 속의 사람과 상황에 대한 말씀인데도, 이런 많은 본문을 무조건 메시아를 예언한 진술로 보거나 **기독론으로 연결시킨다.** 이는 비단 그리스도 중심으로 구약에 접근하는 해석의 남용 때문만은 아니다. 성막 건축의 세부 사항이 그리스도로 성취된다고 주장하는 작가가 많이 있거니와(예를 들어 A. W. 핑크)[8] 무엇이든 이렇게 그리스도의 삶과 사역의 예표로 보는 구식 예표론도 대개 문제의 한 원인이다. 역사서의 많은 본문에 언급된 "기름부음 받은 자"(메시아의 말뜻)는 그냥 이스라엘 역사 속에 실존한 다윗 왕조의 왕(들)을 가리킨다. 역사서뿐만 아니라 일부 시편과 선지서의 본문에서도 그런 본문을 잘못 해석하면 이 극단에 빠질 수 있다.

궁극적 메시아의 의미

이 양극단 외에도 일부 학자는 대부분의 '메시아' 관련 본문을 "궁극적 메시아의 의미"로만 본다.[9] 이는 거대한 쟁점으로 이 자리에서 다 요약할 수 없다. 예컨대 비교적 근간인 한 메시아 관련 서적의 저자들은 구약이 메시아 개념과 신학의 발달에 기여했음을 인정하면서도, 전통적으로 메시아와 관련되었다고 여겨진 본문의 절대다수가 약속된 메시아를 직접 예언하고 있지 않으며 원작자가 메시아의 의미를 의도하지도 않았다고 주장한다.

Howard Marshall 편집(Downers Grove, IL: InterVarsity, 1992), 107.

8 이런 극단의 예가 다음 책에 나와 있다. A. W. Pink, *Gleanings in Exodus*(Chicago: Moody Press, 1962), 131–35, 180–230. 『출애굽기 강해』 CH북스)

9 Herbert W. Bateman IV, Darell L. Bock, Gordon H. Johnston, *Jesus the Messiah: Tracing the Promises, Expectations, and Coming of Israel's King*(Grand Rapids: Kregel, 2012), 21, 25, 32. 그들은 "최종적 메시아의 의미"라는 표현도 써서 "모든 예언이 전적으로 예수님을 가리키는 것이 아니라 최종적으로 그렇다"라고 주장한다. Herbert W. Bateman IV, "Jesus the Messiah," *Mishkan* 70(2012), 41.

그들이 이런 결론에 도달한 근거는 1) 제2성전 문헌에 나오는 "인간 해석자들의 비계시적 해석", 2) "일부 종말론적 메시아 사상", 3) 신약에 나오는 "계시적 해석" 등에 있다. "궁극적 메시아를 의미하는 본문"에는 이런 해석 기준에 따라 "'이미 그러나 아직'의 기독론적 해석"이 적용된다.[10]

직접적 메시아의 의미

다수의 보수 학자들은 많은 본문이 원문 자체로 **메시아를 직접 의미**하며, 해당 문맥과의 관련성은 부차적이라고 본다. 우리에게 가장 익숙한 관점이며 월터 카이저와 마이클 리델닉의 책이 좋은 예다.[11]

직접적 및 간접적 메시아의 의미

구약의 많은 본문은 메시아에 대한 명확한 이해를 구축해 나간다. 이 관점에 따르면 전통적인 '메시아 관련' 본문이 모두 '메시아를 직접 의미'하지는 않는다. 그중 더러는 **일단** 해당 문맥과 **주로 관련되지만**, 그래도 장차 오실 메시아를 더 깊이 이해하는 데 기여한다. 다른 본문들에 제시된 개념은 덜 직접적이지만 나중에 더 구체적으로 메시아와 관련된 것으로 이해되었다(예를 들어 창 3:15, 사 7:14).

그러면 이제 약속된 메시아가 소개되는 구약의 첫 본문부터 살펴보자.

하나님의 창조 명령(창 1:26-27)

창세기 1장 26절에 하나님은 "**우리의 형상을 따라 우리의 모양대로** 우리

---

[10] Bateman, Bock, Johnston, *Jesus the Messiah*, 31. 이런 본문은 메시아의 의미로 완결된다. 원문에는 문맥상 그런 의미가 없었더라도 그러하다.

[11] W. Kaiser, *The Messiah in the Old Testament*. M. Rydelnik, *The Messianic Hope*.

가 사람을 만들"자고 말씀하신다. "우리의 **형상으로서** 우리의 **모양을 따라**"가 더 좋은 번역이다. 둘째 표현인 "우리의 모양을 따라"는 본질을 가리킨다. 주님은 자신과 인간이 어느 정도 닮았음을 인정하신다. 인격성, 합리적 사고 과정, 하나님과 교제하는 역량 등에서 우리는 동물 세계와 구별된다.

첫째 표현인 "우리의 형상으로서"는 기능을 가리킨다. 하나님은 인간을 그분의 형상으로서 또는 그 형상의 보유자로서 기능하도록 창조하셨다. 그분이 인류를 "우리의 형상으로서 우리의 모양을 따라" 지으셨다는 말씀에는 인간의 본질(어떤 존재인가)뿐만 아니라 기능(무엇을 할 것인가)까지 표현되어 있다. 인간의 삶은 하나님의 속성과 인격을 반영하게 되어 있다.

26절의 나머지에는 그 '형상의 보유자'가 지닌 핵심 기능이 제시되는데, 바로 모든 피조물을 "다스리게 하자"는 것이다. 주님이 선언하셨듯이 그분이 인류를 자신의 형상으로서 창조하신 것은 창조세계 전체의 **주권적 통치자이신 그분을 대리하게** 하시기 위해서다. 인간을 짓는 순간부터 주님의 의도는 인간이 지상에서 그분의 대리자로 기능하는 것이었다. 모든 사람은 하나님의 주권을 상징하는 존재로서, 하나님의 모든 창조세계를 대할 때 그분의 성품을 드러내야 한다.

타락에 대한 하나님의 해법(창 3:15)

하나님은 말씀으로 우주를 생기게 하시고 아담과 하와를 창조하신 후, 이들 첫 부부에게 에덴동산의 삶에 대한 지침을 주셨다. 그런데 창세기 3장에서 사탄이 하와를 유혹하여 그들은 둘 다 고의로 하나님께 죄를 지었다. 그 결과 하나님은 뱀(사탄)에서 시작하여 모든 관련자에게 심판을 선고하셨다. 완전히 나쁜 소식뿐인 상황처럼 보일 수 있으나 하나님이 선고하신 심판 속에는 좋은 소식이 들어 있다.

내가 너[사탄/뱀]로 여자와 원수가 되게 하고

네[사탄/뱀] **후손도 여자의 후손**과 원수가 되게 하리니

여자의 후손은 네[사탄] **머리를** 상하게 할 것이요

너[사탄]**는 그**[여자의 후손]**의 발꿈치를** 상하게 할 것이니라(3:15).

여기서 핵심 개념은 타락이 불러온 죄에 대한 하나님의 해법으로 장차 "그"라는 약속된 존재가 온다는 것이다. 이 예언은 (다른 몇 군데의 메시아 예언보다 훨씬 불분명하기는 하지만) 훗날 그리스도의 구원의 죽음으로 성취될 중요한 실체를 가리킨다.

주님은 세상을 향한 자신의 뜻을 구약의 책들 속에 서서히 풀어내면서 "그"라는 인물이 어떤 존재인지 계속 보충하신다. 마치 다양한 본문으로 직물을 짜거나 그림을 그려서 인류의 죄 문제를 해결하실 약속된 그분을 묘사하시는 것 같다.

아브라함 언약: 이스라엘 이야기의 시작(창 12:1-3)

창세기 1-11장에는 인류를 향한 하나님의 뜻이 기술된다. 즉 그분은 광범위한 온 세상을 상대하신다. 그런데 이후로는 초점을 아브라함과 그 후손에게로 좁히신다. 그들은 하나님이 세상을 향한 그분의 계획을 이루실 통로였다. 12장 1-3절에서 하나님은 아브라함에게 그의 소유가 될 땅을 보여 주시고, 그로 하여금 큰 민족을 이루게 하시며, 그와 그의 후손을 통하여 땅의 모든 족속에게 복을 주겠다고 약속하셨다. 실제로 아브라함의 자손은 모든 민족에 복을 흘려 보내는 도관, 하나님의 말씀을 계시하는 통로, 약속된 메시아(창세기 3장 15절의 "그")를 배출할 백성이 된다.

야곱의 축복: 유다의 규(창 49:10)

하나님은 아브라함과 언약을 맺으신 후에 이를 각각 아브라함과 이삭과 야곱을 상대로 재확인하신다. 그렇게 초점을 더 좁히면서 이 땅에 자신의 영광을 나타낼 계획을 점점 더 계시하신다.

결국 야곱과 모든 후손은 가나안에서 이집트로 이주했다. 거기서 한동안 살던 야곱은 죽을 때가 가까워지자 아들 유다에게 이렇게 축복했다. "**규**가 유다를 떠나지 아니하며 통치자의 **지팡이**가 그 발 사이에서 떠나지 아니하기를 실로가 오시기까지 이르리니 **그에게** 모든 백성이 **복종하리로다**"(창 49:10). 규라는 단어는 문자적으로 왕의 권위를 상징하는 장대나 지팡이를 가리킬 수도 있다. 선지자 아모스도 시리아와 블레셋의 왕들을 지칭할 때 규를 잡은 자라고 표현했다(암 1:5, 8). 그러나 더 중요하게 시편 45편 6절에서 "하나님이여, 주의 **보좌**는 영원하며 주의 나라의 **규**는 공평한 **규**이니이다"라고 말했다. 분명히 "규"는 통치를 의미한다.

야곱의 축복에서 첫 두 소절에는 통치자를 표상하는 지팡이가 나오고, 끝 소절에는 이 장래의 통치자의 권위에 복종할 백성이 나온다. 즉 유다 지파의 운명을 담아낸 축복의 골자는 통치와 복종이다.

야곱과 요셉이 죽은 지 몇 세기가 흘러 이집트에 중대한 변화가 나타났다. 이집트 민족이 히브리 민족을 노예로 삼은 것이다. 결국 하나님은 모세를 일으켜 히브리 민족을 속박에서 구해 내셨다. 그들이 시내 산에 이른 후에 여호와께서 자신의 언약 백성과 더불어 모세 언약을 체결하시고, 그 일환으로 모세 율법을 주셨다. 약속된 메시아가 구약에서 더 구체화되는데 모세 율법이 어떻게 기여하는지 살펴보자.

모세 율법을 주심

모세 율법에 관해서는 쓸 말이 많지만 약속된 메시아와 관련된 네 가지 증거만 요약하고자 한다. 첫째로, 모세 율법의 **수직적 차원**에 속하는 제사 제도를 통하여 몇 가지 중요한 개념이 소개된다. 죄 문제, 용서에 필요한 피 흘림의 죽음, 하나님이 용서하신다는 믿음 등이다.

둘째로, 하나님의 지시대로 지어진 성막은 하나님과 그분의 언약 백성을 잇는 역할을 했다. 그런 식으로 하나님은 그들 가운데 거하셨다. 이스라엘 나라에 수백 년간 존속된 이 가시적 실체는 개념상 하나님의 백성의 길을 예비하여, 훗날 하나님이 그들 가운데 두 가지 방식으로 거하시리라는 사실을 이해하게 해주었다. 즉 그분은 신인(神人)인 메시아로 그들 가운데서 사시다가 지금은 신자들 안에 성령으로 거하신다.

셋째로, 모세 율법의 **수평적 차원**으로 하나님은 자신의 언약 백성에게 다른 사람(이스라엘 동족뿐 아니라 주변의 이방인까지)을 대하는 방식을 율법으로 규정해 주셨다. 이 수평 지향의 율법에 이스라엘이 순종하면 다음 두 가지 핵심 개념이 부각되어 서로에게는 물론 사방의 이방인에게도 여호와를 드러내게 된다. 하나는 정의와 평등이고, 다른 하나는 자비와 긍휼이다.

넷째로, 하나님이 언약 백성 이스라엘에게 모세 율법을 주신 목적을 필히 생각해야 한다. 분명히 여호와께서 그들에게 모세 율법을 주신 것은 여러 진리를 계시하여 메시아의 강림과 베푸실 구원의 길을 예비하시기 위해서였다. 나아가 출애굽기 19장 4-6절과 신명기 26장 16-19절에 따르면 그분이 이스라엘에게 율법을 주신 것은 어떻게 살아야 서로에게, 그리고 주변 이방인 앞에 하나님의 탁월한 성품을 드러낼 수 있는지를 구체적으로 알려 주시기 위해서였다(이 개념은 뒤에서 더 살펴볼 것이다).

다시 몇 세기 후로 넘어간다. 이제 왕이 있어 하나님께 권한을 받아 그들을 다스린다. 2대 왕이자 하나님이 택하신 첫 왕(다윗)의 재위 중에 주님은 하나님의 계획이라는 퍼즐에 또 다른 조각을 내보이신다.

다윗의 후손인 미래의 통치자를 약속하심(삼하 7장)

지면상 11절, 12절, 16절에 초점을 맞추겠다. 먼저 11절이다. "전에 내가 사사에게 명령하여 내 백성 이스라엘을 다스리던 때와 같지 아니하게 하고 너를 모든 원수에게서 벗어나 편히 쉬게 하리라. 여호와가 또 네게 이르노니 여호와가 너를 위하여 집을 짓고." 하나님이 여기서 약속하신 것은 무엇인가? 그분은 자기 백성을 모든 원수에게서 벗어나 안식하게 하시고 다윗을 통하여 왕조("집")를 세우실 것이다. 12절에서는 "네 수한이 차서 네 조상들과 함께 누울 때에 내가 네 몸에서 날 네 씨를 네 뒤에 세워 그의 나라를 견고하게 하리라"고 말씀하셨다. 하나님께 권한을 받아 계속 이스라엘을 통치할 후계자를 주시겠다는 약속이다. 끝으로 16절을 보자. "네 집과 네 나라가 내 앞에서 영원히 보전되고 네 왕위가 영원히 견고하리라." 하나님은 다윗 왕국에 끝이 없다고 선언하신다. 여기서 분명한 것은 무엇인가? **하나님은 먼 미래에까지도 다윗 자손을 이스라엘의 통치자들로 세우신다.**

하나님이 짜시는 메시아라는 직물에 관하여 지금까지 살펴본 바는 무엇인가? 죄 문제에 대한 하나님의 해법으로 창세기 3장 15절에 약속된 "그"가 아브라함의 후손인 유다와 다윗을 통하여 와서 나라를 다스리는 통치자가 된다!

다윗 시대 이후로 많은 이스라엘 사람(시편 저자들)이 주님과 동행하는 자신의 삶을 글로 표현했다. 그들은 주님과 그분의 말씀을 사랑한다고 고백했고, 하나님의 위대하심과 위엄과 자신들에게 해주신 많은 일을 인하여 그분을 찬양했으며, 자신들이 지나고 있는 고통스러운 상황을 애통해했다. 기존의 기록된 성경을 들었던 이 시편 저자들은 성령의 감동을 입어 창조세계를 향한 하나님의 장래 계획을 글로 썼다. 그중 몇 편의 시는 약속되신 분의 강림을 구약이 예비하는 데 기여한다.

시편: 오실 메시아를 담아낸 찬송가

약속된 메시아를 이해하는 데 시편이 어떻게 기여하는지 알려면 거시적 메시지를 파악하는 것이 중요한 출발점이다. 로버트 치솜이 시편의 신학적 메시지를 유익하게 요약했다. "만물의 창조주이신 하나님은 주권적 권세로 자연 질서, 모든 나라, 자신의 특별한 백성 이스라엘을 다스리신다. 종종 무적의 용사로 권능을 발휘하여 우주의 왕답게 세상과 자기 백성에게 질서와 정의를 이루신다. 이 주권적 왕께 합당한 반응은 신뢰와 찬송이다."[12]

그것을 이렇게 표현할 수도 있다. 시편 저자들은 위대하신 왕의 신하로서 여호와의 속성과 행적을 **찬송하고**, 그분의 주권적 통치가 **다윗 자손의 기름부음 받은 자를 통하여** 온 땅에 두루 편만하기를 **열망하고 기도하며** (이를 성취하실 여호와를 신뢰하며), 그 통치가 현재 미완임을 **애통해한다**. 이 기본 주제에 비추어 시편의 신학을 종합해 보면 주로 고찰해야 할 요소 내지 범주는 세 가지다. 바로 위대하신 왕 여호와(영주), 인류(그분의 가신), 그리고 그 둘의 관계(여호와의 통치)다.

창조주이자 구원자이자 왕이신 하나님

시편에 많은 주제가 있으나 하나님의 정체와 자기 백성을 위한 활동은 메시아 개념의 전개와 특히 관계된다. 시편 저자들은 하나님의 성품과 활동,

---

12 Robert B. Chisholm Jr., "A Theology of the Psalms," *A Biblical Theology of the Old Testament*, R. Zuck 편집(Chicago: Moody Press, 1991), 258.

즉 그분이 어떤 분이시고 어떤 일을 하시는지에 신중히 주목한다.

하나님은 어떤 분이신가? 시편 저자들은 하나님의 속성을 놀랍고도 생생하게 개괄하는데 그중 일부만 꼽자면 그분의 주권(47, 93, 96-99편), 거룩하심(29:2, 71:22, 89:35, 96:9, 103:1, 111:9), 불변성(90:2-6, 102:25-27), 편재성과 전지성(139편), 영원성(90:2-6), 인자하심[헤세드(*hesed*), 25:10, 62:12, 136편, 언약에 충실하신 하나님을 강조한다], 의와 정의(33:5, 37:28, 145:17), 사랑[아헤브(*ʾāhēb*), 47:4, 78:68, 87:2] 등이다.

하나님은 어떤 일을 하시는가? 창조주[13], 구원자[14], 재판장[15] 역할 외에도 여호와는 모든 것을 지배하신다. 모든 사건의 기획자이자 시행자로서 역사에 개입하시는 그분을 역사 시(68, 78, 105-106, 135, 136편)에서 똑똑히 볼 수 있다. 그분의 주권을 표현하는 데 가장 흔히 쓰인 은유는 **왕권**이다. 그분은 만물과 거민을 뜻대로 통치하신다.

하나님의 주권적 통치는 위대하신 왕과 신민의 접촉점이다. 시편에 이 통치와 관련한 적어도 두 가지 측면이 나온다. 첫째는 통치의 지상 구심점이다. 시편에 보면 하나님은 이 땅을 통치하실 행정부를 시온(예루살렘)에 두기로 정하셨다. 예루살렘을 하나님의 도성이자 신정(神政)의 종교 및 민

---

[13] 여호와는 우주와 그 안의 모든 것을 창조하셨다(33:15, 74:16, 95:5, 96:5, 100:3, 104:19, 136:4-9). 창조세계는 그분의 명령과 권능의 산물일 뿐 아니라 그분의 성품을 계시하는 통로이기도 하다(19:1-4). 그분은 창조주시므로 자기 이외의 만물을 절대 주권으로 다스리신다(33편). 또 창조 행위로 말미암아 여호와는 무력한 우상들과는 차원이 다르게 구별되신다(74:12-17, 86:8, 95:3, 96:4-5, 135:5).

[14] 구주이신 여호와의 역할은 시편 안에서나(7:10, 18편, 19:14) 밖에서나(출 3:8-10, 사 43:1-3, 렘 14:8) 신학의 핵심 요소다. 고백하는 감사와 찬송이나 쏟아내는 간구와 애통은 대부분 하나님의 구원 활동에 감격했거나 그런 활동을 고대하는 데 중심을 두고 있다.

[15] 여호와는 왕이시자 하나님이기에 또한 재판장이시기도 하다. 이 부분에서 그분의 역할은 두 가지로 나타난다. 한편으로는 충실한 무리를 신원하여 건져 내시고 한편으로는 악인을 벌하신다(35:24-26, 48:5-11, 50:6, 89:17).

간 중심지로 경축하는 본문이 많이 있다(84:2, 76:1-3). 시온에서 그분은 모든 나라를 지배하시고(46:4-8, 48:5-9, 76:4-11, 2:1-6) 온 땅 위에 높임을 받으신다(46:9-11, 48:11-14, 87:5-6). 순례자의 노래들(102-134편)도 예루살렘을 신정의 중심지로 경축하면서 여호와께서 제정하신 여러 절기에 초점을 맞춘다.

둘째는 그분이 택하신 통치의 수행자다. 이 기름부음 받으신 분이 시편에 묘사된다. 다음 두 가지 기본 이슈를 생각해 보면 더 깊이 이해할 수 있다. 우선 같은 다윗 왕조라 하더라도 현왕들에 대한 하나님의 기대와 장차 오실 왕에 대한 그분의 약속을 대비해서 생각해야 한다. 주요 개념과 이를 시각화한 다음 그림을 참조하라.

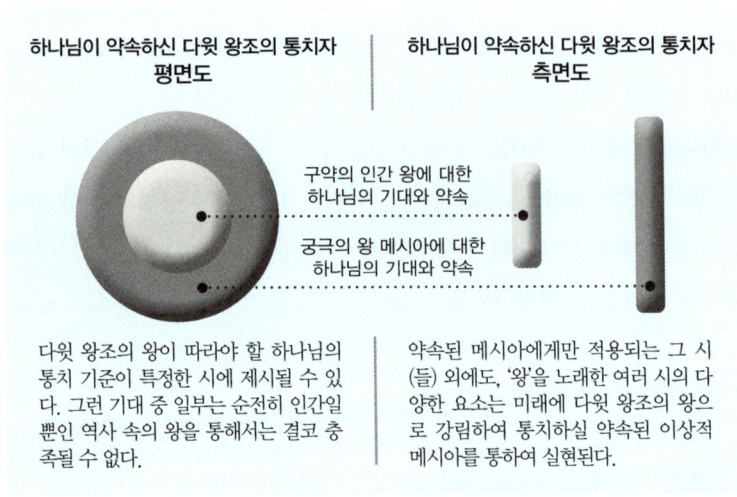

하나님은 기름부음 받은 종 메시아가 다윗 왕조의 왕으로서 이 땅에 신정을 수행하도록 정하셨다. 그런데 왕을 노래한 시들(2, 20-21, 45, 72, 89, 101, 110, 144편)을 보면 역사 속 다윗 왕조의 왕(들)이 전면에 드러난다. 왕은 백성을 대표하면서 동시에 하나님을 대표하여 다스린다(참조. 72편). 이 시들 중 일부에 나오는 왕에 대한 주장은 해당 왕에게 직접 적용되지만 또한 미래의 최종 왕을 고대한다. 바로 여호와의 기름부음 받으신 아들이자 약속된 메시아시다.

한낱 인간일 뿐인 다윗 왕조의 왕들은 왕을 노래한 시의 분명한 기대에 부응하지 못했으며, 그럴수록 메시아에 대한 기대감이 고조되었다.

또 하나의 기본 이슈는 "약속된 이상적 메시아를 가리키는 시를 어떻게 아는가?"의 문제다. 다시 말해 "메시아와 관련되어 있다고 볼 수 있는 시는 어떤 것인가?" 왕을 노래한 시들에 거듭 언급되는 기름부음 받은 통치자는 장차 정의와 긍휼로 나라를 다스릴 다윗의 후손이다. 이 시들은 이스라엘의 그 왕에 초점을 맞추어 그분을 하나님의 대리자로 묘사한다. 그분을 통하여 하나님은 선민을 통치하신다. 이 시들은 그 왕을 언급할 뿐 아니라 "기름부음 받은 자"로 표현한다. 따라서 왕을 노래한 몇몇 시는 '메시아에 관한 시'로도 간주된다. 그런 시들에서 보면 그분을 왕위에 세우신 분이 하나님이고(2편), 그분은 고난을 겪으실 것이며(16, 22편), 그분의 통치 성격은 무엇에도 비할 수 없다(72편).

우리의 역사적 관점에서 보면 이 모두를 실현하시는 분은 당연히 예수 그리스도(메시아)시다. 쟁점은 초점을 주로 어디에 두느냐의 문제다. 이 시들의 초점은 그 당시의 현재와 당면한 미래(역사)인가, 아니면 먼 미래(종말론)인가? 나아가 이런 시의 몇 가지 가능한 범주는 무엇인가?[16] 메시아와 관련된 시는 세 가지로 분류될 수 있다. 1) 전적인 또는 주된 메시아의 의미(110편), 2) 예표적 메시아의 의미(22편), 3) 간접적 메시아의 의미(72편). 지

---

[16] 다음 저자는 메시아에 관한 시를 순전히 예언적인 의미(110편만), 종말론적 의미(96-99편), 예표적이면서 예언적인 의미(22편), 간접적 메시아의 의미(2, 45, 72편), 전형적 메시아의 의미(34:20, 109:8) 등 다섯 가지 부류로 보았다. Franz Delitzsch, "Psalms," *Commentary on the Old Testament*(재판; Grand Rapids: Eerdmans, 1976), 1:66-71.

면상 여기서는 뒤의 두 종류만 살펴보겠다.

예표적 메시아의 의미(시 22편)

시편 22편을 전적인 메시아의 의미로 보는 이들도 있다. 그러나 많은 시의 발단은 하나님이 그분 휘하의 인간 왕을 향한 자신의 뜻을 계시하신 데 있으며, 따라서 해당 문맥과 상당한 관계가 있다. 그럼에도 메시아에 대한 그런 기대가 성취되지 않다 보니 최종 성취이신 예수 그리스도를 고대하는 마음이 고조되었다.

시편 22편에 나오는 저자의 심한 고난은 그리스도가 당하실 고난의 전조다. 저자가 자신의 처절한 고난을 묘사하려고 쓴 표현들이 복음서 저자들에게 원형으로 활용된다. 앨런 로스는 이렇게 썼다.

> 그리스도인은 이 시를 읽을 때마다 예수님이 이를 자신의 십자가 고난에 적용하셨음을 떠올리지 않을 수 없다. 그래서 시편 저자를 통하여 성령이 말씀하려고 뜻하신 바를 다 얻으려면 본문을 두 차원에서 읽어야 한다. 우선 시편 저자가 경험한 고난으로 읽어야 한다. 그는 자신을 치밀하게 죽이려는 적들로부터 구해 달라고 간절히 기도했다. 다음은 더 높은 차원에서 읽어 이 시가 예수님의 더 큰 고난에 어떻게 적용되는지를 보아야 한다. 이 시의 표현이 예수님의 고난에서 궁극의 의미를 얻는다 해서 결코 저자 자신의 고난이 축소되지는 않으며, 죽음에서 건짐받은 데 대한 감사와 찬송도 마찬가지다. 양쪽 모두 이 시의 고난은 조롱하는 원수에게 집행당하는 죽음이며 그 심각성이 축소될 수 없다. 양쪽 모두 애통이 극에 달함은 하나님이 고난당하는 이의 부르짖음을 듣지

않고 그를 무덤에 누이시는 듯 보이기 때문이다.[17]

이 시를 직접적 예언으로 보는 이들이 있음을 로스도 알았다. 본문의 의미가 메시아의 성취에만 들어맞는다는 것이다. 그러나 로스는 이 시에 예언이나 예견의 요소가 있음에도 불구하고 직접적 예언이나 명백한 메시아의 의미는 아니라고 주장했다. 미래의 기름부음 받으신 왕을 한번도 직접 지칭하지 않기 때문이다. 이어지는 로스의 말이다.

어느 모로 보나 시편 저자는 적들이 자신을 죽이려 하던 때를 묘사했다. 심한 고난으로 죽을 뻔했는데 여호와께서 마침내 기도를 듣고 구해 주셔서 그는 회중 가운데서 그분을 찬송할 수 있었다. 이를 예언이나 메시아에 관한 내용으로 보아야 할지는 논쟁의 여지가 있겠으나, 확실한 것은 예수님이 이 시를 자신의 극심한 고난에 적용하셨고, 그 뒤로 전도자들과 사도들도 이 시와 그분이 당한 수난의 연관성을 보았다는 것이다. 따라서 이를 예표로 보면 무난하다. 시편 저자는 이 시가 어떻게 성취될지 몰랐을 수 있으나 하나님은 아셨다. 예표는 본문의 본래 의도와 의미를 무효로 하지 않는다. 따라서 우리도 하나님이 곁에 계시지 않는 듯 보일 때 얼마든지 이 시에서 감화를 얻어 기도로 인내할 수 있다.[18]

다음 도표는 시편 22편과 메시아 예수님의 경험 간에 명백한 연관성을 비교한 것이다.

---

[17] Allen P. Ross, *A Commentary of Psalms 1-89*, Kregel Exegetical Library(Grand Rapids: Kregel, 2011-2013), 1:526. (『예배와 영성: 앨런 로스의 시편 강해를 위한 주석 1·2』 디모데)
[18] 같은 책, 1:527-528.

시편 22편	언급된 방식	복음서와 히브리서
22:1	직접 인용	마 27:46, 막 15:34
22:7	간접 암시	막 15:29
22:8	간접 암시	마 27:43
22:15	간접 암시	요 19:28
22:16	간접 암시	요 20:25
22:18	직접 인용	요 19:24
22:22	직접 인용	히 2:12

간접적 메시아의 의미(시 72편, 참조. 사 11:1-5, 60-62장)

짐멀리의 말처럼 "이스라엘 왕은 여호와의 통치를 지상에 가시화한다."[19] 왕이 그분의 통치를 집약해서 보여 준다. 나라는 왕이 하기 나름이다. **직접적 의미**에서 이런 시에 제시된 하나님의 뜻은 여호와의 종 된 나라를 다스릴 다윗 계보의 모든 왕에게 해당한다. 그러나 **궁극적** 의미에서 이런 시는 "메시아에 대한 소망을 증언하며, 하나님의 왕권이 그분의 기름부음 받으신 분을 통하여 완성될 그때를 고대했다."[20]

이런 시는 다윗 혈통의 왕이 될 모든 사람에게 높은 기준을 제시했다. '다윗 왕위의 이상적 통치자'를 내다본 것이다. 이 시들은 재위 중인 왕의 여러 중요한 시기에 초점을 맞추었을 뿐 아니라 왕이 불굴의 헌신과 정의와 긍휼로 하나님의 신민을 통치해야 한다는 것을 크게 강조했다. 이렇게 제시된 왕의 당위적 기준이 문제를 불러일으켰다. 시편 72편 1-14절을 생

---

19 Walther Zimmerli, *Old Testament Theology in Outline*, David E. Green 번역(Atlanta: John Knox, 1978), 92. (『구약신학』 한국신학연구소)

20 Brevard S. Childs, *Introduction to the Old Testament as Scripture*(Philadelphia: Fortress, 1979), 517. (『구약 정경 개론』 대한기독교서회)

각해 보라.

>하나님이여, 주의 판단력을 왕에게 주시고
>주의 공의를 왕의 아들에게 주소서.
>그가 주의 백성을 공의로 재판하며
>주의 가난한 자를 정의로 재판하리니
>의로 말미암아 산들이 백성에게 평강을 주며
>작은 산들도 그리하리로다.
>그가 가난한 백성의 억울함을 풀어 주며
>궁핍한 자의 자손을 구원하며
>압박하는 자를 꺾으리로다.
>
>그들이 해가 있을 동안에도 주를 두려워하며
>달이 있을 동안에도 대대로 그리하리로다.
>그는 벤 풀 위에 내리는 비같이,
>땅을 적시는 소나기같이 내리리니
>그의 날에 의인이 흥왕하여
>평강의 풍성함이 달이 다할 때까지 이르리로다.
>
>그가 바다에서부터 바다까지와
>강에서부터 땅 끝까지 다스리리니
>광야에 사는 자는 그 앞에 굽히며
>그의 원수들은 티끌을 핥을 것이며
>다시스와 섬의 왕들이 조공을 바치며

스바와 시바 왕들이 예물을 드리리로다.
모든 왕이 그의 앞에 부복하며
모든 민족이 다 그를 섬기리로다.

그는 궁핍한 자가 부르짖을 때에 건지며
도움이 없는 가난한 자도 건지며
그는 가난한 자와 궁핍한 자를 불쌍히 여기며
궁핍한 자의 생명을 구원하며
그들의 생명을 압박과 강포에서 구원하리니
그들의 피가 그의 눈앞에서 존귀히 여김을 받으리로다.

이 시에 묘사된 왕의 통치 성격과 규모와 기한을 생각해 보라. 그야말로 이상주의적인 표현이다! 누가 여기에 부응할 수 있겠는가?

실제로 다윗 왕조의 그 누구도 하나님의 기준에 부응하지 못했다. 구약의 이스라엘을 통치한 모든 왕의 이런 '불이행' 때문에, 정말 그렇게 다스릴 수 있는 미래의 왕에 대한 기대감이 싹텄다. 요컨대 이 시들은 본래는 이스라엘 나라를 다스릴 다윗 왕조의 인간 왕들을 가리켰으나 나아가 대망의 메시아의 길을 예비했다. 이 시들이 고대하던 다윗 왕조의 이상적인 왕은 예수님을 통하여 성취된다(다음 그림 참조). 로스가 지적했듯이 메시아는 "세상이 찾던 이상적인 왕이며, 그분의 나라는 여태 지상에 존재한 적이 없던 의와 평화와 형통의 나라다."[21]

지금까지 보았듯이 시편 22편에 나오는 괴로운 어조와 사무치는 어휘는

---

[21] Ross, *Psalms 1–89*, 533.

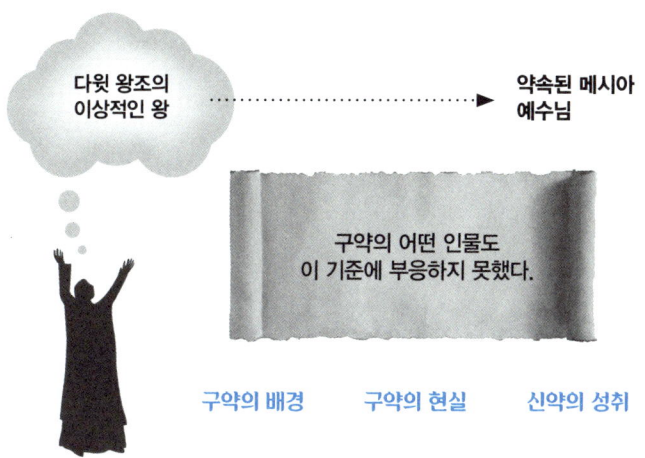

예수님이 그분의 깊은 고난을 표현하실 때 인용되었다. 시편 72편에는 다윗 자손의 모든 왕을 향한 하나님의 기대가 나오는데, 그분의 기준대로 살며 진정으로 여호와께 철저히 충성하면 그런 결과가 나오게 되어 있었다. 이 두 시를 비롯한 여러 시는 하나님이 성경에 짜 넣으신 메시아라는 직물의 중요한 부분을 이룬다. 이 직물은 예수님의 출생과 생애와 사역과 죽음과 장례와 부활로 완성된다.

이사야: 커다란 진일보

구약의 '산봉우리' 중 하나인 이사야서는 구약에 종합되는 오실 메시아 개념에 커다란 진일보를 이룬다. 그 책에 이르기까지, 다윗 왕조의 이상적 통치자를 고대한다는 개념이 여러 본문에서 전개되었다. 창세기 3장 15절에 약속된 "그"는 아브라함의 후손(창 12:3) 중에서도 특히 유다(창 49:10)와 다윗(삼하 7:11-16)을 통하여 오실 것이다. 그 인물이 통치자가 되어 나라를 다스리실 것이다! 그런데 이제 약속된 그분의 정체가 이사야서에 더욱 분명히 드러난다.

이사야 1-39장

특히 7-11장에서 주님은 그분의 나라가 세상의 나약한 인간 나라들과는 대조적으로 영원함을 보이신다. 한편으로 그분은 오래가지 못할 인간 나라들을 가리켜 보이신다. 미약한 유다 왕국은 강대국인 아시리아 제국에 점령당하지만, 여호와께서 그 제국에도 책임을 물어 교만을 벌하신다. 이런 덧없는 나라들과 달리 하나님 나라는 영원무궁하다. 이를 제시하는 과정에서 이사야는 그 실재의 구성 요소를 지적한다. 약속된 나라와 약속된 통치자의 놀라운 측면을 열어 보인다.

9장 6-7절: 그분이 태어나 전능하신 하나님과 영존하시는 아버지로서 다스리신다. 이사야는 "한 아기가 우리에게 났고 한 아들을 우리에게 주신 바 되었는데 그의 어깨에는 정사를 메었고"(6절)라고 썼다. 아이의 이름이 여럿 언급된 중에 전능하신 하나님과 영존하시는 아버지라는 두 가지가 이스라엘 사람 누구에게나 충격으로 다가왔을 것이다. 이 약속된 통치자가 어떻게 그런 이름을 받을 수 있단 말인가? 게다가 이사야는 그의 정사의 더함이 무궁하며 그 특징은 정의라고 덧붙였다(7절).

11장 1-9절: 그분은 다윗 자손으로 와서 성령의 기름부음을 받고 정의로 통치하여 평화를 이루신다. 11장에서 이사야는 이 약속된 기름부음 받으신 이에게로 다시 돌아간다. 그분은 이새의 후손이며 성령의 능력을 입고 (신정의 기름부음을 가리킨다) 진정한 정의로 통치하며 악인을 벌하신다. 6-9절은 삶의 전 영역에 도래할 평화의 전형적 풍경이다. 그때에는 하나님을 아는 지식이 세상에 충만해진다(이는 약속된 그분이 천 년 동안 다스리실 천년왕국을 가리킨다).

35장: 그분은 미래의 복된 시대를 여신다. 이사야 34-35장에는 옥토가 황무지로 변하고(34장) 사람이 살 수 없던 사막이 열매 맺는 동산으로 변하는 것(35장)이 날카롭게 대조된다. 우선 34장은 죽음과 파멸과 하나님의 진노를 묘사하면서 하나님을 대적하는 나라들의 멸망과 하나님 백성의 복수에 초점을 맞춘다. 반면에 35장에는 건강과 회복과 하나님의 영광이 부각된다. 주님께 구속받은 백성이 누릴 구원의 복이다. 존 오스왈트는 "세상 나라들 편에 서면 광야를 택하는 것이고, 하나님을 신뢰하면 동산을 택하는 것이다"라고 말했다.[22]

35장에서 진행되는 사고를 보라.

- 황폐한 땅이 아름답고 풍요로운 땅으로 변한다(1-2절).
- 약하여 겁내던 이들이 하나님의 개입에 힘입어 굳세지고 용기를 얻는다(3-4절).
- 병든 자들이 치료받고 앞서 말했듯이 마른 땅이 옥토로 변한다(5-7절).
- 예루살렘으로 난 길에 장애물이나 맹수가 없어져 시온으로 가는 영적 순례 여정을 방해받지 않는다(8-10절).

더 구체적으로 이사야는 장차 구원이 임할 그 시대의 영광과 복을 그림처럼 생생하게 네 가지로 묘사한다(5-6절). 대망의 그 시대는 기름부음 받으신 그분이 그들을 다스리실 복된 미래다. 그런 점에서 이사야 35장의 표현과 약속된 메시아 예수님의 사역을 기술한 복음서의 표현을 비교해 보라.

---

[22] John N. Oswalt, *The Book of Isaiah*, 1-39장, New International Commentary on the Old Testament(Grand Rapids: Eerdmans, 1986), 607. (『이사야 I: NICOT 구약주석 시리즈』 부흥과개혁사)

그때에 맹인의 눈이 밝을 것이며[마 9:27-30, 12:22, 20:30-34, 요 9:6-7]
못 듣는 사람의 귀가 열릴 것이며[마 11:5, 눅 7:22]
그때에 저는 자는 사슴같이 뛸 것이며[마 15:30-31, 21:14]
말 못하는 자의 혀는 노래하리니[막 7:32-37, 9:25].

이 비교의 취지에서 알 수 있듯이 초림하신 메시아는 자신의 활동을 장차 메시아 시대를 이룰 기름부음 받으신 분의 예견된 사역과 일부러 겹쳐 놓으셨다. 그 일치 덕분에 지상 사역 중에 예수님의 신적 자격이 일부 입증되었다. 그가 바로 인류의 죄 문제를 해결하시고, 온 땅에 미칠 미래의 나라를 다스리실 약속된 분이었던 것이다.

이사야 40-66장

42장 2-4절: 그분은 모세 율법에 요구되는 정의와 긍휼의 화신이시다. 선지자 이사야가 책 후반부에 소개한 중심인물은 고난당하는 종이다. 종의 정체를 두고 학자들 사이에 오랜 논란이 있으나, 나는 이 인물을 약속된 메시아이신 예수 그리스도로 보는 입장을 진심으로 받아들인다. 사무엘하 7장에 다윗 왕조의 이상적 통치자가 이미 제시되었거니와 그 신학적 배경이 모세 언약에 일부 나와 있음을 명심하라. 그분은 정의와 공평과 자비와 긍휼로 다스리실 것이다. 왕을 노래한 시들의 표현과 비슷하게 이사야 42장 2-4절에 제시된 종은 겸손하며(2절) 세상의 깨어진 이들에게 자비를 베푸신다(3절). 그분의 궁극적 목표 중 하나는 진리를 가르쳐 온 땅에 정의를 세우시는 것이다(4절).

49장 6, 8절: 그분은 이스라엘과 세상에 빛을 비추신다. 이사야가 말한 이 종은 많은 선지자가 기술한 미래의 날에 완전히 맞아든다. 그때 이 민족은 회개하여 여태 배척했던 메시아를 믿음으로 받아들일 것이며, 약속된 그분은 믿는 이스라엘 백성을 다시 모아 약속의 땅으로 돌아오게 하실 것이다. 이 종은 하나님의 선민을 일으켜 회복케 하시고, 온 세상으로 뻗어 나갈 구원(빛)을 베푸신다(6절). 그분은 선민을 버리시기는커녕 여호와가 약속하셨던 땅으로 다시 돌아오게 하신다(8절).

53장 5-6절: 그분은 자기 백성의 죄를 위하여 죽으신다. 이사야 53장에 가장 놀랍고도 황송하기 그지없는 사실이 기술된다. 죄가 없으신 이 종이 인류의 죄를 위하여 대신 죽어 그들을 살리신다. 아담과 하와의 범죄로 인한 죄 문제의 해법으로 주님이 창세기 3장에서 약속하신 '그'를 기억하는가? 이사야 53장은 약속된 통치자이신 고난당하는 종을 인류의 죄 문제 해법에 연결시킨다.

그리스도의 출생지(미 5:2)

미가서의 문맥은 5장 2절의 의미에 중요한 실마리를 던져 준다. 미가 3장의 초점은 주님이 선민에게 내리기로 작정하신 멸망에 있다. 끊임없이 언약을 배반한 그들은 심판을 당해 마땅하다. 그분의 뜻대로 살기를 거부한 그들을 그분은 약속의 땅에서 쫓아내실 것이다. 외국의 침략군이 하나님의 백성을 궤멸하고 포로로 끌어갈 것이다. 반면에 4-5장은 그들이 이렇게 심판당한 후 주님이 이스라엘에 베푸실 회복에 주안점을 둔다.

4장에서 선지자는 심판과 회복이란 두 개념 사이를 왔다갔다한다. 두 주제가 밀접하게 연관된 데는 이유가 있다. 미가의 전체 메시지를 생각해 보라. 첫째로, 하나님은 그분의 속성상 죄를 심판하셔야만 한다. 본문의 경우 그분의 선민이 도무지 죄에서 돌이키려 하지 않았다. 그런데 하나님은 심판 후에 이스라엘 민족을 마음이 완악한 상태 그대로 복의 자리로 회복시키실 수는 없다. 선고된 심판은 그들로 하여금 죄를 깨닫고 반역을 회개하도록 이끄시는 그분의 도구다. 선고된 심판과 예언된 회복의 밀접한 관계는 하나님의 백성(과 우리)에게 또 하나의 아주 중요한 진리를 가르치기 위함이다.

둘째로, 하나님의 개입 없이는 그분의 백성에게 구원의 가망이 없다! 미가에 따르면 하나님은 그 상태를 어떻게 실현하시는가? 5장 1절에서 이스라엘은 적에게 포위된 상태로 그려진다. 보다시피 이 구절은 "그들이…막대기로 이스라엘 재판자의 **뺨**을 치리로라"는 말로 끝난다. 여기에 쓰인 단어 **막대기**는 앞서 언급했던 규라는 단어다. 이스라엘이 얼마나 끔찍한 상황에 처하는지 보이는가? 이스라엘의 통치자가 규를 들거나 휘두르는 게 아니라 적군이 그 규를 빼앗아 이스라엘 통치자의 **뺨**을 친다. 이스라엘 입장에서는 세상이 **뒤집힌** 것이다. 세상을 이끌어야 할 나라가 적에게 수모를 당한다. 왕의 권세를 상징하는 규가 치욕과 패배의 도구로 변한다.

이스라엘의 이야기가 거기서 끝나는 것이 하나님의 뜻일까? 이스라엘의 운명은 5장 1절에 그려진 장면에서 막을 내리는가? 이것이 이야기의 끝이 아니므로 하나님을 찬양하라. 2절에 보면 "베들레헴 에브라다야, 너는 유다 족속 중에 작을지라도 이스라엘을 다스릴 자가 네게서 내게로 나올 것이라. 그의 근본은 상고에, 영원에 있느니라"고 했다. 주님은 장차 에브랏 또는 에브라다 지역의 베들레헴에서 한 인물이 나와 하나님의 대리자로서 이스라엘을 다스릴 것을 공표하신다. 이 구절에서 주목해야 할 점이 많지만 그중 세 가지 중요한 진리를 생각해 보자.

첫째, 왜 하필 베들레헴인가? 베들레헴 지역은 유다 지파에 속해 있었다. 누가 또 거기서 태어났던가? 이스라엘 왕 다윗이다. 사무엘하 7장에 하나님은 다윗 자손이 늘 이스라엘을 다스릴 것이라고 약속하셨다. 신약을 통하여 알다시피 미가 5장 2절은 베들레헴에서 태어나실 예수님을 예고한다.

둘째, 문맥상 "그의 근본은 상고에, 영원에 있느니라"는 말의 취지는 무엇인가? 물론 성경에 분명히 나와 있듯이 예수님은 온전히 하나님이시며 따라서 영원하시다. 이 구절의 표현은 그 진리와 모순되지 않는다. 그러나 본문을 충분히 이해하기 위하여 아모스 9장 11절을 보자. 선지자 아모스는 9장 11-15절에 다윗 왕국을 회복하시려는 하나님의 뜻을 알린다. 11절에 여호와의 뜻이 "그날에 내가 다윗의 무너진 장막을 일으키고 그것들의 틈을 막으며 그 허물어진 것을 일으켜서 **옛적과 같이** 세우고"라고 나와 있다. 하나님이 장래에 하실 일은 다윗 왕을 통하여 세우셨던 그것과 연결된다. 아모스 9장 11절에 나오는 이 표현이 미가 5장 2절에도 똑같이 쓰였다. 성경의 명백한 진리인 예수님의 영원성을 약화시킬 마음은 조금도 없지만, 내 생각에 미가는 공들여 청중의 생각을 다윗 시대로 되돌리려 했다. 그는 그들이 양쪽을 연결하기를 원했고, 하나님이 미가서에 약속하신 내용이 우리가 앞서 살펴본 많은 본문과 일치함을 보이려 했다. 이 구절의 예언은 다른 많은 예인과 동떨이진 벌게가 아니다. 오히려 미가가 여기에 선포한 내용은 여태까지 점점 강도를 더해 온 그 숱한 선포의 일부다.

셋째, 약속된 그분이 하실 일은 무엇인가? 그분은 이스라엘을 포함하여 하나님의 창조세계를 다스리신다. 아기가 아무리 깜찍하고 귀여워도 그분은 그저 사랑스러운 아기로 오신 것이 아니다. 약속된 그분은 어느 날 아버지를 위하여 만물을 다스리실 것이다.

결론

이 글에서 구약의 여러 본문을 훑어 보며 어쩌면 당연한 결론에 이르고자 했다. 구약은 약속된 메시아의 강림을 의도적이고 효과적으로 예비했다.

그 인물의 특징과 하나님이 의도하신 역할이 구약에 '구축된' 방식은 그리스도를 따르는 우리에게 다음의 사실을 일깨워 준다. 하나님은 창조세계를 향한 계획을 이루시되 구약의 많은 본문에 그 계획을 제시한 그대로 이루신다.

하나님이 그 사랑하시는 아들의 강림을 이렇게 구약의 다양한 본문을 통하여 지휘하신 이유는 무엇인가?

- 죄 많은 인류에게 구원을 베푸시려는 그분의 뜻과 계획을 예증하시기 위하여(마 1:21).
- 하나님의 전적인 주권을 드러내고 **그분의 성취가 예언과 정확히 일치함을** 예증하시기 위하여(예를 들어 베들레헴, 아기 등).
- 사람들이 예수님을 대망의 메시아로 알아볼 수 있게 하시기 위하여. 이사야 35장에 메시아, 즉 기름부음 받으신 분을 알아보는 척도가 나와 있다. 여러 기적을 통하여 예수님은 질병과 사망과 창조세계를 다스리시는 자신의 절대 주권을(자신이 인간의 몸을 입으신 하나님이심을) 확실히 입증하셨다.
- 세상에 하나님의 영광을 계시하고 자신을 드러내시기 위하여(창 1:26-27, 출 19:5-6, 참조. 요 14:9-11).
- 하나님이 어떤 분이시며 창조세계를 향한 통치를 어떻게 확장하실지 계시하시기 위하여(창 1:26-27, 참조. 빌 2:9-11).

4부

그리스도를 증언함

THE
WITNESS
TO
CHRIST

18

모세오경부터:
구약에 증언된 고난당하는 메시아

누가복음 24:27   이오시프 J. 자케비치(Iosif J. Zhakevich)

    죽는 메시아는 1세기 유대인 사회가 기대한 메시아가 아니었다. 예수님이 제자들에게 자신이 고난당하고 죽게 되리라고 말씀하시자 베드로는 그 개념을 완강히 거부하며 이렇게 외쳤다. "주여, 그리 마옵소서. 이 일이 결코 주께 미치지 아니하리이다"(마 16:22). 나중에 예수님이 정말 죽으시자 엠마오로 가던 두 제자도 그런 관점을 드러냈다. 예수님이 죽으셨으니 메시아일 리 없다는 것이다. 그들은 "우리 대제사장들과 관리들이 [예수를] 사형 판결에 넘겨 주어 십자가에 못 박았느니라. 우리는 이 사람이 이스라엘을 속량할 자라고 바랐노라"(눅 24:20-21)고 말했다.[1]

---

[1] Peter Lewis, *The Glory of Christ*(Chicago: Moody, 1997), 171-172.

사실 이런 정서는 당시 유대인 사회에 널리 퍼져 있었던 것 같다. 사도행전 5장 35-39절에 보면 가말리엘이라는 유명한 유대인 지도자도 그러한 개념을 역설했다. 이에 따르면 자칭 메시아가 죽으면 그것이 사실은 실패한 메시아라는 증거라는 것이다.

> 이스라엘 사람들아, 너희가 이 사람들에게 대하여 어떻게 하려는지 조심하라. 이전에 드다가 일어나 스스로 선전하매 사람이 약 사백 명이나 따르더니 그가 죽임을 당하매 따르던 모든 사람들이 흩어져 없어졌고 그 후 호적할 때에 갈릴리의 유다가 일어나 백성을 꾀어 따르게 하다가 그도 망한즉 따르던 모든 사람들이 흩어졌느니라. 이제 내가 너희에게 말하노니 이 사람들을 상관하지 말고 버려두라. 이 사상과 이 소행이 사람으로부터 났으면 무너질 것이요 만일 하나님께로부터 났으면 너희가 그들을 무너뜨릴 수 없겠고 도리어 하나님을 대적하는 자가 될까 하노라.

가말리엘의 요지는 분명하다. 자칭 메시아가 죽는데도 하나님이 그를 위하여 개입하지 않으신다면 그는 실패한 메시아라는 것이다.[2]

여기서 의문이 생긴다. 예수님의 죽음은 다른 모든 자칭 메시아의 죽음과 어떻게 다른가? 모든 자칭 메시아는 죽어서 실패한 메시아임이 입증되었는데 어떻게 예수님은 똑같이 죽으시고도 참 메시아로 입증되셨는가?

신구약에 따르면 참 메시아의 죽음은 인류 역사상 어느 누구의 죽음과도 다르다. 그분의 죽음은 세 가지 면에서 독특하다. 첫째, 성경에 나타난 메시아 죽음의 **계시** 때문에 다른 이들의 죽음과 구별된다. 둘째, 메시아 죽

---

2 다음 책을 참조하라. Darrell L. Bock, *Acts*, Baker Exegetical Commentary of the New Testament (Grand Rapids: Baker Academic, 2007), 249-252.

음의 **목적**이 독특하다. 셋째, 메시아 죽음의 **영광**이 남다르다. 이 세 가지 측면을 제대로 이해하면 메시아로서 죽으신 그분을 예배할 수밖에 없다.

메시아 죽음의 계시

성경에 맨 처음부터 계시되어 있듯이 메시아의 죽음은 하나님이 정하신 회복 계획의 일환이었다.

창세기 3장 15절

창세기 3장 15절은 틀림없이 성경에 기록된 최초의 메시아 예언인데, 거기에 타락의 여파를 뒤집을 후손이 당하실 피해가 계시되어 있다.[3] 14-15절에 하와를 속인 뱀에게 저주를 발하실 때 하나님은 뱀과 여자의 후손 사이에 벌어질 싸움을 예고하셨다. 그러면서 이 후손이 결국 승리하지만 싸우다가 해를 입게 될 것도 밝히셨다. 하나님의 말씀이다. "내가 너로 여자와 원수가 되게 하고 네 후손도 여자의 후손과 원수가 되게 하리니 **여자의 후손은 네 머리를 상하게 할 것이요 너는 그의 발꿈치를 상하게 할 것이니라**"(15절).

이 예언에 구체적인 내용은 별로 없지만, 세 가지 중요한 사실을 파악할 수 있다. 첫째, 이 후손은 여자의 몸에서 태어날 인간이다.[4] 둘째, 싸움은 여자의 한 후손과 뱀 사이에 일대일로 이루어진다. 요한계시록 12장 9절(참

---

[3] William Varner, *The Messiah: Revealed, Rejected, Received*(Bloomington, IN: AuthorHouse, 2004), 21.

[4] 이 구절에 하나님의 아들이라는 의미가 암시되어 있는지 여부에 대해서는 다음 책을 참조하라. Varner, *The Messiah*, 22. 이 구절에 동정녀 탄생의 의미가 암시되어 있는지에 대해서는 다음 두 책의 서로 대비되는 관점을 참조하라. Varner, *The Messiah*, 22. Michael Rydelnik, *The Messianic Hope: Is the Hebrew Bible Really Messianic?*(Nashville, TN: B & H, 2010), 135, 주 19.

조. 20:2)에서 뱀은 마귀로 밝혀져 있고, 히브리서 2장 14-15절에서 마귀를 이긴 인물은 메시아 예수님으로 계시되어 있다. 셋째, 앞서 보았듯이 이 후손은 결국 승리하지만("여자의 후손은 네 머리를 상하게 할 것이요") 해도 입으신다("너는 그의 발꿈치를 상하게 할 것이니라"). 아울러 회복 계획을 서둘러 발표하시려는 하나님의 모습도 엿볼 수 있는데, 이 후손의 고난도 그 계획의 일환이다. 하나님은 아담과 하와를 벌하시거나(3:22-24) 심지어 그 벌을 선고하시기도 전에(3:16-19) 이 회복 계획부터 선포하신다(3:15). 요컨대 이 예언은 성격상 간략하지만 그 후손이 고난당할 것임을 계시한다.

시편 22편

다윗은 시편 22편에서 자신의 고통을 극단적인 최상급 표현으로 기술했는데, 그 속에 메시아의 고난이 더욱 생생히 명시된다. 그런데 문제는 이것이다. 이 시에는 다윗의 고난이 기록되어 있는데 어떻게 그 기술된 고난이 메시아에게도 귀속될 수 있는가? 틀림없이 답은 메시아가 더 큰 다윗이라는 개념 속에 있다. 즉 다윗의 경험은 어느 정도 메시아가 겪으실 일의 전조다. 사무엘하 7장 4-17절에 하나님이 다윗에게 약속하신 후손은 다윗 같되 다윗보다 큰 인물이다(12-13절). 또 시편 132편 11절에서 이 약속은 하나님이 다윗에게 하신 맹세로 일컬어진다. 문맥상 이 두 본문의 주제는 분명히 왕권이지만 중요하게 인식할 것이 있다. 처음 기름부음 받을 때부터 다윗 왕의 경험에는 인간의 고난이 가득했다(참조. 삼상 16-27장). 따라서 더 큰 다윗이 다윗 같으려면 왕의 지위에서는 물론이고 인간으로서 겪는 고난에서도 다윗 같아야 한다(참조. 롬 1:1-4).[5]

---

5 Lewis, *The Glory of Christ*, 176-177.

사실 베드로도 다윗의 경험과 더 큰 다윗의 경험이라는 상관관계에 대하여 바로 그런 관점을 전제했던 것 같다. 그래서 사도행전 2장 30-31절에서 예수님의 죽음과 부활에 대하여 설교할 때 이렇게 선포했다.

> 그는 선지자라 하나님이 이미 맹세하사 "그 자손 중에서 한 사람을 그 위에 앉게 하리라" 하심을 알고 미리 본 고로 그리스도의 부활을 말하되 "그가 음부에 버림이 되지 않고 그의 육신이 썩음을 당하지 아니하시리라" 하더니.

메시아의 죽음과 부활에 대한 이 메시지에서 베드로는 구약의 두 본문에 호소했다. 하나는 하나님이 다윗의 후손인 왕을 주겠다고 약속하신 말씀이고(시 132:11, 참조. 삼하 7장), 또 하나는 베드로가 설명한 대로 다윗 후손의 죽음과 부활에 관한 말씀이다(시 16:10). 베드로가 두 본문을 나란히 인용하여 논증한 것에 따르면, 하나님이 다윗의 후손인 왕을 약속하셨기에 그 후손은 고난과 죽음을 당하되 반드시 모두 이기신다. 요컨대 베드로는 메시아를 다윗 삶의 두 가지 측면, 즉 왕권과 고난 모두에서 더 큰 다윗으로 보았던 것 같다. 또 하나 중요하게 베드로는 다윗도 자신과 더 큰 다윗과의 관계를 정확히 그렇게 이해했음을 암시했다. 즉 다윗은 하나님이 다윗의 후손인 왕을 약속하셨음을 알았기에(행 2:30, 참조. 삼하 7:19, 21, 25-29) 더 큰 다윗이 모든 고난과 죽음을 이기실 것을 확신했다(행 2:31). 그러므로 시편 22편에 관하여 우리는 이런 결론을 내릴 수 있다. 더 큰 다윗은 왕권에서나 고난에서나 다윗 같으신 분이므로, 이 시에 표현된 다윗의 고통은 더 큰 다윗이신 메시아의 고난도 함께 대변한다고 볼 수 있고 실제로 그렇

게 보아야 한다.[6]

나아가 이 시에 나오는 다윗의 절규를 잘 분석해 보면 알 수 있듯이, 설령 다윗이 극한의 고난을 진정으로 느꼈다 해도 실제로 그보다 더 큰 고난도 가능했으며, 이 시에 최상급으로 표현된 고난은 후자에 더 적합하게 상응한다. 인간 다윗은 사실 이를 감당할 수 없었다. 이 시는 "내 하나님이여, 내 하나님이여, 어찌 나를 버리셨나이까"(1절)라는 부르짖음으로 시작된다. 하나님께 버림받은 심정은 정말 혹독한 시련이다. 그러나 설령 다윗이 진정으로 그렇게 느꼈다 해도 하나님께 버림받은 심정은 온 세상의 죄를 어깨에 짊어질 때 훨씬 더 혹독하다. 하나님이 보시기에 죄 자체가 되어 그 상태로 하나님께 애원해도 응답이 없는 것 같을 때 말이다(참조. 마 27:46, 막 15:34, 고후 5:21). 그러므로 1절의 표현은 다윗의 고난보다 십자가에서 똑같은 말로 부르짖으신 **예수님**의 처절한 고통에 훨씬 더 정확히 상응한다.[7]

극심한 고난은 나머지 시 전체에 더 선연히 드러난다. 6절에서 다윗은 "나는 벌레요 사람이 아니라. 사람의 비방거리요 백성의 조롱거리니이다. 나를 보는 자는 다 나를 비웃으며 입술을 비쭉거리고 머리를 흔들며"라고 슬퍼한다. 16절에는 "개들이 나를 에워쌌으며 악한 무리가 나를 둘러 내 수족을 찔렀나이다"라고 고백했다. 마소라 사본에는 "사자처럼 내 수족을"로 되어 있다.[8] 다윗의 말은 17절에 "내가 내 모든 뼈를 셀 수 있나이다. 그들이 나를 주목하여 보고 내 겉옷을 나누며 속옷을 제비뽑나이다"라고

---

[6] 다음 책을 참조하라. Walter C. Kaiser, *The Messiah in the Old Testament*(Grand Rapids: Zondervan Publishing, 1995), 113, 118. (『구약에 나타난 메시아』 크리스챤출판사)

[7] 같은 책, 118.

[8] 본문 비평에 대한 간략한 논의는 다음 두 책을 참조하라. Peter C. Craigie, *Psalms 1-50*, 제2판, Word Biblical Commentary 19(Nashville, TN: Nelson Reference & Electronic, 2004), 196, 주 17 (『시편 상 1-50편 — WBC 성경주석 19』 솔로몬). Gerald H. Wilson, *Psalms Volume 1*, The NIV Application Commentary(Grand Rapids, MI: Zondervan, 2002), 417.

이어진다. 요컨대 여기에 그려진 장면은 폭력과 살해 위협이다. 다윗이 이렇게 고난당했으니 더 큰 다윗이신 메시아도 더 심하게 고난당하실 것이다. 다시 말해 비록 다윗이 악인들에 에워싸여 난폭한 취급을 당하고 목숨의 위협을 느꼈으나, 이런 표현은 십자가에 달려 수족을 찔리시고 다른 사람들의 구경거리와 조롱거리가 되어 옷까지 빼앗기신 그분에게 이르러 더 정확히 실현된다(참조. 마 27:33-44). 그래서 요한은 십자가형을 당하시는 예수님을 기술할 때 "이는 성경에 '그들이 내 옷을 나누고 내 옷을 제비뽑나이다' 한 것을 응하게 하려 함이러라"(요 19:24)고 시편 22편을 인용했다. 리처드 벨처가 이 개념을 명쾌히 표현했다. "다윗의 고난도 사실이지만 그리스도의 고난이 훨씬 더 컸다. 십자가에 달려 자기 백성의 죄에 대한 하나님의 진노를 담당하셨기 때문이다."[9] 이 시에 다윗의 고난이 기술된 것은 분명하지만, 더 큰 다윗이신 메시아의 더 큰 고난도 계시해 준다. 다윗이 더 큰 다윗을 예표하는 인물인데다 표현이 아주 극단적이기 때문이다.

이사야 53장

메시아의 죽음은 이사야 53장에서 더 발전되어 계시된다. 폭력이 추가로 묘사되고 죽음이 명확히 언급되며 이 고난의 배후를 주관하시는 분이 밝혀진다. 이사야는 고난당하는 종에 대하여 3절에 "그는 멸시를 받아 사람들에게 버림받았으며 간고를 많이 겪었으며 질고를 아는 자라. 마치 사람들이 그에게서 얼굴을 가리는 것같이"라고 썼다. 시편 22편처럼 여기서도 이 인물은 인간에게 박해를 받는다. 7절에 이 압제가 더 생생히 묘사된다. "그가 곤욕을 당하여 괴로울 때에도 그의 입을 열지 아니하였음이여. 마치

---

[9] Richard P. Belcher, *Prophet, Priest, and King: The Roles of Christ in the Bible and Our Roles Today*(Phillipsburg, NJ: P & R, 2016), 154.

도수장으로 끌려가는 어린 양과 털 깎는 자 앞에서 잠잠한 양같이 그의 입을 열지 아니하였도다." 8-9절에 이사야는 이 종이 죽는 장면으로 청중을 데려가 이렇게 진술한다. "그는 곤욕과 심문을 당하고 끌려갔으나 그 세대 중에 누가 생각하기를 그가 살아 있는 자들의 땅에서 끊어짐은 마땅히 형벌 받을 내 백성의 허물 때문이라 하였으리요. 그는 강포를 행하지 아니하였고 그의 입에 거짓이 없었으나 그의 무덤이 악인들과 함께 있었으며 그가 죽은 후에 부자와 함께 있었도다." 다시 말해 증오가 폭력으로 분출되어 그 폭력이 결국 살해를 불렀다. 시편 22편에서는 적들이 고난당하는 자의 목숨을 위협했을 뿐이지만, 여기서는 이 인물을 실제로 살해했다.

그런데 뜻밖에 본문이 갑자기 반전되면서 이사야는 메시아의 고난과 죽음을 최종 지휘하신 분을 밝힌다. 10절에 "여호와께서 그에게 상함을 받게 하시기를 원하사 질고를 당하게 하셨은즉"이라고 선포한 것이다. 그가 전혀 애매하지 않게 공표했듯이 하나님은 이 계획을 기뻐하셨을 뿐 아니라 계획을 입안하신 분이었다.[10] 누구의 죽음도 기뻐하지 않으시는 하나님이 메시아를 죽음에 이르게 할 계획을 기뻐하시다니 이사야가 주장한 명제는 의외였다(참조. 겔 18:32). 이 본문에 따르면 메시아가 고난당하고 죽으신 이유는 그것이 하나님이 미리 정하신 계획이며 하나님을 기쁘시게 했기 때문이다.

스가랴 12장

선지자 스가랴는 불가해한 계시를 더 내놓아 메시아의 정체를 밝힌다. 10절에 보면 여호와께서 장차 이스라엘 백성이 회개할 것을 선포하며 이렇게

---

[10] Robert B. Chisholm Jr., "Forgiveness and Salvation in Isaiah 53," *The Gospel According to Isaiah 53: Encountering the Suffering Servant in Jewish and Christian Theology*, Darrell L. Bock & Mitch Glaser 편집(Grand Rapids, MI: Kregel Academic, 2012), 192.

설명하신다. "내가 다윗의 집과 예루살렘 주민에게 은총과 간구하는 심령을 부어 주리니 그들이 그 찌른 바 그를[나를, ESV] 바라보고 그를 위하여 애통하기를 독자를 위하여 애통하듯 하며 그를 위하여 통곡하기를 장자를 위하여 통곡하듯 하리로다." 화자는 여호와시다. 그분이 말씀하시기를 이스라엘 백성이 **그들이 찌른 바 여호와를** 바라보리라는 것이다. 이 본문에 따르면 죽게 될 메시아는 곧 하나님 자신이시다.

하지만 하나님이 어떻게 찔리실 수 있는가? 죽음은 인간의 운명이 아니던가? 사실 이는 메시아의 복합적 속성을 가리킨다. 창세기 3장 15절과 이번 본문에 메시아는 각각 인간과 하나님으로 계시되어 있다. 실제로 메시아는 인간이자 하나님이시다(참조. 사 9:6, 렘 23:5-6, 미 5:2).[11] 신인이신 이 복합적 속성 때문에 메시아는 죽임을 당하실 수 있다. 그것이 가능하려면 하나님이 인간의 형체를 입고 이 땅에 사시다가 마침내 인간의 몸으로 십자가에 달려 죽으셔야 한다(요 1:14, 18, 골 1:15-20). 그래서 요한은 십자가형의 내러티브에 스가랴의 예언을 떠올려 이 본문을 예수님께 적용했다. "또 다른 성경에 '그들이 그 찌른 자를 보리라' 하였느니라"(요 19:37, 참조. 계 1:7). 그리스도가 십자가에 못 박히실 때 하나님이 찔리셨다.

이상의 본문에서 보듯이 메시아의 죽음은 원래부터 하나님이 설계하신 계획이었다(참조. 행 2:23, 13:27-29, 벧전 1:20-21). 메시아의 죽음은 실패의 증거도 아니고 힘이 약한 결과도 아니라 하나님의 계획대로 성취된 일이다. 성경대로 메시아는 죽으셔야 했다. 메시아가 죽으셔야 했다는 사실을 부인하는 사람은 누구든지 실제로 하나님의 생각보다 사탄의 생각에 더 일치한다. 제자들에게 자신의 고난과 죽음을 예고하신 예수님께 베드로가

---

11 Varner, *The Messiah*, 22.

"주여, 그리 마옵소서, 이 일이 결코 주께 미치지 아니하리이다"라고 반응했을 때 그분은 베드로에게 "사탄아, 내 뒤로 물러가라"고 말씀하셨다. 왜 이처럼 호되게 책망하셨을까? 메시아가 죽는 것이 하나님의 계획인지라 이를 거부함은 곧 하나님의 계획을 거부하는 것이기 때문이다.

여기서 다시 본래의 질문으로 돌아간다. 우리 메시아의 죽음은 왜 실패가 아닌가? 메시아의 죽음은 어떻게 다른 모든 죽음과 다른가? 참 메시아의 죽음이 실패가 아닌 것은 그 죽음까지 하나님이 정하신 계획이었기 때문이다. 오히려 예수님이 죽지 **않으셨다면** 그분은 참 메시아이실 수 없다. 성경에 계시된 하나님의 계획을 수행하지 않으셨을 테니 말이다.

메시아 죽음의 목적

메시아의 죽음은 그 목적 때문에도 다른 죽음과 구별된다. 죄 사함이라는 목적을 이룰 다른 죽음은 전무후무하다. 마가복음 10장 45절에서 메시아이신 예수님은 친히 "인자가 온 것은 섬김을 받으려 함이 아니라 도리어 섬기려 하고 자기 목숨을 많은 사람의 대속물로 주려 함이니라"고 밝히셨다(참조. 마 20:28, 26:28, 눅 24:45-47, 히 9:26-28, 벧전 1:18-19). 메시아가 죽으신 목적은 죄를 용서하시기 위해서다.

죽음에 함축된 의미

다른 어떤 죽음도 그 일을 이룰 수 없다. 죽음으로 모든 활동이 끝나기 때문이다. 창세기 3장 19절에서 하나님은 아담이 불순종한 결과를 선고하실 때 "네가 흙으로 돌아갈 때까지 얼굴에 땀을 흘려야 먹을 것을 먹으리니 네가 그것에서 취함을 입었음이라. 너는 흙이니 흙으로 돌아갈 것이니라"고 설명하셨다. 다시 말해 아담의 생산성도 죽음으로 끝났다. 전도서 9장

5-6절에 솔로몬의 예리한 탄식이 나온다. "산 자들은 죽을 줄을 알되 죽은 자들은 아무것도 모르며…해 아래에서 행하는 모든 일 중에서 그들에게 돌아갈 몫은 영원히 없느니라." 이어 10절에 "네 손이 일을 얻는 대로 힘을 다하여 할지어다. 네가 장차 들어갈 스올에는 일도 없고 계획도 없고 지식도 없고 지혜도 없음이니라"고 했다(참조. 2:18, 5:13-17, 8:8). 인간의 모든 활동 능력은 죽음으로 종식된다. 히브리서 9장 26-28절에도 그것이 인간의 운명으로 단언되면서, 메시아의 죽음과 다른 모든 인간의 죽음이 이렇게 대비된다. "[예수께서] 이제 자기를 단번에 제물로 드려 죄를 없이하시려고 세상 끝에 나타나셨느니라. 한번 죽는 것은 사람에게 정해진 것이요 그 후에는 심판이 있으리니 이와 같이 그리스도도 많은 사람의 죄를 담당하시려고 단번에 드리신 바 되셨고 구원에 이르게 하기 위하여 죄와 상관 없이 자기를 바라는 자들에게 두 번째 나타나시리라." 모든 인간의 죽음은 하나님의 심판을 부르지만, 메시아의 죽음은 죄 사함을 낳는다.

이사야 53장에 나타난 죽음

메시아의 죽음이 성경에 정확히 그렇게 예언되어 있다.[12]

이사야가 명백히 밝힌 대로다. "그는 실로 우리의 질고를 지고 우리의 슬픔을 당하였거늘…그가 찔림은 우리의 허물 때문이요 그가 상함은 우리의 죄악 때문이라. 그가 징계를 받으므로 우리는 평화를 누리고 그가 채찍에 맞으므로 우리는 나음을 받았도다. 우리는 다 양 같아서 그릇 행하여 각기 제 길로 갔거늘 여호와께서는 우리 모두의 죄악을 그에게 담당시키셨도다"(53:4-6). 12절에도 "그가 자기 영혼을 버려 사망에 이르게 하며 범

---

[12] Chisholm, "Forgiveness and Salvation in Isaiah 53," 191-210.

죄자 중 하나로 헤아림을 받았음이니라. 그러나 그가 많은 사람의 죄를 담당하며 범죄자를 위하여 기도하였느니라"고 되풀이된다. 이것이야말로 예수님이 마가복음 10장 45절에서 자신에게 귀속시키신 역할이다. 즉 그분은 자기 목숨을 많은 사람의 대속물로 주러 오셨다. 한편으로 예수님은 메시아가 죽어 많은 사람의 죄를 담당해야 한다는 이사야의 말을 긍정하셨다. 더 나아가 이 대리자의 역할을 자신에게 적용하심으로써 이사야가 예언한 의미를 풀어 주셨다.[13]

제사 제도

메시아 죽음의 역할은 고대 이스라엘의 제사 제도에도 예고되어 있다. 하나님은 이스라엘 백성에게 세세한 제사 제도를 정해 주셨는데, 이에 따라 그 백성의 죄 때문에 많은 피가 흘려졌다(참조. 레 1-10장, 16-17장).[14] 제사 때 흘려지는 피의 역할이 레위기 17장 11절에 나와 있다. "육체의 생명은 피에 있음이라. 내가 이 피를 너희에게 주어 제단에 뿌려 너희의 생명을 위하여 속죄하게 하였나니 생명이 피에 있으므로 피가 죄를 속하느니라"(참조. 창 9:4, 신 12:23).[15] 이 원리는 히브리서 9장 22절에서도 되풀이된다. "율법을 따라 거의 모든 물건이 피로써 정결하게 되나니 피 흘림이 없은즉 사함이 없느니라." 그런데 히브리서 10장 1-4절에서 밝히고 있듯이 이런 제사는 사실 최종 제사의 그림자였고 실제로 궁극적 속죄를 이룰 수는 없었다. "율법은 장차 올 좋은 일의 그림자일 뿐이요 참 형상이 아니므로 해마

---

[13] Lewis, *The Glory of Christ*, 172-173.
[14] 같은 책, 281-289.
[15] Mark F. Rooker, *Leviticus*, 제3A권, The New American Commentary(Nashville: Broadman & Holman, 2000), 237. (『NAC 레위기: 뉴아메리칸 주석』 부흥과개혁사)

다 늘 드리는 같은 제사로는 나아오는 자들을 언제나 온전하게 할 수 없느니라…이는 황소와 염소의 피가 능히 죄를 없이하지 못함이라"(참조. 히 10:1-18, 13:11-12).[16] 그러므로 이런 제물은 인류의 죄를 실제로 없애 주실 궁극의 제물을 예고했다.

대제사장

아울러 속죄를 이루시는 메시아 죽음의 역할은 성경 속 제사장의 삶과 죽음에도 예고되어 있다. 히브리서 9장 24-28절에 보면 궁극의 대제사장이신 예수님을 이스라엘 대제사장의 역할에 견주면서, 후자가 제물을 드렸듯이 예수님도 자신을 궁극의 제물로 드리셨다고 역설했다. 26절에 "[예수께서] 이제 자기를 단번에 제물로 드려 죄를 없이하시려고 세상 끝에 나타나셨느니라"고 했다(참조. 9:11-12). 다시 말해 구약의 대제사장이 드렸다고 기록된 제물은 최고의 대제사장이 친히 죽어서 드리실 궁극의 제물을 예고했다.

더욱이 대제사장의 죽음이 어떻게 메시아의 죽음과 궁극적 죄 사함의 그림자인지 민수기 35장에 구체적으로 제시된다. 본문의 주제는 고의 살인과 과실 살인에 대한 형벌이다. 고의 살인일 경우에는 살인자가 법대로 사형에 처해져야 했지만(16-21절), 과실 살인일 때는 도피성으로 도주하여 목숨을 보전하도록 법으로 허용되었다(9-15, 22-28절). 그런데 이 후자의 법에 신기하고 절묘한 데가 있다. 대제사장이 죽으면 도피성에 갇혀 살던 살인자가 풀려난다. 28절에서 "이는 살인자가 **대제사장이 죽기까지** 그 도피성에 머물러야 할 것임이라. **대제사장이 죽은 후에는** 그 살인자가 자기 소

---

16 Thomas R. Shreiner, *Commentary on Hebrews, Biblical Theology for Christian Proclamation*, T. Desmond Alexander, Andreas J. Köstenberger, & Thomas R. Schreiner 편집(Nashville, TN: B&H, 2015), 288-93. (『토머스 슈라이너 히브리서 주석』 복있는사람)

유의 땅으로 돌아갈 수 있느니라"(참조. 25절)고 설명하고 있다. 다시 말해 대제사장의 죽음을 기하여 살인자는 구금의 형벌에서 해방된다. 그런 점에서 대제사장의 죽음은 메시아의 죽음에 사면을 이루는 역할이 있음을 보여 주는 또 다른 그림자다.[17]

이상의 본문에서 보듯이 메시아 죽음의 목적은 구속의 성취였고, 성경은 이를 명시적 예언과 제사 제도의 관습 둘 다를 통하여 증언한다. 사실이 역할 때문에 메시아의 죽음은 인류 역사상 다른 모든 죽음과 구별된다. 따라서 메시아가 죽음은 그분이 메시아로서 실패했다는 증거가 아니라 반대로 유일하게 죄 사함을 이루셨다는 증거다.

메시아 죽음의 영광

끝으로 메시아의 죽음은 그 영광 때문에 독보적이다. 즉 메시아는 죽음을 통하여 사망을 정복하고 영광스럽게 부활하셨다. 예수님이 죽은 자 가운데서 살아나셨다는 사실은 그분이 사탄과 사망 권세를 제압하고 승리를 얻으셨다는 증거다. 다른 모든 죽음은 패배지만 메시아에게는 죽음이 곧 영광의 길이었다. 예수님이 엠마오로 가는 두 제자에게 하신 말씀이 바로 그것이다. "그리스도가 이런 고난을 받고 자기의 영광에 들어가야 할 것이 아니냐"(눅 24:26, 참조. 행 17:2-3, 빌 2:5-11, 벧전 1:21, 히 2:9). 메시아의 부활 역시 정확히 성경에 계시된 대로다.

시편 22편

이 시는 메시아가 고난받음의 전조일 뿐 아니라 그분에게 돌아갈 영광의

---

[17] Michael L. Brown, *The Real Kosher Jesus: Revealing the Mysteries of the Hidden Messiah*(Lake Mary, FL: Front Line, 2012), 156-157. (『리얼 코셔 예수』 이스트윈드)

전조이기도 하다. 고난에 이어 구원도 기술되어 있기 때문이다. 고난당하는 시편 저자는 1절에 "내 하나님이여, 내 하나님이여, 어찌 나를 버리셨나이까"라고 부르짖지만, 24절에서는 "그의 얼굴을 그[곤고한 자]에게서 숨기지 아니하시고 그가 울부짖을 때에 들으셨도다"(참조. 사 53:3)라고 고백한다. 2절에 "내 하나님이여, 내가 낮에도 부르짖고 밤에도 잠잠하지 아니하오나 **응답하지 아니하시나이다**"라고 토로하지만, 21절에서는 "**주께서 내게 응답하시고** 들소의 뿔에서 구원하셨나이다"(참조. 사 53:10-12, 히 5:7)라고 고백한다. 6절에 "나는 벌레요 사람이 아니라 사람의 비방 거리요 **백성의 조롱거리니이다**"라고 탄식하지만, 24절에서는 "그는 곤고한 자의 곤고를 **멸시하거나** 싫어하지 **아니하시며**"(참조. 사 53:3)라고 밝힌다. 다시 말해 고난당하던 그에게 상황이 역전된다. 처음에는 하나님이 그를 구원하지 않으시는 듯했으나 결국 그를 구해 주심이 분명해진다.

더욱이 이 구원의 결과로 하나님께 드리는 예배가 널리 퍼져 나간다. 다윗은 22-23절에서 "내가 주의 이름을 형제에게 선포하고 회중 가운데에서 주를 찬송하리이다. 여호와를 두려워하는 너희여, 그를 찬송할지어다. 야곱의 모든 자손이여, 그에게 영광을 돌릴지어다. 너희 이스라엘 모든 자손이여, 그를 경외할지어다"라고 선포한다. 이렇게 편만하게 하나님을 찬송하고 인정하는 반응이 25-31절에서 더 확장된다. 그중 27절에서 "땅의 모든 끝이 여호와를 기억하고 돌아오며 모든 나라의 모든 족속이 주의 앞에 예배하리니"라고 말했다.

히브리서 2장 12절은 바로 이 시의 22절에서 하나님께 드려진 예배를 인용하면서 그 말씀을 예수님께 적용한다. "내[예수]가 주의 이름을 내 형제들에게 선포하고 내가 주를 교회 중에서 찬송하리라." 토머스 R. 슈라이너가 설명했듯이 "예수님은 자신이 사탄의 권세로부터 속량하신 형제자매들과 더불어 하나님을 찬송하신다."[18]

다시 말해 시편 22편의 고난은 사실이지만 일시적이어서 결국 고난당하는 자가 건짐을 받고 하나님께 영광을 돌린다. 그래서 이 시는 더 큰 다윗이신 메시아도 고난과 건짐을 **둘 다** 받으신다는 예표다.

시편 16편

비슷한 표상인 구원(사실은 부활)이 시편 16편에도 표현된다. 이 시의 전반적 메시지는 하나님이 다윗의 피난처시며 선과 기쁨과 지혜와 안전과 생명의 근원이시라는 것이다. 이렇게 하나님께 절대적으로 의존한다는 고백 속에 죽음과 부활에 대한 다윗의 선포가 터져 나온다. "이는 내 영혼을 음부에 버리지 아니하시며 주의 거룩한 자로 썩지 않게 하실 것임이니이다"(10절, 개역한글).[19] 이 구절의 심상은 죽음과 무덤이지만, 실제 요지는 죽음과 무덤이 피해자를 가둬 둘 수 없다는 것이다. 사실 여기에 쓰인 표현은 시편 22편 1절과 비슷하다. 다만 16편의 주장은 22편의 정반대다. 22편 1절에서 다윗은 "내 하나님이여, 내 하나님이여, 어찌 나를 버리셨나이까"라고 부르짖었지만, 16편 10절에서는 "이는 주께서 내 영혼을 스올에 버리지 아니하시며"라고 고백한다. 고난당하는 자가 죽어서 묻힌다 해도 영원히 그 상태로 남아 있지는 않는다. 오히려 무덤과 죽음에서 다시 살아난다.

그렇다면 하나님이 버리지 않으실 영혼은 누구인가? 무덤에서 썩지 않을 사람은 누구인가? 이 문제를 해결하기는 쉽지 않다.[20] 다윗은 하나님

---

18 Shreiner, *Commentary on Hebrews*, 101.

19 다음 책을 참조하라. Eugene H. Merrill, *New International Dictionary of Old Teatament Theology and Exegesis*, 제4권(Grand Rapids: Zondervan, 1997), "שְׁאוֹל"(스올) 항목, 6-7. 같은 책, "שׁחת"(썩음) 항목, 93-94.

20 다음 책을 참조하라. Kaiser, *The Messiah in the Old Testament*, 118-122.

이 결국 자신을 죽은 자 가운데서 살려 주시기를 바라며 본인을 지칭한 것일까? 아니면 메시아가 죽어도 하나님이 그를 죽은 자 가운데서 다시 살리시리라는 의미로 더 큰 다윗을 지칭한 것일까? 시의 전후 문맥상 다윗을 지칭하는 듯 보인다. 그러나 역시 다윗은 자신의 후손에서 더 큰 다윗이 나올 것과 자신의 삶이 그 더 큰 다윗의 삶을 예표하고 있음을 알았다(참조. 삼하 7장, 시 132:11-12). 따라서 이 시가 어느 정도 다윗을 지칭하긴 하지만, 틀림없이 다윗은 이 말을 쓸 때 결국 그것이 더 큰 다윗을 더 정확히 지칭하고 대변할 것임을 내다보았다. 카이저는 이 본문을 분석하면서 "메시아는 스올 곧 무덤에서 나오실 것이다. 언제 어떻게 어떤 상황에서 나오실지는 본문에서 밝히고 있지 않다. 자신의 한 후손이 죽음을 이기고 영원히 살 것을 다윗이 인식했던 것으로 충분하다"라고 썼다.[21] 다시 말해 다윗은 이 말을 쓸 때 자신의 상황에 맞게 표현했지만, 그 상황이 메시아의 삶을 드러내는 전조임을 알았다.

베드로도 사도행전 2장의 설교에서 이 시가 궁극적으로 메시아를 지칭한다고 선포했다(참조. 13:26-39). 다음은 그가 시편 16편 8-11절을 인용한 후에 내놓은 설명이다.

> 형제들아, 내가 조상 다윗에 대하여 담대히 말할 수 있노니 다윗이 죽어 장사되어 그 묘가 오늘까지 우리 중에 있도다. 그는 선지자라 하나님이 이미 맹세하사 "그 자손 중에서 한 사람을 그 위에 앉게 하리라" 하심을 알고 미리 본 고로 그리스도의 부활을 말하되 "그가 음부에 버림이 되지 않고 그의 육신이 썩음을 당하지 아니하시리라" 하더니 이 예수를 하나

---

[21] 같은 책, 122.

님이 살리신지라. 우리가 다 이 일에 증인이로다(29-32절).

베드로가 밝혔듯이 시편 16편 10절이 다윗의 삶에서는 완전히 다 성취되지 않았다. 이 구절의 궁극적 지시 대상은 다윗의 후손이신 예수님이다. 요컨대 이 구절은 죽음의 맥락에서는 다윗과 더 큰 다윗 둘 다에 해당하지만, 죽음 너머로는 더 큰 다윗을 내다보며 그분이 죽은 자 가운데서 살아나실 것을 선포한다.

이사야 53장

이사야도 고난당하는 종의 부활을 사실상 언급하여 그 종의 사후에도 생명이 이어진다는 사실을 밝혔다. 53장 대부분에 의로운 종의 고난과 죽음이 기술되다가 하나님이 이 종의 죽음을 기뻐하고 지휘하셨다는 진술에서 절정에 달한다. 그때부터 예언은 일련의 진술로 이어지면서 하나님이 이 종을 구해 주실 것을 선포한다. 10절 뒷부분에 이사야는 "그의 영혼을 속건 제물로 드리기에 이르면 그가 씨를 보게 되며 그의 날은 길 것이요 또 그의 손으로 여호와께서 기뻐하시는 뜻을 성취하리로다"라고 말한다. 그런데 죽은 사람은 씨를 볼 수 없고, 살아 있지 않고는 날이 길 수 없다. 따라서 말씀의 의미는 분명하다. 이 진술은 생명을 전제로 한다. 나아가 12절에서 하나님은 "그러므로 내가 그에게 존귀한 자와 함께 몫을 받게 하며 강한 자와 함께 탈취한 것을 나누게 하리니 이는 그가 자기 영혼을 버려 사망에 이르게 하며 범죄자 중 하나로 헤아림을 받았음이니라"고 선포하신다. 그런데 패배한 사람은 탈취물을 나눌 수 없다. 따라서 이 구절에도 이 종이 승리하여 사후에도 생존할 것이 전제되어 있다. 즉 부활을 전제로 한 말씀이다. 요컨대 이 종은 고난당하고 죽었지만 죽음을 정복하고 사후에 생명을 얻었다.

바로 이것이 메시아 죽음의 영광이다. 즉 그분은 자신의 죽음으로 사망을 정복하셨다. 히브리서 2장 14-15절에 메시아의 승리가 잘 담겨져 있다. "자녀들은 혈과 육에 속하였으매 그도 또한 같은 모양으로 혈과 육을 함께 지니심은 죽음을 통하여 죽음의 세력을 잡은 자 곧 마귀를 멸하시며 또 죽기를 무서워하므로 한평생 매여 종노릇하는 모든 자들을 놓아주려 하심이니." 창세기 3장 15절에 하와의 후손이 뱀을 이기리라는 약속이 공표되어 있는데 그 약속이 이처럼 메시아의 죽음을 통하여 성취된다.

메시아가 사망과 사망의 앞잡이를 어떻게 이기시는지 더 잘 이해할 수 있도록 예수님이 누가복음 11장 14-22절에서 주신 비유가 있다. 예수님이 어떤 사람에게서 귀신을 쫓아내시자 대적하는 무리가 예수님더러 하나님의 능력 대신 바알세불의 능력으로 귀신을 쫓아낸다며 비난했다. 이 비난에 예수님은 이렇게 답하셨다. "강한 자가 무장을 하고 자기 집을 지킬 때에는 그 소유가 안전하되 더 강한 자가 와서 그를 굴복시킬 때에는 그가 믿던 무장을 빼앗고 그의 재물을 나누느니라"(21-22절). 여기서 예수님은 자신이 더 강한 자라고 단언하신다. 이는 이사야가 53장 12절에서 고난당하는 종의 최종 승리를 말할 때 썼던 바로 그 표현이다. "그러므로 내가 그에게 존귀한 자와 함께 몫을 받게 하며 강한 자와 함께 탈취한 것을 나누게 하리니." 예수님은 아마도 이사야 53장 12절을 암시하며 이 비유를 말씀하실 때, 이 강한 자의 특성을 자신에게 적용하셨을 것이다. 그분은 강하신 분이다. 승리하신 챔피언이다.

다른 모든 죽음은 패배의 증거지만 메시아의 죽음은 완전한 승리의 증거다. 그래서 바울은 고린도전서 15장 54-55절에서 "사망을 삼키고 이기리라…사망아, 너의 승리가 어디 있느냐. 사망아, 네가 쏘는 것이 어디 있느냐"라고 외쳤다(참조. 사 25:8, 호 13:14, 행 2:24, 계 20:14, 21:4).

결론

모든 자칭 메시아는 죽어서 실패한 메시아임이 입증되었는데 어떻게 예수님은 똑같이 죽으시고도 참 메시아로 입증되셨는가? 그분의 죽음이 독특했기 때문이다. 그분의 죽음은 성경에 계시되어 있고, 속죄라는 목적을 이루었으며, 영광의 부활로 귀결되었다. 그래서 메시아 예수님의 죽음은 변명을 요하는 사건이 아니라 마땅히 하나님을 예배해야 하는 이유다. 사실 메시아의 죽음은 천국의 모든 성도에게 영원한 예배의 제목이다. 그들은 "죽임을 당하신 어린양은…합당하도다"(계 5:12)라고 영원히 외쳐 부를 것이다.

19

예수님의 우월성:
마지막 말씀

히브리서 1:1-3   오스틴 던컨(Austin Duncan)

　　　　근래에 우리 집 현관 앞에서 즉석 장로 회의가 열렸다. 참석한 장로들은 내가 그레이스 교회에서 함께 섬기는 특권을 누리고 있는 신실한 사람들이 아니라 유타주에서 넥타이를 매고 온 앳된 얼굴의 젊은 남자들이었다. 자칭 장로 둘이 나를 찾아와 예수님에 대하여 말하려 했다. 그들은 하나님의 양 떼를 이끌고 먹이는 우리 교회 장로들과는 부류가 달랐다. 그 시월의 오후에 나는 모르몬교 선교사인 그들의 포교 대상이 되었다. 그들이 '종말의 배도'와 하나님의 예언 말씀에 대한 낯익은 질문을 던지기에, 나는 이런 변증의 대면에 여태 활용한 적이 없던 성경의 한 대목을 권면했다. 히브리서였다.

　지난 2년간 나는 우리 교회 대학부에서 히브리서를 가르치면서 로스앤

젤레스 일대의 학생들에게 그리스도 안에서 인내할 것을 권면했다. 우리의 대제사장이신 그리스도가 우월하시기 때문이다. 그분은 그 학생들의 기존 생활방식보다 우월하시고, 쾌락을 속삭이는 죄의 매혹보다 우월하시며, 세상이 줄 수 있는 그 무엇보다도 우월하시다. 가장 우월하신 분이다.

학생들과 함께 본문을 훑어 나가는 동안 한 장 한 장마다 아들 그리스도의 영광이 빛을 발했다. 그분은 천사와 모세와 레위 제사장 등 그 누구보다 높으신 분이었다. 히브리서가 모든 점에서 다각도로 예증해 주듯이 예수님은 구약에 나오는 모든 전조의 완전한 실현이시며, 사면초가의 상황에서 인내할 힘이 필요한 신자들에게 단 하나의 확실한 소망이시다.

그래서 그날 빳빳한 흰색 셔츠 차림으로 우리 집 현관 앞에 나타난 사람들에게 나는 히브리서의 첫 몇 구절에 요약된 예수님을 보라고 권유했다. 이 예수님은 다신교인 모르몬교의 금발머리 반신(半神)과도 다르고, 나사렛 선지자에 대한 현대의 많은 개념과도 거의 공통점이 없다. 이 예수님은 하나님에게서 나신 하나님, 더 나은 아담, 동정녀의 아들, 죄 없는 대속자, 부활하신 왕이시다. 또 히브리서 서두에서 그분은 하나님의 마지막 말씀으로 묘사된다. 히브리서의 예수님을 만나야 할 사람은 모르몬교의 말일성도들만이 아니다. 이 서신을 쓴 목적은 유대교로 돌아가려고 배교하기 직전인 박해받던 신자들에게 인내와 신실함이 선택이 아니라 필수이며, 그리스도인의 순례길에서 끝까지 인내하려면 하나님의 아들을 바라보아야 한다는 것을 확신시키기 위해서였다.

모르몬교 방문자들과 실내에 가득한 대학생들과 나 자신에게 바로 그 사실을 보여 주고 싶었다. 예수님이 하나님의 충분한 마지막 계시임을 말이다. 히브리인들에게 보낸 이 편지의 첫머리에 보면 예수님은 하나님의 마지막 자술서시다. 이어서 본문은 이 마지막 말씀의 독보적인 위대하심을 칭송한다. 즉 히브리서 1장 1-3절은 우리에게 예수님이 하나님의 마지막 계시임을, 그리고 하나님의 메신저로서 그 우월성이 타의 추종을 불허함을 보여 준다. 이러한 예수님이야말로 능히 우리의 믿음을 지탱시켜 주신다.

마지막 계시

성경의 어느 책보다 히브리서에 설득력 있게 제시된 예수님은 인간에게 하나님을 결정적으로 계시하신 분이다. 히브리서 저자는 처음부터 그 점을 분명히 한다. 그의 설교조 편지는 울림을 주는 원대하고 숭고한 말로 시작된다. "옛적에 선지자들을 통하여 여러 부분과 여러 모양으로 우리 조상들에게 말씀하신 하나님이"(1절). 서신의 본래 수신자들 입장에서 보면 유대 민족에게 하나님의 말씀이 임하지 않은 채로 오랜 세월이 흘렀다. 이 침묵을 감당하기 힘들었던 이유는 그들이 수천 년간 계속 하나님의 계시를 받아왔기 때문이다. 구약은 하나님이 수천 년간 제사장, 선지자, 불붙은 떨기나무, 나귀, 꿈, 환상, 우림과 둠밈, 현자, 시인 등을 통하여 말씀하신 이야기다. 그린데 구약과 신약 사이에 오랜 침묵이 흐른 후 무인가 다르고 신기한 일이 벌어졌다. 이전에는 종들을 통하여 말씀하시던 하나님이 이제 아들을 통하여 말씀하신 것이다. 신영어역(NET) 성경의 각주에 1절의 어법이 이렇게 설명되어 있다.

> 헬라어 원문의 강조점은 하나님의 마지막 계시의 특성에 있다. 그 특성은 불특정한 개념('어떤 아들')보다는 높지만, 특정한 개념('그 아들')보다는 낮다. 이 마지막 계시는 하나님의 아무 아들을 통해서나 온 것은 아니지만, 강조점이 딱히 그 인물 자체에 있지도 않기 때문이다. 여기서 초점은 하나님의 계시의 통로인 이 아들의 본질에 있다. 그분은 단지 하나님

의 대언자(또는 선지자)도 아니고 단지 하늘의 사자(또는 천사)도 아니다. 이 마지막 계시는 가족 간에만 가능한 수준으로 하늘 아버지를 친밀하게 아는 분을 통해서 온다.

예수님은 하나님이 자신을 가장 충분하게 알리시는 통로이며, 하나님과 가장 친하고 하나님의 실상을 드러내는 분이다. 누구든지 히브리서 1장의 말씀에 귀를 기울인다면 어떤 부차적인 영적 체험, 다른 세례, 다른 고차원의 3단계 영적 계시 따위는 추구하지 않을 것이다. 예수님이 마지막 말씀이심을 알기 때문이다. 하나님은 선지자가 아니라 아들이신 그분을 통하여 충분하게 마지막으로 말씀하셨다. 그분은 하나님 본체의 형상이시다.

때가 차매 하나님은 전무후무한 방식으로 말씀하셨다. 이 말씀이신 예수님으로 충분하며 그분이 마지막이다. 자기 백성을 지탱시켜 그리스도인의 경주를 마치게 하시기에 그분으로 충분하다. F. F. 브루스는 "하나님이 빽빽한 구름에 싸여 침묵하셨다면 인류의 곤경이 그야말로 절박했겠으나, 이제 그분은 계시와 구원과 생명의 말씀을 주셨다. 그분의 빛 안에서 우리는 빛을 본다"라고 말했다.[1] 하나님이 예수님을 통하여 자신을 계시하신 것은 자비이며, 그 자비에 우리의 믿음을 지탱해 주는 능력이 있다.

이전에 주신 하나님의 계시가 잘못되었거나 미심쩍다는 말이 아니다. 다만 예수님 안에서 그림자가 실체에 밀려나고 미완이 완성되며 약속이 실현되었다. 이제 더는 한낱 인간이 하나님을 대언하는 것이 아니라 하나님이 자기 아들을 통하여 말씀하신다. "말씀하셨으니"라는 한 단어에 이 모든 것이 걸려 있다. 히브리서에 이 동사가 16회 등장하며, 다른 한 유의

---

1 F. F. Bruce, *The Epistle to the Hebrews*, NICNT(Grand Rapids: Wm. B. Eerdmans Publishing Co., 1990), 45. (『히브리서 – 뉴인터내셔널 주석 17』 생명의말씀사)

어도 31회 쓰여 대개 "말씀하셨다"로 번역되었다. 서두의 이 단언이 서신 전체의 논증을 떠받친다. 그만큼 예수님을 하나님이 자신을 계시하신 정점으로 보는 것이 중요하다. 성육신은 우리에게 하나님을 알려 주는 자비다.

당신은 하나님이 예수님을 통하여 자신을 계시하신 그 위력을 느껴보았는가? 그 이전을 생각해 보라. 하나님은 아담, 아브라함, 야곱, 모세, 엘리야, 에스겔, 이사야, 아모스, 학개, 역사와 이야기, 지혜와 시, 율법과 예언, 아가와 룻기 같은 사랑 이야기, 모압 평지의 전투 장면, 학개의 신탁, 에스겔의 난해한 일인극 등을 통하여 말씀하셨다. 자연 속에서 말씀하셨고 영감의 말씀도 주셨다. 조각조각 주어진 그분의 계시는 선하고 순전하며 자비로웠다. 하나님은 선민의 작은 나라에도 말씀하셨고, 니느웨의 이교 사회에도 말씀하셨다. 자꾸 말씀하시고 또 말씀하셨다. 종종 하나님의 말씀 없이 몇 세대가 지나갈 때도 있었으나 그때마다 선지자가 일어났고, 드디어 그 백성에게 그분의 말씀이 들려왔다. 쩌렁쩌렁한 음성일 때도 있고 세미한 음성일 때도 있었지만, 어쨌든 늘 중재자나 선지자나 제사장을 통하여 말씀하셨다. 그런데 이제 히브리서 저자는 이 마지막 때에 하나님의 마지막 말씀이 우리에게 임했다고 말한다. 이 말씀은 대언자를 통하여 온 것이 아니라 그분의 아들로 성육신했다.

토머스 슈라이너는 하나님의 마지막 계시인 예수님의 본질을 이렇게 요약했다. "하나님은 아들을 통하여 말씀하셨다…이전 시대의 계시는 다양하고 부분적이었으나 아들을 통한 계시는 단일하고 결정적이다. 마지막 때에 마지막 계시가 임했으니 이는 하나님이 마지막이자 최고의 말씀을 하셨기 때문이다. 이 이상의 말씀을 바라서는 안 된다. 마지막 말씀의 초점이 아들의 삶과 죽음과 부활이기 때문이다…신자는 아들의 재림을 기다리지만(9:28), 하나님께 그 이상의 말씀을 바라지는 않는다. 더는 설명이 필요 없다. 아들이 이루신 일의 의미가 단번에 계시되었다."[2]

우리의 믿음을 지탱해 줄 비전을 찾아 왜 다른 데를 기웃거리겠는가? 왜 우리는 하나님께 신비의 말씀을 들려 달라고 간구하는가? 왜 수많은 그리스도인이 성경을 덮고 하나님의 음성을 구하는가? 이단이 난무하여 '예수 그리스도에 대한 다른 복음'을 제시할 뿐 아니라 성경을 믿는 그리스도인들마저 신비로운 영적 체험을 통하여 신앙의 진보를 이루려는 이 시대에, 히브리서 1장은 하나님이 마지막으로 충분하고 설득력 있게 **이미 말씀하셨고,** 이 마지막 말씀이신 예수님을 통하여 우리의 영원한 영혼을 만족시켜 주셨음을 확실히 보여 준다.

하나님을 알고 싶다면 예수님을 만나야 한다. 하나님의 음성을 듣고 싶다면 예수님께 귀를 기울여야 한다. 하나님이 어떤 분이신지 궁금하거든 단순히 성경을 펴고 그분의 영광, 곧 그분의 말씀을 들이마시라. 아들 예수님을 통하여 보화로 계시된 하나님을 바라보라. 하나님께 새로운 말씀 구하기를 그만두고 그분이 이미 예수님을 통하여 마지막 말씀을 주셨음을 깨달으면, 당신 앞에 한마디로 그분의 독보적인 위대하심이 펼쳐진다.

최고의 계시

박해받던 히브리인들에게 이 서신을 쓴 목회자는 지금까지 예수님을 통한 하나님의 자기 계시의 중요한 본질을 밝혔고, 이제부터 독자들에게 이 예수님이 왜 그들의 우러름을 받기에 합당한 분인지를 말한다. 예수님의 독보적인 위대하심을 요점만 나열하는 식으로 그는 믿음을 지탱해 줄 비전을 제시한다. 그런 문구를 간단히 살펴보면 예수님의 영광을 더 잘 볼 수

---

2 Thomas R. Schreiner, *Commentary on Hebrews* (Nashville: B&H Publishing Group, 2015), 54. (『토머스 슈라이너 히브리서 주석』 복있는사람)

있다. 그 영광이 우리의 믿음을 지탱해 주게 되어 있다.

상속자, 창조주, 만물을 붙드시는 분

한 웹사이트(LegalZoom.com)에 따르면 미국인의 55퍼센트는 유언장이 준비되어 있지 않다. 유산 상속을 미리 계획하고 싶은 사람은 거의 없어 보인다. 그래도 굳이 그 일을 정리해 두는 이들은 정신적 유산을 남기는 일과 자신이 떠난 후까지 사랑하는 이들을 돌보는 일의 중요성을 안다.

하나님은 자신의 사망을 내다보고 예수님을 상속자로 칭하신 것이 아니다. 하나님께 속한 것은 다 예수님의 것임을 고대의 상속 개념을 활용하여 예증하셨을 뿐이다. "만유의 상속자"는 존엄한 호칭이다. 이는 하나님이 먼 옛날 시편 2편 6-8절에 이미 약속하신 바다. "'내가 나의 왕을 내 거룩한 산 시온에 세웠다' 하시리로다. 내가 여호와의 명령을 전하노라. 여호와께서 내게 이르시되 '너는 내 아들이라. 오늘 내가 너를 낳았도다. 내게 구하라. 내가 이방 나라를 네 유업으로 주리니 네 소유가 땅 끝까지 이르리로다.'" 그리스도의 상속권은 우리에게 하나님의 것은 다 결국 영원히 아들의 것임을 일깨워 준다.

유산을 여러 자녀에게 남기거나 많은 훌륭한 기관에 기부할 부자도 있겠지만, 하나님은 '만유'를 아들에게 주신다. 장차 어느 날 만물이 예수님의 것이 된다. 태양계, 무수한 별, 모든 행성, 망망대해, 대륙, 숲과 밀림, 그 속의 모든 생물, 모든 시내와 강, 거대한 세쿼이아 나무와 작은 곰팡이 홀씨, 벵골 호랑이와 단세포 생물, 당신과 나를 비롯한 모든 인간이 다 그분의 것이다. 이 모든 것이 주권자 하나님의 정당한 소유로서 그분의 합당하신 아들에게 주어진다(히 2:5-9).

놀랍게도 로마서 8장 16-17절에 보면 그리스도인은 "그리스도와 함께

한 상속자"다. 우리의 최종 운명과 재산은 하나님의 권세 아래 있는 모든 소유가 결국 완전히 아들의 소유가 되리라는 그분의 약속과 불가분으로 얽혀 있다. 믿음으로 말미암아 우리도 예수님의 상속권을 공유한다. 미래는 예수님의 것이며 따라서 그분께 속한 이들의 것이다. 얼마나 가슴 벅찬 진리인가! 옥에 갇히고 소유를 기쁘게 빼앗긴 채 박해받으며 모여 있던 신자들에게 얼마나 귀한 말씀인가!(히 10:34) 물욕을 내려놓고 썩지 않고 더럽지 않고 쇠하지 않는 영원한 유업을 사모해야 할 물질주의자들에게 얼마나 요긴한 말씀인가!(벧전 1:4)

하나님의 마지막 말씀의 우월성을 더 예증하고자 저자는 하나님이 "그로 말미암아 모든 세계를 지으셨느니라"(히 1:2)고 단언한다. 즉 히브리서의 설교자는 성경 첫 장의 휘장을 걷어 예수님이 우주의 공동 창조주로서 창조에 적극 가담하셨음을 밝힌다. 하나님이 그리스도로 말미암아 만물을 지으셨다는 것은 아들의 선재성과 권능과 신성을 보여 주는 증거다. 하나님은 시간과 공간과 연한과 우주 만물을 지으셨다. "만물이 그로 말미암아 지은 바 되었으니 지은 것이 하나도 그가 없이는 된 것이 없느니라"(요 1:3). 예수님이 상속자이자 창조주시라는 개념이 골로새서 1장 16절에 이런 말씀으로 종합되어 있다. "만물이 그에게서 창조되되 하늘과 땅에서 보이는 것들과 보이지 않는 것들과 혹은 왕권들이나 주권들이나 통치자들이나 권세들이나 만물이 다 그로 말미암고 그를 위하여 창조되었고." 하나님이 마지막 계시로 보내신 그분은 또한 천지를 지으신 분이다. 예수님은 당신의 창조주시다. 당신을 지으셨다. 이는 그분이 당신을 알고 또 사랑하신다는 증거다.

주인과 창조주로도 부족하다는 듯 3절에 예수님은 또한 "그의 능력의 말씀으로 만물을 붙드시"는 분으로 나와 있다(히 1:3). 이 문구의 배후 개념은 예수님이 무언가를 지탱하게 하시는 존재이며, 기본 의미는 그분이 자신의 모든 피조물을 붙들어 본연의 목표 쪽으로 계속 이끄신다는 것이다. 예수님은 말씀으로 천지를 창조하신 후에 피조물에 개입하기를 중단하시거나 인류의 타락 이후로 창조세계를 떠나신 것이 아니다. 그분은 섭리로 늘 만물을 다스리고 지탱해 오셨다. 이신론자의 신과는 달리 그분은 여전히 자신의 창조세계에 개입하신다. 브루스가 설명했듯이 "그분이 우주를 붙드심은 과중한 짐을 어깨로 떠받치는 아틀라스와는 다르다. 그분은 만물을 지정된 경로로 이끌어 가신다."[3] 그 일을 어떻게 하실까? "능력의 말씀으로" 하신다. 전능하신 분이므로 말씀으로 수월하게 하신다.

2005년에 프린스턴 대학교의 천체물리학자들로 구성된 연구 팀은 관찰 가능한 우주의 반경을 457억 광년으로 추산하여 헤드라인을 장식했다. 기존의 숫자보다 세 배나 큰 추정치였다! 그 안에 수십억의 은하와 수천억의 별이 들어 있다. 하지만 그들이 이 연구에서 놓친 부분이 있다. 그 광대무변한 부동산을 구석구석까지 다 예수님이 창조하셨고, 능력의 말씀으로 붙들고 계시며, 훗날 왕권과 상속권에 따라 영원히 소유하신다는 사실이다. 그 정도면 시소한 간괴기 이니다. 예수님의 위대하심은 상속지이지 창조주시며 만물을 붙드시는 그분의 일 속에 똑똑히 보인다.

광채, 형상, 승리하신 분

예수님은 "하나님의 영광의 광채"시다(1:3). "광채"로 번역된 헬라어 단어는 다른 헬라어 고문헌에는 쓰였으나 성경에는 이곳에만 등장한다. '광휘'나 '반사'를 뜻하는 단어인데 이 두 개념을 합하면 하나는 해처럼 빛을 발하고 다른 하나는 거울처럼 빛을 반사한다. 둘 다 예수님이 하나님 영광의

---

[3] Bruce, *Hebrews*, 49.

가시적 현현이심을 보여 준다. 예수님의 신성은 아버지와 똑같지만 위격은 아버지와 구별된다. 그런데도 그분이 아버지의 영광의 광휘이심은 아버지의 속성을 창조세계에 발산하시기 때문이다. 두 분의 위격은 달라도 본질은 하나다. 니케아 신경의 표현처럼 예수님은 "빛에서 나신 빛"이시다.

하나로 연합하신 하나님의 세 위격을 어떻게 설명할 것인가? 삼위일체 교리는 우리 상상력의 한계를 초월하며, 예수님이 하나님의 영광의 광채이신 동시에 하나님에게서 나신 하나님이심을 우리에게 일깨워 준다. 무한한 존재를 우리의 머리로 이해하기란 당연히 쉽지 않다. 그리스도는 구유의 아기이기 전부터 존재하셨다. 성육신하기 전인 영원한 과거로부터 하나님의 영광을 공유하셨다. 그분이 곧 하나님이시기 때문이다. 성육신을 통하여 하나님의 영광이 드러난 이유는 예수님이 하나님의 본질적 영광의 화신이었기 때문이다. 그래서 "나를 본 자는 아버지를 보았거늘"이라는 예수님의 말씀은 히브리서 저자가 쓴 말과 똑같다. 즉 그분은 하나님의 영광의 광채시다.

이렇게 영광이 언급된 대목에서 본래의 수신자들은 자기 민족이 오랜 역사 동안 경험했던 하나님의 영광을 떠올렸을 것이다. 예컨대 모세는 불붙은 떨기나무 속에서 하나님의 영광을 대면했고, 불기둥은 하나님 영광의 가시적 현현으로서 이스라엘 백성을 이집트에서 이끌어 냈다. 구약의 관건은 하나님의 장엄한 영광이다.

하나님이 모세에게 짓게 하신 성막의 휘장 뒤편은 연기와 짙은 어둠에 덮여 있었는데, 그곳에 언약궤라는 궤짝이 하나님의 영광에 둘러싸여 있었다. 일부 역본에는 언약궤가 시은좌로 지칭되어, 이 지성소에조차 피 제사가 필요함을 백성에게 일깨워 주었다. 어쩌면 당신도 영화 〈레이더스〉(원제를 직역하면 '잃어버린 궤의 약탈자'다―옮긴이)에서 본 기억이 있을 것이다. 하나님의 이 가구는 궤짝에 불과하지만, 사무엘상의 첫 다섯 장을 보면 이 궤짝으로 인하여 죽은 사람이 55,000명에 달한다. 언약궤는 하나님의 가시적 영광의 신성한 현현이다. 겨우 궤짝 하나가 그랬다.

요컨대 히브리서 저자의 말은 그 모든 영광(에스겔의 성전 환상 속에 임했다 떠난 영광, 선지자들의 환상과 말씀 선포에 수반된 영광, 방황하던 백성 곁에 머문 영광, 성막의 핵심부에 자리했던 영광)이 서곡에 불과했고, 예수님을 통하여 하나님의 더 큰 영광이 비할 나위 없이 드러났다는 것이다. 그분은 하나님 영광의 광채시다. 그래서 요한복음 1장 14절에 "말씀이 육신이 되어 우리 가운데 거하시매"라고 했다. 여기 "거하시매"라는 단어는 "장막을 치시매"라는 뜻이다. 말씀이신 예수 그리스도가 육신이 되셨다. 그분은 아기로 성육신하여 소년을 거쳐 성년에 이르기까지 죄 없이 완전한 삶을 사셨다. 이를 가리켜 요한은 하나님이 우리 가운데 장막을 치셨다고 표현했다.

하나님은 예수님을 통하여 우리 가운데 거주하셨다. 이 표현은 예수님이 우리 가운데 하나님의 영광을 드러내러 오셨음을 일부러 상기시킨다. 그분은 오셔서 우리 대신 죽으셨고 합당한 제물로서 고난당하셨다. 온전히 하나님이신 그분이 온전히 인간이 되어 우리 가운데 장막을 치셨다. 요한의 말은 "우리가 그의 영광을 보니 아버지의 독생자의 영광이요 은혜와 진리가 충만하더라"(요 1:14)로 이어진다. 이것이 앞서 말한 광휘다. 예수님의 얼굴에 나타난 하나님의 가시적 영광이다. 하나님 영광의 광채다.

히브리서 저자는 또 "그[하나님의] 본체의 형상"이라는 말로 예수님의 위대하심을 칭송한다(1:3). 영어표준역(ESV)에는 "그분의 본질의 정확한 각인"으로 번역되어 있다. "각인"이란 단어는 찍힌 자국이나 복제나 표상을 나타낸다. 본래의 청중은 모두 이 개념에 익숙했을 것이다. 그들의 주머니 속에 든 동전은 금형에 부어져 만든 것이었다. 금속을 녹여 일정한 틀에 붓고 누르면 동전마다 똑같은 문양이 찍혀 나왔다. 오늘날 미국의 동전도 일정한 틀을 사용하여 주조된다. 요지는 동전의 문양이 그 문양을 찍어 내는 금형과 똑같다는 것이다. 마찬가지로 저자는 예수님이 정확히 하나님 같다고 말한다. 하나님의 형상 그대로라는 것이다.

본래의 청중이 "본체의 형상"이란 말을 듣고 연상했을 또 다른 비슷한 유추는 인장 반지다. 중요한 문서를 작성할 때 서명 대신 공식 반지로 뜨거운 밀랍을 꾹 찍으면 밀랍 속에 반지와 똑같은 형상이 남는다. 압인을 통한 복제나 표상이다. 히브리서 저자의 이 예시를 통하여 하나님은 예수님이 자신과 정확히 일치함을 표현하셨다. 예수님은 하나님의 본체의 형상이시다. 예수님을 보았으면 하나님을 본 것이다.

예수님과 아버지는 위격이 달라도 신성은 똑같다. 아버지의 모든 본질이 아들에게도 똑같이 있다. 예수님과 아버지에 관한 한 우열의 개념은 용납되지 않는다. 역할과 관계 면에서 성육신하신 분의 복종이라는 말은 쓸 수 있지만 결코 우열은 아니다. 니사의 그레고리는 히브리서 1장을 보며 그런 식으로 말하는 이들을 나무랐다. 사실상 "신성의 모든 충만함이 그분 안에 있으니 측량할 수 없는 것을 측량하지 말라"고 말했다.[4]

하나님의 아들 예수 그리스도는 여호와의 증인이나 모르몬교의 예수와는 다르다. 그분은 가장 중요한 천사나 주된 존재나 최고의 피조물이 아니다. 예수 그리스도는 하나님에게서 나신 하나님이시다. 아들은 하나님 본체의 형상이며, 그 본질과 성품이 유일하신 참 하나님과 동등하다. 그분을 보면 하나님이 어떤 분이신지 알 수 있다. 예수님은 하나님의 정체와 속성

---

[4] *Gregory of Nyssa: Contra Eunomium III, An English Translation with Commentary and Supporting Studies, Proceedings of the 12th International Colloquium on Gregory of Nyssa*(Leuven, 14-17 September 2010), Johan Leemans & Mattieu Cassin 편집(Leiden, Netherlands: Brill, 2014), 52.

과 본질을 아버지와 공유하신다. 그래서 요한복음 1장 1절에서 예수님을 하나님의 말씀이라고 했다. 예수님은 하나님이 어떤 분인지를 친히 인간에게 나타내신다(요 1:18). 예수님은 보이지 않는 하나님의 형상이며(골 1:15) 하나님의 본체시다(빌 2:6). 옛 선지자들과 달리 예수님은 단지 하나님을 대변하는 대언자나 하나님의 형상을 지니신 분이 아니라 하나님 자신이다.

저자는 히브리서 1장 3절 끝에 몇 가지 개념을 소개한 뒤 이후 여러 장에 걸쳐 이를 상술한다. 이 한 절 속에 나머지 서신의 윤곽이 압축되어 있다. 그리스도는 죄를 정결하게 하시는 제사장과 보좌에 앉으신 왕으로 묘사된다. 즉 그분은 승리하신 왕으로서 우리의 죄 문제를 최종적으로 완전히 제거하신다. "죄를 정결하게 하는 일을 하시고 높은 곳에 계신 지극히 크신 이의 우편에 앉으셨느니라." 그분은 죄와 모든 원수를 무찌르시고 보좌에 앉아 자신이 십자가와 부활을 통하여 이기셨음을 입증하신다.

성경은 피 흘림이 없으면 죄 사함이 없다고 가르친다(히 9:22). 피 제사를 떠나서는 죄를 용서받을 수 없다. 히브리서 저자가 이어서 하는 말은 히브리 그리스도인들이 이미 알고 있던 내용이다. 동물 제사는 예배의 전제 조건이었다. 이스라엘 민족의 죄를 사할 피 제사로 동물이 수없이 도살되었다. 성경에 보면 죄의 삯은 사망이다. 그래서 해마다 아침저녁으로 가축이 죽어 나가야 했다. 절기 때면 죽임당하는 어린 양이 50만 마리에 달했다.

히브리서 저자가 보여 주듯이 예수님은 능력의 말씀으로 우주를 영광스럽게 붙들어 우월하실 뿐 아니라, 또한 능욕과 죽임을 당하여 영광스러우시다. 그분은 이 세상에 죽으러 오셔서 채찍질과 살해와 십자가형을 당하셨다. 철저히 하나님의 계획대로 로마의 십자가에서 희생되셨다. 그러나 그분의 죽음은 승리였다. 그분은 자신의 죽음을 통하여 죄를 정결하게 하셨다. 히브리서 저자가 8-10장에 기술했듯이 이는 그분이 대제사장으로서 하신 일이다. 그분의 제사장직이 더 우월하고 영속적인 이유도 거기서 밝혀진다. 이렇게 희생적으로 대신 죽으심으로써 그분은 결국 높아지신다. 우리의 대제사장은 하늘에 계신 지극히 크신 이의 보좌 우편에 앉으셨다. 십자가에서 죽으실 때 예수님은 자신의 제사가 완전하다며 "다 이루었다"(요 19:30)라고 말씀하셨다. 그분은 죄를 속하되 단번에 영원히 속하신 완전한 대제사장이시다.

이렇게 서두에서부터 히브리서 저자는 예수님이 죽음과 죄를 이기셨다는 놀라운 진리를 밝힌다. 예수님이 "앉으셨다"는 사실은 작은 일이 아니다. 제사장들은 성전에서 많은 일을 했다. 동물로 제사하고 등불을 켜고 성전을 관리하고 예배를 감독했다. 그런데 이 제사의 현장에서 그들이 결코 하지 않은 일이 하나 있었으니 바로 착석이다. 지성소에는 의자가 없다. 그들의 일이 결코 끝나지 않았기 때문이다. 그런데 예수님의 속죄 사역은 단번에 끝났다. 그분은 다 이루셨다. "오직 그리스도는 죄를 위하여 한 영원한 제사를 드리시고 하나님 우편에 앉으사"(히 10:12).

이어 히브리서 저자는 예수님이 왕위에 오르셨음을 "높은 곳에 계신 지극히 크신 이의 우편에 앉으셨느니라"(1:3)고 기술했다. "지극히 크신 이"는 하나님의 이름 대신 쓰인 표현이다. 속죄가 완수되어 하나님을 충족시켰다. 예수님의 일은 영원히 다 이루어졌다. 그래서 그분은 우월한 적통의 왕위를 받으셨다. 영광과 권세와 능력의 자리에 오르셨다. 이것이 예수님의 희생과 왕위의 의미이자 그 둘의 관계다. 아버지의 오른편에 계시다는 말은 하나님이 아들의 완전한 제사를 인정하셨다는 뜻이다.

이 구절의 초점은 당연히 아들에게 있다. 대제사장이 친히 제물이 되었기에 하나님은 그 아들에게 오른편 자리를 주신다. 승리하신 왕으로 아들을 높여 주신다. 그래서 예수님은 천사보다 우월하시다. 그래서 이 땅의 모든 이름보다 뛰어난 이름을 받으셨다.

 하나님의 개입 없이는 누구도 지극히 크신 이의 영광과 위엄을 볼 수 없다. 그래서 우리의 반응은 이 우월하신 아들을 위하여 사는 것이다. 성경에서 '영광'이란 단어를 가볍게 지나쳐서는 안 된다. 우리는 그분의 영광을 위하여 먹고 마신다. 우리의 빛을 사람 앞에 비치게 함도 그들로 우리의 선행을 보고 아버지께 영광을 돌리게 하기 위해서다. 우리의 간절한 기대를 따라 지금도 전과 같이 우리 몸에서 그리스도가 존귀하고 영화롭게 되게 하려 한다. 본래 우리 삶은 광채와 속죄와 승리의 아들 예수 그리스도를 통하여 하나님께 영광을 돌리도록 되어 있다.

마지막 말씀

히브리서 저자는 하나님이 마지막 계시와 완전한 제물로 주신 그리스도를 칭송한다. 만인의 유일한 소망이신 예수 그리스도를 만나지 않고는 누구도 믿음으로 인내할 수 없다. 이 서신의 서두에서 하나님이 밝히셨듯이 그분은 과거에 예언과 선지자를 통하여 말씀하셨으나 더는 그렇게 말씀하지 않으신다. 이 마지막 때에 아들을 통하여 말씀하셨다. 우리는 예수님을 하나님의 아들로 고백한다.

 히브리서 말씀에 귀를 기울인다면 우리는 어떤 부차적인 영적 체험, 예수님에 관한 또 다른 책, 또 다른 3단계 비법, 고차원의 영적 경지 따위를 추구하지 않을 것이다. 예수님이 마지막 말씀이심을 알기 때문이다. 하나님은 선지자가 아니라 아들이신 그분을 통하여 충분하게 마지막으로 말씀하셨다. 그분은 하나님 본체의 형상이시다. 때가 차매 우리는 하나님의 마지막 말씀을 듣는 특권을 누리고 있다. 예수님을 통하여 하나님은 전무후무한 방식으로 말씀하셨다. 예수님으로 충분하며 그분이 마지막이시다.

마이클 리브스는 예수님의 우월성을 이렇게 요약했다. "여기 혁명이 있다. 우리의 모든 꿈이나 어둡고 무서운 하나님관과 무관하게, **천국에 예수님과 같지 않은 하나님은 없다.** 그분이 바로 하나님이시기 때문이다…예수님은 죄인의 친구지만 그 배후의 하나님은 왠지 더 무섭고 긍휼과 은혜에 박한 존재라는 끔찍하고 교활한 개념을 버리자. 이는 있을 수 없는 일이다! 예수님은 말씀이시며 아버지와 하나시다. 아버지의 광채요 빛이요 영광이시다…그분 안에서 우리는 하나님의 사랑과 능력과 지혜와 정의와 위엄의 참 의미를 본다."[5]

그러므로 현관문을 두드리는 모르몬교도에게 예수님이 마지막 말씀이라고 말하라. 박해받는 교회를 향하여 예수님이 마지막 말씀이라고 말하라. 이전의 생활방식으로 돌아가려는 이들에게 예수님이 마지막 말씀이라고 말하라. 길 잃고 죽어 가는 세상을 향하여 마지막 말씀이신 예수님이 그들의 죄를 용서하실 수 있다고 말하라. 인내가 너무 힘들어 보일 때, 당신의 지친 마음을 향하여 하나님의 마지막 말씀이신 예수님을 바라보라고 말하라.

---

5 Michael Reeves, *Rejoicing in Christ*(Downers Grove, IL: InterVarsity Press, 2015), 14-15.

20

소금과 빛:
불경한 사회에 그리스도를 증언하는 신자

마태복음 5:14-16   앨버트 몰러(Albert Mohler)

        그리스도인들은 문화의 위협을 느끼지 못할 때는 문화에 대한 교회의 책임을 생각하지 않는다. 사실 교회사에서 일반 문화에 대한 책임의 문제는 거의 언제나 큰 논쟁과 위기의 정황 속에서 등장했다. 가장 단적인 예가 아우구스티누스의 『하나님의 도성』(*The city of God*)이다. 로마 제국이 한창 몰락할 무렵 교회와 문화의 심층을 파헤친 책이다.

  서구 그리스도인이 모든 정부와 질서의 완전한 몰락에 직면할 일은 없다. 그러나 신자들은 분명히 주변 문화의 위협을 느끼며 갈등한다. 문화의 변동은 그저 지난 수년 내에 벌어진 일이 아니다. 서구 사회에 이 '도덕 혁명'이 일어난 지 최소한 125-150년은 되었다. 따라서 그리스도인들 사이에 "교회는 문화에 어떻게 참여할 것인가?"라는 의문이 제기됨은 별로 놀랄 일이 아니다.

교회와 문화의 관계 문제는 많은 사람을 혼란에 빠뜨린다. 미심쩍은 답이 난무한다. 어떤 이들은 그리스도인이 문화에 아무런 책임도 없다고 말한다. 어떤 이들은 문화가 기독교 사역의 역할에 미치는 영향이 전무하거나 미미하다고 주장한다. 전자의 관점은 지상명령에 함축된 의미를 십분 인식하지 못하는 반면, 후자는 문화가 교리와 신학과 그리스도인의 삶에 미칠 수 있는 파장과 영향을 과소평가한다.

그러나 문화를 지나치게 중시하면 이 세대의 복음주의자들에게 더 큰 위험이 닥칠 수 있다. 문화를 너무 중요하게 여기는 복음주의자들은 똑똑하고 세련된 전략을 세워 하나님의 백성과 그 나라의 백성이 아닌 자들의 분명한 구분을 지우려 한다. 하지만 이런 관점은 성경의 가르침에 근본적으로 어긋나며, 예수님이 요한복음 15장에서 제자들에게 가르치신 내용과도 상충된다.

"세상이 너희를 미워하면"은 가정이 아니라 시간문제다

요한복음 15장 18절에서 예수님은 "세상이 너희를 미워하면…"이라고 말씀하셨다. 이를 잘못 읽으면 "미워하면"이라는 가정법 표현에 얽매여 위험한 해석에 이를 수 있다. 그리스도를 따르는 이들을 세상이 미워하지 않을 가능성도 있다고 생각할 수도 있다. 그러나 예수님의 말씀을 잘 읽어 보면 이것은 **가정**이기보다 **시간문제**임이 밝혀진다.

세상이 너희를 미워하면 너희보다 먼저 나를 미워한 줄을 알라. 너희가 세상에 속하였으면 세상이 자기의 것을 사랑할 것이나 너희는 세상에 속한 자가 아니요 도리어 내가 너희를 세상에서 택하였기 때문에 세상이 너희를 미워하느니라. 내가 너희에게 "종이 주인보다 더 크지 못하다" 한 말을 기억하라. 사람들이 나를 박해하였은즉 너희도 박해할 것이요 내 말을 지켰은즉 너희 말도 지킬 것이라. 그러나 사람들이 내 이름으로 말미암아 이 모든 일을 너희에게 하리니 이는 나를 보내신 이를 알지 못함이라. 내가 와서 그들에게 말하지 아니하였더라면 죄가 없었으려니와 지금은 그 죄를 핑계할 수 없느니라. 나를 미워하는 자는 또 내 아버지를 미워하느니라. 내가 아무도 못한 일을 그들 중에서 하지 아니하였더라면 그들에게 죄가 없었으려니와 지금은 그들이 나와 내 아버지를 보았고 또 미워하였도다. 그러나 이는 그들의 율법에 기록된 바 "그들이 이유 없이 나를 미워하였다" 한 말을 응하게 하려 함이라(요 15:18-25).

이 말씀을 읽는 그리스도인은 긴장을 느낄 수밖에 없다. 알다시피 그리스도인은 선을 행하도록 하나님께 부름받았다(참조. 엡 2:10). 그리스도인의 사랑과 친절한 성품이 일반 문화에 불러일으켜야 할 반응은 미움이 아니라 오직 사랑과 감탄이다. 따라서 그리스도인은 자신들이 선행과 사랑과 자선을 충분히 베풀면 문화가 교회를 우호적으로 대할 것이라고 생각할 만하다. 그리스도인이 요한복음 15장을 읽으며 긴장을 느끼는 이유는, 그들의 행위를 보고 일반 문화가 하나님과 그분의 백성을 미워하는 것이 아니라 오히려 하나님의 영광을 보며 그분을 원하게 되기 때문이다.

성경을 보면 그리스도인이 요한복음 15장에 나오는 예수님의 말씀을 읽으며 긴장을 느끼는 것이 정당해 보인다. 예컨대 마태복음 5장 16절에서 예수님은 "이같이 너희 빛이 사람 앞에 비치게 하여 그들로 너희 착한 행실을 보고 하늘에 계신 너희 아버지께 영광을 돌리게 하라"고 말씀하셨다. 베드로전서 2장 12절에서도 "너희가 이방인 중에서 행실을 선하게 가져 너희를 악행한다고 비방하는 자들로 하여금 너희 선한 일을 보고 오시는 날에 하나님께 영광을 돌리게 하려 함이라"고 했다. 그렇다면 이런 본문에서 도출되는 성경적 논리가 있다. 그리스도인이 선을 행하여 일반 문화에 빛을 비추면 그 결과로 하나님께 영광이 돌아간다는 개념이다.

그러나 성경은 성경으로 해석해야 한다. 요한복음 15장은 마태복음 5장이나 베드로전서 2장과 상충되지 않는다. 후자의 두 본문에서 그리스도인의 순종은 반드시 선행을 낳고, 문화는 이를 보고 하나님께 영광을 돌린다. 태풍 같은 자연재해가 발생하면 그리스도인들이 앞장서서 피해자와 난민을 구제하고 돌본다. 이는 어두운 세상에 그리스도의 사랑을 드러내 하나님을 영화롭게 한다. 그리스도인들이 성매매 퇴치를 주도하여 속박된 피해 여성을 힘써 도우면 이로써 세상 앞에 아름다움이 영광스럽게 드러난다. 그러므로 이는 하나님을 예배하는 행위다. 그러나 세상이 그리스도인을 미워함은 그들의 선행 때문이 아니다. 그리스도를 따르는 이들을 세상이 왜 미워하는지 알려면 요한복음 15장에 나오는 예수님의 말씀을 볼 때 아주 신중을 기해야 한다.

우선 본문에 나오는 여러 조건절의 조건이 이미 충족되었는지부터 보자. 요한복음 15장은 독자에게 조건과 결과를 거듭 제시한다. 어떤 이들은 이 문형을 "해당 조건을 삼가면 해당 결과를 면한다"는 식으로 해석하려 한다. 그러나 예수님이 본문에 더할 나위 없이 명백히 밝히셨듯이 모든 조건절의 조건은 이미 하나도 빠짐없이 다 이루어졌다. 그분이 제자들에게 이르신 말씀을 보면 세상이 그리스도인을 미워할 조건이 이미 다 충족되었음을 알 수 있다. 20절에서 그분은 "내가 너희에게 '종이 주인보다 더 크지 못하다' 한 말을 기억하라. 사람들이 나를 박해하였은즉 너희도 박해할 것이요"라고 말씀하셨다. 그리스도는 실제로 박해받아 십자가에 못 박히셨다. 그분의 말씀은 "내 말을 지켰더라면 너희 말도 지킬 것이라"(ESV)고 이어진다. 그런데 세상은 이미 그분의 말씀을 어겼다. 또 "내가 와서 그들에게 말하지 아니하였더라면 죄가 없었으려니와"(22절)라고 하셨는데, 그분은 이미 오셔서 복음의 기쁜 소식을 전하셨다.

본문의 모든 조건절에서 도출되는 결론은, 그분이 제자들에게 이런 말씀을 하시기 전에 모든 조건이 예수 그리스도 안에서 이미 충족되었다는 것이다. 본문의 강화(講話)만 하더라도 십자가를 목전에 두고 이루어졌다. 그러므로 그리스도인은 요한복음 15장의 모든 조건이 정말 실재임을 알아야 한다. 조건은 다 충족되었다. 예수님의 사역이 이를 이루셨으므로 이제 "그러나 사람들이 내 이름으로 말미암아 이 모든 일을 너희에게 하리니"(21절)라는 그분의 말씀대로 될 것이다. 요컨대 그리스도인은 요한복음 15장에 언급된 박해가 가정이 아니라 시간문제임을 알아야 한다.

우리는 어떻게 이 자리에 와 있는가?

그리스도인이 요한복음 15장의 예수님 말씀이 실재임을 깨달으면 만감이 교차할 수밖에 없다. 그리스도를 믿으면 필연적으로 세상의 박해가 뒤따른다니 틀림없이 마음속에 두려움과 불안이 스며들 수 있다. 이 실재와 씨름하려면 어쩌면 이렇게 물어야 한다. "정확히 우리가 어떻게 이런 곤경에 처하게 되었는가?" 그리스도인은 자칫 이런 생각에 빠질 수 있다. 삶에 들이닥치는 박해는 하나님의 메시아 전략에 차질이 생겼거나 그저 사탄이 농간을 부린 탓이라고 말이다. 그러나 이는 둘 다 요한복음 15장의 문맥을 이해하지 못한 가설이며, 십자가를 목전에 두고 그리스도가 우리에게 가르치신 신비로운 아름다움과도 거리가 멀다.

하나님께 택함받은 우리

제자들에게 닥칠 박해를 말씀하시기 직전에 예수님은 "너희가 나를 택한 것이 아니요 내가 너희를 택하여 세웠나니"(요 15:16)라고 하셨다. 그리스도인은 신앙생활에 닥치는 박해와 고난이 하나님의 부실한 전략 때문이 아님을 알아야 한다. 박해는 하나님이 자신의 신부를 사탄의 공격에서 보호하실 수 없어 일어나는 것도 아니다. 예수님이 밝히셨듯이 그분의 백성이 박해받음은 하나님의 주권 때문이다. 하나님이 선하고 기쁘신 뜻과 사랑으로 당신을 택하셨다.

그리스도인의 삶에 박해와 고난이 따르는 것은 하나님이 정말 그들을 세상에서 택하셨기 때문이다. 요한복음 15장에서 보듯이 그리스도인은 포도나무 가지로 살면서 다름 아닌 그리스도 안에 거하여 힘과 양분을 얻는다. 그들이 세상과 상충됨은 세상에서 택함을 받아 이제 만왕의 왕과 만주의 주께 속한 자로 살기 때문이다. 그리스도인은 새로운 주인 안에 거하며 새로운 나라를 위하여 산다. 세상이 그들을 대적함은 그들이 아버지께 속했고 세상이 아버지를 미워하기 때문이다.

그러므로 그리스도인이 이생에서 당하는 모든 일은 삼위일체 하나님의 주권적 계획 속에 있다. 그리스도인의 소망과 힘은 바로 그 진리에서 비롯된다. 우리에게 소망이 있음은 요한복음 16장에서 제자들에게 말씀하신 대로 그리스도가 우리를 앞서가 먼저 세상을 이기셨기 때문이다! 그리스도인은 이 영광스러운 진리에서 또한 힘을 얻는다. 박해가 하나님의 주권적 계획일진대 분명히 그분은 자기 백성에게 필요한 자원을 공급하여 능히 견디고 그분의 이름에 영광을 돌리게 하신다. 세상과 사탄이 어떤 공격을 가해 오든 그리스도인은 소망 중에 이겨낸다. 바로 예수 그리스도 안에 거하기 때문이다.

요컨대 그리스도인이 현재의 곤경에 처한 이유는 하나님이 그분의 영광을 위하여 그분의 기쁘신 뜻으로 그들을 세상에서 택하셨기 때문이다. 박해가 닥치지만 예수님은 예수님 자신 안에 거한다는 생생한 은유로 신자들을 위로하신다. 미움과 심지어 죽음이 그리스도의 백성을 기다리지만, 예수님의 말씀처럼 그분의 백성은 바로 그분 **안에서** 살아간다. 그들의 생명은 그리스도와 함께 하나님 안에 **감추어져** 있다(골 3:3). 그러므로 그리스도인은 감히 이 곤경에서 벗어나려 하지 않는다. 교회가 어떻게든 충분히 세련되거나 똑똑하거나 친절하거나 공손해져서 세상의 미움을 누그러뜨릴 수 있다는 생각은 착각일 뿐 아니라 신성모독이다. 예수님은 "종이 주인보다 더 크지 못하다"(요 15:20)라고 말씀하셨다. 모든 면에서 완전하신 그분을 그분의 동족이 배척하여 십자가에 못 박았다. 따라서 세상이 완전하신 구주께 한 것보다 우리를 더 선대하리라는 생각은 교만의 극치다.

복음으로 인한 박해

문화가 복음을 배척하고 복음의 추종자를 박해하는 이유는 복음이 완전히 걸림돌로 느껴지기 때문이다. 사도 바울은 고린도전서 1장 22-25절에 이렇게 썼다.

> 유대인은 표적을 구하고 헬라인은 지혜를 찾으나 우리는 십자가에 못 박힌 그리스도를 전하니 유대인에게는 거리끼는 것이요 이방인에게는 미련한 것이로되 오직 부르심을 받은 자들에게는 유대인이나 헬라인이나 그리스도는 하나님의 능력이요 하나님의 지혜니라. 하나님의 어리석음이 사람보다 지혜롭고 하나님의 약하심이 사람보다 강하니라.

바울이 이 본문에서 한 말은 요한복음 15장에 나오는 예수님의 가르침과 맥을 같이한다. 복음의 메시지는 세상적 사고의 지혜에 걸림돌이 된다. 복음의 내용이 반감을 주므로 문화는 복음에 실족하여 멸망을 자초한다. 유대인이 구한 것은 살해당한 메시아가 아니라 정복자 왕이었다. 일반 문화는 아버지가 인류의 죄를 위하여 아들을 내주신다는 개념을 터무니없게 여긴다. 그러나 바울은 어떤 대가가 따르더라도 결코 듣는 자들의 가려운 귀에 영합하지 않았다. 복음이 "구원을 주시는 하나님의 능력"이기에(롬 1:16) 그는 오로지 십자가에 못 박히신 그리스도만을 전했다.

그리스도인은 박해를 유발하는 것이 복음의 메시지 자체임을 알아야 한다. 복음이 '기독교' 진영에서조차 반감을 사는 근래의 한 예로, 가수이자 작곡가인 마이클 겅거(Michael Gungor)가 있다. 그는 트위터에 "형벌 대속에 의문을 제기하니 30대 백인들의 댓글이 주르르 올라온다. 하나님을 찬송하는 아티스트는 더 많아지되 그 노래에 아들을 죽이는 아버지를 집어넣는 사람은 없었으면 좋겠다"라고 썼다. 그리스도가 이루신 대속이 그에게는 아버지가 아들을 죽이는 끔찍한 메시지다. 그리스도를 위하여 문화에 다가가려면 그런 메시지는 사라져야 한다는 것이 겅거의 생각이다. 이어 그는 "문맥을 무시한 채 피로 하나님을 충족시켜야 한다고 직해하면 아름답지 않고 섬뜩하다"라고 덧붙였다. 그가 기꺼이 지지하는 것은 어느 한 복음이지 **유일한** 복음이 아니다. 그는 그리스도인들에게 대속이 너무 조잡하여 존중할 수 없으니 거기서 벗어나라고 촉구한다.

세속 문화는 관용의 메시지를 장려한다고 자처한다. 이 문화에 따르면 참된 도덕은 타인에게 신념 체계를 적용해서는 안 된다. 이렇게 관용을 강조하느라 미국 문화의 윤리가 근본적으로 변했다. 미국은 불관용을 관용할 줄 모른다. 복음의 메시지는 배타적 주장을 일체 혐오하는 신종 도덕과 상충된다. 세상은 스스로 도덕적 우위를 점한 양 무엇이든 반감이 들면 편협하다는 딱지를 붙인다.

우리 세대에 변증의 도전에 응해야 할 최전선은 성경의 하나님이 잔인한 존재라는 개념이다. 경건의 정서가 일반 문화에 넘쳐나는데, 이는 복음에 대한 반감이 도덕적 반감이라는 증거다. 복음을 대적하는 도덕 논리의 기초는 합리론이라기보다 지각 변동 이후의 도덕이다. 이 문화는 감히 정말 하나님으로 행세하는 신을 미워한다. 정말 자신의 영광을 무엇보다도 중시하는 신을 미워한다. 인지 부조화를 해결하려는 창의적인 인류 앞에 여러 가지 길을 제시하지 않는 신을 미워한다. 이런 하나님은 미움의 대상이다. 아들을 십자가에 죽게 하신 뒤 죽은 자 가운데서 다시 살려 그 속죄 사역의 정당성을 입증하시는 신, 이런 하나님은 도덕적으로나 인지적으로나 우리 사회에서 환영받지 못한다. 그래서 이제 성경 전체에 의심의 눈초리가 쏟아진다.

그리스도인은 성경에 충실하고 하나님의 말씀이 무오함을 믿는 사람으로서 문화의 현 궤도를 알아야 한다. 비난은 이미 닥쳐 왔고, 틀림없이 예수 그리스도의 배타적 복음을 탄압하려는 법률도 뒤따를 것이다. 미국의 그리스도인은 틀림없이 사회적 추방의 위협에 직면할 것이다. 지혜롭고 경건하게 대처하려면 **반드시** 이런 현실을 알고 문화적 지형을 충분히 인식해야 한다.

문화가 점점 더 십자가의 메시지를 미워하는 쪽으로 가면 그리스도인은 어떻게 대처할 것인가? 어떤 이들은 복음을 아예 버린다. 거짓 교사들은 '지금 최고의 삶'을 약속하는 각종 거짓 복음을 지어낸다. 포용의 메시지를 부르짖는 문화의 가려운 귀가 거짓 교사들을 만들어 내며, 그런 메시지는 사회 정의와 행복과 재물과 형통을 약속한다. 도덕 혁명이 예수 그리스도의 메시지와 싸울 때면, 복음 사역자들은 으레 시의성이라는 미명 아래 신앙의 핵심 교리를 타협한다. 분명히 말하지만 문화적 시의성에 대한 욕구는 바로 우상숭배다. 거짓 교사들의 메시지는 반감을 덜 주지만, 수많은 영혼을 영원한 파멸로 인도한다. 복음의 핵심 진리를 타협하면 최대한 많은 영혼을 삼키려 드는 사탄의 손에 놀아날 뿐이다.

그리스도인이여, 복음의 메시지를 잃지 말라. 진리의 말씀은 예수 그리스도의 백성에게만 있다. 문화는 복음의 메시지에 반감을 품을 수 있다. 반감을 품게 두라! 그러나 반감과 더불어 틀림없이 구원도 임한다. 복음의 메시지가 치유를 가져다주려면 반드시 상처를 들춰내야 한다! 복음은 정말이지 심기에 거슬린다. 우리 죄와 타락을 뿌리까지 폭로한다. 반항하는 인간의 지당한 결과를 가장 음산하게 드러낸다. 복음은 우리 죄에 진노하시는 하나님의 무한한 영광과 거룩하심을 보여 준다. 나아가 우리 힘으로는 구원이 불가능함도 보여 준다. 그래서 불쾌한 것이다! 하지만 바로 그 복음이 치유와 소망을 가져다준다. 아들을 보내 우리 대신 죽게 하신 하나님을 영광스럽게 말해 주기 때문이다. 교회가 복음을 버리면 구원의 유일한 소망을 버리는 것이다.

당연히 세상은 당신을 미워할 수 있다. 수많은 사람이 이 메시지를 전하다 죽었다. 복음을 위하여 목숨을 바쳤다. 그러나 그들의 생애는 지금도 향기로운 제물로 살아서 많은 사람을 하나님께로 이끄는 데 쓰임받는다. 그리스도인이여, 당신에게 고난이 닥쳐올 것이 보장되어 있음을 알라. 원수는 당신이 전하는 메시지에 질색하여 어떻게든 그 입을 막으려 한다. 그러나 우리는 **잠잠할 수 없다.** 진리를 전파하면 고난이 닥칠 수 있으나 길 잃은 영혼이 구원받으니 또한 우리 하나님께 영광이 돌아간다. 죄인이 그리스도께로 돌아오는 것은 문화 상대주의가 아니라 복음을 통해서만 가능하다. 그러므로 그리스도 안에서 하나님이 위에서 부르신 상을 위하여 달려가라(빌 3:14). 생명의 말씀을 붙들라(빌 2:16). 그리스도의 아름다운 덕을 선포하라(벧전 2:9). 당신에게 맡겨진 아름다운 것을 지키라(딤후 1:14).

왜 박해를 받는가?

예수님은 자신을 따르는 이들에게 그리스도인의 삶에 고난과 박해가 불가피하다고 가르치신다. 이 미움은 복음의 메시지 자체에서 비롯된다. 문화는 복음의 도덕성을 문제 삼는다. 아버지의 뜻대로 십자가에 달려 살해된 구주를 누구나 다 믿어야 한다는 것이 복음이기 때문이다. 죄 사함에는 피가 요구된다. 이런 개념 전체가 문화를 격분시키며 인간의 타락한 도덕성에 맞서 싸운다. 그 결과 하나님의 백성은 박해를 받는다.

이 냉엄한 진리 앞에서 그리스도인은 그 이유를 물을 수 있다. 성경을 대할 때 특정 명령의 이유를 묻는 것이 주제넘게 느껴질 수 있다. 하나님이 무언가를 명하실 때 바람직한 우리의 반응은 명령의 이유를 아는 것이 아니다. 하나님이 하나님이시니 순종할 따름이다. 그런데 요한복음 15장에는 하나님의 자비와 은혜가 나타나 우리에게 이유를 답해 준다. 예수님이 하신 말씀이다.

> 내가 아버지께로부터 너희에게 보낼 보혜사 곧 아버지께로부터 나오시는 진리의 성령이 오실 때에 그가 나를 증언하실 것이요 너희도 처음부터 나와 함께 있었으므로 증언하느니라(26-27절).

예수님이 제자들에게 말씀하시듯이 그들의 모든 고난과 박해는 증언을 위한 것이다. 성령이 오셔서 그들과 함께하셔야만 한다는 것을 증언하기 위함이다. **증언**이란 단어의 어근은 **순교자**다. 순교자란 단어는 화형, 사자 밥, 참수, 기타 수많은 고문 행위에 죽어 간 교회사 속의 성도들을 떠올리게 한다. 그런데 그런 모습은 문명화된 이 시대와는 거리가 멀어 보인다. 안락한 서구 사회에서 "그리스도를 위하여 순교자가 되라"는 설교는 이전 시대나 다른 지역의 그리스도인들이 당해야 했던 일보다 안전하게 느껴진다. 그러나 예수님은 제자들에게 평탄한 삶과 편안한 호상(好喪)을 약속하신 적이 없다.

우리는 이름뿐인 문화적 기독교의 만연한 현실 때문에 잘못된 안일에 빠져 있다. 그리스도인들이 방심한 사이에 주변 문화는 그럴듯한 안전지대를 지어내 우리로 하여금 대중의 존중과 예찬을 동경하게 만들었다. 우리는 '그리스도인'이란 호칭 때문에 세속 세상이 우리에게 특권과 권리를 부여해야 한다고 생각한다. 세상이 예수 그리스도의 복음과 하나님을 대적하는데도 말이다. 예수 그리스도의 이름으로 일컫는 교회가 하나님의 통치에 격분하는 문화와 조화롭게 지낸다면 이는 예수님의 교회가 아니다. 문화와 사이좋은 교회는 오히려 시의성과 평화를 얻고자 주변 세상의 영향력에 굴복한 것이다. 그리스도는 자신의 신부와 제자들을 증인으로 위임하실 때 그 일을 하라고 부르신 것이 아니다.

그리스도인은 성도의 증언과 순교를 통하여 예수 그리스도의 복음이 사실로 입증되고 증폭됨을 알아야 한다. 신자들이 박해받을 때 하나님의 합당하심과 영광이 설득력 있게 부각된다. 하나님의 백성이 박해받을 때 하나님의 아들이 신원되신다. **이것은 패하는 전략이 아니다.** 이로써 아버지는 아들을 신원하시고 아들은 자신의 사람들을 신원하신다. 그래서 사도들은 박해받을 때 "그 이름을 위하여 능욕 받는 일에 합당한 자로 여기심"을 기뻐하며 즐거이 외쳤다(행 5:41). 하나님의 백성이 고난당하면 신기하게도 그분의 이름에 영광과 존귀와 찬송이 돌아간다. 복음을 위한 당신의 고난은 삼위일체 하나님의 합당하심을 설득력 있게 드러내 준다.

"담대하라. 내가 세상을 이기었노라"

복음의 불쾌한 성격과 보장된 박해 때문에 어떤 이들은 낙심하거나 침울해질 수 있다. 요한복음 15장의 예수님 말씀은 지도자의 구호 치고는 최악인 것 같다. 그분은 세상이 당신을 미워할 것이라고 단언하시지 않는가. 그래서 우울해지는가? 그리스도인에게 닥쳐올 고난 때문에 하나님의 백성이 우울해진다면, 이는 그리스도의 영광과 십자가의 아름다움과 빈 무덤의 능력을 모르는 것이다.

요한복음 15장에서 제자들의 고난을 단언하신 그리스도가 16장 32-33절에서는 영광을 약속하신다.

> 보라, 너희가 다 각각 제 곳으로 흩어지고 나를 혼자 둘 때가 오나니 벌써 왔도다. 그러나 내기 혼자 있는 것이 아니라 아버지께서 나와 함께 계시느니라. 이것을 너희에게 이르는 것은 너희로 내 안에서 평안을 누리게 하려 함이라. 세상에서는 너희가 환난을 당하나 담대하라. 내가 세상을 이기었노라.

그리스도가 그분을 따르는 모두에게 확실한 고난을 예고하셨다고 해서 온통 침울해진다면, 우리는 그리스도를 신뢰하지 않는 것이다. 그분이 세상을 이기셨다는 사실을 믿지 않는 것이다.

"세상에서는 너희가 환난을 당하나 담대하라. 내가 세상을 이기었노라." 당신은 이 사실을 믿는가? 그리스도가 세상을 이기셨다면(물론 이기셨다) 우리는 무슨 일이 닥쳐오든 직면할 수 있다. 그분이 세상을 이기셨다면 우리는 그분께 모든 것을 맡길 수 있다. 그분이 세상을 이기셨다면 참으로 충실하고 진정으로 성경적인 설교는 하나도 예외 없이 반드시 열매를 맺을 것이다. 하나님의 말씀은 결코 그냥 돌아오지 않고 그분이 보내신 일을 꼭 이루기 때문이다. 그분이 세상을 이기셨다면 우리는 침상에서든 일터에서든 감옥에서든 기타 어디서든 확신과 기쁨 가운데 죽을 수 있다. 그분 안에서 안전하기 때문이다.

그리스도인이여, 예수 그리스도가 세상을 이기셨음을 알라. 사탄과 죄와 사망을 이기신 그분의 능력을 모르면 박해를 견딜 이유가 별로 없다. 그러나 그리스도가 승리하셨기에 그리스도인은 복음을 전할 수 있고 전해야만 한다. 우리는 문화에 참여하되 하나님의 말씀이라는 견고한 반석 위에 굳게 설 수 있다. 그리스도가 창조세계의 최고 통치자로서 승리를 확보하셨고 다시 오시기 때문이다.

요한복음 15장은 교회가 어떻게 문화에 참여하고 책임을 다해야 하는지를 명확히 알려 준다. 예수님은 박해가 엄연히 기다리고 있더라도 복음을 전파해야 한다고 우리에게 가르치신다. 사실은 복음을 전파하니 박해가 일어난다. 이는 예수 그리스도의 제자라면 누구나 감당해야 할 의무이며 그것도 가장 즐거운 의무다. 그리스도인이 전파하는 메시지는 다름 아닌 예수님의 탁월하심을 높이는 메시지다. 복음은 박해를 야기하지만, 또한 길 잃은 영혼을 구원한다. 사탄의 획책으로 적대감에 부딪치겠지만, 그래도 우리는 다시 살아나 승리하신 우리 구주의 부활의 권능으로 전진한다.

21

합당한 자로 여기심:
그리스도를 미워하는 세상에서 그분을 위하여 당하는 고난

사도행전 5:41　　　　　　　　　폴 워셔(Paul Washer)

　　　　　　이 장에서는 사도행전 5장 27-42절과 사도행전의 다른 관련 본문들을 살펴보면서 다음 네 가지에 초점을 맞추려 한다. 1) 사도들은 어떻게 박해받았는가? 2) 박해의 원인은 무엇인가? 3) 박해의 원인이 **아닌** 것은 무엇인가?(이것을 아는 것이 중요하다) 4) 그들은 어떻게 박해에 기쁨과 인내로 반응할 수 있었는가? 즉 어떻게 우리도 똑같이 반응할 수 있는가?

사도들은 어떻게 박해받았는가?

언젠가 디트로이트의 한 라디오 프로그램에서 나를 인터뷰하던 질문자가 "워셔 씨, 당신을 좋아하지 않는 사람이 많습니다. 박해를 어떻게 견디십니까?"라고 물었다. 나는 문득 이런 생각이 들었다. '내가 곧장 40대를 맞은 적이 있던가? 재산을 다 빼앗긴 적이 있던가? 갈비뼈가 부러질 때까지 내던져져 발길질을 당한 적이 있던가?' 그래서 이렇게 대답했다. "선생님, 저는 박해당하고 있지 않습니다."

놀랍게도 미국인들은 **박해**란 단어의 뜻을 다른 사람이 던지는 고까운 시선쯤으로 조정한다. 사도행전에서 벌어진 일은 그런 것이 아니었다. 누가는 사도들이 "채찍질"을 당했다고 썼다(행 5:40). "채찍질하며"로 번역된 헬라어 단어[데로(derō)]는 '매질하다, 호되게 때리다, 두들겨 패다'는 뜻이다. 살가죽이나 '껍질을 벗기다'는 뜻도 있다. 그들이 당한 일은 엄청나게 혹독했다.

채찍질은 태장 40대의 형벌로 신명기 25장 3절에 나온다. 1세기에는 소위 40에 하나 감한 매를 때리는 것이 유대인의 전통이었다. 그것이 어떻게 생겨났는지 학자들 사이에 논란이 있다. 많은 사람의 생각에 유대 관리들이 태형을 가할 때 경우에 따라 횟수를 까먹었다. 그래서 계산 착오를 피하려고 "너무 많이 때리는 쪽보다는 자비 쪽의 오류가 나오니 39대로 하자"고 정리했다. 채찍은 상대의 등을 겨냥했지만, 처벌자의 조준이 정확하지 못할 때도 많았다. 그래서 등만 맨살로 피를 흘린 게 아니라 때로 어깨와 목, 얼굴, 허리, 다리, 심지어 복부까지 채찍에 맞았다. 이렇게 맞으면 살가죽이 벗겨지다시피 했다. 고통도 그저 하루나 일주일이 아니라 더 오래갔다. 그래서 오늘 우리가 세상에서 '박해받고' 있다고 말할 때는 조심해야 한다. 박해의 정의는 신약에서 가져와야 한다.

오늘 우리가, 적어도 대다수 미국인이 당하는 모든 일은 그것과 다르다. 그러나 우리와 초대 그리스도인들 간에 공통점도 있다. 그들은 구타와 채찍질뿐만 아니라 수치도 당했다. 현대 문화 속에서 우리도 수치를 당한다. '존경하다'에 해당하는 헬라어 단어는 '존중하다, 중시하다'는 뜻이다. 이 단어에 부정 접두사를 붙이면 '중시하지 않다, 존중하지 않다, 존경하지 않다'는 뜻이 된다. 그때의 사도들뿐만 아니라 오늘날 미국의 설교자에게도 이런 일이 벌어진다. 대면 관계에서든 대중매체를 통해서든 그들은 수치를 당한다. 또 그 단어에는 '악질로 여기다, 멸시하다, 욕되게 하다, 몹시 경멸하다'는 뜻도 있다. 세상 사람이 세상을 위하여 고난당하면 세상은 그에게 큰 명예를 돌린다. 그러나 그리스도인이 그리스도를 위하여 고난당할 때 세상이 이를 알리는 방식을 보면, 누구도 그리스도인이 명예로운 일로 고난당한다고 생각할 수 없다.

그리스도인은 오히려 하나님의 적으로 내몰려 박해받을 때가 많다. 예컨대 그리스도인은 그분의 적으로 여겨져 수치를 당한다. 요한복음 16장 2절에서 예수님이 하신 말씀을 보라. "사람들이 너희를 출교할 뿐 아니라 때가 이르면 무릇 너희를 죽이는 자가 생각하기를 이것이 하나님을 섬기는 일이라 하리라." 박해 중에 깊이 위로가 되는 진리는 예수님이 이런 일을 예고하셨다는 것이다. 막상 박해가 닥쳐올 때 왠지 하나님의 주권이 무너졌다고 생각해서는 안 된다. 이렇게 되리라고 그리스도기 이미 말씀하셨다. 오히려 박해가 없다면 그분의 말씀에 의혹이 들 것이다. 그분이 박해를 단언하셨기 때문이다.

내 생각에 서구에도 그런 날이 멀지 않다. 서구인은 진리를 뺀 사랑으로 기독교를 재정의한다. 사랑으로 복음의 진리를 말하는 그리스도인은 무조건 기독교에서 퇴출당할 때가 너무 많다. 아예 그리스도인이라고 불러 주지도 않는다. 그는 그리스도인으로 고난당하는 게 아니라 편협한 극우파 또는 머리가 이상해진 불안정한 사람으로 내몰려 고난당한다. 앞으로 상황이 더 악화될 것이다. 우리는 그리스도인으로 고난당하는 게 아니라 아마도 하나님의 적으로 지목될 것이다.

그리스도인은 또 정부의 적으로 몰려 수치를 당한다. 사도행전 17장 7절의 그리스도인들은 가이사의 명에 어긋나게 행동한다고 고발당했다. 예수님이라는 다른 왕이 있다고 주장한다는 이유에서였다. 이것이야말로 그 자체로 왜곡이요 거짓 고발이다. 그럼에도 그리스도인들에게 이런 욕과 비난이 가해진다. 이것이 매우 중요한 이유는 오늘날 우리 사회에서 벌어지는 온갖 정치 활동 때문이다. 기독교의 발전은 그리스도인들이 정부에 맞서 싸워서 이루어지는 게 아니다. 오히려 우리는 성경에서 명한 대로 "임금들과 높은 지위에 있는 모든 사람을 위하여" 기도해야 한다(딤전 2:2). 로마서 13장 1절에서도 바울은 정부의 권세에 복종해야 한다고 말했다. 우리가 속해 있는 나라는 눈에 보이지 않는 영적 나라다. 이 나라는 속세의 물리적 수단이 아닌 복음 전파와 기도를 통하여 발전한다. 그런데 동시에 알아야 할 것이 있다. 사회나 문화에서 하나님이 축출될 때마다 무언가가 그분의 자리를 대신한다는 것이다. 불경한 문화에서 흔히 하나님을 대신하는 것이 정부다. 조만간 정부는 양심과 종교까지 통제하여 숭배와 복종을 강요할 것이다. 성경에 어긋나는 의무와 금령을 내놓을 것이다. 그럴 때라도 우리는 복음을 전파하고 기도해야 한다. 최대한 모든 사람과 화목하게 살려 애쓰겠지만, 때가 되면 복음 편에 섰다는 이유로 고난당할 수 있음을 알아야 한다. 그런 때가 머지않다고 해도 과언이 아니다.

그리스도인은 또 무식하고 정신적으로 불안정하고 독선적이며 관용할 줄 모르는 고집쟁이로 내몰려 수치를 당한다. 우리가 늘 듣는 말이어서 새삼스럽지도 않다. 사도행전 26장 24절에도 "바울이 이같이 변명하매 베스도가 크게 소리 내어 이르되 '바울아, 네가 미쳤도다. 네 많은 학문이 너를 미치게 한다' 하니"라는 말이 나온다. 여기서 세상과 사탄이 그리스도인에게 써먹는 최악의 무기 중 하나가 있다. 그것이 무엇인지 아는가? 바로 논리적 오류다. 그런 전략은 말의 내용을 무시한다. 제시된 논증의 장점이나 타당성은 묵살한 채 그냥 상대를 인신공격한다.

세상은 자신이 만들어 낸 신화를 철석같이 믿는다. 무슨 신화인가? 신이 있기야 하겠지만 그 신이 말씀하신 적은 없다는 것이다. 세상이 그렇게 말하는 이유는 신의 말씀이 없어야 진리도 없기 때문이다. 진리가 없으면 오류도 없어지고, 오류가 없으면 신과 의(義)로부터 해방된다. 혼자서든 단체로든 양심의 가책 없이 아무것이나 마음대로 할 수 있다. 그래서 세상은 파티를 즐긴다. "나도 괜찮고 너도 괜찮다"라며 누구나 노래하고 춤춘다. 그런데 이때 그리스도인이 나타나 "아무도 괜찮지 않다"라고 말하면 세상은 어떻게 반응할까? 앉아서 이 사람과 토론하려 하지 않는다. 무조건 그리스도인의 입을 막고 수치를 가한다. 논리의 오류다. 그들은 "오만한 얼간이 주제에 진리가 너희에게만 있다고? 어이없군. 여기는 너희가 있을 데가 아니다"라고 말한다. 바울에 대해서도 사람들은 "이러한 자는 세상에서 없애 버리자. 살려둘 자가 아니라"(행 22:22)고 말했다. 사람들이 왜 그를 왜 실려두지 않으려 했는가? 그가 진리를 사랑하고 전했는데 세상은 진리를 미워하기 때문이다.

여러 해 전에 나는 어느 스페인 남자와 인식론에 대하여 토론한 적이 있는데 대화가 몇 시간째 공전했다. 알고 보니 그가 가장 좋아하는 철학자는 미겔 데 우나무노(Miguel de Unamuno)라는 영향력 있는 스페인 철학자였다. 우나무노는 "인생은 꿈이다"라면서 인간이 할 수 있는 가장 고상한 일은 진리의 구도자가 되는 것이고, 인간이 할 수 있는 가장 오만하거나 미련한 말은 진리를 발견했다는 말이라고 했다. 나는 그 스페인 친구를 보며 이렇게 말했다. "이제야 당신을 알겠습니다. 당신이 무엇을 지향하는지도 알겠습니다. 당신은 진리의 구도자가 되려 합니다. 진리의 구도자라고 말하면 고상하게 들리기 때문이지요. 하지만 당신은 진리를 발견할 마음은 없습니다. 발견하는 순간 그 진리에 복종해야 하는데 복종하기 싫기 때문입니다." 오늘의 세상이 바로 그렇게 돌아가고 있다.

박해의 원인은 무엇인가?

초대 교회가 박해받은 이유가 무엇인가? 답은 간단하다. 그리스도 때문이었다. 지금도 마찬가지다. 그리스도는 왜 박해를 부르시는가? 그야 세상이 그분을 미워하기 때문이다. 세상은 성경의 그리스도를 미워하고 자유주의의 그리스도를 사랑한다. 후자는 **유일한** 구주가 아니라 한 인간이다. 판단과 진리 없이 모두를 사랑하는 어느 한 구주요 스승이다.

우리가 그리스도의 정체에 대해 저자세를 취한다고 해서 세상은 감동받지 않는다. 오히려 더 웃음거리로 삼는다. 그래도 자유주의자는 자신의 그리스도를 사랑한다. 그 그리스도는 우상이며, 인간이 꾸며낸 허구에 불과하기 때문이다. 인간은 그저 자신의 형상대로 그리스도를 지어내 그 형상을 숭배한다. 분명히 말하지만 성경의 그리스도를 전파하면 박해를 받게되어 있다. 박해는 교회 밖뿐만 아니라 안에서도 일어난다. 교회 안에 세상이 너무 많이 들어와 있고 설교자들이 진리를 전하지 않기 때문이다.

그리스도가 친히 "세상이 너희를 미워하지 아니하되 나를 미워하나니 이는 내가 세상의 일들을 악하다고 증언함이라"(요 7:7)고 말씀하셨다. 세상은 왜 그분을 미워하는가? 요한복음 3장 19절에서 그분이 답하셨다. "그 정죄는 이것이니 곧 빛이 세상에 왔으되 사람들이 자기 행위가 악하므로 빛보다 어둠을 더 사랑한 것이니라."

나는 농가와 농장에서 자랐다. 어렸을 때 낚시를 좋아했는데 낚시를 하려면 벌레와 곤충과 온갖 기어다니는 미끼가 필요하다. 그래서 바위와 통나무를 찾아 들추었다. 빛이 어둠 속에 파고들면 벌레와 곤충이 다 도망간다. 빛을 미워하기 때문이다. 사람들은 왜 그리스도를 미워하는가? 그분이 선하시기 때문이다. 선하신 그리스도를 왜 미워하는가? 자신들이 악하기 때문이다. 사람들은 왜 그리스도를 미워하는가? 그분이 사랑이시기 때문이다. 사랑이신 그리스도를 왜 미워하는가? 자신들에게 사랑이 없기 때문이다.

다들 사랑을 말하지만 당신이 그리스도의 이름으로 "선생님, 더 예쁜 여자를 만나려고 아내와 이혼해서는 안 됩니다. 아내를 사랑해야 합니다"라고 가르치면 세상은 대번에 반기를 든다. 세상은 그리스도와 그분의 가르침을 미워한다. 당신과 내가 그리스도를 전파하면 세상이 우리를 미워하게 **되어 있다**. 예수님이 "세상이 너희를 미워하면 너희보다 먼저 나를 미워한 줄을 알라"(요 15:18)고 말씀하셨다. 그분은 제자들에게 그들이 미움받을 이유를 설명하셨을 뿐 아니라 위로도 주셨다. 이런 말씀과 같다. "너희에게 닥칠 일은 새삼스러운 것이 아니다. 너희는 빛인 나와 하나다. 그래서 어둠이 너를 대적하는 것이다."

내가 어린 그리스도인이있을 때 설교자들이 으레 하던 말이 기억난다. "우리가 예수님을 더 닮기만 하면 부흥이 일어날 것입니다. 사람들이 회심할 것입니다. 아멘." 사실은 그렇지 않다. 예수님을 더 닮으면 우리 가운데 십자가에 못 박힐 사람이 훨씬 더 많아질 것이다.

세상 사람들의 심령은 성령의 초자연적 역사로 말미암아 중생해야 한다. 그래서 설교자와 목사는 자신의 활동이나 재주, 또는 교회 성장 전략으로 무언가를 이룰 수 있다고 생각해서는 안 된다. 하나님 나라는 인간이 그분의 말씀에 복종하고 말씀을 전파하며 중보 기도에 힘쓸 때 하나님의 초자연적 역사를 통해서만 전진한다. 세상은 어차피 우리를 미워하겠지만, 그 이유는 반드시 우리가 선하고 그리스도를 닮았기 때문이어야 한다. 베드로도 "너희 중에 누구든지 살인이나 도둑질이나 악행이나 남의 일을 간섭하는 자로 고난을 받지 말려니와 만일 그리스도인으로 고난을 받으면 부끄러워하지 말고 도리어 그 이름으로 하나님께 영광을 돌리라"(벧전 4:15-16)고 말했다.

세상이 사도들을 박해한 이유는 그들이 그리스도와 하나였기 때문만이 아니라 그분을 전파했기 때문이다. 사도행전 5장 20절 같은 본문을 보면, 그들은 복음을 온전히 다 전파했다. 그런데 우리는 구주요 주님이신 예수 그리스도의 영광스러운 복음을 사영리, 하나님이 주시려는 5대 지식, 지금 최고의 삶을 누리는 법 등으로 축소했다. 복음은 그중 어느 것도 아니다.

복음을 전할 때는 하나님의 성품에서 시작하여 인간의 성품과 행위로 넘어가라. 성경의 율법과 명령을 예시하라. 인간에게 이미 유죄가 선고되었으며 그 판결에서 벗어날 수 없음을 보여 주라. 그리고 나서 영광스러운 구주로 넘어가 그가 어떤 분이신지 말해 주라. 그분은 한낱 인간이나 스승이 아니라 육신을 입으신 하나님이시다. 그분이 무슨 일을 하셨는지도 말해 주라. 그분은 그저 새로운 생활방식이나 새로운 도덕을 주신 것이 아니라 우리를 구원하셨다. 이것이 기독교의 핵심이다. 우리는 도덕의 종교가 아니라 구원의 종교다. 도덕도 갖추고 있지만 구원을 전파한다. 교회를 통한 구원이 아니라 오직 그리스도만을 통한 구원이다.

우리는 의당 그분의 죽음을 말하지만 부활과 높여지신 지위를 훨씬 더 많이 말해야 한다. 복음을 온전히 다 전하라. 사람들에게 죄에서 돌이켜 아들 예수님과 그분이 이루신 일을 믿고 하나님께 돌아오라고 호소하라. 사람들이 돌아오면 이제 우리는 성경적 확신이 참으로 무엇인지를 그들에게 성경으로 가르친다. 이미 받아들인 진리를 떠나지 않도록 복음의 경고로 그들의 사고를 채운다.

그렇다면 1세기의 세상은 무엇에 그토록 반감을 품었던가? 우선 사도들은 회개를 전파하고 심판을 경고했다. 사도행전 2장 22-23절에서 베드로는 "이스라엘 사람들아, 이 말을 들으라. 너희도 아는 바와 같이 하나님께서 나사렛 예수로 큰 권능과 기사와 표적을 너희 가운데서 베푸사 너희 앞에서 그를 증언하셨느니라. **그가** 하나님께서 정하신 뜻과 미리 아신 대로 내준 바 되었거늘 너희가 법 없는 자들의 손을 빌려 [그를] 못 박아 죽였으나"라고 말했다.

설교학 강의 시간에 나는 '**당신**' 대신 '**우리**'라는 단어를 써야 한다고 들었다. 그러나 **당신**이란 단어를 써야 한다. **당신**이라고 호칭하는 이유는 나는 설교하고 있고 당신은 그렇지 않기 때문이다. 내가 지목하는 사람은 당신이다. 그뿐 아니라 나는 당신이 편하기를 원하지 않는다. 죄인들도 그들끼리 모여 있을 때는 큰 힘을 얻지 않는가? 그래서 죄 가운데 서로 지원하는 지지 단체가 그렇게 많다. 서로 인정해 주는 사이에 양심은 죽는다. 나는 당신에게만 스포트라이트를 비추고 싶다. 아무런 도움이나 위안 없이 홀로 앉아 있는 당신에게 말이다. 베드로는 "당신이 그분을 십자가에 못 박았다. 당신의 죄다"라고 말했다. 물론 이런 직언은 사랑으로 해야 한다. 하지만 진리를 사랑으로 말해도 세상은 우리에게 사랑이 없다고 말한다. 베드로가 그들의 소행을 말하자 "그들이 이 말을 듣고 마음에 찔려 베드로와 다른 사도들에게 물어 이르되 '형제들아, 우리가 어찌할꼬' 하거늘 베드로가 이르되 '너희가 회개하여 각각 예수 그리스도의 이름으로 세례를 받고 죄 사함을 받으라. 그리하면 성령의 선물을 받으리니'"(행 2:37-38)라고 했다. 여기 베드로가 우리에게 가르쳐 주는 중요한 사실이 있다. 참으로 믿는 사람은 다른 사람들이 다 그리스도를 미워해도 공적으로 그분 편에 선다.

사도행전 3장 13-14절에도 비슷한 내용이 나온다. "아브라함과 이삭과 야곱의 하나님 곧 우리 조상의 하나님이 그의 종 예수를 영화롭게 하셨느니라. 너희가 그를 넘겨주고 빌라도가 놓아주기로 결의한 것을 너희가 그 앞에서 거부하였으니 너희가 거룩하고 의로운 이를 거부하고 도리어 살인한 사람을 놓아주기를 구하여." 이어 19절에서 "그러므로 너희가 회개하고 돌이켜 너희 죄 없이함을 받으라. 이같이 하면 새롭게 되는 날이 주 앞으로부터 이를 것이요"라고 했다. 바로 이것이 설교다! 왜 그런가? 인간의 죄와 회개와 큰 기쁨과 충만함을 모두 다루기 때문이다. 즉 은혜와 구원을 제시한다.

그다음 22-23절에서 베드로는 모세가 했던 말을 그들에게 상기시킨다. "주 하나님이 너희를 위하여 너희 형제 가운데서 나 같은 선지자 하나를 세울 것이니 너희가 무엇이든지 그의 모든 말을 들을 것이라. 누구든지 그 선지자의 말을 듣지 아니하는 자는 백성 중에서 멸망 받으리라." 당신이 사람들에게 마지막으로 이렇게 말한 때는 언제인가? "회개하지 않고 완고한 마음을 고수하면 당신은 멸망합니다." 우리 사회는 너무 심약하여 이런 말을 들을 줄 모른다. 그러나 바로 이런 말이 변화를 낳는다.

사도행전 4장 8-11절에 보면 베드로가 이렇게 말한다. "백성의 관리들과 장로들아, 만일 병자에게 행한 착한 일에 대하여 이 사람이 어떻게 구원을 받았느냐고 오늘 우리에게 질문한다면 너희와 모든 이스라엘 백성들은 알라. 너희가 십자가에 못 박고 하나님이 죽은 자 가운데서 살리신 나사렛 예수 그리스도의 이름으로 이 사람이 건강하게 되어 너희 앞에 섰느니라. 이 예수는 너희 건축자들의 버린 돌로서 집 모퉁이의 머릿돌이 되었느니라." 한마디로 "우리가 재판받는 이유는 예수님 때문"이라는 말이다. 사람들은 온갖 이유를 들이대며 우리를 축출하거나 감금하려 하겠지만, 우리 쪽에서 제공한 이유는 하나뿐이어야 한다. 바로 예수 그리스도께 진심으로 헌신했다는 사실이다. 우리의 적대적 태도나 정치적 간섭 때문이어서는 안 된다.

사도행전 5장 28절에서 당국자들은 "우리가 이 이름으로 사람을 가르치지 말라고 엄금하였으되 너희가 너희 가르침을 예루살렘에 가득하게 하니 이 사람의 피를 우리에게로 돌리고자 함이로다"라고 말했다. 여기 두 가지 주목할 점이 있다. 첫째로, 사도들은 상대의 죄를 지적했다. 나단이 다윗에게 그랬듯이 그들도 "당신이 그 사람이다. 당신 책임이다"라고 말했다. 사도들이 예수님의 피를 청중에게 돌린 것은 그분의 피를 제대로 적용하여 상대도 그 피로 씻음받기를 바라서였다. 죄인의 양심을 찔러 화나게 하는 이 죽음이 바로 그들을 구원할 수 있는 죽음임을 알려 주고 싶어서였다. 둘째로, 사도들은 이 이름을 예루살렘에 두루 퍼뜨렸다. 당연히 소명은 누구나 다 같지 않은데, 때로 우리는 이런 본문이 강단 사역에만 적용된다는 듯 전부 설교의 능력과 중요성에 연결시킨다. 그러나 사도들이 이때 성경을 설명한 곳은 강단이 아니라 거리였다. 누구나 다 거리의 설교자가 되어야 한다는 뜻은 아니지만, '건물만 지어 놓으면 사람이 모일 것이다'라고 믿는다면 우리는 종교개혁의 후예가 아니다. 예수님은 "길과 산울타리 가로 나가"라고 하셨다(눅 14:23). 종교개혁자들을 사랑한다면서 그들이 예복 차림으로 고색창연한 석조 예배당에 앉아 책과 논문만 썼다고 생각한다면, 당신은 그들을 잘못 알고 있는 것이다. 그들은 석조 건물 밖으로 나가 어디서나 복음을 전했고 그로 인해 고난을 당했다.

강단에서 복음을 전하는 이들은 더 자주 밖으로 나가야 한다. 대중에게 예수 그리스도의 복음을 전해야 한다. 왜 신학이 부실한 수많은 사람은 늘 거리에 있는 반면에, 신학이 탄탄한 이들은 늘 도서관과 강단에 있는 것일까? 양쪽을 다 취하자! 현장으로 나가는 법을 배우자! 다시 말하지만 당신이 거리의 설교자가 되어야 한다는 말이 아니다. 다만 교회 건물이나 서재 울타리 밖으로 나갈 기회가 얼마든지 있다는 말이다. 길 잃은 영혼들이 당신을 기다리고 있다.

사도들은 메시지를 전했을 뿐 아니라 사람들의 죄를 지적했다. 그리스도의 배타성을 전했다. 이것이 세상을 정말 화나게 한다. 사도행전 4장 12절에 "다른 이로써는 구원을 받을 수 없나니 천하 사람 중에 구원을 받을 만한 다른 이름을 우리에게 주신 일이 없음이라"고 했다. 박해를 피하려고 굳이 성경이나 정통 기독론을 공격할 필요까지는 없다. 이신칭의를 가르쳐도 괜찮고, 성경의 특정한 책이 정경이 아니라고 말하지 않아도 된다. 세상의 박해를 피하려면 이 구절의 정관사를 부정관사로 바꾸기만 하면 된다. 내일 텔레비전 프로그램에 나가서 "그리스도는 놀라운 분입니다. 하나님의 아들이십니다. 내게 아주 특별한 분입니다. 나를 구원하셨습니다. 내게는 그분이 길입니다"라고 말해도 된다. 하지만 그분이 **유일한** 길이라고는 말하지 말라. 어느 한 구주라면 몰라도 그분만이 **유일한** 구주라고 말하면 세상이 가만히 있지 않는다. 2-3세기의 로마 제국이 그랬다. 로마는 다신론 사회여서 마음대로 많은 신을 숭배해도 되었다. 초대 그리스도인들이 '무신론자'로 내몰려 박해받은 이유는 그리스도의 배타성을 전했기 때문이다.

오늘날 복음주의에서는 예수님이 하나님과 인간 사이의 유일한 중보자임을 거의 모두가 받아들이는 것 같다. 하지만 다른 사람들도 다 그 진리를 받아들이는 것은 아니며, 오히려 이런 입장은 점점 미국 교회의 비주류가 되어 가는 것 같다. 사람들은 예수님이 유일한 길이라고 말하기를 겁낸다. 우리는 교회에서 이 진리를 위하여 싸워야 한다. 유럽 교회도 지금 치열하게 싸우고 있는 전투지다.

흔히 아시시의 프란치스코가 했다고 알려진 이 말도 생각해 보라. "늘 복음을 전하되 필요하다면 말로도 하라." 취지는 알겠지만 위험하고 잘못된 말이다. 삶으로 복음을 전하기란 불가능하다. 삶으로 복음을 **뒷받침할** 수는 있으나 **전할** 수는 없다. 복음을 전하려면 입을 열어 하나님의 말씀을 말해야 한다.

사도들이 박해받은 또 다른 이유는 사람이 아닌 하나님께 순종했기 때문이다. 바울은 디모데후서 3장 12절에서 "무릇 그리스도 예수 안에서 경건하게 살고자 하는 자는 박해를 받으리라"고 썼다. 근래에 세상이 우리에게 보여 준 게 있다면, 누구든 조금이라도 세상에 동조하지 않는 사람은 용납될 수 없다는 것이다. 꼭 돌아다니며 세상을 책망해야 박해받는 것이 아니라 경건하게 살기만 하면 된다. 경건하게 살고 말하고 선택하면 세상에서 박해받게 되어 있다. 목사들은 때로 너무 울 안에 갇혀 있다. 아침에 일어나 성경을 연구하고 교회에 가서 장로나 교인과 대화하고 설교한다. 목사를 찾아오는 사람도 그리스도인이고, 목사가 심방하는 대상도 그리스도인이다. 목사들은 이렇게 보호받고 있으며, 그러다 보니 직장에서 보호받지 못하는 그리스도인이 많다는 사실을 망각하기 쉽다. 그런 직장인들은 점심시간에 고개를 숙이고 속으로 식사 기도만 해도 동료들이 공격한다. 생각해 보라. 대부분의 그리스도인은 워낙 불경한 환경에 에워싸여 있어 신앙을 지키는 것은 정말이지 전투다. 목회자의 삶이 목회 대상자들의 삶보다 힘든 게 아니라 더 수월하다는 것을 결코 잊지 말라.

사도들은 또 성령으로 충만했기 때문에 박해를 받았다. "육체의 소욕은 성령을 거스르고 성령은 육체를 거스르나니 이 둘이 서로 대적함으로"라고 한 갈라디아서 5장 17절을 생각해 보라. 문맥상 바울이 그리스도인의 삶에서 일어나는 내적 싸움을 두고 한 말이다. 그러나 원리는 창세기 3장

15절로 훌쩍 거슬러 올라간다. 하나님과 악, 하나님과 사탄 사이에 우주 대전이 벌어지고 있다. 세상과 마귀는 성령을 대적하고 누구든지 성령으로 충만한 사람을 대적한다.

나아가 마귀와 세상은 자기네 사람들이 그리스도를 따르기로 하면 비열하게 나온다. 젊었을 때 나는 레너드 레이븐힐(Leonard Ravenhill)의 설교를 들으며 자랐는데 그가 자주 하던 말이 있다. "당신은 지옥에 이름이 알려질 정도로 사탄의 나라에 흠집을 내고 있습니까?" 당신이 신자라면 이름이 천국에 알려져 사랑을 받을 것이다. 그런데 사역자인 당신의 이름은 지옥에 알려져 있는가? 거기서 미움을 받고 있는가? 영향을 미치고 있는가? '영향'이라 해서 당신의 교회가 큰지를 묻는 것이 아니다. 당신이 집회 강사인지도 내 알 바 아니다. 다만 당신은 힘써 하나님의 말씀을 알고 순종하고 전하고 있는가? 하나님의 말씀을 알고 순종하고 전하면 당신은 곧 표적이 된다. 세상과 마귀는 당신의 열매와 능력을 달가워하지 않기 때문이다.

박해의 원인이 아닌 것은 무엇인가?

그렇다면 사도들이 박해받은 원인이 아닌 것은 무엇인가? 그들은 잘못된 행동 때문에 박해받은 것이 아니다. 내가 한동안 상담하던 남자가 있는데, 하루는 그가 잔뜩 풀이 죽어 내 사무실에 들어왔다. 무슨 문제냐고 물었더니 그는 "그리스도인이라고 직장에서 저를 너무 박해해서요"라고 말했다. 내 대답은 이랬다. "제가 당신을 아주 잘 아는데, 당신은 그리스도인이리서 박해받는 것이 아니라 제가 여태 본 가장 게으른 사람이라서 박해받는 겁니다." 잘못된 행동이나 그리스도인답지 못한 행동으로 박해받아서는 안 된다. 사도행전의 교회 지도자들은 교회에 그리스도인답지 못한 잘못된 행동이 보이면 바로잡았다.

그들은 또 터무니없는 생각 때문에 박해받은 것이 아니다. 내가 사도행전을 즐겨 통독하는 이유는 구약의 말씀으로 충만하기 때문이다. 구약은 초대 교회의 성경이었다. 지금 우리에게는 사도들이 영감을 받아 기록한 신약도 있다. 그들은 복음을 변호하고 선포할 때 구약을 인용했다. 그들의 모든 말은 성경에서 나와서 성경으로 확증되고 성경에 일치했다. 즉 그들은 어리석고 잘못된 해석 때문에 박해받은 것이 아니다.

그들은 종교적 광신 때문에 박해받지도 않았다. 고린도 교회의 문제들이 사도행전에는 없었다. 사도행전 2장에 성령이 넘치도록 부어져 제자들이 방언을 말했는데 이조차도 성경대로였다. 그 방언은 실제 음가로 이루어진 실존 언어들이어서 이를 통하여 성경의 진리가 소통되었다. 기적이 되 성경이 뒷받침하고 있는 것이다. 즉 오늘날 비일비재하게 보이는 종교적 광신은 없었다.

끝으로 사도들은 정치적 입장 때문에 박해받은 것이 아니다. 그들은 정부를 공격하지 않았다. 요즘 사람들은 "이제 우리는 어떻게 지도자를 교체할 것인가?"라고 묻는다. 우리의 지노사는 교체된 적이 없으시다. 시편 2편을 읽어 보라. 우리의 소망을 정당에 둘 게 아니라 부활하신 영광의 그리스도께 두어야 한다. 초대 교회에는 정치 활동이 없었다. 대신 말씀 전파와 기도가 있었다. 산헤드린 앞에서 베드로는 무엇을 했는가? 말씀을 전했다. 아그립바 앞에서 바울은 무엇을 했는가? 말씀을 전했다. 베스도 앞에서는 어땠는가? 말씀을 전했다. 가이사의 법정에 출두할 기회가 왔을 때는 어땠는가? 역시 말씀을 전했다. 디모데전서 2장 1-2절에 "그러므로 내가 첫째로 권하노니 모든 사람을 위하여 간구와 기도와 도고와 감사를 하되 임금들과 높은 지위에 있는 모든 사람을 위하여 하라. 이는 우리가 모든 경건과 단정함으로 고요하고 평안한 생활을 하려 함이라"고 했다.

내 생각에 바울은 이 글을 쓸 때 예레미야를 떠올렸을 것이다. 예레미야는 자기 민족이 포로로 끌려갈 것이라고 말했으나 거짓 선지자들은 그럴 일이 없다고 했다. 막상 백성이 포로로 끌려가자 거짓 선지자들은 금방 고국으로 돌아올 테니 집을 짓지 말라고 했다. 그러나 하나님이 예레미야를 통하여 하신 말씀은 전혀 달랐다. "너희는 내가 사로잡혀 가게 한 그 성읍의 평안을 구하고 그를 위하여 여호와께 기도하라. 이는 그 성읍이 평안함으로 너희도 평안할 것임이라"(렘 29:7). 우리는 정치 활동으로 세상을 변화시키는 것이 아니다. 말씀 전파, 우리의 성품, 원수까지 사랑하는 태도로 세상을 변화시킨다.

성경에 보면 당신은 세상의 소금이고, 소금은 짠맛을 잃으면 버려진다. 한마디로 이 말씀은 그리스도의 참 제자에게는 일정한 특성이 있다는 뜻이다. 그런 특성을 없애 버리면 그는 더 이상 제자가 아니다. 그런 특성을 다른 좋은 것들로 대체해도 세상을 변화시킬 수 있는 제자는 더 이상 없다. 세상을 변화시키려면 제자의 특성을 갖춘 제자가 되어야 한다. 제자의 특성이란 무엇인가? 팔복에 나와 있다. 가난한 심령, 긍휼, 상한 마음, 의 등이다.

기도하고 복음을 전하라. 우리는 그 일로 부름받았다.

박해에 어떻게 반응할 것인가?

사도들은 박해에 어떻게 반응했는가? 기뻐했다. 팔복의 말씀을 실천했다. "나로 말미암아 너희를 욕하고 박해하고 거짓으로 너희를 거슬러 모든 악한 말을 할 때에는 너희에게 복이 있나니"(마 5:11). 시험 중에 기뻐하라는 야고보의 훈계도 실천했다(약 1:2). 어떻게 우리도 똑같이 할 수 있을까? 우리가 고난 중에 기뻐할 수 있음은 고난 때문이 아니라 다음 네 가지 때문이다.

첫째, 고난을 통하여 우리는 앞서간 무리에 합류한다. 사도들과 주 예수님께 동참하는 것이다.

둘째, 고난에는 영원한 보상이 따른다. 어떤 이들은 영원한 보상을 말하면 동기가 옳지 못하거나 행위의 의가 조장된다고 생각한다. 그러나 예수님이 영원한 보상을 말씀하셨으니 우리 머릿속에도 그 개념이 있어야 한다. 보상이 **유일한** 동기는 아니지만 주님이 약속하신 보상이니 하나의 동기로 삼아야 한다. "나로 말미암아 너희를 욕하고 박해하고 거짓으로 너희를 거슬러 모든 악한 말을 할 때에는 너희에게 복이 있나니 기뻐하고 즐거워하라. 하늘에서 너희의 상이 큼이라"(마 5:11-12). 당신의 상은 참으로 크다. 박해의 결과로 하늘의 상이 커질 뿐 아니라 땅에서도 당신은 더 거룩해진다.

셋째, 고난 덕분에 그리스도를 닮아 간다. 시련, 사람들의 공격, 질병 등 큰 싸움의 한복판에서 힘들 때면 때로 우리는 "주님, 왜 이런 일을 허락하십니까?"라고 부르짖는다. 존 뉴턴이 쓴 아름다운 찬송시에 보면, 그는 하나님께 자신을 더 거룩하게 해주시고 그분께로 더 가까이 이끌어달라고 기도했다. 하룻밤의 기도로 그는 하나님이 그냥 찾아와 주실 줄 알았는데 그야말로 지옥문이 열렸다. 뉴턴은 여러 혹독한 시련을 지나며 괴로웠다. 그래서 찬송시에 "하나님, 왜입니까?"라고 부르짖자 그분은 "네가 내게 구한 바로다"라고 답하신다.[1]

시련의 한복판에서 시련을 끝내려고 포기하고 싶어질 때, 결국 당신이 원하는 것이 무엇인지 자문해 보라. 하나님이 원하시는 것을 당신도 원하

---

[1] John Newton, "I Asked the Lord that I Might Grow"(1779), *Sovereign Grace Music*. https://sovereigngracemusic.bandcamp.com/track/i-asked-the-lord-that-i-might-grow. 내가 표현을 현대어로 바꾸었다.

는가? 편한 삶을 원하는가? 아니면 그리스도를 닮아 가기를 원하는가?

넷째, 박해는 교회를 전진하게 한다. 역사가 그 증거다. 예컨대 중동 일부 지역에서 교회(박해받는 교회)는 세상 어디서보다 빠르게 성장하고 있다. 박해는 결코 교회를 해치지 않는다. 오히려 기복 신앙이 교회를 해친다.

사도행전 본문에 사도들이 기뻐하면서 떠났다고 말할 때 현재분사형이 쓰였다. 그들의 기쁨은 그저 한순간의 현란한 종교적 열의가 아니라 그윽한 기쁨이었다. 그다음 구절인 5장 42절을 보면 안다. "그들이 날마다 성전에 있든지 집에 있든지 예수는 그리스도라고 가르치기와 전도하기를 그치지 아니하니라." 그들은 계속 가르치고 전도했다. 당신과 나도 그래야 한다. 죄 때문에 길을 이탈하지 말라. 비법을 찾느라고 한눈팔지 말라. 같은 동네나 도시의 아무개가 다른 방법을 써서 그 교회가 폭발적으로 성장했다는 사실 때문에 곁길로 빠지지 말라. 하나님의 말씀에 부합하지 않는 방법이거든 무시하라. 묵묵히 계속 말씀을 전파하고 기도하라.

그런데 사도들이 기쁨과 인내로 박해에 정면으로 맞섰던 힘은 어디서 왔을까? 그들이 계속한 일은 애초에 그들에게 확신과 인내를 주었던 요소들과 별로 다르지 않았다. 우선 하나님과 그리스도와 천국과 하늘의 상이 그들에게는 세상이 줄 수 있는 그 어떤 수치나 칭찬이나 상보다 더 큰 실재였다. 청교도와 개혁가들의 글을 읽을 때도 똑같은 시각을 만날 수 있다. 우리도 그들처럼 박해에 정면으로 맞서려면 삶이 하나님의 말씀에 푹 젖어 있어야 한다. 그렇지 않고는 눈에 보이는 것보다 보이지 않는 것이 더 큰 실재가 될 수 없다.

우리는 기도 가운데 주님과 함께 머물러야 한다. 내 육신은 하나님의 말씀을 공부하기 싫어하지만 기도는 더 싫어한다. 위대한 강해자인 마틴 로이드 존스도 평소에 기도 시간을 더 내지 못한 것을 생애 말년에 아쉬워했다. 바울은 로마서 2장 7절에 "참고 선을 행하여 영광과 존귀와 썩지 아니함을 구하는 자에게는 영생으로 하시고"라고 썼다. 너무 스파르타식처럼 보이는가? 하지만 우리는 그리로 부름받았다. 정신을 바짝 차리고 믿음 위에 굳게 서야 한다.

그러면 어떻게 두려움과 흔들림에서 확신과 인내로 옮겨 갈 것인가? 베드로는 어떻게 그렇게 변화되었는가? 여종 앞에서 그리스도를 부인했던 그가 오순절 이후로 온 나라에 당당히 맞서지 않았던가? 무엇이 달라졌는가? 바로 성령의 생명과 능력이다. 성령이 우리를 변화시켜 하나님의 말씀에 갈급하게 하시고 끊임없는 기도 속으로 인도하셔야 한다. 그래야만 눈에 보이는 것보다 보이지 않는 것이 더 큰 실재가 되고, 세상이 무엇을 준다 해도 하늘의 상이 그보다 더 큰 줄 안다. 그래야만 박해가 닥쳐와도 인내할 수 있다.

히브리서 11장을 생각해 보라. 보이지 않는 세계를 믿은 덕분에 어떤 이들은 조롱과 채찍질과 투옥을 능히 당해 냈다. 돌로 침과 톱으로 켬과 칼로 죽임을 당하고 양과 염소의 가죽을 입고 유리하며 시험과 환난과 학대를 받았다. 세상이 그들을 감당하지 못했다. 그들은 광야와 산과 동굴과 토굴에 유리했다. 이 사람들은 모두 믿음으로 말미암아 인정받았다. 40절에 보면 하나님은 우리에게도 더 좋은 것을 약속하셨다. 우리에게는 새로운 실재가 필요하다. 궁극의 실재가 무엇인지 보아야 한다. 이제 더는 어영부영 살아서는 안 된다. 이 세상을 그만 보고 성경 속의 하나님을 보라. 그러면 당신도 우리의 선조들처럼 박해에 정면으로 맞설 수 있다.

22

하늘 보좌 앞에서:
어린양의 사역을 증언하는 구원받은 무리

요한계시록 4-5장　　　　　　　콘래드 음베웨(Conrad Mbewe)

　　　　　　지상 교회는 박해받고 고난당하는 교회다. 한동안 평안할 수도 있으나 교회의 머리 되신 주 예수 그리스도를 향한 죄인들의 증오는 머잖아 새로운 박해와 고난의 물결을 몰고 온다. 그럴 때면 하나님의 백성에게 그분이 주시는 격려의 말씀이 필요하다. 신구약 전체에는 그런 격려가 가득하다. 곧 살펴보겠지만 사도 요한도 요한계시록 4장에서 우리를 격려해 준다. 그는 십자가에 달리시고 부활하여 높여지신 그리스도의 환상을 보여 주며 그 시대에 박해받던 하나님의 백성을 격려했다.

　교회가 견디기에 어려운 시대였다. 악이 이길 것만 같았다. 우리도 교회로서 심히 어려운 시대를 지나는 중이다. 어려운 양상은 미주나 아프리카나 아시아나 유럽의 교회에 따라 다를 수 있다. 그러나 악이 이길지도 모른다는 위기감이 우리 모두에게 있다. 우리도 십자가에 달리시고 부활하여 높여지신 그리스도를 다시금 보고 격려를 얻어야 한다.

교회에 갈 때마다 우리가 사모하는 것이 바로 그것이다. 더그 플랭크와 밥 커플린의 찬양곡 가사처럼 우리도 하나님께 그리스도와 그분의 영광을 보여 달라고 간구한다.[1]

요한계시록을 쓸 당시에 요한은 마지막 생존 사도였을 것이다. 교회에서 함께 수고했던 친구와 동료들은 아마 자연사했거나 순교했을 것이다. 역사를 보면 대부분이 순교했다. 즉 이 책은 교회가 박해받고 있고 지도자가 대부분 죽었을 때 기록되었다.

요한은 밧모라는 섬에 은신 중이었다. 거기서 하나님의 영이 그를 도우시고 예수님의 일을 보여 주셨다. "성령에 감동되어" 그는 부활하신 주님을 뵙고 아시아 일곱 교회에 보낼 편지를 받았다(2-3장). 그 편지들을 보면, 예수님은 교회가 박해를 받는 중에도 그분을 향하여 충실하고 거룩하게 사랑으로 살아가기를 바라셨다. 이 글의 취지와 관계되는 환상은 요한이 마지막 편지까지 다 쓴 뒤에 우리에게 전해 준다.

그의 말은 이렇게 시작된다. "이 일 후에 내가 보니 하늘에 열린 문이 있는데 내가 들은바 처음에 내게 말하던 나팔 소리 같은 그 음성이 이르되 '이리로 올라오라. 이 후에 마땅히 일어날 일들을 내가 네게 보이리라' 하시더라. 내가 곧 성령에 감동되었더니 보라, 하늘에 보좌를 베풀었고 그 보좌 위에 앉으신 이가 있는데"(계 4:1-2). 천국 자체를 들여다보았으니 정말 감격스러운 순간이었을 것이다. 우리가 알기로 천국을 본 다른 사람은 사도 바울뿐인데, 그는 거기서 본 내용을 이루 다 말할 수 없었다(고후 12:1-

---

1 Doug Plank & Bob Kauflin, "Show Us Christ"(Sovereign Grace Worship [ASCAP]/Sovereign Grace Praise [BMI], 2011).

4). 틀림없이 주체할 수 없는 경험이었을 것이다.

요한계시록 4장에서 요한은 천국에서 벌어지는 일을 보았을 뿐 아니라 이를 기록하라는 명령까지 받았다. 그래서 우리에게 이 기록이 남아 있다. 물론 이 책에는 상징이 가득하므로 4장을 해석할 때도 그 사실을 염두에 두어야 한다. 요한은 천국을 엿보며 목격한 분위기를 상징 덕분에 그나마 포착하여 전달할 수 있었다. 격려가 아쉬운 그였기에 이런 환상을 절실히 볼 필요가 있었다. 그가 남다른 특권을 입어 목격한 바를 나누면 교회도 필요한 격려를 받게 된다. 우리도 요한이 본 환상을 조금이나마 보아야 한다. 4장을 풀어내고 묵상하는 동안 우리 내면이 강건해지기를 기도한다!

하늘의 보좌와 그 위에 앉으신 이

요한이 보았고 우리에게도 보여 주려는 그것은 무엇인가? 요한은 이 땅에 무슨 일이 벌어지든 하나님이 여전히 보좌에 계심을 보았다. 누구도 이를 놓칠 수 없다. 4장을 쭉 읽어 보면 보좌라는 단어가 신성한 지면에서 거듭 튀어나온다.

> 앉으신 이의 모양이 벽옥과 홍보석 같고 또 무지개가 있어 **보좌**에 둘렸는데 그 모양이 녹보석 같더라. 또 **보좌**에 둘려 이십사 **보좌들**이 있고 그 **보좌들** 위에 이십사 장로들이 흰옷을 입고 머리에 금관을 쓰고 앉았더라. **보좌**로부터 번개와 음성과 우렛소리가 나고 **보좌** 앞에 켠 등불 일곱이 있으니 이는 하나님의 일곱 영이라. **보좌** 앞에 수정과 같은 유리 바다가 있고 **보좌** 가운데와 **보좌** 주위에 네 생물이 있는데 앞뒤에 눈들이 가득하더라. 그 첫째 생물은 사자 같고 그 둘째 생물은 송아지 같고 그 셋째 생물은 얼굴이 사람 같고 그 넷째 생물은 날아가는 독수리 같은

데 네 생물은 각각 여섯 날개를 가졌고 그 안과 주위에는 눈들이 가득하더라. 그들이 밤낮 쉬지 않고 이르기를

"거룩하다, 거룩하다, 거룩하다, 주 하나님 곧 전능하신 이여, 전에도 계셨고 이제도 계시고 장차 오실 이시라"

하고 그 생물들이 **보좌**에 앉으사 세세토록 살아 계시는 이에게 영광과 존귀와 감사를 돌릴 때에 이십사 장로들이 **보좌**에 앉으신 이 앞에 엎드려 세세토록 살아 계시는 이에게 경배하고 자기의 관을 **보좌** 앞에 드리며 이르되

"우리 주 하나님이여,

영광과 존귀와 권능을 받으시는 것이 합당하오니

주께서 만물을 지으신지라.

만물이 주의 뜻대로 있었고 또 지으심을 받았나이다"

하더라(3-11절).

얼마나 장엄한 광경인가! 이 땅에 살며 오물과 쓰레기를 보는 데만 익숙해 있던 요한의 눈앞에 말로 표현할 수 없는 하늘 보좌의 영광이 펼쳐졌다. **보좌**라는 단어가 이 장에만 12회 쓰였고, 5장에 5회가 더 나온다. 보좌와 그 위에 앉으신 이의 모습에 요한은 당연히 압도되었을 것이다. 토머스 비니는 1826년에 이런 찬송시를 썼다.

영원한 빛이신 주

그 눈길로 살펴주시니

이 영혼 순전하여

두려움 없이 기쁨 중에 살며

주 뵈오리

주 보좌 앞 천사들
그 빛나는 복 누림은
타락한 이 세상을
조금도 알지 못하던
천사만의 몫이라

어둡고 미련한 나
벌거벗은 이 영혼이
스스로 계신 그 빛
형언 못할 주 앞에서
어찌 감당하오리[2]

  요한은 바로 "스스로 계신 그 빛"을 보았다. 보좌 사체에서 뿜어져 나오는 형언할 수 없는 영광이었다. 안타깝게도 오늘날의 정치 체제에서는 보좌를 둘러싼 위엄을 여간해서 보기 힘들다. 이전 세대라면 이 광경이 실감났을 것이다. 그때는 현직 왕이나 여왕이 정말 왕이나 여왕이었으니 말이다.
  아프리카에는 이 땅의 권력과 영광이 아직 꽤 남아 있다. 여전히 권위가 개인에게 부여되기 때문이다. 그래서 촌장이나 추장을 방문하면 이를 느낄 수 있고, 대추장을 알현할 기회가 있다면 더 실감할 수 있다. 휘황찬란한 장식은 없을지라도 압도적인 분위기만큼은 실제로 느낄 수 있다. 대추

---

[2] Thomas Binney, "Eternal Light! Eternal Light!"(1826), Hymnary.org. https://hymnary.org/text/eternal_light_eternal_light.

장을 알현하려면 보좌 주위에 늘어선 촌장들을 지나고 관복 차림의 추장들의 대열도 지나야 한다. 그다음에 인두나스라고 하는 장로들까지 지나면 드디어 불빛이 은은한 알현실 안쪽에 대추장이 있다. 이미 주의를 받았겠지만 감히 그의 얼굴을 똑바로 보아서는 안 된다. 시선을 바닥이나 기껏해야 그의 발치에 두어야 한다. 옛날에는 대추장의 얼굴을 똑바로 보다가는 죽음을 면할 수 없었다.

아프리카의 그런 보좌도 요한이 본 무한한 영광과 광채와 위엄에 비하면 아무것도 아니다. 그래서 그가 할 수 일이라곤 비교밖에 없었다. "앉으신 이의 모양이 벽옥과 홍보석 같고 또 무지개가 있어 보좌에 둘렸는데 그 모양이 녹보석 같더라"(4:3). 그에 따르면 가장 높은 보좌 주위로 이십사 보좌가 있고, 그 보좌들 위에 눈부신 흰옷과 반짝이는 금관 차림의 이십사 장로들이 앉아 있었다. 가운데 높은 보좌에서는 번개와 음성과 우렛소리가 났다.

요한의 심정이 조금이라도 느껴지는가? 웬만해서는 느끼기 어려울 것이다. 요즘의 대통령들은 누구와도 어울릴 수 있는 친구처럼 행동하려 한다. 그러나 요한이 겪은 일은 달랐다. 그가 본 것은 온 우주를 통치하시는 분의 보좌였다.

요한이 이 모든 것에서 얻은 메시지는 아주 분명하다. 지상이 아무리 혼탁해도 여전히 하나님이 통치하고 계심을 그는 이전 어느 때보다도 절감했을 것이다! 우리도 이런 본문을 읽어 조금이나마 그 경험을 되살려야 한다. 하나님은 영원하신 존재이며 시작도 끝도 없이 영원히 살아 계신다. 창세기 1장 이전부터 성부와 성자와 성령으로 존재하신 그분은 외부의 그 무엇도 전혀 필요 없이 서로 교제하며 만족하셨다. 그분은 존재하는 모든 것을 자신의 영광을 위하여 자신의 뜻대로 창조하셨다. 그리고 우주를 **통**

치하신다.

친히 지으신 우주를 그분은 저절로 돌아가게 두지 않으시고 만물을 주관하신다. 그래서 보좌가 존재한다. 보좌는 온 나라의 관제소다. 요한이 본 것이 바로 그것이다. 그가 본 그분은 만물을 아실 뿐 아니라, 교회를 망쳐 놓는 모든 개인까지 포함해 만물을 창조하셨다. 보좌 위에 계신 하나님은 만물을 다스리고 주관하시기에 그 무엇에도 구애받지 않으신다.

보다시피 이십사 장로들이 금관을 쓰고 보좌에 앉아 있는데, 이는 그들도 버금 지위에서 통치한다는 증거다. 보다시피 그들은 보좌 앞에 엎드려 보좌에 앉으신 이를 경배하며 그 발아래에 자신의 관을 드린다(4:10). 이는 그분이 아프리카식 표현대로 모든 대추장의 대추장이시라는 뜻이다. 그분은 만왕의 왕, 모든 추장의 추장, 모든 대통령의 대통령이시다.

틀림없이 요한은 큰 힘을 얻었을 것이다. 군주가 앞으로 자신의 선민이 어찌될지 몰라 손톱이나 뜯고 계시지 않음을 알았으니 말이다. 그분은 지금도 절대 주권으로 만물을 주관하시며 여전히 하늘에서 예배를 받으신다. 우리도 오늘날 주변의 모든 혼란 속에서 그 사실을 보아야 한다. 전능하신 우리 하나님이 지금도 다스리신다!

그래서 교회로 모여 하나님을 예배할 때 우리는 모든 창조세계에서 가장 중요한 활동을 한다. 목소리를 합하여 만유의 주이신 그분을 예배하는 것이다.

우리를 낙심케 하는 이 땅의 현실

의로운 영혼들은 지상 교회가 당면한 장애물 때문에 잠시 불안을 겪는다. 5장 서두에서 요한에게도 그런 일이 닥친다.

요한은 여전히 "성령에 감동"된 상태에서 이렇게 썼다. "내가 보매 보좌에 앉으신 이의 오른손에 두루마리가 있으니 안팎으로 썼고 일곱 인으로 봉하였더라. 또 보매 힘 있는 천사가 큰 음성으로 외치기를 '누가 그 두루마리를 펴며 그 인을 떼기에 합당하냐' 하나 하늘 위에나 땅 위에나 땅 아래에 능히 그 두루마리를 펴거나 보거나 할 자가 없더라. 그 두루마리를 펴거나 보거나 하기에 합당한 자가 보이지 아니하기로 내가 크게 울었더니"(계 5:1-4).

이는 요한이 교회의 앞날을 걱정했다는 말이다. 그는 눈물을 흘렸다. 울음이 터져 크게 울었다. 보좌에 앉으신 이의 손에 들린 두루마리를 아무도 펼 수 없었으므로 정말로 통곡했다. 이 두루마리는 무엇일까? 그동안 주석가들이 이를 이해하려고 씨름하면서 여러 제안을 내놓았고 그중 더 훌륭한 것들도 있다. 그러나 중요하게 인정해야 할 것이 있다. 이 본문이든 다른 어느 본문이든 성경 자체에는 이 두루마리가 무엇인지 나와 있지 않다. 그러나 이 두루마리에 대하여 적어도 두 가지만은 분명하다.

첫째, 두루마리는 이후에 벌어질 일과 관계된다. 미래에 대한 내용이다. 이어지는 본문에 분명히 나와 있다. 6장에서 어린양이 두루마리의 일곱 인을 떼기 시작하자 역사가 전개된다. 인을 하나씩 뗄 때마다 그 파장이 지상에 미친다. 말 탄 자가 나가서 땅을 정복하고, 사람들이 서로 살육하며, 국가 경제가 붕괴되고, 사람들이 기근과 역병과 들짐승 때문에 죽으며, 순교자들이 신원을 간구하고, 최후의 심판 날이 도래한다.

둘째, 그런 사건이 일어날 시점은 두루마리를 든 그분이 정하신다. 6장에 분명히 나와 있다. 어린양이 인을 떼자 그제야 해당 사건이 발생한다. 한 예로 "넷째 인을 떼실 때에 내가 넷째 생물의 음성을 들으니 말하되 오라 하기로 내가 보매 청황색 말이 나오는데 그 탄 자의 이름은 사망이니 음부가 그 뒤를 따르더라. 그들이 땅 사분의 일의 권세를 얻어 검과 흉년과 사망과 땅의 짐승들로써 죽이더라"(계 6:7-8). 지금과 최후의 심판 사이에 언제 어떤 일이 벌어질지는 두루마리를 들고 계신 그분의 소관이다. 요한은 이에 대한 관심이 지대했다. 교회의 미래를 걱정했기 때문이다. 교회의 첫 지도자 중에서 마지막으로 남은 그는 교회의 앞날에 더 좋은 시절이 오기를 고대했다.

요한계시록이 기록된 지 거의 2천 년이 지난 지금, 교회는 온 세상에 퍼져 최대 종교가 되었다. 그래서 우리는 두루마리를 펴기에 합당한 자가 없어 크게 울던 요한의 우려와 불안을 공감하지 못한다(5:4). 조국이 전쟁 중이라고 상상해 보라. 2차 세계대전을 떠올려도 좋다. 아돌프 히틀러가 당신의 나라를 침략했다고 상상해 보라. 아침마다 라디오나 텔레비전을 켜면 한 가지 불안한 의문이 머릿속에 밀려온다. 어느 쪽이 이기고 있는가? 폭파된 많은 곳과 침몰한 배와 전사한 군인에 대한 기사가 속속 전해진다. 당연히 나라의 미래가 걱정된다. 전쟁이 끝나면 당신은 승자 편에서 살아남을 것인가? 이 책을 쓸 때 사도 요한의 마음과 생각이 바로 그런 상태였다. 그전에 그는 이렇게 썼다. "나 요한은 너희 형제요 예수의 환난과 나라와 참음에 동참하는 자라. 하나님의 말씀과 예수를 증언하였음으로 말미암아 밧모라 하는 섬에 있었더니"(1:9). 복음으로 말미암아 환난 중에 참고 인내해야 하는 때였다.

외부 환경도 충분히 열악했는데 이에 더하여 많은 교회의 내부 사정까지 근심을 자아냈다. 일곱 교회에 보낸 편지가 그 증거다(2-3장). 에베소 교회는 처음 사랑을 버리고 변질되었다. 안디바가 순교했던 버가모 교회의 사람들은 잘못된 가르침을 따랐다. 두아디라 교회의 한 여자는 많은 사람을 성적 부도덕으로 꾀었다. 사데 교회는 이름만 살았을 뿐 사실은 죽어 있었다. 빌라델비아 교회는 능력이 작았다. 라오디게아 교회는 뜨겁지도 않고 차지도 않아 실상은 "곤고한 것과 가련한 것과 가난한 것과 눈먼 것과 벌거벗은 것"이었다(3:17). 그러니 요한이 교회의 앞날을 걱정할 만도 했다.

다음은 그가 첫 서신에 쓴 말이다. "아이들아, 지금은 마지막 때라. 적그리스도가 오리라는 말을 너희가 들은 것과 같이 지금도 많은 적그리스도가 일어났으니 그러므로 우리가 마지막 때인 줄 아노라. 그들이 우리에게서 나갔으나 우리에게 속하지 아니하였나니 만일 우리에게 속하였더라면 우리와 함께 거하였으려니와 그들이 나간 것은 다 우리에게 속하지 아니함을 나타내려 함이니라"(요일 2:18-19). 교인들이 이단을 받아들여 그중 다수가 교회를 떠났다.

이제 요한은 성령에 감동되어 천국에 와 있다. 보좌에 앉으신 이의 손에 들린 두루마리가 미래와 상관 있음을 그는 알았다. 누구든 인을 떼서 두루마리를 펴기에 합당한 자는 앞으로 나오라는 말도 들었다. 아무도 나오는 사람이 없자 그는 크게 울었다. 마음이 무너져 내렸다.

요한계시록 4-5장을 한낱 이론으로 보아서는 안 된다. 그러면 매우 중요한 사안을 놓친다. 당신이 목사나 교회 지도자라면 이 땅의 회중석과 강단이 타락의 무더기로 변질되고 있어 마음이 괴롭지 않은가? 그 때문에 때로 잠 못 이루지 않는가? 하나님께 "오 주님, 어찌 되려는 겁니까? 십자가의 영광스러운 메시지를 충실하게 외치는 목소리들은 어디에 있습니까?"라고 여쭙지 않는가? 당신도 때로 엘리야 같은 심정으로 하나님 앞에 "오 주님, 저만 남은 겁니까?"라고 아뢰지 않는가? 요한의 심정이 바로 그랬다. 우리 영혼이 참으로 경건하며 다만 얼마라도 말씀과 기도로 시간을 보내고 있다면, 이런 가슴 아픈 현실 때문에 때로 눈물로 베개를 적실 수밖에 없다.

승리하신 하늘의 어린양

요한의 열망은 십자가에 달리시고 부활하여 높여지신 그리스도의 승리로 응답받았다. 5장의 나머지에서 그가 본 광경은 현재의 퇴보에도 불구하고 교회의 앞날이 밝음을 그에게 웅변하듯 말해 주었다. 이는 교회의 승리가 그리스도의 속죄 사역으로 확보된 그분의 승리와 맞물려 있기 때문이다. 이 또한 요한이 우리 앞에 담아 냈는데, 이때 그의 시선은 유다 지파의 사자에게로 끌렸다.

> 장로 중의 한 사람이 내게 말하되 "울지 말라. 유대 지파의 사자 다윗의 뿌리가 이겼으니 그 두루마리와 그 일곱 인을 떼시리라" 하더라. 내가 또 보니 보좌와 네 생물과 장로들 사이에 한 어린양이 서 있는데 일찍이 죽임을 당한 것 같더라. 그에게 일곱 뿔과 일곱 눈이 있으니 이 눈들은 온 땅에 보내심을 받은 하나님의 일곱 영이더라(5:5-6).

이 본문의 어휘는 매우 신중하게 쓰였다. 요한이 지시대로 유나 지파의 사자를 보니 어린양이 있는데 마치 죽음을 당한 듯 성치 못한 모습이었다. 또 보다시피 숫자 7이 쓰였는데 이 책에서 일곱은 완전성을 상징한다. 어린양은 전지전능하시며 자신의 영을 통하여 편재하신다.

어린양은 아무도 할 수 없는 일을 했다. "그 어린양이 나아와서 보좌에 앉으신 이의 오른손에서 두루마리를 취하시니라. 그 두루마리를 취하시매 네 생물과 이십사 장로들이 그 어린양 앞에 엎드려 각각 거문고와 향이 가득한 금 대접을 가졌으니 이 향은 성도의 기도들이라"(5:7-8). 이 순간의 역사적 의미를 다 알기는 어렵다. 우주 역사는 예수님이 십자가에 달리시던 순간 못지않게 이때에 달려 있다. 걱정하던 모든 영혼이 바로 이 순간을 보려고 기다렸다. 네 생물과 이십사 장로들의 반응은 마침내 고대하던 득점으로 우승컵을 들어올릴 때 경기장 가득히 터져 나오는 환희와 흥분에 견줄 수 있다. 하지만 이조차도 예수님이 보좌에 앉으신 이에게 나아가 두루마리를 취하셨을 때 벌어진 일에 비하면 한없이 무색해진다. 에베레스트산에 개미탑을 견주는 꼴이다.

2017년에 잠비아 국가대표 축구팀이 아프리카컵 축구대회에서 우승하여 온 대륙을 놀라게 했다. 나는 일찍 자느라 시합을 보지 못했으나 종료 휘슬이 울리고 우리 팀의 우승이 확정되는 순간에는 잠에서 깨지 않을 수 없었다. 한순간 온 나라에 요란한 북소리에 맞추어 노래와 함성이 터졌다. 어디서나 자동차 경적 소리가 들렸다. 정말 대단했다. 팀 주장이 우승컵을 받을 때는 귀청이 떨어질 정도로 요란했다. 온 나라가 제정신이 아닌 것만 같았다. 하지만 이 역시도 요한이 본문에 담아낸 순간에 비하면 아무것도 아니다.

한 찬송가 작사가가 이를 아주 잘 표현했다.

> 고난받은 주를 보라
> 영광스런 그 모습
> 승리하고 오실 때에
> 만민 경배하리라
>
> 만민들의 찬송 소리
> 하늘 높이 퍼진다
> 하늘 보좌 바라보니
> 기쁨 한량없도다

> 왕관 드려 왕관 드려
> 승리하신 주님께
> 왕의 왕이 되신 주께
> 면류관을 드리세[3]

　네 생물과 이십사 장로는 어린양 앞에 엎드렸다. 그들이 보좌에 제일 가까웠다. 그 진원지에서부터 찬송이 거대한 물결처럼 퍼져 나가 마침내 온 우주를 삼킨다.

　우선 네 생물과 장로들이 있다. "그들이 새 노래를 불러 이르되 '두루마리를 가지시고 그 인봉을 떼기에 합당하시도다. 일찍이 죽임을 당하사 각 족속과 방언과 백성과 나라 가운데에서 사람들을 피로 사서 하나님께 드리시고 그들로 우리 하나님 앞에서 나라와 제사장들을 삼으셨으니 그들이 땅에서 왕 노릇하리로다' 하더라"(5:9-10). 그다음으로 보좌를 빙 둘러싼 무리에는 헤아릴 수 없이 많은 천사가 있다. 요한의 기록을 보자. "내가 또 보고 들으매 보좌와 생물들과 장로들을 둘러신 많은 천사의 음성이 있으니 그 수가 만만이요 천천이라. 큰 음성으로 이르되 '죽임을 당하신 어린양은 능력과 부와 지혜와 힘과 존귀와 영광과 찬송을 받으시기에 합당하도다' 하더라"(5:11-12). 마침내 물결은 맨 바깥쪽 원에 이른다. 다시 그의 기록이다. "내가 또 들으니 하늘 위에와 땅 위에와 땅 아래와 바다 위에와 또 그 가운데 모든 피조물이 이르되 '보좌에 앉으신 이와 어린양에게 찬송과 존귀와 영광과 권능을 세세토록 돌릴지어다' 하니"(5:13).

　끝으로 요한은 하나님의 보좌와 바로 옆에 둘린 보좌들로 되돌아가 이

3　Thomas Kelly, "Look, ye saints; the sight is glorious"(1809), Hymnary.org, https://hymnary.org/text/look_ye_saints_the_sight_is_glorious. (새찬송가 12장)

모든 광경에 대한 첫 무리의 반응을 보았다. "네 생물이 이르되 아멘 하고 장로들은 엎드려 경배하더라"(5:14). 얼마나 일대 장관인가! 예수님은 죽임을 당하셨기에 승리자로 인정받으셨다(5:6, 9, 12). 갈보리는 그저 잘못된 심판의 산물도 아니고 하나님의 사후 대책도 아니다. 창세전부터 예수님은 죽임을 당하신 하나님의 어린양이었다. 영원한 지혜 가운데 성부 하나님과 성자 하나님이 구원의 협약을 맺으셨다. 그 협약에 따라 성자는 인간의 형체를 입고 수치와 고난을 당하셨고, 마침내 십자가에 달려 우리 죄의 형벌을 다 감당하셨다.

이를 이루느라 하나님의 아들은 마음에 무거운 짐을 지셨다. 예수님이 십자가에 달리시기 전날 밤 겟세마네 동산에서 겪으신 일이 이를 가장 잘 보여 준다. 그분의 영혼에 갈보리의 그림자가 드리워졌다. 우리 몫의 죄책과 형벌을 잠시 후면 친히 당할 것을 그분은 아셨다. 우리 대신 지옥의 잔을 마실 것도 아셨다. 그래서 잠시 멈추어 "내 아버지여, 만일 할 만하시거든 이 잔을 내게서 지나가게 하옵소서. 그러나 나의 원대로 마시옵고 아버지의 원대로 하옵소서"(마 26:39)라고 기도하셨다. 우리 죄의 결과를 자신이 당할 것을 그분은 아셨다. 하나님의 보좌는 늘 의롭고 거룩해야 하기에 의로우신 하나님이 이미 세워 두신 계획이었다.

다른 길로는 죄인이 그분의 영원한 임재 안에 받아들여질 수 없다. 예수님이 값을 치르고 우리를 속량하셨다. 자신의 피로 우리 영혼을 사셨다. 그분이 "다 이루었다"라고 말씀하시는 순간 일은 끝났다. 그래서 그분은 운명하셨다. 일찍이 아버지는 아들에게 선민을 주기로 약속하셨다. 아들에게 보좌를 주어 거기서 다스리며 선민을 데려오게 하기로 약속하셨다. 아들이 역사의 운전대를 잡으신다. 바로 그것을 목격할 기회가 사도 요한에게 주어진 것이다. 그에게 이는 한없이 영광스러운 광경이었다. 지금은 혼란과 퇴보와 박해가 많지만 그래도 악이 승리할 수 없음을 그는 새삼 깨달았다. 이번에 그가 확실히 보았듯이 하나님의 아들이 만물을 다스리신다. 이로써 이른바 판세가 뒤집힌다. 이후로는 어린양이 하나씩 인을 떼실 일만 남았다. 그분이 주관하신다.

결론

구원의 관건은 우리가 아니며 운명을 고쳐 보려는 우리의 부질없는 시도도 아니다. 요한계시록 4-5장이 웅변해 주듯이 구원의 관건은 하나님이시고 그분의 계획과 권능이다. 예수님은 죽임을 당하여 자신의 피로 하나님의 백성을 속량하셨다. 거기에 교회의 미래가 있다. 교회의 미래는 그리스도가 갈보리에서 이루신 일에 있다. 그래서 우리는 그리스도를 전파해야 한다.

우리는 선재하신 그리스도와 수치당하고 높여지신 그분을 전파해야 한다. 그리스도인은 그분에 대하여 듣고 그분을 충분히 섭취하여 영혼이 그분으로 넘쳐나야 한다. 우리는 그렇게 하고 있는가? 너무 많은 깅딘에서 고작 동기부여 강의가 판치고 있다. 설교는 포기하려는 사람에게 영감을 불어넣어 주려는 이들의 성공담에 불과하다. 남들이 추구하여 이루어 낸 성공을 우리도 추구하도록 격려하기 위한 간증이다. 하지만 만왕의 왕이요 만주의 주께 비하면 그 사람들은 무엇인가? 예수 그리스도는 참으로 승리하신 분이다. 그분의 승리로 말미암아 우리도 승리자다.

알파와 오메가요 처음과 나중이며 죽은 자 가운데서 먼저 나신 그분께 우리의 생각을 집중해야 한다. 이런 본문을 읽으면서 마치 우리도 셋째 하늘에 이끌려 가서 요한과 똑같이 보고 있는 것처럼 느껴야 한다. 그는 죽임을 당하신 어린양이 두루마리를 취하여 역사를 주관하시는 광경을 보았다. 그러면 우리를 미워하고 하나님의 진리를 미워하는 세상에 직면할 때, 우리 삶이 몰라보게 달라진다. 물론 죽음을 앞두고 자리에 누워 영광 속에 들어가기를 기다릴 때도 크게 달라진다. 사망의 음침한 골짜기를 불굴의 평안 가운데 통과하게 된다. 하나님이 요한처럼 우리에게도 앞날의 승리를 보게 해주시기를 기도한다. 우리는 이기는 팀에 속해 있다!

23

네가 나를 사랑하느냐:
하늘의 높으신 왕께 합당한 필수 반응

요한복음 21장　　　　　　　　　존 맥아더(John MacArthur)

　　요한복음 20장 끝의 두 핵심 구절에 사도가 제4복음서를 쓴 목적이 분명히 나와 있다. "예수께서 제자들 앞에서 이 책에 기록되지 아니한 다른 표적도 많이 행하셨으나 오직 이것을 기록함은 너희로 예수께서 하나님의 아들 그리스도이심을 믿게 하려 함이요 또 너희로 믿고 그 이름을 힘입어 생명을 얻게 하려 함이니라"(요 20:30-31). 요한의 말대로 이 복음서는 축약판이다. 예수 그리스도의 신성과 메시아 자격을 보여 주는 증거를 그는 독자에게 압축하여 제시했다. 이는 믿고 영생을 얻도록 독자를 이끌기 위한 진리였다. 말을 하자면 할 말이 얼마든지 더 많았다. 책 마지막 절에 "예수께서 행하신 일이 이외에도 많으니 만일 낱낱이 기록된다면 이 세상이라도 이 기록된 책을 두기에 부족할 줄 아노라"(21:25)고 밝혔을 정도다.

그래도 요한복음의 정점은 목적을 진술한 20장 맨 끝이다. 거기가 클라이맥스다. 사실 그 구절은 책의 마무리로 손색없다. 그런데 요한은 거기서 그치지 않고 일종의 후기로 21장을 덧붙인다. 처음 읽으면 마지막 장 전체가 완전히 용두사미로 보인다. 우선 어조의 변화가 부조화를 이룬다. 20장은 부활하신 그리스도를 영광스럽게 계시하는 데 집중하면서 그 명쾌한 진술로 저자의 목적을 밝히며 끝난다. 그런데 21장은 아무런 예고도 없이 우리를 갈릴리로 데려간다. 제자들은 거기서 고기잡이에 나서지만 소득이 없었다. "그날 밤에 아무것도 잡지 못하였더니"(3절). 장의 전환이 마치 벼랑에서 떠밀려 쿵 떨어지는 것과 같다. 아찔한 추락이다.

사실 양쪽의 대비가 너무 충격적이어서 마지막 장을 아예 요한이 쓰지 않았다고 말하는 이들도 있다. 설상가상으로 우리는 다시 베드로와 정면충돌한다. '이 무슨 고생인가! 그냥 그리스도로 끝날 수는 없는가? 굳이 베드로에게로 돌아가야 하는가? 바로 사도행전으로 넘어가 그리스도의 승천을 보여 준 뒤 오순절 날의 베드로와 재회하면 어떤가? 그가 가장 담대하게 승리를 구가하는 그 순간에 말이다. 요한복음 21장의 이 장면은 왜 있는가?'

그리스도의 부르심

그런 의문에 대한 답이 있다. 20장 끝에까지 나온 모든 영광이 결국 연약한 "질그릇" 안에 담기기 때문이다(고후 4:7). 그래서 21장은 우리를 위한 것으로서 빼놓을 수 없는 이야기의 일부다.

물론 누가는 복음서의 속편을 내놓았는데, 그곳 사도행전 1장 1절에 "데오빌로여, 내가 먼저 쓴 글에는 무릇 예수께서 행하시며 가르치시기를 **시작하심부터**"라고 썼다. 그리스도가 다 이루신 일을 기점으로 복음의 시대가 시작되었다. 주님이 승천하시고 성령이 오시면서 일은 질그릇들에게로 넘어갔다. 질그릇은 약하고 볼품없고 잘 깨지고 흠집이 많아 쉽게 갈아치울 수 있는 존재다.

이들 열한 제자는 그 일을 감당하기에 너무 연약하고 부족해 보였을 수 있다. 그러나 그리스도는 그들을 준비가 부실한 채로 두지 않고 그들에게 이렇게 말씀하셨다. "내가 아버지께 구하겠으니 그가 또 다른 보혜사를 너희에게 주사 영원토록 너희와 함께 있게 하리니 그는 진리의 영이라. 세상은 능히 그를 받지 못하나니 이는 그를 보지도 못하고 알지도 못함이라. 그러나 너희는 그를 아나니 그는 너희와 함께 거하심이요 또 너희 속에 계시겠음이라"(요 14:16-17). 또 "오직 성령이 너희에게 임하시면 너희가 권능을 받고…내 증인이 되리라"(행 1:8)고 말씀하셨다. 사도 바울의 말로 하자면 "우리가 무슨 일이든지 우리에게서 난 것같이 스스로 만족할 것이 아니니 **우리의 만족은 오직 하나님으로부터 나느니라**"(고후 3:5).

야고보와 요한은 베드로처럼 "우리가 그[예수]와 함께 거룩한 산에 있을 때에"(벧후 1:18)라는 고백까지 할 수 있었다. 물론 변화산에 대한 말이다. 그때 이들 세 제자는 그리스도의 몸에서 신성의 영광이 충만하게 드러나는 장관을 목격했다.

의미는 다르지만 우리도 그리스도 안에 계시된 하나님의 영광을 보았다. "어두운 데에 빛이 비치라 말씀하셨던 그 하나님께서 예수 그리스도의 얼굴에 있는 하나님의 영광을 아는 빛을 우리 마음에 비추셨느니라"(고후 4:6). 이제 우리에게 맡겨진 것을 지키고(딤전 6:20, 딤후 1:14) 다음 세대에 전수하는 것이(딤후 2:2) 우리의 의무다. 연약하고 부족한 우리일지라도 영광스러운 복음을 들고 전진해야 한다.

베드로는 넘어지기도 많이 했고 중대한 과오도 저질렀다. 그래서 어떤 이들은 그의 안수 증서를 박탈했어야 한다고 주장할 수도 있다. 오늘날 그가 일류 복음주의 신학교들에 그의 간증을 지원서로 제출했다면, 아마 지원하는 족족 퇴짜를 맞았을 것이다. 그의 지원서 여백에는 이런 면접 소감이 적혀 있을지도 모른다. "가끔 마귀를 대신해서 말함. 가끔 예수님을 한쪽으로 불러 자기가 지시함. 상황이 힘들어지면 주님을 모른다고 거듭 부인하고 맹세까지 함." 대단한 이력서는 아니었던 것이다.

요한복음 21절은 처음 세 구절부터 벌써 김이 빠진다.

> 그 후에 예수님이 디베랴 호수에서 또 제자들에게 자기를 나타내셨으니 나타내신 일은 이러하니라. 시몬 베드로와 디두모라 하는 도마와 갈릴리 가나 사람 나다나엘과 세베대의 아들들과 또 다른 제자 둘이 함께 있더니 시몬 베드로가 "나는 물고기 잡으러 가노라" 하니 그들이 "우리도 함께 가겠다" 하고 나가서 배에 올랐으나 그날 밤에 아무것도 잡지 못하였더니.

이 제자들 무리에는 예수님께 부름받기 전에 어업에 종사했던 이들이 모두 포함되어 있었을 것이다. 예수님의 최측근이었던 가장 유명한 세 제자 베드로와 세베대의 두 아들(야고보와 요한)은 물론 안드레(베드로의 형제)도 있었을 것이다. 갈릴리는 그들의 고향이었고 고기잡이는 제자로 부름받기 전에 그들의 생업이었다.

물고기를 잡으러 가겠다고 말할 때 베드로가 생각한 것은 하룻밤의 기분 전환이 아니었다. 화창한 날 낚싯대와 바늘을 챙겨 느긋하게 취미나 즐기려던 것이 아니었다. 마태복음 28장 16절에 보면 그전에 예수님은 그들에게 갈릴리의 특정한 산으로 가라고 이르셨다. 지시하신 그곳에서 그들은 예수님을 기다려야 했다. 게다가 베드로는 그리스도를 따르기 위하여 진즉 어업을 버렸었다(눅 5:11). 그런데 그리스도를 부인했던 패배감과 수치심이 여전히 쓰라렸던 그는 전직으로 돌아가기로 작정했다. 평소의 그답게 충동적이고 실망스러운 결정이었다. 그가 대장 격이다 보니 나머지 어부들도 다 오리 새끼처럼 그를 따라갔다.

"나는 물고기 잡으러 가노라." 이 말 속에 결연한 의지가 묻어난다. 다시 말하지만 이는 하룻밤 기분이나 전환하려던 것이 아니라 이전의 생계 수단으로 복귀하겠다는 선언이다. 3절에 "나가서 [그] 배에 올랐으나"라고 했다(헬라어 원문에 정관사가 있다—옮긴이). 그냥 아무 배나 빌리거나 세낸 것이 아니었다. 그들은 이전에 살던 일터로 돌아왔고, 그 배는 놀잇배가 아니었다. 일곱 명이 다 탈 만큼 큰 조업용 어선이었다(필시 베드로나 세베대의 배였을 것이다).

게다가 그들은 그물을 가져갔는데 취미 낚시에는 그물을 쓰지 않는다. 또 7절에 베드로가 "벗고 있다가"라고 했는데, 이렇게 옷을 허리에 두르는 방식은 조업 어부들의 흔한 옷차림이었다. 8절에는 그들이 호반에서 "오십 칸쯤"(약 90미터) 떨어져 후릿그물을 내렸다고 했다. 이는 조업 어부들이 한 그물의 어획량을 최대한 늘리려고 쓰던 방법이다. 분명히 그들은 전직으로 돌아갔다.

베드로는 왜 그랬을까? 왜 어업으로 돌아갔을까? 평생 그렇게 살기로 체념한 것일까? 부활하신 그리스도를 이미 본 그가 아니던가?

물론 그렇다. 하지만 지독한 실패 이후로 그는 어쩌면 난생처음 완전히 자신감을 잃었을지 모른다. 그는 패배자로 판명되었다. 한 번의 패배만도 아니었다. 믿음과 충성심이 흔들릴 때가 잦아 보였다. 한순간 주님을 섬기다가도 다음 순간 마귀를 대변할 수 있는 그였다. "주를 위하여 내 목숨을 버리겠나이다"(요 13:37)라고 말해 놓고는 정작 그리스도를 고백하기만 하면 되는 순간에는 어둠 속에서 상관도 없는 이들에게 그분을 거듭 부인한 그였다. 그는 자신의 지혜와 힘을 과대평가했다. 그리스도와 함께 기꺼이 죽겠다고 떠벌이던 허풍이 이제 부끄러운 휘장처럼 그의 머리 위에 걸려 있었다. 그는 유혹의 위력을 과소평가했다. 아무리 중대한 위협도 능히 물리치고 흔들림 없이 예수님께 충성하겠노라고 공언했다. 그 경솔한 과시와 자만심 때문에 그분을 뻔뻔스럽게 배신하고 말았다.

그리스도를 부인하던 그 밤에 그는 정말 유다와 별로 달라 보이지 않았다. 그래서 지금 자신에 대한 회의와 걷잡을 수 없는 무력감에 무겁게 짓눌려 있다. 실패의 전력 때문에 자신에 대한 신뢰마저 무너져 내렸다. 자신이 부족하게 느껴진 그는 틀림없이 '나는 더는 그리스도를 위하여 사역할 수 없다. 하지만 물고기는 잡을 수 있다'라고 생각했을 것이다. 무리의 수장인 그가 고기잡이로 돌아가겠다고 하니 다른 제자들도 가세했다.

"날이 새어갈 때에 예수께서 바닷가에 서셨으나 제자들이 예수이신 줄 알지 못하는지라. 예수님이 이르시되 '얘들아, 너희에게 고기가 있느냐'"(요 21:4-5).

아무리 예수님이라도 상대에게 이런 말을 들으면 짜증이 나게 마련이다. "대답하되 '없나이다'"(5절).

이런 일은 이번이 처음이 아니었다. 예수님의 사역 초기에 있었던 비슷한 사건이 누가복음 5장에 기록되어 있다. 베드로가 그리스도를 처음 만난 지 얼마 안 되었을 때였는데, 그때 그는 자신이 상대하는 분이 누구인지 깨닫고 "주여, 나를 떠나소서. 나는 죄인이로소이다"(눅 5:8)라고 아뢰었다. 이번에도 똑같은 죄인을 똑같은 하나님의 아들이 찾아오셨다. "너희에게 고기가 있느냐"라는 주님의 말씀은 이런 뜻과 같다. "너희는 더는 고기를 잡지 못한다. 물고기는 내 소관이니 너희는 잡을 수 없다. 나는 사람을 낚도록 너희를 불렀다."

이는 우연이 아니었다. 그리스도는 그들의 인생을 향한 그분의 부르심을 그렇게 상기시키셨다. "이르시되 '그물을 배 오른편에 던지라. 그리하면 잡으리라' 하시니 이에 던졌더니 물고기가 많아 그물을 들 수 없더라"(요 21:6). 그들이 밤새도록 그물질을 했지만 그 일대에 물고기가 한 마리도 없었다. 배 오른편에 그물을 던져보라는 말에 어부들은 본능적으로 이렇게 생각했을 것이다. '뭐라고? 저 사람이 미쳤나? 배 오른편에 던지든 왼편에 던지든 똑같은 호수고 똑같은 자리다.' 그러나 주님의 음성에 워낙 권위가 있어 그들은 그대로 따랐다. 아직은 그분이 예수님인지 충분히 알아차리지는 못했던 것 같다.

그들은 배 오른편에 그물을 던졌다. "그리하면 잡으리라"고 하셨기에 거기로 던졌다. 그러자 그물에 물고기가 얼마나 많이 들었는지 모두가 힘을 합해도 끌어올릴 수 없을 정도였다. "예수께서 사랑하시는 그 제자[요한]가 베드로에게 이르되 '주님이시라' 하니"(7절상).

이것이 요한복음에 기록된 마지막 기적이다. "시몬 베드로가 벗고 있다가 주님이라 하는 말을 듣고 겉옷을 두른 후에 바다로 뛰어내리더라"(7절하).

베드로의 전형적인 모습이다. 전혀 앞뒤 잴 것 없이 충동적이다. 그는 엄청난 어획량을 끌어올리려는 동료들을 돕지 않는다. 그냥 물속에 첨벙 뛰어들어 예수님께로 헤엄쳐 간다. "다른 제자들은 육지에서 거리가 불과 한 오십 칸쯤 되므로 작은 배를 타고 물고기 든 그물을 끌고 와서"(8절). 배에 다 실을 수 없을 정도로 물고기가 많아서 그들은 온 힘을 다하여 그것들을 그물째 호반으로 끌고 왔다.

"육지에 올라보니 숯불이 있는데 그 위에 생선이 놓였고 떡도 있더라"

(9절). 아침 식사가 차려져 있었다. 물론 예수님은 말씀 한 마디로도 아침 식사를 만들어 내실 능력이 있었다.

그런데 그분이 "지금 잡은 생선을 좀 가져오라"(10절)고 이르셨다. 이미 준비해 두신 것에 더하여 새로 잡은 물고기를 석쇠에 올리고 싶으셨던 것이 분명하다.

배에서 뛰어내려 호반으로 헤엄쳐 온 베드로가 평소의 습관대로 그때부터 주도했다. 그가 "올라가서 그물을 육지에 끌어올리니 가득히 찬 큰 물고기가 백쉰세 마리라. 이같이 많으나 그물이 찢어지지 아니하였더라"(11절). 마릿수를 어림잡지 않고 정확히 밝혔다. 이 기록이 목격자의 증언임을 요한이 그렇게 강조한 것이다. 아울러 이 어획이 기적으로 된 일임도 함께 부각시켰다. 그 정도면 소량이 아니라 그물이 찢어지는 게 정상일 정도로 엄청난 양이었다.

이 기적의 교훈은 분명했다. 주님이 물고기를 주관하시므로 베드로 일행은 어업으로 돌아갈 수 없다는 것이다. 그리스도는 사람을 낚도록 이미 그들을 부르셨다.

회복시켜 주시는 그리스도

패배감과 수치심 때문에 제자들은 주님 앞에서 자신들의 입지가 이전과 같다고 감히 생각할 수 없었다. 유다가 예수님을 배반하던 그 처참한 밤에 베드로는 그분을 부인했고 다른 제자들도 "다 예수를 버리고 도망"했기 때문이다(막 14:50). 그래서 예수님이 놀라운 일을 해주신다. 그들(특히 베드로)을 친히 회복시키신 것이다.

예수께서 이르시되 "와서 조반을 먹으라" 하시니 제자들이 주님이신 줄 아는 고로 당신이 누구냐 감히 묻는 자가 없더라. 예수께서 가서서 떡을 가져다가 그들에게 주시고 생선도 그와 같이 하시니라. 이것은 예수께서 죽은 자 가운데서 살아나신 후에 세 번째로 제자들에게 나타나신 것이라(요 21:12-14).

무슨 대화가 오갔는지는 모르나 틀림없이 진지했을 것이다. 제자들의 사죄도 있었을 것이다. 기꺼이 그분과 함께 죽겠다고 떠벌이던 자만심(막 14:31), 뿔뿔이 흩어진 비겁함, 지시대로 갈릴리에서 그분을 기다리지 못한 일, 그 밖에 걸핏하면 실패하던 온갖 나약한 성격 등에 대해서 말이다.

그러나 그리스도는 그들을 회복시키려고 오셨다. 그들은 그분이 자신들에게 최종 해고를 통보하신 후 다른 제자들을 찾아 대체하실 것이라고 예상했는지도 모른다. 그들은 3년간 그분 곁에 있었고 그분이 일으키신 모든 기적을 목격했다. 부활하신 주님을 이미 두 번이나 보았다. 그분이 분명히 지시까지 하셨다. 그런데도 고기잡이로 돌아가지 않았는가?

이 인색하고 나약한 제자들을 주님이 회복시키시는 것이 당신에게 뜻밖으로 다가온다면 이 사실을 잊지 말라. 어차피 그분이 함께 일하실 사람들은 다 질그릇이다. 제자들도 다 이사야처럼 "나는 입술이 부정한 사람이요 나는 입술이 부정한 백성 중에 거주하면서"(사 6:5)라고 진심으로 고백할 수 있는 사람들이었다.

여기서 우리는 예수님의 제자 훈련 방식을 본다. 이렇게 그분은 불순종한 한 제자를 회복시키신다. 이렇게 성경 상담을 하시고, 이렇게 제 고집을 피우는 양 떼를 치시고, 이렇게 그들을 성화와 순종으로 이끄신다. 이렇게 그분은 실패한 사람을 쓸모 있게 되살리신다.

우리 생각 같아서는 그분이 장기간의 복잡한 상담 과정을 통하여 과제도 잔뜩 내주시고 정기적으로 엄격한 후속 조치도 취하실 것만 같다. 오늘날의 일부 상담과 제자 훈련 프로그램은 복잡하기가 한없어 보인다. 성화의 틀을 혼란스럽게 기술한 책을 나도 수없이 읽어 보았다.

젊을 때 나는 수년간 성화를 수동적 관점에서 생각했다. "의탁하라." "하나님께 다 맡기라." "믿음 안에 안식하라." "내려놓고 하나님께 넘기라." 19세기 말에 유행했던 한 복음성가에 그것이 이렇게 표현되어 있다.

> 행위는 죽은 것
> 행위의 끝은 죽음이니
> 죽음의 행위를
> 주님 발아래 내려놓고
> 온전한 영광으로
> 그분 안에만 서라[1]

내가 접했던 교리는 완전히 수동적인 성화를 추구하라고 독려했다. 그것이 더 깊은 삶이라고 했다. 그래서 나도 무언가 내게 벌어지기를 기다렸다. 1969년에 그레이스 커뮤니티 교회의 목사로 부름받을 때도 나는 성화의 방법을 미처 다 몰랐던 것 같다.

내게 성화를 처음 깨우쳐 준 것은 고린도후서 3장 18절이다. "우리가…주의 영광을 보매 그와 같은 형상으로 변화하여 영광에서 영광에 이르니." 성화는 수동적이지 않고 적극적이며 능동적인 일이다. 성화되고자 한다면 마음을 비워 성령께 채움받을 것이 아니라, 그리스도의 영광을 알고자 치

---

[1] James Proctor, "It Is Finished," Hymnary.org, https://hymnary.org/text/nothing_either_great_or_small_nothing_si.

열하게 힘써야 한다는 것을 나는 서서히 깨달았다. 그러려면 복음서를 들이파는 것이 좋은 방법임도 깨달았다. 그래서 이후 8-9년간 마태복음 전체를 설교했고, 그다음에는 수년간 교인들에게 마가복음과 누가복음과 요한복음을 가르쳤다. 히브리서와 요한계시록도 다 훑었다. 그러고 나서 그중 몇 권을 처음부터 끝까지 다시 설교했다. 그리스도의 영광을 바라보고 싶은 마음뿐이었다. 신약 전체를 설교하고 나서는 구약 속의 그리스도를 찾는다는 주제로 시리즈 설교를 했다. 도저히 그분에게서 눈을 뗄 수 없었다.

거룩함과 그리스도인의 성장에 대하여 여태 내가 배운 가장 중요한 진리는 단연 이것이다. 성화는 그리스도와 그분의 모든 영광을 알려는 추구와 직결된다는 것이다. 성화는 결코 수동적인 일이 아니다. "그리스도의 말씀이 너희 속에 풍성히 거하"게 하라(골 3:16).

요한복음 맨 끝의 이 본문을 공부하면서 나는 주님의 말씀이 단순해서 놀랐다. 그 무리 중 초대 교회에 가장 중요한 제자를 되살려 회복시키려고 그분이 하신 말씀은 복잡하지 않다. 오히려 충격적이리만치 단순하다. 그럼에도 주님이 베드로에게 하신 그 말씀은 전혀 수동성을 소상하시 않으나. 주님은 베드로에게 하나의 질문을 세 번 던지셨다. "네가 나를 사랑하느냐."

내가 여태 들었던 모든 설교의 초점은 그리스도를 믿고 섬기고 전하고 그분께 순종해야 한다는 것이었다. 심사숙고하여 그분을 사랑하라는 도전은 받아 본 적이 없는 것 같다. 그러나 결국 첫째이자 가장 큰 계명은 "네 마음을 다하고 목숨을 다하고 뜻을 다하고 힘을 다하여 주 너의 하나님을 사랑하라 하신 것"이다(막 12:30). 그런데 그리스도는 "하나님의 영광의 광채시요 그 본체의 형상"이시며(히 1:3) "그 안에는 신성의 모든 충만이 육체로 거하"신다(골 2:9). 따라서 가장 큰 계명을 수행하려면 반드시 그리스도를 사랑해야 한다.

그리스도와 관련하여 하나님이 내게 원하시는 바는 무엇인가? 내 마음과 목숨과 뜻과 힘을 다하여 그분을 사랑하는 것이다. 이것이 그리스도인의 삶의 골자요 본질이다. 고린도전서 16장 22절에 "만일 누구든지 주를 사랑하지 아니하면 저주를 받을지어다"라고 했다. 그리스도를 사랑하는 것이 구원받는 믿음의 결정적 요소다. 바울은 그리스도인을 "우리 주 예수 그리스도를 변함없이 사랑하는 모든 자"(엡 6:24)라고 표현했다. 우리의 모든 성화의 원동력과 모든 섬김의 동기는 이처럼 단순하다. "네가 나를 사랑하느냐."

그 대화를 보라.

> 그들이 조반 먹은 후에 예수님이 시몬 베드로에게 이르시되 "요한의 아들 시몬아, 네가 이 사람들보다[또는 이것들보다] 나를 더 사랑하느냐" 하시니
>
> 이르되 "주님, 그러하나이다. 내가 주님을 사랑하는 줄 주님께서 아시나이다."
>
> 이르시되 "내 어린 양을 먹이라" 하시고 또 두 번째 이르시되 "요한의 아들 시몬아, 네가 나를 사랑하느냐" 하시니
>
> 이르되 "주님, 그러하나이다. 내가 주님을 사랑하는 줄 주님께서 아시나이다."
>
> 이르시되 "내 양을 치라" 하시고
>
> 세 번째 이르시되 "요한의 아들 시몬아, 네가 나를 사랑하느냐" 하시니 주님이 세 번째 "네가 나를 사랑하느냐" 하시므로 베드로가 근심하여 이르되 "주님, 모든 것을 아시오매 내가 주님을 사랑하는 줄을 주님께서 아시나이다."
>
> 예수님이 이르시되 "내 양을 먹이라"(요 21:15-17).

베드로가 옛 자아처럼 행동할 때면 예수님은 으레 그를 시몬이라는 옛 이름으로 부르셨다. "네가 이 사람들보다[또는 이것들보다] 나를 더 사랑하느냐"라는 첫 질문을 일부 주석가는 "다른 제자들이 나를 사랑하는 것보다 네가 나를 더 사랑하느냐"라는 뜻으로 본다. 베드로가 그들이 다 주님을 버릴지라도 자신만은 끝까지 충실하겠다고 떠벌였으니 말이다. 그러나 그들은 그리스도가 잡히시던 밤에 모두 그분을 버렸고, 그분이 일러 주신 곳에서 기다리지 않고 모두 고기잡이로 돌아갔다. 그들은 똑같이 불순종했다.

그래서 이것이 질문의 참뜻인 것 같다. "나를 향한 네 사랑은 네 어구, 즉 이전 삶에서 쓰던 배, 그물, 찌, 추, 닻, 덫 등에 대한 애착심보다 깊으냐. 나를 따르려고 이미 이것들을 버리지 않았더냐"(마 4:20). 처음 사랑을 버렸냐는 것이다(참조. 계 2:4). 주님은 베드로에게 제자도의 소명을 넌지시 일깨우셨다. "아무든지 나를 따라오려거든 자기를 부인하고 날마다 제 십자가를 지고 나를 따를 것이니라"(눅 9:23). 이 질문에서 "사랑하느냐"라는 단어는 헬라어 동사 '아가파오'(agapaō)로 의지가 담긴 가장 높고 고결한 사랑을 말한다.

주님의 가장 유명한 말씀 중 하나를 베드로도 잘 알고 있었다. "아버지나 어머니를 나보다 더 사랑하는 자는 내게 합당하지 아니하고 아들이나 딸을 나보다 더 사랑하는 자도 내게 합당하지 아니하며 또 자기 십자가를 지고 나를 따르지 않는 자도 내게 합당하지 아니하니라. 자기 목숨을 얻는 자는 잃을 것이요 나를 위하여 자기 목숨을 잃는 자는 얻으리라"(마 10:37-39). 일찍이 장 칼뱅이 말했듯이 "그리스도를 향한 사랑이 마음을 지배하지 않는 한 누구도…한결같이 인내하며 [사역을] 수행할 수 없다."[2]

---

[2] John Calvin, *Commentary on the Gospel of John*, 전2권, William Pringle 번역(Edinburgh: Calvin Translation Society, 1847), 2:288. (『칼빈 주석 – 요한복음 I, II』 규장)

베드로는 틀림없이 몹시 비통했을 것이다. 그리스도를 사랑한다고 긍정하면서도 '사랑하다'의 다른 동사인 필레오(phileo)를 썼다. 이는 따뜻한 애정과 형제애를 가리키는 단어다. 그의 교만이 깨지고 실상이 드러났다. 그는 너무 부끄러워 자신에게 의지를 다한 가장 높고 고결한 사랑이 있다고 단언할 수 없었다. 다시 그렇게 떠벌이다가는 바보가 되었을 것이다. 그래서 사랑의 정도가 덜한 동사를 썼다. "주님, 제가 주님께 애정이 많은 줄 주님이 아시나이다"라고 말한 셈이다.

그리스도의 전지하심에 침울하게 호소한 서글픈 고백이었다. 그는 "주님, 제 삶과 행동을 보셨사오니 제가 주님을 사랑함이 분명하지 않나이까"라고 말할 수 **없었다**.

그런데 그리스도는 베드로의 고백을 반박하지 않으시고 "내 어린 양을 먹이라"고만 답하셨다. 베드로는 책망을 듣거나 단체에서 제명당할 각오를 했을지도 모른다. 반대로 예수님의 답변은 엄청난 축복과 안도의 순간이었다. 적어도 한 가지만은 베드로가 옳았다는 간접적 시인이었으니 말이다. 즉 주님은 베드로가 그분을 참으로 사랑함을 아셨다. 여전히 주님은 베드로가 그분을 섬기기를 원하셨다.

다행히 주님은 내가 알아주시기를 간절히 바라는 것들을 아신다. 그것이 내게 큰 위안이 된다. 나에 대하여 정말 모르셨으면 싶은 것들까지 다 아셔도 괜찮다. 그분을 향한 내 사랑도 아신다는 뜻이기 때문이다. 그 사랑이 눈에 띌 정도가 아닐지라도 말이다. 나는 그분을 마땅히 사랑해야 할 만큼 사랑하지 못한다. 내 사랑은 본연의 상태에 못 미치지만 그래도 진실하다.

베드로가 한 말이 그것이다.

이날 베드로는 안수를 받았다. 그의 충동적 불순종에도 불구하고 예수님은 그를 바로 사역에 복귀시키셨다. "내 어린 양을 먹이라."

이 말씀 속의 대명사를 놓쳐서는 안 된다. 모든 사역자는 목양의 대상이 **우리의** 양이 아님을 반드시 기억해야 한다. 그들은 그리스도의 양인데 그분이 우리에게 돌보라고 맡기셨다. 그분을 향한 우리의 사랑이 본연의 상태에 턱없이 못 미치는데도 말이다. 사실 그리스도를 향한 베드로의 사랑은 전지하신 주님 외에는 누구의 눈에도 띌 만하지 않았다. 그런데도 그는 사역의 길로 회복되었다. 예수님은 그에게 그저 "내 어린 양을 먹이라"고 이르신다. "작고 어리고 가냘프고 약하여 공격받기 쉽고 길 잃고 방황하기 쉬운 내 양들을 네 손에 맡기노라."

여기서 요한복음 17장이 떠오른다. 십자가와 이후의 승천을 앞두고 지상 사역을 마무리하실 때 주님은 자신의 사람들을 돌보는 일을 아버지께 넘기셨다. "거룩하신 아버지여…아버지의 이름으로 그들을 보전…하옵소서. 내가 그들과 함께 있을 때에 내게 주신 아버지의 이름으로 그들을 보전하고 지키었나이다…내가 비옵는 것은 그들을 세상에서 데려가시기를 위함이 아니요 다만 악에 빠지지 않게 보전하시기를 위함이니이다"(요 17:11-15). 주님은 친히 돌보실 수 없게 된 그들을 아버지의 손에 맡기셨다. 아무도 아버지의 손에서 그들을 빼앗을 수 없다.

여기에 최대의 불가사의가 있다. 주님은 그들을 베드로에게도 맡기셨다.

두 번째로 물으실 때도 예수님은 똑같은 단어 '아가파오'를 쓰셨다. "요한의 아들 시몬아, 네가 나를 사랑하느냐."

베드로는 똑같이 답했다. "주님, 그러하나이다. 내가 주님을 필레오하는 줄 주님께서 아시나이다"(요 21:16).

"내 양을 치라."

그런데 세 번째로 물으실 때는 그분도 사랑의 정도가 약한 단어를 쓰셨다. "요한의 아들 시몬아, 네가 나를 필레오하느냐." "나를 향한 강한 애정이라도 네게 있느냐."

그것은 베드로의 마음을 파헤치는 쓰라린 질문이었다. 주님은 영적 생체 검사로 그의 영혼을 해부하셨다. "주께서 세 번째 '네가 나를 사랑하느냐' 하시므로 베드로가 근심하여"(17절). 여기 "근심하여"로 번역된 단어[루페오 (lupeō)]는 영혼의 깊은 비통과 슬픔과 압박감을 뜻한다. 이것이 그에게 아팠던 것은 예수님의 질문이 세 번이나 반복되어서만은 아니다. 사실 베드로도 주님을 세 번 부인했으니 사랑을 고백할 기회가 세 번 주어진 것은 적절했다. 게다가 그리스도를 부인할 때 그는 숯불 앞에 서 있었는데(요 18:18) 주님은 그 세세한 부분까지도 복원하셨다(21:9). 그러나 확신컨대 베드로의 마음을 가장 찔렀던 것은, 예수님이 세 번째 질문하실 때 정도가 약한 사랑에마저 의문을 제기하셨기 때문이다. 베드로도 그것만은 확실한 고백이기를 바랐는데 말이다.

이번에도 베드로는 예수님의 전지하심에 기댔다. "주님, 모든 것을 아시오매 내가 주님을 필레오하는 줄 주님께서 아시나이다."

"내 양을 먹이라."

이 장면은 다시 이사야 6장을 연상시킨다. 하나님의 영광을 본 이사야는 "화로다, 나여, 망하게 되었도다. 나는 입술이 부정한 사람이요 나는 입술이 부정한 백성 중에 거주하면서"(5절)라고 말했다. 그는 자신이 부족한 정도가 아니라 완전히 망했다고 느꼈다.

그런데 그때 주님의 음성이 들려왔다. "내가 누구를 보내며 누가 우리를 위하여 갈꼬"(8절). 그곳에 있는 지상의 존재는 이사야뿐이었다. 대안이 많지 않았다.

선지자는 "내가 여기 있나이다. 나를 보내소서"라고 답했는데, 내 생각에 담대하게 한 말은 아닐 것이다. 그는 자신의 입술이 부정함을 여전히 의식하고 있었다. 그래서 자신감 없이 자원했을 것이다. "주님, 여기 제가 있사오니 저라도 보내시려면 보내소서."

그러자 주님은 가라고 하셨다. "내가 너를 보내노라." 우리는 모두 질그릇이다. 흠과 실패가 많고 그분을 향한 사랑도 부족하다. 그래도 전지하신 주님은 우리의 사랑이 진실한지 여부를 아신다. 일관성 없이 흔들리는 사랑일지라도 말이다.

알고 보니 젊은 시절에 나는 그리스도를 향한 사랑을 가꾸는 것이 그분을 위하여 일하는 것보다 우선되어야 함을 정말 몰랐다. 그리스도를 위한 참된 섬김은 공덕을 쌓는 행위가 아니라 그분을 사랑할 때 자연스럽게 맺는 열매다. 사랑으로 성화되면 당연히 사랑으로 섬기게 된다.

'나는 연약한 사람이라 힘들어하고 실패한다. 자신감도 없고 입술이 부정하며 자신이 한없이 부족하고 비참하게 느껴진다.' 이렇게 생각하는 이들에게 예수님이 물으신다. "네가 나를 사랑하느냐."

그리스도를 사랑하면 대가가 따른다. 예수님이 베드로에게 이르시기를 "'내가 진실로 진실로 네게 이르노니 네가 젊어서는 스스로 띠 띠고 원하는 곳으로 다녔거니와 늙어서는 네 팔을 벌리리니 남이 네게 띠 띠우고 원하지 아니하는 곳으로 데려가리라.' 이 말씀을 하심은 베드로가 어떠한 죽음으로 하나님께 영광을 돌릴 것을 가리키심이러라. 이 말씀을 하시고 베드로에게 이르시되 '나를 따르라' 하시니"(요 21:18-19).

"내가 진실로 진실로 네게(또는 너희에게) 이르노니"라는 표현이 요한복음에 25회 나온다. 이제부터 아주 중요한 내용이 나올 테니 귀담아 들으라는 뜻이다.

"네 팔을 벌리리니"라는 말은 십자가형을 가리키는 완곡한 표현이다. 그래서 요한은 그 말이 장차 베드로가 죽을 방식을 가리킨다고 설명했다. 초대 교회 역사가들의 기록을 보면 베드로는 십자가에 못 박혀 죽었다. 2세기의 한 문헌에는 그가 자청하여 십자가에 거꾸로 달렸다고 되어 있다. 자신이 주님과 똑같은 방식으로 죽을 자격이 없다고 생각했기 때문이다.

예수님은 그들에게 "누구든지 나를 따라오려거든 자기를 부인하고 자기 십자가를 지고 나를 따를 것이니라"(마 16:24)고 거듭 말씀하셨다. 베드로는 이 말씀의 화신으로 살았다. 예수님은 그에게 이렇게 말씀하신 셈이다. "다시 사역으로 돌아온 것을 환영한다. 너는 순교자가 될 것이다. 세상이 나를 미워하였은즉 너희도 미워하리라고 했던 내 말을 잊지 않았겠지?"

예수님은 그에게 왜 이 말씀을 하셨을까? 그러잖아도 가슴 아픈 제자를 더 낙심에 빠뜨리려 하신 걸까? 베드로가 평생 자신이 당장이라도 십자가에 달릴지 모른다고 생각하며 살기를 바라셨을까?

사실 나는 이것이야말로 베드로가 여태 들었던 최고의 소식이었다고 생각한다. 다음번에 그가 그리스도를 위하여 죽음에 직면할 때는 그분을 부인하지 않으리라는 의미였으니 말이다. 베드로는 남은 평생 이 승리의 약속을 붙들고 살았다. 덕분에 강건한 모습으로 미래를 맞이할 수 있었다.

지금까지 베드로는 충실했던 전력이 없었다. 위험이 닥치면 그대로 무너졌다. 그러나 이후로 오순절 날부터 십자가에 달리는 날까지 그는 새 사람이었다. 담대하고 힘차고 조금은 겸손하고 좀 덜 충동적이었다. 끝까지 믿음이 견고했고, 그리스도를 향한 사랑에 흔들림이 없었다.

"네가 나를 사랑하느냐." "자기를 부인할 만큼 나를 사랑하느냐." 진정한 사랑은 희생을 요구한다. "사람이 친구를 위하여 자기 목숨을 버리면 이보다 더 큰 사랑이 없나니"(요 15:13). 결국 베드로는 자신이 예수님의 참 친구임을 증명해 보였다.

진정한 사랑은 또한 순종을 요구한다. 예수님은 "너희가 나를 사랑하면 나의 계명을 지키리라"(요 14:15)고 말씀하셨다. 그리고 본문에는 베드로에게 "나를 따르라"(요 21:19)고 하셨다. 잘 보면 이 셋은 바로 마태복음 16장 24절의 세 가지 구성 요소다. 즉 자기를 부인하고, 자기 십자가를 지고, 그리스도를 따르는 것이다. 제자가 된다는 것은 바로 그런 의미다.

베드로는 교훈을 배웠다. 훗날 한창 사도로서 사역할 때 그는 동료인 작은 목자들에게 이렇게 말했다.

> 너희 중 장로들에게 권하노니 나는 함께 장로 된 자요 그리스도의 고난의 증인이요 나타날 영광에 참여할 자니라. **너희 중에 있는 하나님의 양 무리를 치되** 억지로 하지 말고 하나님의 뜻을 따라 자원함으로 하며 더러운 이득을 위하여 하지 말고 기꺼이 하며 맡은 자들에게 주장하는 자세를 하지 말고 양 무리의 본이 되라. 그리하면 목자장이 나타나실 때에 시들지 아니하는 영광의 관을 얻으리라(벧전 5:1-4).

예수님께 세 번이나 받았던 명령을 그는 그대로 되풀이했다. 불안정하여 훈련이 필요한 제자였던 그가 하나님의 감동을 입은 스승이 되어 우리에게 하나님의 양 무리를 **어떻게** 목양해야 하는지를 가르쳤다.

다른 곳에서 베드로는 이런 말도 했다. "예수를 너희가 보지 못하였으나 사랑하는도다"(벧전 1:8).